图书馆学译丛

Part of Our Lives

A People's History of the American Public Library

美国公共图书馆史

〔美〕韦恩·A. 威甘德 著 ｜ 谢欢 谢天 译

国家图书馆出版社

图书在版编目（CIP）数据

美国公共图书馆史 /（美）韦恩·A. 威甘德著；谢欢，谢天译 . —北京：国家图书馆出版社，2021.6

（图书馆学译丛）

书名原文：PART OF OUR LIVES: A PEOPLE'S HISTORY OF THE AMERICAN PUBLIC LIBRARY

ISBN 978-7-5013-6842-6

I.①美… II.①威… ②谢… ③谢… III.①公共图书馆－图书馆史－美国 IV.① G259.712.9

中国版本图书馆 CIP 数据核字（2021）第 106577 号

北京市版权局著作权合同登记号：01-2021-1536

Part of our lives : a people's history of the American public library was originally published in English in 2015. This translation is published by arrangement with Oxford University Press. National Library of China Publishing House is solely responsible for this translation from the original work and Oxford University Press shall have no liability for any errors, omissions or inaccuracies or ambiguities in such translation or for any losses caused by reliance thereon.

《美国公共图书馆史》英文原版于2015年出版。本译本由牛津大学出版社授权出版。国家图书馆出版社承担对原作品的翻译的全部责任，牛津大学出版社对译本中的任何错误、遗漏、误差或歧义及其造成的任何损失不承担任何责任。

书　　名	**美国公共图书馆史**	
著　　者	［美］韦恩·A. 威甘德　著　谢欢　谢天　译	
责任编辑	邓咏秋　王炳乾	
封面设计	翁涌	

出版发行　国家图书馆出版社（北京市西城区文津街 7 号　　100034）
　　　　　（原书目文献出版社　北京图书馆出版社）
　　　　　010-66114536　63802249　nlcpress@nlc.cn（邮购）
网　　址　http://www.nlcpress.com
排　　版　北京旅教文化传播有限公司
印　　装　北京科信印刷有限公司
版次印次　2021 年 6 月第 1 版　2021 年 6 月第 1 次印刷

开　　本　710 mm×1000 mm　1/16
印　　张　22.5
字　　数　396 千字
书　　号　ISBN 978-7-5013-6842-6
定　　价　99.00 元

"图书馆学译丛"出版说明

改革开放以来，特别是进入 21 世纪以来，我国图书馆事业取得了长足的进展，图书馆学研究领域的优秀成果不断涌现。与此同时，专业领域的国际交流要求也日益迫切。

图书馆学专业图书是我社主要出版方向之一。为了加强图书馆学领域的国际交流，借鉴学习国外优秀的研究方法与研究成果，我社策划了这套"图书馆学译丛"，遴选国外图书馆学领域优秀的、经典的出版物，陆续翻译出版，包括从牛津大学出版社引进的《美国公共图书馆史》(*Part of Our Lives: A People's History of the American Public Library*)，从爱思唯尔公司引进的《对话世界一流大学图书馆馆长》(*Conversations with Leading Academic and Research Library Directors*)等。

希望这套丛书能为图书馆学领域的中外交流增加一扇窗，在研究方法、研究视角等方面为中国图书馆学界和业界同人提供参考借鉴。当然我们也深知，阅读中的批判性思维、活学活用，远比简单地盲从照搬更有价值。我们也期待，通过加强交流，更多的中国图书馆学著作能走出去，向世界展现中国图书馆界的理论创新与实践创新成果。

国家图书馆出版社

2021 年 5 月

献给希尔：

她给了我一个爱的世界，

没有她，我永远无法发现这一世界。

2015 年 6 月 19 日

是我们结婚五十周年纪念日

目 录

引 言

远不止提供信息

美国人热爱公共图书馆——这是一个不争的事实。长期以来一直如此，而且有大量证据可以表明这一点。首先，从现有记载来看，作家多克托罗（E. L. Doctorow）在 1994 年写过这样一句话："自由社会给予公民最重要的三份文件分别是出生证明、护照和图书馆读者卡。" 1995 年，普利策奖得主、历史学家戴维·麦卡洛（David McCullough）在塔尔萨公共图书馆（Tulsa Public Library）礼堂发表演讲，他用手扫过台下的听众说道："免费的图书馆是这个社会最好的公共机构；我们现在所处的位置就是这一机构的绝对中心。""我热爱的美国依然存在，就在我们的公共图书馆的服务台前，依然有我热爱的美国。"——2005 年，库尔特·冯内古特（Kurt Vonnegut）说过这番话，尽管既不是在政府层面，也不是在媒体上说的[1]。

其次，从研究结果来看，皮尤研究中心网络与美国生活项目（Pew Research Center's Internet and American Life Project）2013 年发布的一份报告指出，在过去十年里，"除了图书馆、军队和急救机构外，其他主要机构（政府、教堂、银行、公司）的公共信誉度均有所下降"。报告还指出，16 岁以上的受访者中，91% 的人认为图书馆对他们的社区来说"非常"或"有些"重要，98% 的受访者认为公共图书馆的体验"非常好"或"大部分是好的"。皮尤中心的另一研究发现，94% 的家长认为图书馆对他们的孩子来说很重要，84%的家长表示图书馆培养了孩子对于阅读和书籍的热爱[2]。

20 世纪 80 年代，许多崇尚信息技术的人曾预测，公共图书馆将在世纪之交消亡，直到现在，这些言论仍然有增无减。但事实上，2012年，美国共有17219家公共图书馆（包括分馆和流动图书馆），近3亿美国人（占全美人口的96%）生活在公共图书馆服务区域内。不过，在2012年，公共图书馆全年到馆人数略有下降，从15.2亿人次下降到15亿人次（次贷危机迫使公共图书馆将开放时间缩短了1.7%；更多用户选择访问"在线"图书馆，在家中用电脑下载电子书）。尽管如此，近十年美国公共图书馆到馆率仍然增长了21%。2012年，9300万美国人参与了公共图书馆活动，较上一年度增长了4.1%，较八年前增长了37.6%，其中儿童人数为6500万，比上一年度增长了3.5%，较十年前增长了24.2%。2012年，公共图书馆共流通了22亿册文献（包括视听材料及电子书），比2003年增加了28%，人均流通量较十年前增长了16.8%。公共图书馆还为用户提供了25万台联网计算机，人均数较十年前翻了一番。2012年，美国图书馆协会（American Library Association）发布的一份报告显示：62%的公共图书馆是其所在社区居民能够免费使用计算机和互联网的唯一渠道，在这些社区中，一半以上的贫困青少年和老年人使用公共图书馆提供的免费计算机和互联网。2013年，《福布斯》（Forbes）杂志的一位记者指出："尽管公共图书馆提供这么多免费的服务，但它每年的运营成本仅为每个公民人均42美元。"[3]

美国人都热爱公共图书馆，原因是什么？虽然美国公共图书馆一直与平等教育机会的概念联系在一起，专业人士也经常将图书馆这一公民机构描述为民主的基石，以论证其存在的合理性，但是人们很难证明公共图书馆对于实现民主的重要性。由于人们大多匿名且在自愿的基础上使用公共图书馆的服务，因此衡量公共图书馆的影响力很大程度上只能依赖于"软数据"（soft data）。[4]

本书旨在通过梳理美国公共图书馆的历史，进一步丰富这些"软数据"，在这个过程中，更多地选择倾听图书馆用户的心声，而不是仅仅分析图书馆创办者和管理者的言论。为了明确我的观点，我借用了威斯康星大学麦迪逊分校（University of Wisconsin-Madison）前同事道格·兹威兹格（Doug Zweizig）经常使用的两个概念："图书馆活动中的用户"（user in the life of the library）与"用户生活中的图书馆"（library in the life of the user）。"图书馆活动中的用户"是一种由上而下的视角，大多数图书馆专业人士喜欢采用这一视角；而本书采用的是自下而上的视角，即"用户生活中的图书馆"。这一视角受到了霍华德·津恩（Howard Zinn）在1980年出版的开拓性著作《美国人民史》（*People's History of the United States*）的影响。这使我要在这本书中重点呈现美国公共图书馆几代用户的心声。作为人文主义者，我重点关注安德鲁·派珀（Andrew Piper）提出的"主观意识的产生"（the production of subjectivity），即生物人向社会人的转变过程[5]。在本书中，我对美国公共图书馆如何通过多种途径促进这一进程展开了分析。

得益于近年来科技的发展，了解过去的公共图书馆用户的想法变得很容易。这些想法有些来自已经出版的回忆录、自传、名人传记，有些则散落于全国各地的档案馆中。然而，绝大多数用户的想法都记载于上百种美国报纸和期刊中，这些报纸与期刊自20世纪90年代以来已经被数字化形成了庞大的数据库。以"公共图书馆"作为关键词进行检索，我找到了数千封图书馆用户写给编辑的信，以及媒体记者发表的关于当地图书馆的数千篇文章，其中记录了这些人的心路历程。这些内容共同揭示了公共图书馆通过数代人努力所取得今日这番成就的原因，并解释了民众为何屡屡反对威胁关闭公共图书馆的原因。但是我在探索这些数据库时还发现了另一个让我感到吃惊的事实：很少有人对图书馆提出过抱怨或抗议。这更加证明了美国人对公共图书馆一如既往的热爱。

起初，我收集到了大量关于美国公共图书馆如何改变和影响用户生活的案例，并思考按照什么方式来整理这些材料，但我吃惊地发现，所有例证自然而然地分成了三大类。历史证明，美国人喜爱公共图书馆的原因可归结为三点：图书馆提供了有用的信息；图书馆提供了公共空间；图书馆所提供的阅读材料帮助用户对周围的世界有了更深刻的理解。在本书中，我将这三点概括为"信息""空间""阅读"并进行分析。图书馆学领域的文献虽然从"图书馆活动中的用户"视角对"信息"进行了大量分析研究，但并没有深入探讨公共图书馆为社区提供空间方面的作用，也较少涉及公共图书馆所培养的阅读能力如何满足用户的日常基本需求。

例如，对许多美国人（或许包括本书的大多数读者）来说，公共图书馆是他们在公共领域中第一个享受成年人权利的场所，当他们在童年时期办理第一张公共图书馆的读者卡时，便正式承担起了保护公共财产的公民责任。此外，几代人都有过将童年的艺术作品张贴在图书馆墙上、参加图书馆的木偶戏、和朋友一起在图书馆读书或者讲故事的经历。我们可以从"用户生活中的图书馆"角度了解用户使用图书馆空间的方式和动机，以及他们从图书馆学到了什么，这对于探索人们热爱公共图书馆的原因至关重要。

下面，我将用两个生动的案例证明用户可以在公共图书馆获得阅读力。在2008年的一次采访中，88岁的皮特·西格（Pete Seeger）①回忆了他早年的一次阅读经历："在我7岁时，有一位图书馆员见我阅读能力相当好，于是给我推荐了一本书……我拿到了《森林里的罗尔夫》（*Rolf in the Woods*），该书讲述的是一位少年为躲避继父的殴打而离家出走，被一位独居的中年印第安人收养；这位印第安人所在部落遭到屠杀，妻子被卖为奴隶。"80年过去了，皮特·西格仍能清楚地回忆起故事情节，这一方面证明了阅读的力量，另一方面，正如2014年西格去世时，《纽约时报》的一位编辑提到这件事时所说，这也"与他那种为弱势群体权益而奋斗的人格是分不开的"[6]。

对奥普拉·温弗瑞（Oprah Winfrey）②而言，阅读"是我生命中通往自由的一扇门"，"为我打开了一个比站在［密西西比州］外祖母家的前廊上看到的更为广阔的世界"，"在那个世界，每个人都能使用室内厕所，人们不再忍饥挨饿，那是一个充满希望的世界，一个可以属于我的世界"。对温弗瑞来说，读书成为她的"慰藉"、让她"静下心来与自己对话，学会了解自我、了解别人、了解世界"。9岁的温弗瑞与同母异父的弟弟妹妹一起住在密尔沃基（Milwaukee）的一间小公寓里，在这里，她阅读了《布鲁克林有棵树》（*A Tree Grows in Brooklyn*），这是她"第一本通宵阅读的书，这本书讲述了弗朗西·诺兰（Francie Nolan）的故事。诺兰的生活充满屈辱，她为数不多的朋友存在于公共图书馆书架上的一排排书中……我觉得我的生活跟她的一样"。七年后，温弗瑞读了马亚·安杰卢（Maya Angelou）的《我知道笼中的鸟儿为何歌唱》（*I Know Why the Caged Bird Sings*）。"我把这本书读了一遍又一遍，在这之前我从没读过这样一本书——它对我的存在有一种认同。"[7]

纵观历史，美国的公共图书馆一直是为社区服务的地方机构（它们85%

---

① 皮特·西格（1919—2014），美国民歌歌唱家，同时也是著名的社会活动家，致力于促进社会公正、环境保护等。他的歌曲有《花儿都到哪儿去了》等。——译者注

② 奥普拉·温弗瑞（1954— ），美国知名脱口秀节目主持人。她的童年非常艰辛。她是一个私生女，出生后父母即分开，她随外祖母在密西西比州生活。六岁以后去威斯康星州密尔沃基市与母亲一起生活，之后又随父亲与继母一起在田纳西州纳什维尔生活。——译者注

的经费来自于当地政府），社区中的多个群体成立公共图书馆，并进行资助和管理，最终使公共图书馆通过多种途径为社区中其他数百万人提供服务。一方面，这些群体将图书馆打造为舒适的场所，用于彰显社区内多元文化价值体系的共同特征；另一方面，他们又将图书馆当作调解不同文化价值体系之间冲突的场所。图书馆管理者自然而然地参与到多元文化建设中，不同文化的遗产也通过图书馆馆藏和服务得到保护和体现。有时图书馆管理者的专业能力会促进不同群体之间的文化连通，但有时也会减缓甚至阻碍这种连通。这些都是公共图书馆发展历史的一部分。

在 20 世纪中期之前，公共图书馆员关于收藏什么、如何组织、流通什么、典藏什么的决策都倾向于支持主流文化。公共图书馆确实可以通过馆藏及服务来为用户提供教育，但是这些馆藏和服务大多反映的是当地权力集团的价值观，在很多情况下，公共图书馆反而由于其馆藏支持种族歧视、性别歧视、阶级歧视和对同性恋的憎恨而成为文化民主的绊脚石。然而，与此同时，用户也深深地影响着图书馆员的决定。是的，美国公共图书馆塑造了它们所服务的文化，但也许更重要的是，公共图书馆所服务的文化反过来也塑造了它们。为了说明这一现象，我尽可能选取不同种族、年龄和性别的公共图书馆用户讲述他们自己的故事。

虽然美国人对公共图书馆的喜爱多过批评，但是本书仍然关注了一部分对公共图书馆的不满，因为这恰恰反映了公共图书馆这一公民机构在很多年以来在社区中担任的重要工作，即对有争议的事项进行仲裁。本书通过介绍公共图书馆如何处理有争议的读物及棘手状况，表明阅读与图书馆空间让用户发生了改变。这也帮助人们明白一个社区可接受的读物与文化价值的边界是什么——公共图书馆有时会公开协调这种边界，但更多时候会根据传统和前几代用户的需求来决定。

本书聚焦用户生活中的美国公共图书馆，体现了自 19 世纪中期以来，公共图书馆通过为用户提供信息、场所和阅读材料，帮助他们融入社区并获得归属感。从自下而上的角度，我还尝试将焦点从有关信息获取的问题转向分析公共图书馆如何帮助用户提高社交能力及社区参与度。本书重点关注用户通过多种途径使用美国公共图书馆空间，以及他们在公共图书馆的阅读，还有那些在文化权威看来不仅不重要，甚至偶尔是有害的阅读。

普通用户很少了解（通常也很少关心）美国公共图书馆流通台后发生着什

么，或许也不知道公共图书馆是如何得到管理、经营以及资助的，对公共图书馆如何选择馆藏及确定服务的优先顺序更是一无所知。但如果她是公共图书馆的常客，她会知道自己想要什么以及为什么要去图书馆。她有时需要一位图书馆员的帮助，有时不需要。大多数时候，对于信息、故事和空间的需求将她一次又一次地带到这个公民机构。这并没有削弱几代图书馆员对用户的重视，相反，如今这种重视被置于更大的环境中，在这里，图书馆员要与公众和谐共处，毕竟公众来图书馆并非非来不可。

我希望本书所采用的方法可以让人们更深入地了解从过去到现在图书馆这一随处可见的机构在当地社区中发挥的各种作用，以及美国人热爱公共图书馆的原因。我在研究中发现，"我们生活的一部分"（part of our lives）是公共图书馆用户们经常提到的说法。例如，1982 年，纽约公共图书馆分馆的一位用户拒绝了该馆邀请其参加因翻新而关闭图书馆大门的活动，因为图书馆已经不可或缺地成为她"生活的一部分"，去看她关门"只会令我哭泣"[8]，她说。从前文引用的图书馆使用数据来看，我选择"我们生活的一部分"这个书名①不仅轻而易举，而且符合历史。在接下来的章节中，我将会从用户的视角证明美国公共图书馆在各个方面成为了很多人"生活的一部分"。

---

① 本书英文版书名为 "Part of Our Lives: A People's History of the American Public Library"。

第 1 章 "促进美国民众的对话交流"：
1854 年以前的会员图书馆

1732 年，本杰明·富兰克林（Benjamin Franklin）为开启费城图书馆公司（Library Company of Philadelphia）工作而向伦敦一家书商寄出了第一份订单，这份订单上没有任何小说或神学图书。"书单中包括词典、语法书、地图集、历史书，科学与农业方面的图书"，一位历史学家指出，这 46 本书"迎合了年轻商人的口味及购买能力"。富兰克林希望他的图书馆公司能培养出他在《穷理查德年鉴》（*Poor Richard's Almanac*）中所赞赏的"靠自我奋斗成功的人"（self-made man），但是他认为小说不具备这种能力。富兰克林的想法反映了图书馆界从当时到现在始终遵循的一大宗旨，即信息比故事更重要[1]。

18 世纪北美殖民地时期的会员图书馆（social library）①以英国为蓝本，不断扩张的跨大西洋贸易给美洲带来了大量书籍和小册子，为会员图书馆的建立创造了条件。不过，图书馆的存在不只是为了收集和流通印刷文本，它们还植根于为集体活动自发成立的社团中。由此，会员图书馆也成为人们建立人际关系和参与当地文化活动的场所。例如，在马萨诸塞州的塞勒姆（Salem），一

---

① 关于北美早期的会员图书馆，涉及的术语包括 social library、subscription library、membership library、library association 等。本书作者威甘德教授与译者讨论时指出，在早期文本中，上述这些术语都是可以交替使用的，他在写作本书时也交替使用了这些术语，这些术语所代表的是那些会员集体出资购买公共馆藏供会员共同借阅的图书馆。但是需要指出的是，早期部分"会员图书馆"是由某一人出资购买全部图书，那么这人就有权对借阅其图书的人收取一定费用。——译者注

所成立于 1760 年的会员图书馆就是从十年前起源于一家小酒馆的社交俱乐部发展起来的 [2]。

很显然，富兰克林也渴望举办团体活动。他开办费城图书馆公司的初衷在于进一步发展"共读社"（Junto）。它是富兰克林和同事们早些时候成立的一个讨论社团，根据著名的清教徒牧师科顿·马瑟（Cotton Mather）所倡导的模式（鼓励社团围绕预先设定的问题当面讨论）而建立。不过，富兰克林改良了这种模式，他建议社团成员在讨论间隙喝杯酒，当然这或许是为了增进社交。为了开展讨论，成员们"租了个能容纳所有成员的房间"（最初是在酒馆里），但为了激发讨论，据富兰克林回忆，"我提议所有人把自己的书带过来，这样不仅便于在讨论期间查阅，还能为大家创造共同的福利，因为每个人都可以将自己想读的书借回家"。由于认识到"这种方法的好处，我提议创建一个公共的会员图书馆（Public Subscription Library），以便更多的人从借阅图书中获益" [3]。

"共读社"是社交型阅读催生的公共机构的典型代表。1731 年，富兰克林为图书馆起草了协议条款，说服 50 位朋友每人出资 40 先令，另外每人每年缴纳 10 先令的年费用于购买书籍，这些图书为他们共同所有。富兰克林经常称它为"费城公共图书馆"（the Philadelphia Public Library），后来还吹嘘它是"北美会员图书馆之母"。费城图书馆公司作为美国公共图书馆的先驱体现在两个方面：第一，它与旧的社会机构（如教堂）和新的社会机构（如书店、酒馆、邮局、咖啡馆，当时的殖民者已经开始在这些机构中发展公共利益）一起在殖民地公共文化中占有一席之地。第二，富兰克林让图书馆公司收集"迎合年轻商人口味及购买能力"的文献，明确了图书馆的价值在于帮助人们工作，而不是让人们享乐。1732 年，与工作有关的信息才被称为"有用的知识" [4]。

富兰克林一生都在宣扬会员图书馆的价值。他指出，这些图书馆"促进了美国民众间的对话交流，使得普通的商人和农民与来自其他国家大多数的绅士一样充满才智。此外，在某种程度上，这些图书馆也许还为殖民地争取自己的权利做出了贡献"。与其他公共机构一样，费城图书馆公司为他们认定的有影响力的市民提供了聚会的场所，他们可以在这里讨论问题并形成"公共意见"。不过，该公司的每一本书都是经过精心挑选的。尽管富兰克林将马瑟所倡导的聚会改成了酒会，但是他遵循了马瑟不选择小说的原则——这位牧师担心他的孩子们"会被愚蠢的爱情故事、小说、戏曲、诗歌或笑话所毒害"[5]。费城图书馆公司收到书以后，会首先根据书的尺寸，其次依据主题进行编目，然后将它们寄存在一位会员的家中。1734 年，公司已拥有 239 册图书、25 种期刊以及各种各样的小册子。六年后，公司搬迁至宾夕法尼亚州议会大厦，1769 年又与 1747—1757 年间成立的其他三家会员图书馆合并。1787 年，费城图书馆公司作为参考图书馆为起草宪法的人员提供服务。

在美国独立战争之前，新英格兰殖民地地区拥有 50 多家会员图书馆。这些图书馆大多借鉴了费城图书馆公司的组织模式，且全部从英国订购新书。1733 年，八位创始人每人出资 20 先令建立了康涅狄格州达勒姆图书公司（Book Company of Durham）。作为一家会员图书馆，它的宗旨是"通过阅读让我们的大脑装满有用和有益的知识"。1747 年，罗得岛纽波特（Newport）的亚伯拉罕·雷德伍德（Abraham Redwood）向达勒姆图书公司捐款，用于为"公共图书馆采购有用的图书……没有具体的目标，但要促进人类的福祉"。公司管理层利用这笔钱订购了 751 本"宣扬美德、知识和有效学习"的书。三年后，这批藏书被搬进了一栋大楼中，许多人认为这栋大楼是美洲大陆上第一座独立的图书馆建筑。该馆 1764 年的一份目录清单中列出了 700 种书，其中 33% 为高等文化类，19% 为科学类，16% 为历史类，13% 为神学类，8% 为法律类，其余的 11% 为传记、旅游、农业和军事科学类。1771 年，康涅狄格州索尔兹伯里会员图书馆（Social Library of Salisbury）的创始人在章程中明确提出了成立图书馆的初衷："促进美德、教育和学习……抵制恶习和不道德行为。"[6]

殖民地时期的会员图书馆遭遇了来自"流通图书馆"（circulating libraries）的竞争，后者向读者收取一定的费用。流通图书馆往往存在于报社、书店和咖啡馆中，这些地方拥有足够的用户。流通图书馆的所有者通常只需拿出足够买书的钱，然后根据书的内容或借阅时长（或两者相结合）将书出租给愿意付费的读者。由于利润取决于流通量，流通图书馆通常会购买流通量高的书，因此，他们更喜欢小说这种迅速流行起来的读物。会员图书馆拒绝接受《波士顿公报》（Boston Gazette）等报纸经常报道的大众感兴趣的关于爱情、谋杀、绞刑和绯闻的故事，而流通图书馆则非常欢迎这些内容[7]。

18 世纪，小说读者越来越多，使得几百年来书面文字的"神圣光环"逐

◀ 波士顿第一家流通
图书馆由约翰·梅因
（John Main）于 1765
年 11 月创立。图片
来源：美国国会图
书馆，馆藏号：LC-
USZ62-99619

[10] 渐褪去[8]。女性小说读者是这一转变的核心力量，这或许可以解释为什么根植
于宗教正统中的父权文化如此担心小说会对情感细腻的女性产生影响；也许正
因为如此，那些受到宗教正统观念束缚的白人中产阶级女性才会对小说非常着
迷。小说确实激发出了女性的情感，并引起了女人之间的讨论。一家流通图书
馆的所有者在一份书目的序言中写道，小说读者"相较于没有文化的乡下人，
[11] 可能更容易体会到痛苦，更有教养和同情心"[9]。18 世纪 50 年代，一位女性
读完塞缪尔·理查森（Samuel Richardson）的小说《帕梅拉》（Pamela）之后，
给另一位女性写信说："我的上帝，帕梅拉怎么能原谅 B 先生所有的恶行并同
意嫁给他？"这个疑问体现出，阅读小说促进了人与人之间的认同感和道德水
平的提升[10]。

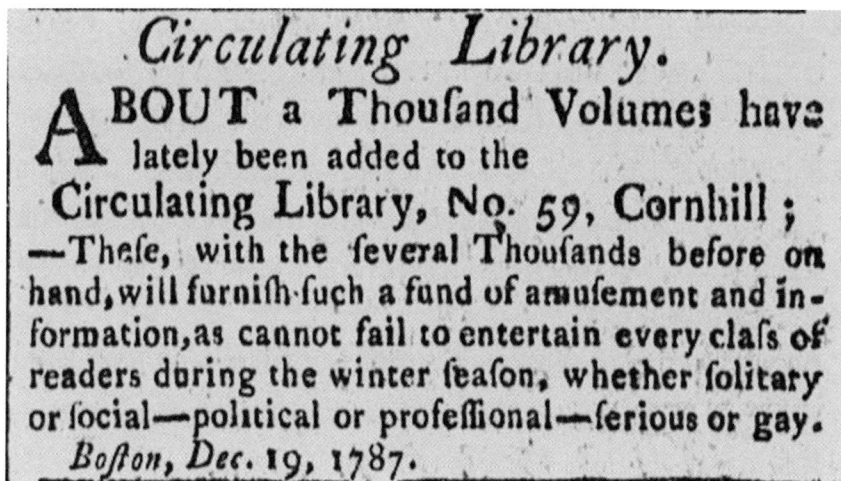

> *Circulating Library.*
>
> ABOUT a Thousand Volumes have lately been added to the Circulating Library, No. 59, Cornhill; —These, with the several Thousands before on hand, will furnish such a fund of amusement and information, as cannot fail to entertain every class of readers during the winter season, whether solitary or social—political or professional—serious or gay.
>
> *Boston, Dec.* 19, 1787.

▲ 1787 年一份报纸发文宣布波士顿一家新的流通图书馆开放。文献来源：《马萨诸塞卫报》（*Massachusetts Centinel*），1787 年 12 月 29 日。

　　大多数流通图书馆都开设在无酒精场所，因此尤其受到女性读者的青睐。1762 年，马里兰州安纳波利斯（Annapolis）的威廉·林德（William Rind）成立了一家流通图书馆，这可能是美国殖民地时期的第一家。他向用户（包括女性）收取年费，用户每次可以借阅两本书。1769 年，费城的一家印刷公司开设了一家流通图书馆，其中收藏了 300 本图书，包括一些畅销书的多个复本。1772 年 4 月，这家流通图书馆的女性借阅者数量与男性持平，不过男性读者的借阅量多于女性（可能是为家庭成员借的），当月共借出 617 本图书，其中 86% 为小说。虽然这家流通图书馆在美国独立革命中没能幸存，但它反映了印刷文化的重大变革[11]。流通图书馆开放的时间更长，能够让读者以较低的费用获取更多的书籍，因此越来越多的中产阶级人士——特别是阅读能力不断提高的女性——参与到共享阅读（shared reading）中来。

　　北美殖民地时期的大众传播媒介（主要是报纸和小册子）在美国独立战争中扮演了重要角色，作为公共机构的会员图书馆同样也积极参与了革命。例如，许多图书馆都有詹姆斯·奥蒂斯（James Otis）的《英国殖民者权利的伸张和证明》（*Rights of the British Colonists Asserted and Proved*）、塞缪尔·亚当斯（Samuel Adams）的《殖民地权利声明》（*A Statement of the Rights of the Colonies*）以及托马斯·杰斐逊（Thomas Jefferson）的《英属美洲民权概观》（*A Summary View of the Rights of British America*）。此外，还有很多人都读过的约翰·洛克（John Locke）的《政府论》（下篇）（*Second Treatise on Government*），这本书迎合了代表智慧、勤奋和勇气的"靠自我奋斗成功的人"的理念，这些精神正是富兰克林等人所提倡的。独立战争结束后，联邦和各州成立了政府，多个州通过立法推动了更多会员图书馆的成立。在制定和批准宪法的关键时期（1787—1789），会员图书馆通过书面和口头交流的方式激发公众兴趣，并帮助解决争端。

美国联邦政府为纪念建国百年发布的题为"美利坚合众国的公共图书馆"（*Public Libraries in the United States of America*）调查报告显示，1775—1800年间共成立了20家会员图书馆（是1775年之前的两倍多），1820—1825年间成立了179家，1825—1850年间成立了551家，1850—1875年间成立了2240家[12]。这些图书馆大多存活时间不长，但它们的存在成为社区对文化友好的标志，尤其是表明了社区对弘扬主流道德观的印刷文化的积极友好态度。各个地区间的差异也很明显。新英格兰地区在1790—1815年间拥有500多家会员图书馆，而到1850年，这个数字增加了一倍。随着越来越多的公民涌入，阿巴拉契亚山脉①以西的小城镇新建立了几百家会员图书馆。同样的情况也出现在南方。1795年，巴尔的摩（Baltimore）有59人成立了一家图书馆公司；五年后，该公司已拥有345名会员，所有人都可借阅公司的3300册图书。1798年，弗吉尼亚州亚历山大的几个朋友共同成立了一家会员图书馆，1856年的一份目录显示，该馆拥有4481册图书[13]。

在这个刚刚实现独立的国家，民众高度重视教育。"宗教、道德和知识是实现良政和人类福祉的必要条件，"1787年颁布的《西北条例》（*Northwest Ordinance*）指出，"学校与各种教育方式应该永远受到鼓励。"除了教育外，得到改善的还有通信系统。1792年颁布的《邮政法》（*The Post Office Act*）反映了新政府有心培养有见识的公民，并且为"共和国初期"（Early Republic）②公民拓展了传播媒介的多样性——当时的传播途径包括口口相传、公开演讲和

[13]

---

① 阿巴拉契亚山脉是位于北美洲东部的巨大山系，主要在美国境内，呈东北—西南走向，在东部沿海地带与大陆内部广袤的低地之间形成一道天然屏障。——译者注

② "共和国初期"是美国历史上一个特定的阶段，通常是指1780—1830年这段时期。——译者注

表演,以及公共场所的各种标牌[14]。

会员图书馆推动了上述所有沟通形式。出版技术的改进、印刷材料的大量增加和传播途径的优化、人工照明和眼镜的改进与普及都对会员图书馆的发展产生了影响。这些各地的会员图书馆反映了人们对阅读、社会责任、社区自豪感以及自我提升的重视。会员图书馆的创建者希望收集到的文献能够塑造他们所追求的"个性"。虽然会员图书馆主要仍服务于当地群众(会员是自愿加入的),但会员图书馆对当地群体、其他各地的社区甚至整个国家都有影响,因为成员们阅读和讨论的书籍是相同的。

会员图书馆要实现蓬勃发展需要几个条件。它们必须从边远地区向人口稠密地区发展,在人均收入较高的社区中站稳脚跟,获得立法支持,开展系列讲座并为学园(已经成为美国文化生活的重要组成部分)提供支持。除讲座以外,成员们还认识到了会员图书馆促进了阅读的社会属性。1792 年,牧师杰里米·贝尔纳普(Jeremy Belknap)指出,虽然书籍是"在人与人之间传播知识的最简单、最便宜、最有效的工具",但书籍的"最大优势"在于"读过同一本书的人会围绕书中的话题和各自的心得进行交流"[15]。

随着会员图书馆数量的增加,文化当局试图统一各馆馆藏。1793 年,撒迪厄斯·梅森·哈里斯(Thaddeus Mason Harris)发表了《成立会员图书馆所需的最受欢迎的英语出版物选目》(*Selected Catalogue of Some of the Most Esteemed Publications in the English Language Proper to Form a Social Library*)。在这本书中,哈里斯将 277 本作品分成了三类:"记忆类"(memory)(87 本,包含历史、旅游和传记)、"推理类"(reason)(109 本,包含科学、宗教和哲学)和"想象类"(imagination)(81 本,包含诗歌、戏剧和艺术,另外还有 11 本小说,占全部的 4%)。哈里斯这本小册子销量非常好。出版商和经销商很快开始为会员图书馆提供优惠折扣,推动了这些机构的发展[16]。几十年间,会员图书馆成为国内图书市场中的一大亮点。

美国独立战争以后,为会员图书馆辩护的声音并没有改变。1798 年,卢嫩堡会员图书馆(Lunenburg Social Library)的创立者向马萨诸塞州立法机构发起请愿,希望将图书馆纳入本州的立法。他们指出,图书馆"在人们当中传播有用知识……发挥了巨大作用"。但是一些私人信件显示,会员要求提供更多小说,变化也随之产生。有些图书馆坚决拒绝会员的这一要求。费城图书馆公司在 1783 年给伦敦代理商的信中写道："我们也希望将'有用'与'有味'结合在一起，但是我们不认为引进小说会对目前的馆藏有利。"[17] 有些会员图书馆面对会员的压力开始屈服了。18 世纪 90 年代，南卡罗来纳州查尔斯顿图书馆协会（Charleston Library Society）主席承认，在最新的目录中，"大部分"书籍"较之我们以往阅读的书籍更为轻松，从当前的社会需求来看，我们不得不迎合读者的各种口味，除了教学和科学图书外，还要收集仅供娱乐的作品"。在 1797 年出版的《阿尔及利亚俘虏》（*The Algerine Captive*）一书中，作者罗亚尔·泰勒（Royall Tyler）让主人公在离开了七年以后回到了刚刚独立的美国。主人公发现，"娱乐性书籍为国内各阶层人士争相追逐"，"充斥着闲书的"会员图书馆在发展过程中出现了"令人惊讶的口味的转变"。这样做的结果是，"旅行者和小说家的不端行为和同性恋故事使各个阶层的人都背离了他们父辈严肃的信仰"[18]。

虽然许多小说中的情节反对饮酒、博彩、奴役、不友好的女性的就业环境和债务监禁，但是负责审查文字内容和质量的文化当局仍然反对阅读小说。有些人将小说称为"邪恶知识的常青树"，有些则将之称作"油腻且具有煽动性的小人书"。有人谴责小说"幼稚"，另一些人认为小说使人们"对所有严肃的工作产生厌恶"，滋生了"不纯洁的欲望"、"虚荣心"和"放荡的行为"[19]。

然而，近来有人从读者的视角对小说进行分析，得出了不同的结论。例如，读过一本 1806 年的小说后，来自佛蒙特的一位腼腆的青年男子学会了一些词语，便用来追求到了未来的新娘，而姑娘与他一起阅读这本小说时决定嫁给他。读者阅读小说的目的有很多：反映自身的经历；体会相似的情感；了解生活常识；建立和培养社会关系；形成和维护认同感；为当面或书信交流寻找话题；将通过阅读培养的社交能力付诸实践。关于塞缪尔·理查森所著的《克拉丽莎》（*Clarissa*）一书的主角，有位母亲在 1784 年这样写道："她的信中充满了感情——我一定要借鉴她的写作方法。"1792 年，另一位母亲在读完一本小说后写道："我很高兴地看到，我能体会到却表达不出来的情感可以从另一个人的笔尖下流淌出来。"1800 年，又一位母亲在阅读完某一本小说后，这样评价小说主角："她认为女性生来只能逆来顺受，对此我无法苟同。"这些作品"无意中透露了家庭的所有小秘密"，小说家伊丽莎白·加斯克尔（Elizabeth Gaskell）写道，"我们看到了桌上的饭菜，学习她们的衣着打扮……倾听她们亲切的家庭对话，也卷入了她们的家庭纷争，并且在她们占上风时感到高兴"[20]。

由于流通图书馆为用户提供了他们想要的小说，这些图书馆（有些批评者将它们称作"文学界的廉价成衣商店"）更加贴合新兴的阅读行为及体验。例如，在纽约，霍科特·卡略特（Hocquet Caritat）的流通图书馆在开放七年后已积累了超过 5000 册藏书。一位外部人士回忆道："年轻人和老年人都在这里借书，从接近漂亮的男孩心脏就怦怦直跳的 13 岁少女，到戴上眼镜才看得清字的具有丰富人生阅历的 60 岁老妇。"在女性经常光顾的地方，新的流通图书馆大批涌现出来。1802 年，玛丽·斯普拉格（Mary Sprague）在她位于波士顿的女帽商店里开设了一家流通图书馆。当地一家报纸报道说："通过把有用的和有趣的东西结合起来，她不遗余力地提高图书的流通量。"在 1780 年到 1820 年间，小说在东海岸大多数流通图书馆的比重从四分之一增加到了一半[21]。

19 世纪早期的出版革命增加了印刷文献的数量。技术创新使纸张变得更便宜，印刷速度的提升也增加了图书的印刷量，同时降低了价格。面对着丰富多样的图书选择，人们的阅读习惯从过去几个世纪的精读（反复阅读有限的内容）转变为如今常见的泛读（阅读大量材料）。理查德·亨利·达纳（Richard Henry Dana）在 19 世纪初给出版商的一封信中写道："要成为行业佼佼者，首先要成为第一个拿到新书的人，第一个读完它的人，第一个评论它的人，第一个与别人谈论它的人。"从精读到泛读的转变在小说的流行中表现得尤为明显，而这一转变对于半个世纪之后美国公共图书馆的诞生至关重要。而更直接的影响在于，这一转变使得阅读文化成为社会中不可或缺的内容，而在这其中会员图书馆与流通图书馆扮演了重要的角色[22]。这些图书馆在多方面塑造了它们周围的公民文化。

在阿巴拉契亚山脉以西，会员图书馆的历史反映了追求文化的开拓精神。例如，1802 年在辛辛那提，几个人在一家小酒馆会面，打算成立一家会员图书馆。之后，25 个人共同出资成立图书馆，一个月以后图书馆正式成立。1803 年，在俄亥俄州的埃姆斯（Ames），当地居民筹措资金和动物毛皮（大多为浣熊皮），并派遣一名代表带着这些物资和写给撒迪厄斯·梅森·哈里斯的介绍信前往东部。几个月后，这人返回埃姆斯，图书馆一位会员描述他抵达时的情形："他带回了书……装在麻袋里。我当时在场，看到了……他将这些宝藏倒出来。大约有六十册（主要是历史与宗教类图书）……从来没有一家图书馆这样受欢迎。"虽然该图书馆名为"西部会员图书馆"（Western Library Association），但当地人习惯性地将它称作"浣熊皮图书馆"（Coonskin Library）[23]。

波士顿雅典娜图书馆（Athenaeum）是美国最受尊敬的会员图书馆之一，其历史可以追溯到波士顿选集协会（Boston Anthology Society），该协会在1805年投票同意"设立一个期刊出版物图书馆"。18个月以后，马萨诸塞州立法机构要求波士顿雅典娜图书馆"广泛收集古代或现代的，对于科研人员来说必不可少的珍贵的、有价值的作品"。波士顿雅典娜图书馆于1807年开始筹建，通过发行150股（每人最多只能持有3股）迅速筹集了4.5万美元。

会员图书馆试图规范会员的行为。在很多会员图书馆，读者安静地坐在桌旁，低头认真地读书，双脚在地上一动不动，一坐就是好几个小时。1812年马萨诸塞州斯特灵（Sterling）阅览室禁止"不必要的交谈"和"团体争论"。1820年，纽约学徒图书馆（Apprentices' Library）要求"不得以任何理由与他人交谈"，并要求"所有男生进入阅览室之前必须洗手洁面、整理衣着，落座后必须脱帽"。其他会员图书馆则没这么严格。1810年，波士顿雅典娜图书馆不仅允许读者夜间在阅览室"交谈"，而且图书馆董事甚至下令"为此腾出空间"。1823年，雅典娜图书馆搬入一幢三层建筑，其中的二层拥有能容纳500人的演讲大厅，顶层则用于展示艺术品。女性可以在没有男性的陪伴下参观展厅。读者传单上写道："没有男性的注视，女士们在观展时不会陷入尴尬或窘境。"[24]

一些社区还尝试成立社区图书馆，其中很多以青少年为目标读者。1803年，凯莱布·宾厄姆（Caleb Bingham）提出，如果康涅狄格州索尔兹伯里（Salisbury）为9—16岁的青少年成立图书馆，他将提供150册图书。索尔兹伯里接受了这批赠书，并动用公共资金支持建立宾厄姆青少年图书馆（Bingham Library for Youth），这大概是市政府支持公共图书馆建设的首例。1833年，新罕布什尔州彼得伯勒（Peterborough）的公民使用一部分州文学基金为设立于邮局内部的城镇图书馆购买书籍，四年之后，该图书馆馆藏达到465册。1835年，埃比尼泽·勒尼德（Ebenezer Learned）在遗嘱中将一部分资金留给了马萨诸塞州西剑桥（West Cambridge）的一家儿童图书馆。上述提到的这些"公共"图书馆开始都非常幸运，但是后来，这些图书馆所在的社区基本都无法保证年度经费，也无法提供足够的文献以及人员配置。这些获得公共资金支持的图书馆，其馆藏数量从几百册到几千册不等[25]。

然而，从销售数据来看，19 世纪早期的大多数有文化的成年人都喜欢小说。美国 1770—1779 年间只出版了 1 种小说，1800—1809 年间出版了 25 种，1820—1829 年间出版了 128 种，1840—1849 年间出版了 765 种。这些数字不断困扰着文化当局。1818 年，托马斯·杰斐逊曾指出："良好教育遭遇的一个巨大障碍是人们普遍对小说的过度沉迷。这种毒药一旦感染了大脑，就会摧毁它的健康，使它排斥有益的阅读。"一位女性文化专家担心"杂七杂八的阅读"会导致"深刻的思想……不复存在"。1848 年，一位男性文化专家也提出了反对，认为"大量出现的"小说"像埃及的青蛙一样从出版社跳出来"，其中大部分都是"十足的垃圾，华而不实的肤浅思想，无病呻吟的渣滓"[26]。

权威人士通过不同的方式解决这个"问题"。很多人编写了关于阅读的手册，例如约翰·皮尔庞特（John Pierpont）的《美国上层阶级图书：阅读和背诵练习》（*The American First Class Book: Exercises in Reading and Recitation*）、莉迪娅·H. 西戈尼（Lydia H. Sigourney）的《写给女孩的书》（*The Book for Girls*）、埃德温·哈贝尔·蔡平（Edwin Hubbell Chapin）的《青年男性的使命》（*Duties of Young Men*）与《青年女性的使命》（*Duties of Young Women*）。在《青年女性的使命》一书中，蔡平指出书籍应该"启迪思想、提升品位、美化心灵"。对此，西戈尼也表示赞同，她指出书籍应该"培养智力……强化道德准则，规范情感"。这两个人相信，阅读有助于培养人的品格，塑造更加博学的公民[27]。

面对着规范阅读行为的压力，大部分成年读者仍旧坚持阅读小说，其目的与传统定义的"逃避"几乎没有关系，更多是为了赋权（empowerment）以及证实某些问题。通过给白人女性、有色人种和下层阶级赋权，让他们重新思考其他人赋予自己的社会角色，那些隐含在 19 世纪早期小说中的民主信息冲击着传统权威（包括白人男性为主的宗教领袖和政府领袖）[28]。当人们对于会员图书馆应该收集什么样的文献产生争论时，在有用的知识方面很少有争议，几乎所有争论都围绕着小说展开。

查尔斯顿图书馆协会一位官员指出，为了生存，会员图书馆董事必须在

"严肃、博大精深的作品"与会员所追求的"轻松、家长里短的阅读"之间寻求平衡。波士顿雅典娜图书馆一位工作人员在 1807 年写道:"我们必须至少偶尔兼顾作品的受欢迎程度。"在公开场合,当会员图书馆的创始人不得不解释这些图书馆存在的理由时,他们仍然只是引述其图书馆的章程[29]。不过,这些解释对于喜欢阅读小说的会员来说并不重要,他们通过图书馆提供的故事来了解公认的社交礼节和规范,从而"提升"自己的"交谈技巧",因此这对于他们来说是"有用的知识"。

历史学家将 1790—1840 年这一时期称为"会员图书馆的黄金时代",但他们大多强调的是会员图书馆的数量,而没有关注图书馆的生存情况。事实上,这一时期成立的会员图书馆有一半以上在 1850 年之前就倒闭了。例如,圣路易斯的一些人在 1811 年开设了一家会员图书馆,又有一些人在 1819 年成立了图书馆学会,还有一些人在 1824 年成立了一家图书馆协会。那段时间,圣路易斯在一家报馆、一家旅店和一家小酒馆开办了阅览室。1839 年,图书馆学会解散了,并将馆藏卖给了圣路易斯学园(St. Louis Lyceum),到了 19世纪中期,这些馆藏又转给了圣路易斯商业图书馆协会(St. Louis Mercantile Library Association)。

除非会员图书馆为艺术展开幕式、对话和讲座等社会活动提供空间,为人们提供他们感兴趣的足够多的书,或者在阅读"有用的知识"以外帮助人们建立人际关系,否则它们很可能会倒闭。再次以圣路易斯为例。1850 年,运转良好的圣路易斯商业图书馆协会拥有 589 位会员,其建筑位于商业区的步行范围内,拥有一间大型阅览室和两间分别容纳 600 人以及 2000 人(全市最大)的演讲厅。商界人士将它看作是理想的聚会场所。拥有独立建筑的会员图书馆几乎都包含公共演讲空间,在那里,听众可以通过提问以及言行举止来证明自己多么有"修养"[30]。

许多人认为,利用会员图书馆空间来推进蓬勃发展的学园运动(lyceum movement)①将使受到忽视的图书馆重新焕发活力,同时有助于建立新的图书馆。1856 年,《纽约福音传播者报》(New York Evangelist)指出:"这个国家大

---

① 美国学园运动肇始于 19 世纪早期,最早起源于美国东北部地区,是早期的一种成人教育活动。教育形式包括学术演讲、艺术表演、辩论等,这些活动多由公共图书馆赞助支持,19 世纪中期迎来发展高潮,很多一直持续到 20 世纪。——译者注

▶ 圣路易斯商业图书馆大楼
（1854 年）
其中拥有 2000 个座位的大厅是
该市最大的礼堂。照片来源：纽
约公共图书馆沃勒奇美术、印
刷艺术品与照片部的照片馆藏。

大小小的村庄中，没有任何一个拥有学园或者社团，因此无法追随大城市的
步伐，邀请有名望的学者前来演讲从而增加公共图书馆的数量。"在内战以前
的美国，学园遍布于新英格兰（1839 年，马萨诸塞州有 137 个）到大西洋沿
岸的各州，举办有关科学、农业、政治、道德、文学和哲学的讲座课程。拉
尔夫·沃尔多·爱默生（Ralph Waldo Emerson）、亨利·沃德·比彻（Henry
Ward Beecher）、奥利弗·温德尔·霍姆斯（Oliver Wendell Holmes）与霍勒
斯·曼（Horace Mann）等人经常在举办学园系列活动的会员图书馆礼堂中做
演讲。1841 年，弗雷德里克·道格拉斯（Frederick Douglass）在位于楠塔基特
岛的雅典娜图书馆（Nantucket Island Atheneum Library）第一次面向白人发表
了公开演讲[31]。

　　虽然所有这些图书馆都通过推广阅读而培养了民主倾向，但没有一家图书
馆是真正民主的，大部分都由盎格鲁-撒克逊新教徒所控制，这些人一般是中
产阶级的成年男性，他们向往的是由本阶级统治的社会。例如，在波士顿雅典
娜图书馆，有钱的男性把持着图书馆的服务及馆藏。直到 19 世纪 30 年代，第
一批女性才被批准成为图书馆会员（其中有一位女性会员后来因坚持废奴主义
而被取消会员资格）。有些人对波士顿雅典娜图书馆的阶级限制提出了反对。
"雅典娜图书馆为普通民众带来了什么好处？"1826 年，《波士顿新闻通讯与城市记录》(*Boston News-Letter and City Record*)质问道,"在这座令人尊敬的古老城市中,很多东西变得越来越高不可攀,富人们可以用钱买到阅读希伯来语文献的机会,而这个社区中大多数人只能翻阅六便士的历书,忍受着'知识饥饿'。"[32]

但文人雅士们仍然看到了波士顿雅典娜图书馆的光明前景。1826 年,哈佛大学教授乔治·蒂克纳(George Ticknor)在给丹尼尔·韦伯斯特(Daniel Webster)的信中写道:"为了这个伟大的机构,我愿意做任何主题的演讲,包括时尚、流行、科学……为这个城市打造一座知识大楼。"蒂克纳看到了会员图书馆作为一个场所的价值,并且发现波士顿雅典娜图书馆可以通过多种方式融入波士顿不断发展和充满活力的公共文化。波士顿雅典娜图书馆的艺术展览馆尤其受欢迎。1828 年,一家报纸发表文章称:"全世界……昨天都观看了艺术展,而且懂艺术的人宣称这次展览比去年的更加出色。"1839 年,波士顿雅典娜图书馆举办了第一次雕塑展;几年后,这些雕塑被移到了一层,图书馆在二层,三层为展览馆,从此开始,波士顿雅典娜图书馆三分之二的空间用于观赏而非阅读[33]。

其他一些会员图书馆与波士顿雅典娜图书馆有着类似的经历。1847 年新落成的费城雅典娜图书馆包含一间演讲厅、一间象棋室、两间阅览室。1840 年,纽约会员图书馆(New York Society Library)落成开放时,一位记者注意到,该馆的新大楼不仅有装修精美、"夜间灯火通明"的图书室、期刊室,还有"两间避免打扰其他读者的小型谈话室"以及"用于娱乐、讨论和集会的演讲厅"。1848 年,埃德加·艾伦·坡(Edgar Allan Poe)在这里发表了一场题为"宇宙起源"的精彩演讲,使听众"兴奋异常"。1854 年,国际象棋和跳棋俱乐部组建了旧金山力学研究所(San Francisco's Mechanics Institute)图书馆,此后定期在其游戏室聚会;截至本书撰写时,仍然如此[34]。

图书馆空间很重要,但馆藏同样重要。如果会员图书馆没有人们想要的阅读材料,它们往往就会止步不前。纽约商业图书馆 1870 年的一份报告提出:"会员想要什么,我们就要提供什么。"但是有些人反对这一趋势。1851 年,弗朗西斯·韦兰(Francis Wayland)反对罗得岛普罗维登斯雅典娜图书馆(Providence Athenaeum)购买"一些可疑、轻浮、不清白的书籍……只因为年轻人爱读这些"。韦兰写道,这无异于"给年轻人喂毒药"。其他一些会员图书馆试图通过接纳女性成为会员以减少损失，但是严格限制她们阅读小说。为了满足读者要求，波士顿商业图书馆在 1851 年发布的一份报告中写道："我们已经在书目中采购了［小说］作品，并有多个复本。"但是馆长表示："一位谦逊的年轻女性不应该与高雅文学中败坏的内容有任何关联。图书馆中的大部分内容都不应该让她看到。"[35]

在 19 世纪中期，美国读者（当时 90% 的成年白人男性已经具备了读写能力）处于"廉价书籍"的时代，其中小说的数量比以往更多，而且很多小说都是在"一便士周刊"上连载的。通常来说，男性评论家会对这些小说进行评估，他们在评估结果中会用"严肃"（serious）一词将知识读物与普通小说区分开来。然而，在 19 世纪中期，"严肃"的词义是隐讳的，这在很大程度上源于男性对女性读者脆弱情感的担忧。文化权威担心女性会在阅读中体会到两性亲密，他们对所谓"严肃"作者所写的"纯粹"小说流行起来明显感到沮丧。1855 年，纳撒尼尔·霍索恩（Nathaniel Hawthorne）在给乔治·蒂克纳的信中写道："美国现在被一群胡乱写作的女性完全征服了，公众的品位已经被她们制造的垃圾所占据，我应该没有成功的机会。"赫尔曼·梅尔维尔（Herman Melville）贬斥了读者中的"暴徒"，他称这些人是"肤浅而草率的读者"，遭到了"极大的欺骗"，甚至看不到他作品中的深层含义[36]。

但是，一种阅读状况已经形成了：小说的女性读者多于男性读者。虽然女性阅读的大部分内容贴合了她们自出生以来一直所处的世界，但通过挖掘普通小说的深层内容实现自我赋权（self-empowerment），她们推翻了维多利亚时代文化对于女性的禁锢。中产阶级白人女性在阅读专门为她们而写的小说时，会对不同的社会环境和情境产生想象，进而或是拒绝接受小说中的内容，或是筛选、修改、调整和采纳最符合她们日常生活的内容。从读者的角度看，我们可以发现，19 世纪的家庭小说重构了文化氛围，从女性的视角批评美国社会[37]。"拿起一本书……开始阅读，对于它的特点、影响和优缺点形成你自己的观点，"1839 年，一位女性对另一位女性说，"最后对该书有一个评价，如果你愿意，可以了解其他人如何看待这本书，并与你自己的观点做个比较。"[38]

小说以外的普通作品也具有指导意义。雅各布·阿博特（Jacob Abbott）在 19 世纪中期撰写的 28 本童书介绍了儿童道德准则以及有关旅游、历史和科学的知识。传记写作往往强调诚实、节制、责任感、节俭和勤劳等美德，因而成为人们行为的指南。这些作品不仅旨在打造一种向世界展示美国特色的民族文化，还致力于推进基督教和富兰克林推崇的"白手起家"的精神。19 世纪中期，帕森·威姆斯（Parson Weems）所著的《华盛顿传》（*Life of Washington*）已经出版了 70 个版本，并将独立战争后的几代人凝聚成为"美利坚民族"。亚伯拉罕·林肯在孩童时代就读过这本书[39]。

成立会员图书馆并不是白人的专利。19 世纪初，被奴役的美国黑人几乎没有机会学习识字。1827 年，当巴尔的摩的一位奴隶主得知他的妻子正在教 9 岁的弗雷德里克·道格拉斯读书时，他对妻子说："如果你教那个黑鬼……读书识字，他就不会永远安于做奴隶。"然而在北方，自由的黑人组建了文学社团，并出资设立阅览室，举办辩论活动，用来反对奴隶制及种族歧视。这些社团成员发表自己创作的诗歌和散文，并在文学活动中朗读，使人们注意到他们对于自由和平等的追求。19 世纪 30 年代，纽约女性文学协会（New York Ladies Literary Society）的一位组织者指出，通过加入该协会，黑人女性可以向那些"认为我们毫无思想"甚至"顽固不化"的敌人"发起挑战"。通过加入费城女性文学协会（Philadelphia Female Literary Society），黑人女性"可以打破偏见的巨大障碍"。一名成员表示，在加入该社团之前，她"形成了自己的一个小圈子"，但是加入社团以后，她对其他成员说："为奴隶奋斗的事业［已经成为］我的事业……你们难道不是一样的吗，姐妹们？"[40]

纽约黑人成立的凤凰协会（Phoenix Society）在 19 世纪 30 年代专门开展了一些项目，用于打造社区和增进人际交往。这些黑人的图书馆不仅仅是收藏图书和其他印刷品的场所，更是通过阅读促进交流的空间，人们可以在一个社会环境中围绕各种印刷文献展开讨论或辩论。社团成员的兴趣主要在于培养品格，而不是提高读写水平，因此他们经常会大声朗读，帮助文盲或半文盲的人理解书中的内容。凤凰协会还努力打造"演讲和科学讲座的学园"，因此，他们希望其图书馆融阅读与场所于一体。19 世纪 30 年代，在费城有色人种图书馆公司（Philadelphia Library Company of Colored Persons）的一次会议上，一位观察员报告说："讨论的主题大多与他们自身的权益有关，而且最终产生的决议会让持有偏见的白人感到惊慌失措、忧心忡忡。"他指出，这些社团"数量众多、团结一致，而且对于自己卑微的身份和强大的力量一清二楚"[41]。

1859 年，纽约《欧裔非洲人周刊》（*Weekly Anglo-African*）杂志社开设了一间阅览室，用于举办"受欢迎的讲座"，希望将这里打造成一个"消除肤色、教派或党派差异"的空间。通过共享阅览室的图书，自由的黑人能够参与与自己未来有关的公开辩论，与压迫他们的白人社会进行抗争。到这时，美国已经成立了大约 50 个黑人文学社团，其中很多由女性掌管[42]。

18 世纪出现的会员图书馆模式到了 19 世纪呈现出多种不同的形式。商业图书馆有时会获得资本家的支持，资本家将图书馆看作是帮助文职人员和中层管理人员提升技能水平的自助机构，不过大多数情况下，这些图书馆是技术工人自发成立的组织，他们共同筹集资金，同时购买"有用"和"休闲"的书籍。上进的年轻人一定要通晓文化和金融语言，因此这些新兴商业图书馆重视将口头和书面交流结合起来。例如，1820 年，一些年轻人在纽约和波士顿建立了商业图书馆。除了阅览室和象棋室外，这些图书馆还经常提供培训课程，开展社团活动（包括辩论、演讲和诗歌创作），并举办学园讲座。1827 年，波士顿力学学院在开幕式上公布了一系列讲座安排，并补充道，"为了从讲座中获得最大成果"，所有听众"还必须读书"[43]。

1851 年，波士顿基督教青年会（Young Men's Christian Association）开设了阅览室，这是会员图书馆的另一种形式。这些阅览室面向青年男子提供道德类书籍，基督教青年会认为，这些人迫切需要基督教的熏陶，从而避免被城市中"堕落和放荡的生活"所影响。这些阅览室的会费很低，一般每天开放 12—14 小时（包括星期日）。与大多数其他会员图书馆一样，生存的需求最终影响到了这些阅览室采购的图书，发展到第二代以后它们的馆藏中便包含了更多的通俗作品。到 1859 年，美国有 145 家基督教青年会图书馆，其中 12 家馆藏超过 1000 册。1875 年，纽约基督教青年会图书馆藏书达到了一万册，其中包括查尔斯·狄更斯（Charles Dickens）和沃尔特·斯科特爵士（Sir Walter Scott）等作家发表的"可以接受"的小说。1892 年，基督教青年会图书馆达到了鼎盛，据统计，在参与统计的 1400 家基督教青年会中，其中 54% 拥有藏书超过 50 册的图书馆。

新教教派虽然与基督教青年会图书馆的目标在很多方面相一致，但他们倾向于更直接地控制教徒的阅读兴趣，包括主日学校图书馆，这些图书馆在 19 世纪中期受益于一个叫做"美国福音传单协会"（American Tract Society）的复杂的出版发行系统，该系统通过美国主日学校联盟（American Sunday School

Union）推广自己的产品。1832 年，主日学校联盟雇用了 78 名巡回传教士向美国主日学校儿童发放免费的印刷品。这些印刷品不是"充斥着愚蠢、庸俗和虚伪的书"，而是宣扬美德、抵制堕落的作品，身披"融合了教学和娱乐的极具吸引力的外衣"。这些书一般被用作识字课本。1843 年，卫理公会表示："论及对我们事业的帮助来说，没有任何机构比一家好的图书馆更强有力的了。"1870 年，美国普查结果显示，全国 33580 个主日学校图书馆共有 800 万册藏书[44]。

19 世纪初，越来越多的教育者致力于推行义务教育，同时越来越多的男性文化权威对女性、青年和因新一波移民浪潮而增加的下层阶级的阅读品位感到担忧，一些领导者发现，图书馆是解决这些问题的一个途径。1839 年，马萨诸塞州教育委员会秘书霍勒斯·曼在州内展开调查，"了解有多少家公共图书馆"以及"有多少人无法享受图书馆服务"。他发现马萨诸塞州 299 个会员图书馆共有 18 万册藏书，但获取这些馆藏所需的费用成为"将最贫困人口排挤在外的最大障碍，而这些贫困人口是最需要使用馆藏的"。霍勒斯·曼得出结论认为，缺乏公共资金阻碍了"成立图书馆给人带来的好处"。

义务教育使成立图书馆势在必行，并在一些州催生了另外一种形式的图书馆。1833 年，纽约一位立法者担心，如果年轻人无法获得知识，政府就无法"使 50 万名青年成为合格的公民"。一年以后，美国国务卿告诉立法机关："如果学区居民有权为自己的财产征税，用于为学区成立图书馆，这种权力或许……会成为传播有用知识和提升人们文化素质的最有效工具。"1835 年，纽约通过立法，要求建立当地居民可以访问的学区图书馆。到 1850 年，这些学区图书馆的藏书已达到 150 万册。马萨诸塞州紧随纽约的步伐，1837 年建立了一个学区图书馆体系，到 19 世纪中期，该体系中的 2000 多家图书馆共拥有 10 万册图书。康涅狄格州、罗得岛、密歇根州、印第安纳州和俄亥俄州也相继成立了学区图书馆，但效果各不相同。由于州政府资金只用于购买文献，没有支付人员费用，导致图书馆馆藏无人管理而日趋混乱。1851 年，缅因州教育委员会秘书表示，该州九所学区图书馆因"难以克服的困难"而倒闭，"建立公共图书馆体系的唯一可行的途径……是使该体系覆盖城镇，而不是学区"[45]。

1850 年，史密森学会（Smithsonian Institution）图书馆馆长查尔斯·科

芬·朱厄特（Charles Coffin Jewett）在《美国公共图书馆报告》（*Report on the Public Libraries of the United States*）中指出，美国 31 个州及哥伦比亚特区的 10015 家图书馆共有藏书 3701828 册。但是，朱厄特对于"公共"的定义很广泛，他认为"这个国家的所有图书馆……只要不属于私人财产（事实上很多都属于私人财产），都是公共图书馆"[46]。对于 21 世纪的图书馆员来说，这个定义比较奇怪，因为在他们眼中，"公共图书馆"是依靠地方税收支持的机构。不过对于 19 世纪中期的前辈而言，朱厄特对公共图书馆的定义反映了当时大多数图书馆员的共识。

1841 年 4 月 24 日，波士顿商业图书馆举行了一场会议，来美国访问的法国腹语表演者亚历山大·瓦特马尔（Alexandre Vattemare）在会上介绍了他的国际文献交换计划，他深信这将有助于促进两国间的友好关系，并最大限度地减少战争。为了接受、保存和流通这些文献，瓦特马尔提议波士顿将本市的所有图书馆整合成一个由公共资金支持的机构——一个"免费"的公共图书馆。参会者一致通过决议，支持这一"伟大的项目"。有一段时间，这个想法被搁置了。但是在公共视线之外，哈佛大学教授乔治·蒂克纳和爱德华·埃弗里特（Edward Everett）却对这样一个为波士顿公众，特别是随着未受过教育的、不识字的爱尔兰移民不断增加而迅速扩展的下层阶级提供"有益的"阅读材料的机构感到激动。1847 年，市长乔西亚·昆西（Josiah Quincy）匿名向波士顿市捐赠了 5000 美元用于成立图书馆，但要求市议会授权征税以"建立和运营一个供市民使用的公共图书馆"。第二年，市议会批准了昆西的要求，波士顿便开始筹划建立公共图书馆。

在为图书馆立法的合理性辩护时，马萨诸塞州立法委员约翰·怀特（John Wight）提到了"免费"公共图书馆将带来的四个优势：它们将成为公立学校"必要的和有价值的"延伸；"为全民提供充足的、重要的实用信息来源"；保存政府文件；帮助社区实现"智力和道德进步"，因为图书馆能够"通过引导家庭生活习惯、减少低级和不道德的出版物的流通、推动人性向更高的层次发展，从而推动当时的所有道德革新"。怀特的重点很明确——"有用的知识"，他对"故事"嗤之以鼻。1849 年，新罕布什尔州抢在马萨诸塞州之前，通过了国内第一部授权城镇通过征税来建立和运营免费图书馆的立法；马萨诸塞州于 1851 年通过了该法律。

26

纽约有机会抢在波士顿之前。1838 年，约翰·雅各布·阿斯特（John Jacob Astor）宣布计划建立一座"公共图书馆"，10 年后他去世时，留下了 40 万美元的遗产，用于建立一所"在任何合理的时间开放，免费为大众提供服务"的公共图书馆。但这一理念没有付诸实践。1849 年，阿斯特图书馆注册成立，董事会同意让馆长约瑟夫·科格斯韦尔（Joseph Cogswell）去建设一座"满足学者、研究人员和科学家的需要，帮助人们获取所有学科领域准确的知识"的图书馆。于是，科格斯韦尔及董事会将该馆定位为一所向 16 岁以上公民开放的非流通图书馆。科格斯韦尔认为，年轻人更喜欢"阅读垃圾文字"，如"斯科特、库珀（Cooper）、狄更斯、《笨拙报》（Punch）和《新闻画报》（Illustrated News）"，阿斯特图书馆是不会收集这类读物的。开馆当天（1854 年 1 月 9 日），科格斯韦尔要求大多数访客远离图书馆的 9 万册藏书。他说："要是让我看到一群人在书架中间无规矩地穿来穿去，把一切弄得一团糟，我简直会疯掉。"[47]

波士顿的态度截然不同。1851 年 7 月 14 日，蒂克纳向埃弗里特详细介绍了自己关于成立"波士顿公共图书馆"的想法。他认为，图书馆不仅要"尽可能长时间地开放"书架上的信息资源，"它的**主要**部门和目标要与目前所有的免费图书馆有所不同。我的意思是，在这家图书馆，任何一本能帮助人们实现道德和知识提升的流行书籍都应有足够多的复本，可以满足所有需要它的人同时阅读"。这种做法有助于"培养真正健康的阅读习惯"。在协助规划图书馆的过程中，蒂克纳多次强调这一点——图书馆要重点为社会底层服务，他们需要通过流行书籍融入"我们的民族品格"[48]。

1852 年 7 月 6 日，埃弗里特担任主席的波士顿公共图书馆董事会下属的一个分委会发布了一份报告——《波士顿市第三十七号文件——波士顿市公共图书馆董事会报告，1852 年 7 月》（City Document No. 37—Report of the Trustees of the Public Library of the City of Boston, July, 1852）（以下简称《波士顿市第三十七号文件》）。报告中的部分内容成为波士顿公共图书馆一份管理条例的初稿，其中勾勒出的治理结构后来被美国各地设立公共图书馆时参考。波士顿公共图书馆这种模式使得美国公共图书馆与纳税人紧密联系在一起，但同时又避免公共图书馆成为"大政府"的延伸。1852 年 10 月 14 日，波士顿市政委员会通过了一项法令，授权董事会遴选图书馆馆长、自行制定图书馆的规章制度、筹款和管理图书馆。

由埃弗里特撰写的《波士顿市第三十七号文件》的第二部分论证了图书馆存在的合理性，这部分内容经常被看作是美国公共图书馆运动的宪章。该文件呼吁图书馆对所有人免费开放，流通图书，既采购学术文献，又采购流行作品。"我们迫切需要促进人们对一般信息的获取，鼓励所有人读书和了解社会秩序最底层的问题……作为人类，无论贤愚，我们总要面对并解决这些问题。"[49]这是一番崇高的说辞，但底层的爱尔兰移民无疑会发现，波士顿公共图书馆的创始人都属于当地的精英阶层。他们代表在这个国家有根基的富人，担心社区在工业化、城市化，特别是移民造成的压力下出现道德水平下降。

不过，这份报告明显地体现出蒂克纳占了上风。在图书馆将采购的四类图书中，第三类——"人们需要的图书"——得到了最大的重视。"这一时期较为体面的流行作品……应该采购多本，确保**很多人**……可以在同一时间阅读同一本书，让时下流行的积极健康的文学作品在所有人唯一想读它们的时候（即当这些作品仍然鲜活且新颖的时候）能读到。"乔治·蒂克纳开创的这一先例使美国公共图书馆受益匪浅。如果公共图书馆没有提供流行作品，美国人可能不会支持他们，波士顿公共图书馆的试验就无法引领美国的公共图书馆运动，安德鲁·卡内基（Andrew Carnegie）也无法在半个世纪后极大地推动公共图书馆事业的发展。蒂克纳还要求图书馆在采购图书时"满足大众口味"，因此使图书馆成为本地不同文化价值观和文学价值观之间的调和者。

1852 年 10 月 1 日，伦敦巴林银行的乔舒亚·贝茨（Joshua Bates）无意中读到了《波士顿市第三十七号文件》——当年夏天，波士顿向该银行发送了一套材料用于申请贷款，该文件就在其中（或许贝茨受到了英国刚通过不久的《1850 年公共图书馆法》的鼓舞）——于是决定为这家新建立的图书馆出资 5 万美元，要求该馆的建筑"成为城市的装饰"，并建立一个能容纳 150 人的阅览室，"读者可以坐在桌旁看书……新馆的阅览室决不能比上层阶级使用的阅览室差。要让勤劳善良的中产阶级与劳动阶层感觉到自己与上层阶级没有什么大的差别"。一个月之后，贝茨提出了更为具体的要求："图书馆建筑应该让一个学生走进来以后留下深刻印象，让他感到自己有所提升，并且因为这种场所对自己免费开放而自豪……应该有一个入口大厅，一间存放外套和雨伞的房间，一间提供肥皂、热水和毛巾的盥洗室。图书馆的房间在冬天应该足够温暖明亮。"[50]

在 1851 年至 1854 年间，新英格兰地区的其他十个地区效仿了波士顿的做法，例如，新罕布什尔州于 1849 年、佛蒙特州于 1865 年、威斯康星州于 1868 年建立了公共图书馆，缅因州于 1854 年同意为图书馆征税。波士顿得以成功创建公共图书馆的几个要素与特征在效仿它的几个地区有所体现：这些地区都有相对健康的经济——慈善捐款一旦减少，当地政府必须能够支持公共图书馆的发展。它们还拥有大量在当地领导看来值得采购、流通与保存的文献。此外，为激发人们对公共图书馆的兴趣，有必要培养他们的地区自豪感。阿斯特图书馆准备开放时，埃弗里特在给蒂克纳的信中写道："波士顿必须拥有一座伟大的公共图书馆，否则在文化和商业上都要屈服于纽约，我想这一点在几年之内会很明显。"[51] 最后，社区领导必须深信，通过推广阅读提高全民文化素养有助于提高道德水平，实现自我提升。波士顿公共图书馆开放后的几年内，美国大量社区领导者都深信，公共图书馆作为一个自我教育机构，是正规教育的必要补充。

第 2 章　为了"普通人"：美国公共图书馆（1854—1876）

1854 年 3 月 20 日，波士顿公共图书馆（Boston Public Library）在梅森街一所学校的临时校舍设立了一间阅览室，里面有几百册参考书以及 180 种国内外期刊，"杰出的文学人士表示，这里有整个大陆上数量最多、品种最好的馆藏"。作为当时全美第四大城市（拥有 14 万人口），波士顿已经具备提供包括消防、基础教育、公共卫生、城市用水和新警察局在内的传统市政服务设施。波士顿人认为，波士顿公共图书馆是城市发展的必然结果。该馆开放的第一天，有 80 人访问了阅览室，开放时间为每天上午 9 点至晚上 9 点 30 分。

5 月 2 日，波士顿公共图书馆开放了第二间阅览室，比第一间更大，存放了 1.2 万册图书，公众可以将这些书借回家阅读。读者办理借阅卡时要提供姓名、职业、地址以及一位担保人的姓名。如果申请人无法提供担保人姓名，图书馆会将申请者的名字交给警方核查。16 岁及以上的波士顿市民以及 12 岁以上的学生都可以借书。就在 5 月 2 日当天，有超过 800 人注册申请波士顿公共图书馆读者卡。每人每次只可借一本书。读者首先要在桌上的短标题目录（short-title catalogs）中查找图书，填写索书单，并交给一位图书馆员，图书馆员再将它交给一位"负责跑腿的人"去取书。目录的作用很有限，因为上面没有最新的馆藏信息，甚至在印出来之前就已经过时了。为了记录馆藏流通情况，图书馆员会在一个大的登记簿上记下借阅者的姓名，每个人占一页纸，上面还有图书的索书号以及应还日期。借阅者归还图书后，图书馆员会将这笔交易划掉[1]。

平均每天有 300 人申请波士顿公共图书馆的读者卡，其中大部分为女性。《格里森画报》（*Gleason's Companion*）写道，在注册人员中，"我们发现既有波士顿最富有的人们，也有最贫穷的人们"，包括"商贩、机械师、劳工、相当多的爱尔兰人以及为数不多的少数族裔人士"。据《独立报》（*Independent*）报道，虽然馆藏中包含了所有有用的知识，但是"读者借阅的大多为讲述现代和流行故事的小说"，不过这些小说"大多有着良好的道德倾向"。《格里森画报》发现"目前的主要需求是能轻松阅读的小说（light fiction）"，但预测道，"随着民众成为读者，他们将变得更冷静、勤劳、节俭"，并且"将更愿意待在家里，而不是去有害的地方"。截止到 1854 年底，波士顿公共图书馆馆藏已增加到 1.6 万册，注册读者 6590 人，外借图书 35389 册次 [2]。

不久，一项永久馆舍的建筑计划开启了。1855 年 9 月 17 日，波士顿公共图书馆的管理层在波尔斯顿大街（Boylston Street）为永久馆舍奠基。建筑负责人对围观群众说："让这个图书馆……不仅成为你们学习所谓'有用的知识'的场所，还会让你们经常光顾并度过愉快时光。"他的一番话与乔治·蒂克纳对于推广大众阅读的态度如出一辙。"让男孩在这里找到有益的冒险作品……让女孩找到让她们心仪喜欢并开启奇幻想象的故事……让疲惫的家庭主妇找到能将她们带到一个理想的爱情和幸福世界的小说。"他补充道，波士顿公共图书馆应该像波士顿公园一样成为一个休闲娱乐的场所，但图书馆要为读者把关，防止出现道德滑坡。

为了管理这一新建筑，波士顿公共图书馆董事会聘请了查尔斯·科芬·朱厄特，他曾于 1847—1855 年担任华盛顿特区史密森学会图书馆馆长。朱厄特上任后，首先督导了波士顿公共图书馆搬迁至新馆的工作，1858 年 1 月 1 日，新馆正式开放。在开馆仪式上，埃弗里特倡议出席的 2000 人每人向波士顿公共图书馆捐赠至少一本书，据《波士顿邮报》（*Boston Post*）报道，出席者中包括"坐在包厢中"的"许多美女"。（埃弗里特戏称："女性的权利在这里应当得到充分的尊重。"）对于埃弗里特的提议，出席仪式的人们纷纷鼓掌以示赞同。几周之内，波士顿公共图书馆馆藏就增加了 1000 多册捐赠图书。《波士顿晚报》（*Boston Evening Transcript*）将波士顿公共图书馆视为"本市有史以来最重要的公共文化项目之一"[3]。

波士顿公共图书馆新馆第一层的"底层大厅"（Lower Hall）旨在"满足

▲ 乔治·蒂克纳（左起第三位）是波士顿公共图书馆董事会中唯一一位成功地呼吁让该馆提供流行小说的成员，所有后来建立的公共图书馆都应向他表示感激。照片由波士顿公共图书馆董事会提供。

民众的一般需求"，其中有一间拥有 100 个座位的"专用阅览室"，专为女性所设。另外还有一间能容纳 200 人的普通阅览室（女性也可以使用）。期刊摆在开架上，读者对这种获取的便利性大为称赞。用户从取书室（Delivery Room）取书，在那里，他们申请借阅闭架图书，之后工作人员会爬楼梯上二楼，从书库中取书。大堂的上一层（后来命名为"贝茨厅"）——被图书馆管理层称为"真正意义上的图书馆"（the library proper），因为这里存放着"真正具有永久价值的图书"——被设计成了参考咨询图书馆，用于保存"有用的知识"，旨在"为具有较高要求的研究人员提供服务"[4]。这个图书馆建筑满足了 19 世纪初的流通图书馆和会员图书馆培养出来的读者需求，但与很多会员图书馆不同的是，波士顿公共图书馆没有礼堂，没有专门的社区会议室，也没有象棋和跳棋室。

　　到 1861 年，波士顿公共图书馆馆藏达到近 10 万册，平均访问量为 1000 人次 / 天，流通量据说达到 16 万册。一年以前，该馆董事会试图"只采购通俗文学中最好的作品"来悄悄改变读者的阅读口味，结果底层大厅的流通量出现断崖式下降。一年后，董事会纠正了一年前的决策，流通量才开始上升。

▲ 1858 年的波士顿公共图书馆内部，这是波士顿的一处公共场所，男女读者体现了阅读的社交性。照片由波士顿公共图书馆印刷艺术品部提供。

那时，一种阅读模式出现了——成人和青少年的小说借阅量占该馆流通量的近 70%。1866 年，一个审查委员会指出："虽然他们可能希望会有不同的记录，但他们必须接受现状，这代表了社区群众的人心理所向。"因此，一个传统扎下了根；读者对这家自己不是非去不可的公民机构产生了明确的偏好。董事会必须迎合这些偏好，否则就会失去用户。1868 年，朱厄特去世，图书馆董事会聘请了贾斯廷·温莎（Justin Winsor）担任新一任馆长。温莎是波士顿上层社会的代表，曾作为 1866 年审查委员会主席仔细研究过该馆的管理情况。作为第一家大城市公共图书馆，波士顿公共图书馆成为典范，它的模式被 19 世纪后期兴起的许多大大小小的公共图书馆所复制。

34

10 年内，民众对于公共图书馆已经非常熟悉。1866 年，一本期刊记载，图书馆在星期六特别忙，阅览室里"挤满了借书的读者，绝大部分是年轻人"[5]。1871 年，《艾普尔顿杂志》（*Appletons' Journal*）的一位记者访问公共图书馆后，认为下午 6 点的图书馆阅览室"是这个城市的一大景点"：

这里挤满了人。地上到处都是孩子，他们争先恐后、叽叽喳喳地向图书馆员表达诉求。有趣的是，我看到一个 12 岁的孩子像"老手"一样迅速办理着一切：他伸展胳膊肘，一张桌子让他占了一大半，只见他从众多目录卡中精准地揪出他想要的那张，在上面的大量号码中找到他需要的号码，然后在纸上认真地写下自己的姓名和索书号……完成这些后，男孩要等着取书；他很有"美国人"样范，在等待时间也没闲着。他走到附近的阅览室，拿着一本插图书，坐下来边读边等图书馆员的通知，直到图书馆员要他去取书，或者告诉他没有找到为止。[6]

晚上 8 点，波士顿公共图书馆阅览室的所有座位都"被一群沉默的、像木乃伊一样的人占据，他们如饥似渴地阅读……不时有一个人站起来，走到书架旁，默默地将手中的杂志换成另一本。每个人都非常整洁，而在街边的其他场所，这种情况着实罕见。几乎所有人都从家里出来，掸去了一天工作沾染的灰尘，来到这里想要'读'点东西"。记者注意到，贝茨厅"通常都有 20 到 30 人，有些在写作，大多数在认真阅读，也有一小部分人在东看看西看看。所有人都很安静。除了桌子上时不时响起的盖戳的声音、走廊里的脚步声或者翻书的沙沙声，几乎没有任何声音能打破这种宁静"。贝茨厅的书不能带回家，但可以在馆内使用[7]。

1866 年到 1870 年，贝茨厅的使用量增加了 400%，阅览室与底层大厅的使用量增加了 300%。1871 年，波士顿公共图书馆在东波士顿开了一家分馆，当年流通图书 74804 册。波士顿公共图书馆虽然在十年内增设了五家分馆，但总馆的流通量一直有增无减。1869 年的年度报告分析了读者数据，结果显示，在明确写出职业的 5432 名男性和 1542 名女性中，1100 名男性和 542 名女性从事"贸易和制造业"，243 名男性和 6 名女性是"店主"，2006 名男性和 116 名女性从事"商业"，746 名男性和 360 名女性是"专业人员"，165 名男性和 3 名女性是"官员"，1632 名男性和 434 名女性从事"杂项工作"，女性的杂项工作包括"牡蛎工、厨师、跑腿女孩、洗衣女工、护士、服务员、店员、裁缝、缝纫机操作员和佣人"。显然，图书馆在为劳动阶层服务，尽管他们借阅的并不是文化当局和图书馆管理层以为他们最需要的是含有有用知识的书籍。1871 年，《文学世界》（Literary World）杂志写道："从波士顿公共图书馆借出的［青春小说作家］奥利弗·奥普蒂克（Oliver Optic）的作品远多于其他作者作品。"[8]

为了保护女士们细腻的情感，图书馆制定了规则，确保图书馆不提供有争议的书刊。1869 年，一位署名为"H"的人写信给《波士顿每日广告报》（*Boston Daily Advertiser*）说："一位经常访问图书馆的女士想为她儿子借一本医学书，虽然这本书已上架，但是图书馆员表示除非这位女士能提供医生证明，表明她儿子确实打算学医，否则无法将书借给她。"这位女士感觉受到了侮辱，"她将她家庭的借阅卡都还给我，表示自己再也用不着了。"H 说道。不断增加的图书馆流通量和访问量还带来了其他的问题。在公共领域，人们常常觉得自己有权表达意见，从一开始，公共图书馆就无意中为读者与图书作者提供了诱人的交流机会。1858 年，《波士顿晚报》指出，"一群无礼的读者"常常在书页上留下自己的观点："有时，一首诗的旁边会以女性的笔迹写上'多么美好啊！'或者论文空白处写着'没错''正确''存疑'等"[9]。

期刊的开放获取同样带来了很多问题。《波士顿每日广告报》1866 年报道，由于"一小部分不道德的人"会偷走或损害期刊，"图书馆无法把这些大众欢迎的通俗期刊完整地装订起来"。为了解决这个问题，董事会采取了"限制性措施"，却影响了服务，引来了民众的大量投诉。一位读者抗议道："董事会不能只重视少数学者而忽视绝大多数的民众。"《波士顿每日广告报》的编辑评论道："我们希望董事会在采取措施应对这种恶劣行为时，不要忘记该馆最大的优点在于它没有那些令人束缚的条条框框，"而这些条条框框正是纽约阿斯特图书馆"使大部分人无法享受其服务的原因"。波士顿公共图书馆并不是个例，底特律公共图书馆制定了详细的处罚规则："1 个油点，罚 5 美分；1 个墨点，罚 5 美分；撕坏一页，罚 10 美分；折损一页，罚 5 美分；在书中乱写乱画，罚 5—10 美分；造成其他损害，包括弄脏图书或破坏装订，按比例罚款，最高额度为书的价格。"[10]

虽然对书刊的损害仍在持续，但盗窃行为没有增加。《艾普尔顿杂志》审查了波士顿公共图书馆 1871 年的年度报告，对所有读者所表现出的公民责任表示赞叹。该杂志提问道："在一整年里，流通的 18 万册书刊中有多少彻底丢失了？在 30 万人次的借阅中，有多少人违约或有失诚信？"答案是："20！20本书，价值大约 50 美元。换句话说，每 9000 本书中损失 1 本，每 15000 册期刊中损失 1 册或者每 10000 美元中损失 1 美元。"当时，每 8 个符合条件的波士顿人就有 1 人拥有公共图书馆的借阅卡，不过这个数据有水分。当时，一些不守规矩的读者为了一次借更多书会用假名注册。还有一些人"在不同的时间用同一个名字注册两张借阅卡"[11]。

审查制度永远伴随着公共图书馆。1873 年，国会通过了《科姆斯托克法案》（Comstock Act），该法案是以安东尼·科姆斯托克（Anthony Comstock）命名的，他领导了纽约基督教青年会反堕落委员会的运动，要求禁止传播任何"淫秽、下流、猥亵"的作品或其他"不雅"内容（包括避孕或堕胎）。30 年后，乔治·伯纳德·肖（George Bernard Shaw）将过度狂热的文化净化活动称为"科姆斯托克派"（Comstockery），这个词现在仍用于形容审查行为。图书馆表示重视；联邦和州法律针对图书馆收藏内容制定了标准，不过，公共图书馆并没有反对。图书馆审查还以其他方式展开。1872 年，旧金山的一位公共图书馆馆员要求《波默罗伊民主党人》（Pomeroy's Democrat）主编"停止向图书馆寄送你们肮脏的报纸，你们的政治立场在这里不受欢迎"。该报回应称，除非图书馆董事会大多数成员"礼貌地提出要求"，否则不会停止[12]。

到 1876 年为止，美国文化当局认可的阅读模式有四种。在公共机构中，教会强力倡导的福音阅读；学校提倡公民阅读；为了传播有用的知识而建立的会员图书馆和公共图书馆倡导自我提升阅读模式，托马斯·爱迪生（Thomas Edison）的经历很好地诠释了什么是自我提升阅读。19 世纪 60 年代，这位底特律少年决心读遍公共图书馆的所有藏书。"他从书架低层落满灰尘的厚厚的论著读起，他确实读了……一排书长达十五英尺，"一位记者写道，"但他没有遗漏任何一本书，也没有错过书中的任何内容。"他读的大多为科学论文。几年后，在辛辛那提公共图书馆，据一位馆员回忆："很多时候爱迪生都会以生病不能工作为借口请假……但他总会直奔图书馆，待上整个白天和晚上，孜孜不倦地阅读……电力方面的论著。"[13]

公共图书馆的自我提升阅读模式还包括致力于培养有见识的公民（informed citizenry），这一点在报纸阅览室反映得尤为明显。1872 年，芝加哥公共图书馆开放，当时它不仅收藏了芝加哥的所有日报，还有其他 23 种美国报纸以及来自 17 个国家的 200 多种报纸和期刊，这些都是为了满足芝加哥不断增长的移民及各个"阶层"对于信息的需求。1873 年，辛辛那提公共图书馆阅览室订购了 310 种期刊（138 种美国期刊，96 种其他英语国家期刊，60 种德语期刊，12 种法语期刊，3 种荷兰语期刊和 1 种威尔士语期刊），本市所有的报纸以及一份纽约报纸和一份波士顿的报纸[14]。

美国文化当局认可的第四种阅读模式——文化阅读（cultural reading），与 19 世纪末大多数公共图书馆用户的经历紧密相连。虽然，图书馆宣称自己是重点提供有用的知识的公民机构，但是大多数读者希望读到满足自己的社会与文化需求的故事[15]。读者的阅读习惯和社会实践表明，他们通过这些故事来确定自己在公共领域的地位与特定角色。由于印刷品创造了大众文化，被公共图书馆卓有成效地推动了的自愿阅读（voluntary reading）便成为建立和维护社会关系的一种方式。作为一种文化行为，阅读还可以帮助读者个人沉浸到文字当中去，帮助他们塑造性格，满足他们的美学和知识需求。

公共图书馆读者通过对图书的选择表现出了自己的文学品位，这让他们了解不同的社会角色，并在生活中运用起来。对于大众而言，小说将读者与其他人的过去经历和情感起伏关联在一起。公共图书馆无法强迫读者阅读"严肃"的作品，但是在大多数情况下，它们无意中帮助读者开展了基于阅读的交流，读者在真实的世界里相遇并谈论阅读，或在虚拟的故事里交流，吸取从过去到现在每一个时代重要的文化思想。通过推广阅读并赋予用户选择权，公共图书馆让用户来决定哪些作品是最受欢迎的，这正是大众印刷文化市场的要义所在。对于读者而言，他们在图书馆感受到了一种强烈的民主精神，这使得他们很难不爱图书馆[16]。

然而，由于历代文化权威都没能理解"普通人"如何将阅读行为及小说内容与他们的日常生活联系在一起，所以他们不断地贬低大多数读者的阅读选择。公共图书馆鼓励自我提升的阅读，但是在很大程度上为了迎合读者的需求而默许文化阅读。如果公共图书馆没有提供读者认为很有价值的作品（即使图书馆员和文化当局认为没有价值），图书馆流通量就会下降。波士顿公共图书馆在 1859 年发现了这一点。1873 年，圣路易斯公立学校图书馆（St. Louis Public School Library）进行了一项"反对阅读小说试验"，该馆是一所会员图书馆，主要为圣路易斯的老师和学生提供服务。除了狄更斯和斯科特的作品，该馆拒绝采购其他小说。馆长表示："结果很明显，图书馆收入、注册读者数和图书借阅量之前每年稳步增长，但自从开展试验以来，这些数据出现急剧下降。"用户们非常生气，他们甚至投票选举出新一届董事会，希望能改变这一政策。1875 年，该馆新增了"无法抗拒的新流行作品"〔包括奥利弗·奥普蒂克和霍雷肖·阿尔杰（Horatio Alger）的作品〕，馆长指出："做出这一改变之后，图书馆重新获得了因反对阅读小说试验而失去的人气和收益。"[17]

虽然 19 世纪晚期美国公共图书馆提供流行小说，但人们对它的攻击从未减少。很多担忧都源于社会阶层的差异，中产阶级的权威人士经常对他们眼中的下层阶级的脆弱性感到担忧。1860 年，《戈迪女士杂志》（*Godey's Lady's Book*）曾写道，在阅读流行小说时，"人们的思想会被消磨，进而丧失所有推理和认真思考的能力"。牧师亨利·沃德·比彻（Henry Ward Beecher）称小说是"社会的公共下水道"，"里面汇集了污秽之物，包括最坏的激情、最糟糕的生物以及最恶劣的罪行"。许多批评者尤其担心女性。1868 年出版的《论女性特有的疾病》（*On Diseases Peculiar to Women*）一书作者警告说，"小说、传奇、戏剧"可能会导致女性"过度兴奋"，进而"在整个生理系统中引发消化不良和应激反应"，特别是在"躁动不安的子宫"[18]。

图书馆管理层试图找到方法来解决很多人提出的问题。例如，1867 年，波士顿公共图书馆开始发行季刊《公告》（*Bulletin*），列出新采购的书刊目录。图书馆董事会指出，"这份刊物……不仅可以提高那些可能被忽略的图书的使用率"，还将"促进我们知识的进步"[19]。图书馆员也采取了应对措施。1871 年，温莎冷静地指出："在公共图书馆，大量读者阅读小说这一状况是不可避免的，想要改变这个现实只是徒劳。大众渴望阅读小说——这是通过想象来逃避艰难的现实、生活的一种手段——而由于缺少经过训练的想象力，人们所渴望的小说往往都是比较低级的。"为了改变这种情况，温莎在图书馆内张贴了"最佳图书"目录，希望能给读者提个醒。但是读者并没有注意到，1872 年，小说仍占波士顿公共图书馆所有流通量的三分之二[20]。

随着全国各地的公共图书馆不同程度地调整采访策略以适应人们对普通读物的阅读需求，它们显然是想在大多数读者与反对流行小说的（外地或本地）文化权威之间寻找平衡。每个公共图书馆都必须在社区的文学价值中找到一个各方都能接受的核心点，从而顺利地运营。但历史表明，这个核心点会随着时代而变化。这些变化要求公共图书馆持续关注、不断讨论和定期调整。例如，1863 年，马萨诸塞州《斯普林菲尔德共和党人周刊》（*Springfield Weekly*

Republican）称："一所完整的公共图书馆应该实现两个目标：第一，它应该收藏科学和艺术各个领域的每一本重要的参考书；第二，它还应该收藏图书馆所服务的大众感兴趣的生动、可读的书籍。"但并非所有作品都是"生动、可读的"，需要制定一个标准。1877 年，温莎指出："如果排除掉明显粗鄙的图书，在不影响大多数读者需求的前提下，我们已经做得很好了。"[21] 因为不同地区的不同人对于"粗鄙"有不同的定义，这些差异引发的争论推动公共图书馆成为当地调解这些争议的平台。

例如，1872 年《民族报》（*Nation*）提到，在波士顿公共图书馆，最受读者欢迎的三位作家分别是索思沃思（E. D. E. N. Southworth）、李·亨茨（Lee Hentz）和玛丽·霍姆斯（Mary J. Holmes）。对于这则新闻，辛辛那提一家报纸非常高兴，因为在当地的公共图书馆，上述三位作家远不如沃尔特·斯科特爵士、查尔斯·狄更斯、威廉·梅克皮斯·撒克里（William Makepeace Thackeray）和詹姆斯·费尼莫尔·库珀（James Fenimore Cooper）受欢迎，该报纸总结道："女王城（Queen City）① 的读者有着'更好的品位'。"[22] 这份报纸没有说的是，在辛辛那提公共图书馆流通的图书中，76% 是"散文小说和少年读物……我不会为这些事实表示难过或遗憾"，时任馆长威廉·弗雷德里克·普尔（William Frederick Poole）在 1873 年说道，"人们在培养文学素养的过程中，总会抽出一些时间读小说"。由于该馆董事会主席认为图书馆的首要任务是"创造和培养大众的阅读品位"，1867 年，普尔从一所寄宿公寓"召集了一批年轻女性组成委员会"，挑选女性最爱看的小说。在不到 90 分钟的时间内，这些人列出了 300 本书。图书馆将这些书采购回来，发现"它们太受欢迎了，已经被翻得很旧了"。然而，与此同时，辛辛那提罗马天主教的大主教禁止天主教儿童利用公共图书馆，理由是"公共图书馆传播了不道德的书籍"。为此，《辛辛那提每日公报》（*Cincinnati Daily Gazette*）抗议道："图书馆没有购买任何不道德的书。"但这并没有说服天主教教会。"这个城市的天主教团体对公共图书馆并不感兴趣，"《天主教电讯报》（*Catholic Telegraph*）回应道，"他们认为公共图书馆是一个非法而且危险的机构。他们相信，对于那些经常使用图书馆的人来说，图书馆是邪恶之源"[23]。

---

① 辛辛那提的别称。——译者注

1874 年，《文学世界》审查了马萨诸塞州韦克菲尔德（Wakefield）和劳伦斯（Lawrence）两地的公共图书馆年度报告，发现韦克菲尔德公共图书馆流通图书中的 67% 是小说，劳伦斯公共图书馆为 75%。在劳伦斯，流通量最高的作家是"轰动一时的"索思沃思、霍姆斯、亨利·沃德夫人（Mrs. Henry Ward）、斯蒂芬斯夫人（Mrs. A. S. Stephens）和黛娜·玛利亚·马洛克夫人〔Dinah Maria Mulock，另一个人们更为熟悉的名字是"潘西"（Pansy）〕。图书馆馆长感叹道："如果我们像对上层阶级的服务那样完全满足民众对具有轰动效应的文学作品的需求，那么这些数据还会有很大变化。"《文学世界》对此并不赞同："一个城镇在世人眼中的文学品位始终掌握在少数人的手中，普通大众永远不可能达到这个水准。"马萨诸塞州图书馆员有义务鼓励"更加纯粹和高级的阅读品位……让下一代人能够从事更高尚的工作"，而不是"努力将大量道德败坏的小说在年轻男女中传播"。那么马萨诸塞州图书馆员们是怎么做的呢？《文学世界》发现，虽然马萨诸塞州的一家公共图书馆已经清除了索思沃思的小说，但是该州的波士顿公共图书馆仍然拥有 409 册，其中 357 册当时已经被借出 [24]。

一年以后，《文学世界》报道，小说占东波士顿分馆流通量的 79%，南波士顿分馆的 78%，罗克斯伯里（Roxbury）分馆的 81%。《文学世界》坚持认为，通过流通小说这种"危险的东西"，"邪恶的根源已经很明显了；为什么不能将小说彻底剔除？"不过，波士顿公共图书馆确实做得有失偏颇，当它以"粗俗"为由拒绝采购玛丽·豪兰（Marie Howland）的《爸爸的亲生女儿》（*Papa's Own Girl*）时，玛丽·豪兰提出了抗议。她在给《波士顿环球时报》（*Boston Globe*）的信中写道："我尽我最大所能，在作品中表现女性法律与社会地位的缺失，进而描写我们工业体系中令人发指的不公正现象，财富的创造者被掠夺，贫困人口逐年增加。"豪兰认为，波士顿公共图书馆排斥她的作品是因为"它可能会让民众了解到，控制这个国家劳动成果分配的管理者是多么无能" [25]。

《艾普尔顿杂志》仔细研究了波士顿公共图书馆 1874 年的流通数据，并没有感到吃惊。"如果有人将这一事实完全归咎于读者缺乏批判的阅读品位，那么他的理解是不全面的。""普通读者"并不具备批判态度；相反，"他读的书……必须为他多愁善感、富有同情心的情感提供滋养"。《艾普尔顿杂志》

分析道，虽然这种特征可能表明他们"智力平平"，但"并不能代表其本性低劣"。最深邃的作品往往故意"不甜美好读"，因为这类书是为人的"脑"写作的；与此不同的是，最流行的作品是为人的"心"而写作的，"对于那些有很强批判能力的人来说，流行作品如此受欢迎着实令他们费解"[26]。

全国各地公共图书馆面对这种压力的反应也各不相同。在宾夕法尼亚州的日耳曼敦（Germantown），公共图书馆拒绝收藏任何小说。"这种不健康的精神食粮或者说毒药正在我们的文学界蔓延，足以引起我们的警惕，"馆长说，"如果公共图书馆的馆长们能看到这种邪恶的势力，并遏止其传播，将使年轻人受益良多。"1867 年，当康涅狄格州格罗顿公共图书馆（Groton Public Library）迁入新馆时，馆长宣称："馆内不会有任何小说。"听到这个消息后，当地的年轻人召集了一场居民大会，并发起请愿，征集到了 160 个签名。最后他们胜利了，图书馆开始收藏小说。最初，芝加哥公共图书馆试图将每种图书的采购量限制在 3 册以内来解决这一问题，但无济于事。索思沃思、霍姆斯、斯蒂芬斯仍然是读者最喜欢的作家。据《芝加哥论坛报》（*Chicago Tribune*）报道，1874 年，芝加哥公共图书馆共收藏了 38 种索思沃思的作品共计 390 册，16 种霍姆斯的作品共计 240 册，22 种斯蒂芬斯的作品共计 176 册，所有的书都已被借出。该报失望地指出，小说的超高流通率"几乎完全"来自"贫穷、无知的阶层"。对于这种说法，有一位经常使用图书馆的读者予以驳斥，他在给《芝加哥论坛报》的信中写道："图书馆肯定是属于公众的，因此它必须得到赞扬而不是受到指责。就个人而言，我并没有觉得我和其他人一起坐在图书馆就是自降身份，我也相信，其他人也不会有这种想法，除非是那些拒绝与'赤脚走路的人'同行的'乘马车的人'。"[27]

1874 年，印第安纳波利斯公共图书馆（Indianapolis Public Library）馆长解释说，"我要说清楚，我们所说的不道德和思想败坏的图书并不是指索思沃思夫人和霍姆斯夫人的作品"，这些作品"只是不够有力度"。将它们禁止"是对社区中只对这类书有需求的人的一种歧视……对阅读这类书的强烈抗议并非来自那些真正了解较贫困阶级需求的人"。自 1873 年该馆开放以来，馆长注意到"城市文学活动增多；在此之前，从来没有这么多的'读书俱乐部'以及讨论文学话题的社交聚会"[28]。

在大量不同的意见中找到一个可接受的折中方案是很困难的，更别说达成共识了。例如，1867 年，一位父亲发现他的女儿从当地公共图书馆借回了黛娜·玛利亚·马洛克（Dinah Maria Mulock）的《童话故事》（*Fairy Tales*），他感到非常"愤怒"。他向旧金山《每日晚报》（*Daily Evening Bulletin*）投诉道："我保证，如果这本书再出现在我家，我会把它烧掉……我不会允许我的孩子阅读这类书籍。"1874 年，一位读者写信给《基督教联盟》（*Christian Union*）匿名称赞了马萨诸塞州一家公共图书馆，因为该馆清除了"奥利弗·奥普蒂克风格"的书籍，但保留了"激动人心、勇敢无畏、有冒险精神、迎合男孩心理的**纯粹的**"书籍。同时，这位读者还表扬了图书馆馆长，因为每周六"当闹哄哄的男孩子们在图书馆乱跑时"，馆长会"非常明智地把这些书放在他们面前"。然而在 1873 年，一位捐赠者设立了基金用于创建马萨诸塞州黑弗里尔公共图书馆（Haverhill Public Library），并要求"用大部分钱购买当时流行的通俗作品"。最终，黑弗里尔公共图书馆收藏了爱德华·罗（E. P. Roe）和罗莎·凯丽（Rosa Carey）等作家的作品[29]。

　　读者对于阅读流行小说的看法与批评家有很大不同。在给 19 世纪 50 年代十分畅销的"具有轰动效应的"小说作家苏珊·华纳（Susan B. Warner）和玛丽亚·卡明斯（Maria Cummins）的信中，粉丝们强调了他们与小说中主要人物之间强烈的情感共鸣。一位读者在给华纳的信中写道，通过他们，"我感觉……你是我亲密的朋友"。另一位读者在给卡明斯的信中写道："这是我们的故事，我在阅读时又哭又笑。"1875 年，波士顿公共图书馆多切斯特（Dorchester）分馆在一座改造的教堂中举办了一次演讲，主讲人威廉·亚当斯（William T. Adams，他的笔名更为人熟知——奥利弗·奥普蒂克）回忆起 25 年前在主日学校为男孩们授课的情形。那时他就决定讲一些"对他们产生影响并使其受益"的故事。"我从未写过一个会让读者对邪恶的坏人产生爱意、尊敬和同情的故事，"他说，"我从未描绘过一个不道德、缺乏远大理想与追求的主人公，以此来误导年轻读者。"[30]

　　与现在的父母一样，19 世纪晚期的父母也会严格监管孩子的阅读；当时的孩子也与现在的孩子一样，会以他们自己的方式反抗。后来成为布林莫尔学院（Bryn Mawr College）院长的凯丽·托马斯（M. Carey Thomas）和母亲走进巴尔的摩商业图书馆时，她的母亲引导她阅读宗教书籍，远离小说，而托马斯当时的首选是小说。直到 15 岁，托马斯才读到《简·爱》（*Jane Eyre*）。14

岁的艾利斯·斯通·布莱克威尔（Alice Stone Blackwell）每周都会访问波士顿公共图书馆。但是当她的母亲——女权主义者露西·斯通（Lucy Stone）要求家里不得出现刊登"无聊的"连载故事的《纽约文汇》（*New York Ledger*）（这是爱丽丝最喜欢的报纸）时，爱丽丝表示了抗议："剥夺我享受'马克·希伯幸运'（Mark Heber's Luck）① 的权利！我生气地扑倒在床上，眼里满是泪水。"[31]

19 世纪 20 年代，当哈丽雅特·比彻·斯托（Harriet Beecher Stowe）还是一个孩子时，她的父亲禁止她和姐妹们阅读除了沃尔特·斯科特爵士以外的任何其他作者的小说。讽刺的是，一位文化权威人士后来声称，斯托夫人的《汤姆叔叔的小屋》（*Uncle Tom's Cabin*）30 年后的广泛流行使"成百上千个当时仍禁止阅读小说的家庭"产生了对小说的渴望。卡洛琳·修因斯（Caroline Hewins）在孩童时代多次阅读《汤姆叔叔的小屋》，多年以后她仍然能回忆起书中的细节。修因斯后来成了一名图书馆员，负责监督公共图书馆的馆藏以便规范青少年的阅读。对于修因斯而言，阅读这本小说让她的思想发生了很大的改变。然而在美国南方，情况完全不同，一位评论家认为《汤姆叔叔的小屋》是"令人厌恶的肮脏幻想"。还有一位评论家嗤之以鼻地说："从桌子底下弯腰看去，只看到衬裙下面禽兽的蹄子。"[32]

然而，公共图书馆不仅仅是为用户个人提供阅读材料的资源库。图书馆还具有更广泛的社区功能，包括为社区的情感体验提供空间，组织小组讨论，同时培养对自由、地位和社会特权的认知。作为公共机构，全国各地的图书馆以多种方式示范和约束可为社会所接受的行为。这些努力不一定每次都成功。1875 年，克利夫兰公共图书馆（Cleveland Public Library）的委员会提出，"应在阅览室放置四个痰盂"。在辛辛那提公共图书馆，用户不得在地板上吐痰、不得将脚放在桌椅上、不得大声喧哗打扰邻座。然而令人较为困惑的是，图书

[44]

---

① "马克·希伯幸运"是指获得的难以置信的幸运。这一用法来源于一个故事，故事讲述的是 19 岁的少年马克·希伯原本家境还算殷实，后来其父亲欠下巨额债务，不得不卖掉家中的田产。在父亲去世后马克·希伯又卖掉了房产，与父母收养的 13 岁的妹妹盖伊一路西进。在西进过程中他们兄妹俩相依为命，途中遇到过印第安土著的攻击、地方恶霸的欺凌，好在许多好心人的帮助以及希伯兄妹的勇敢抗争之下，他们最终抵达了一处好地方，并意外获得了良田、豪宅，过上了幸福的生活。——译者注

馆专门制定了规则将男女读者分隔开。有些图书馆放置了专门的女性读书桌；还有些图书馆将一张桌子分成两半，一边为男性使用，另一边为女性使用。有些时候，夫妻读者会坐在一起，这让不了解情况的图书馆员很为难。在图书馆有些行为不仅是不能接受的，还会受到处罚。1872 年，辛辛那提一位读者因在公共图书馆"不雅地暴露私处"而被捕。他不是最后一个[33]。

到 1876 年，许多公共图书馆模仿会员图书馆的成功做法，为展览和讲座提供空间。虽然新的波士顿公共图书馆没有礼堂，但用户将取书室改造成了"谈话室"，几年后，波士顿公共图书馆迫于公众压力，将女性阅览室改造成了展厅。1870 年，芝加哥就是否建立公共图书馆展开了辩论，一位公民建议公共图书馆还应该流通除图书以外的东西。如果图书馆增加"一系列讲座，并用实物配合演示"，它的实用性可能会大大增加。四年后，芝加哥公共图书馆建立了一间展厅。不过并非公众的所有要求都得到了满足。1874 年，芝加哥公共图书馆董事会拒绝了使用该馆建筑用作公益舞厅的建议[34]。

作为公民机构，公共图书馆经常成为当地慈善捐赠的对象。例如，普罗维登斯雅典娜图书馆会员经常向公共图书馆捐赠个人藏书。一些社区采取令人吃惊的、有时非常新颖的方法为公共图书馆筹集资金。例如，在肯塔基州（Kentucky），州立法委员批准发行彩票，每张彩票以 10 美元的价格出售，共出售 10 万张；在这些价值 100 万美元的彩票中，奖金总额为 50 万美元，具体数额从 3000 美元到 10 万美元不等。剩下的 50 万美元将捐赠给路易斯维尔公共图书馆。不过，这项计划最终破产了，图书馆没有获得捐赠[35]。

公众纷纷抱怨当地公共图书馆的服务不到位——这也是他们参与公共事务的另一种方式。1869 年，一位署名为"耐心"（Patience）的读者为了一本书等待了六个多星期，他向《克利夫兰先驱报》（Cleveland Herald）投诉道："新书在馆长桌上已经放了两个多月，但馆里人手不够，一直没有人将这些书摆在架上用于出借。"芝加哥公共图书馆的读者则因为在出纳台等候时间过长而表示抗议。一位读者写信给《芝加哥论坛报》说："上周六晚上，我在一群等待取书的读者队伍中站了整整一个小时才轮到我，而我申请借阅 14 本书，他们只找到了一本。""用'猪圈'来形容上周六晚上的图书馆一点都不过分，"另一个人写道，"因通风不良而产生的恶臭、人们的争抢都符合它的特点。"[36]

在公共图书馆，不同阶级之间紧张的关系也体现了出来。1875 年，一位

署名 "S. L. B." 的读者写信向《芝加哥论坛报》抱怨她在图书馆目睹的交流情况。年轻的女性 "将头凑在一起，对比每个人手中的书里面关于精灵鬼怪的精彩插图"，一个 "声音尖锐的人" 对图书馆员喊道："你有没有 [霍姆斯的]《勒拿河》(Lena River)？" 人群中另一个人也大声叫道："有没有布拉登小姐（Miss Braddon）的作品？" 图书馆员大声回应道："都出去！按顺序来！" "S. L. B." 还注意到一个 "声音刺耳的女孩用不戴手套的脏手" 紧紧抓住一本霍姆斯的小说，"如获至宝，藏在她又脏又短的披肩下。可怜的人！这本书是能让她接下来 24 小时的生活变得好过一些的唯一途径"。"S. L. B." 对这些 "不健康" 活动可能对这个女孩产生的社会影响感到担心。一个署名 "塞纳斯"（Senex）的人谴责 "S. L. B." 批评 "有些人出现在公共图书馆让她觉得不舒服……但对我来说，这个场面……那些污秽肮脏的披肩让我的老眼不禁为之流泪，而这也让我更加热爱公共图书馆，因为它让那些买不起书的人受益匪浅"。塞纳斯总结道："如果说……霍姆斯夫人的书不应该出现在图书馆，因为反对者认为她的书过于低劣，这完全是无稽之谈。这些书对于有些人来说很低劣，但是对于有些人则不是。"[37]

阶级之间的紧张关系还以其他方式表现出来。1875 年，当芝加哥公共图书馆新馆准备开放时，董事会决定将闭馆时间安排在下午 6 点。外界对此的反对随即而来。一位议员坚持认为这会阻止 "工人阶级享受其福利"。一个署名 "维克森"（Vixen）的人在给《芝加哥论坛报》的信中用更强烈的语气说："今天晚上，我走了近 3 英里来到图书馆，发现它已经关门了，我感到很失望。难道因为我是工人阶级的一员，就应该被践踏……工人阶级是否应屈服于这种暴行？我希望不是。"[38]

公共图书馆馆藏建设有时可以作为解决民族间紧张关系的一种民主方式。1872 年，芝加哥市长宣布任命一个委员会，商讨建立公共图书馆的可能性，一位 "斯堪的纳维亚人" 向《芝加哥论坛报》抱怨道，委员会中没有一位斯堪的纳维亚人。他说，"如果斯堪的纳维亚人不应该归入文盲移民阶层"，那么他们应当从 "出生国丰富的文献中得到长期滋养，而这一需求应当在公共图书馆得到最好的满足"[39]。两年后，一名犹太裔董事发现他最近审核的一份书单中包含罗马天主教教徒的作品，便提出抗议，导致董事会的组成问题暴露出来，引发公开争议。这位犹太裔董事质问道："为什么不同时购买希伯来语和犹太人的作品？"芝加哥一家报纸报道，图书馆长"脸相当红"地回应道，该书单已经被两位天主教董事删改过。听到这话时，一位新教董事立刻跳了起来，"两眼放光，声音中充满了愤怒，连珠炮般地谴责"一位天主教董事"采购具有天主教倾向的图书"，他一边说着，"肥胖的身体剧烈地颤抖起来"。对此，天主教董事回应道，不购买这些天主教作者的作品不仅影响极大，对于这个城市的爱尔兰裔美国人来说也是一种伤害。此外，他还补充说，这些作品并无教派倾向，只是由天主教徒写的。

新教徒质问图书馆董事会是否"允许天主教会偷偷摸摸地拥有大量他们称为'文学'、但直接违背了董事会规定的垃圾作品？"董事会中的犹太人同意这一质疑，并"极力反对采购这些图书，因为它们属于天主教"。董事会开始争吵起来，主席大声叫喊着维持秩序。"这些作品只是不幸地被生来信仰天主教的人所写，"主席有欠考虑地说道，"尽管它们符合现代文学的标准。"他坚持认为，引起反对的只是这些作者的"天主教徒"身份。一位天主教董事指出："他想在书架上摆上天主教徒的作品，是因为他希望图书馆为天主教徒们所接受。"最后，大家冷静了下来，一致同意将书单提交给遴选委员会，允许它"全权从书单中挑选他们认为合适的书籍"。一位记者总结道，发生的所有这一切是因为选出的九名董事会成员"从不同的民族和信仰中被挑选出来，似乎是为了让各方确信，图书馆书架上的书在体面的人看来是'公平'的"。但是，《芝加哥论坛报》不这么看，该报认为这次会议是芝加哥地区的德裔（主要是新教徒，但有些是犹太人）和爱尔兰裔（主要是天主教徒）之间的一次斗争[40]。

针对设立公共图书馆必要性的争论仍在持续。例如，在 1862 年的一份报告中，马萨诸塞州伍塞斯特公共图书馆（Worcester Public Library）的几位馆长将公共图书馆这一公民机构描述为"一个致力于传播知识的公共场所，免费向所有人开放，政治与宗教的冲突也许永远不会在图书馆内发生"。其他一些未经证实的格言也表达了类似的观点，比如这句："建立一个图书馆意味着拆除一座监狱。"1868 年一个芝加哥人说："我深信不疑，如果我们有一个好的图书馆，那么一年内犯罪率将至少降低百分之十。"1867 年的一个周末，有位商人滞留在一座工业城市，他对当地没有公共图书馆感到遗憾，后来明确阐述了这个问题。他写信给《纽约观察家和纪事报》（*New York Observer and Chronicle*）

47

说："公共图书馆应该有各种各样的好书、阅览室、用于辩论和演讲的大厅、供年轻人自娱自乐的场所。"——他特别提到了"大厅"和"场所"，表明他以前有过访问会员图书馆的经历——"一栋这样的建筑将改变城镇的面貌，并滋养这里的所有人。"[41]

公共图书馆在星期日开放同样引来了争议。公共图书馆经常成为有信仰的社区与世俗社区调解这一分歧的平台。一方面，有信仰的社区坚持周日是"主日"的传统；但另一方面，世俗社区却看到了图书馆周日开放有助于提高道德水平和公民福祉。1864 年，波士顿市议会就波士顿公共图书馆周日是否应该关闭进行了讨论，一位官员问其他同事："我们难道不应该向那些渴求知识的年轻学徒敞开大门吗？"这位官员毫不掩饰自己的目的：为了"让这些男孩避免染上恶习，因为城里的两千个酒吧的大门一年三百六十五天都是敞开的"。他继而理论道，这个城市的"贵族……拥有优雅而奢华的俱乐部会所"，里面的图书可以在周日使用；为什么"普通人"不能享受到这些呢？《波士顿调查者报》(*Boston Investigator*) 称赞这位官员"致力于让那些除了周日没有其他时间去这家社会机构的工人阶级受益"，并谴责了向波士顿顽固守旧的宗教领袖妥协的其他官员[42]。

其他城市也开展了类似的讨论。1871 年，当伍斯特公共图书馆在考虑周日开放这一问题时，一位神职人员声称周日开放将"开创一个错误的先例，危及社区中更期待变革的那一阶层的利益，也就是超时工作、负担过重的阶层"。但也有一些神职人员主张周日开放图书馆。几年前曾把流行小说比作"社会的公共下水道"的亨利·沃德·比彻牧师出版了一本小册子，题为《公共图书馆应该在周日开放吗？》(*Should the Public Libraries Be Opened on Sunday*)，其中他给出了肯定的答案："是的。"公共图书馆比人们在安息日经常光顾的台球馆和酒吧更好。1872 年，当伍斯特公共图书馆实行周日开放以后，第一年周日共接待了 5706 名读者，第二年达到了 7179 人，而第三年更是增加到 10142 人。1874 年，印第安纳波利斯公共图书馆馆长指出，周日开放图书馆"受到了普遍欢迎……这一天年轻人最多；我认为这是图书馆给民众造福的一个最好的证据"[43]。

1876 年，美国准备在费城举行百年国庆，内政部于 1870 年新组建的教育局受到委托负责编写一份关于国内公共图书馆状况的一百周年纪念报告，35

人参与撰稿，其中包含"导论"和 39 章正文。该报告有意地从广义的角度对"公共"进行定义，包括公众可以访问的任何图书馆。《美国公共图书馆历史、现状与管理专题报告》(*Public Libraries in the United States of America—Their History, Condition, and Management: Special Report*，以下简称《专题报告》) 出版前夕，教育局专员建议几位知名馆长以此为契机，在百年国庆活动期间举办一场全国性会议。领头的馆长们热情不高，而时任阿默斯特学院图书馆（Amherst College Library）副馆长的梅尔维尔·杜威（Melvil Dewey）积极响应。此时他正在对自己提出的分类法进行最后的修改。杜威刚刚以教育改革家的身份搬到波士顿开始工作，他发现教育改革中的很多内容与美国公共图书馆的未来发展相契合。5 月，杜威拜访了《出版人周刊》(*Publishers Weekly*) 的几位编辑。他们在谈话的过程中决定创办一本图书馆期刊，并在费城的全国大会上与《专题报告》一起发布。

整个夏天，杜威都在忙着筹备大会，有时违背了一些知名馆长的意愿。然而，当杜威得到温莎的支持后，其他图书馆界知名人士也随之而来。会议的时机成熟了。《专题报告》指出，1776 年，13 个原始殖民地拥有 29 家"公共"图书馆，共有藏书 4.5 万册。一个世纪以后，美国拥有 3682 家图书馆，藏书达 12276964 册。报告指出，在这 3682 家图书馆中，1101 家"对本市所有民众免费开放"。芝加哥公共图书馆馆长普尔对这份报告提出了异议，他认为如果将"公共图书馆"定义为"根据州政府法律成立、靠一般税收支持的免费城市图书馆"，那么全国只有 188 家公共图书馆，而马萨诸塞州拥有 127 家[44]。

尽管数字有差异，但公共图书馆存在的意义是显而易见的：这个国家的大部分地区定居者的数量将迅速增加，他们将形成新的社区，每个社区都需要一个公共图书馆。但是这些新的机构收藏的所有有用知识都需要专业的图书馆员来管理、组织并提供给公众使用。图书馆的领导者们同意本杰明·富兰克林提出的图书馆要培养"靠自我奋斗成功的人"的观点；与托马斯·杰斐逊一样，他们也相信图书馆这一公民机构有助于培养有见识的公民。然而与这些观点相反，教育局报告称，在 1874 年，公共图书馆流通的 75% 是流行小说，其中大部分来自索思沃思、霍姆斯和威廉·亚当斯等作家[45]。

1876 年 10 月 4 日，103 名图书馆界代表齐聚费城。温莎担任会务委员会名誉主席（实际大部分工作由杜威完成），负责制定会议日程。会议重

49

点关注《专题报告》的样稿〔其中"第二部分"为查尔斯·卡特（Charles Ammi Cutter）的《印刷本字典式目录条例》（*Rules for a Printed Dictionary Catalogue*）〕、《出版人周刊》刚刚发行的月刊《美国图书馆杂志》（*American Library Journal*）第一期以及杜威的《图书馆图书与小册子排架及编目适用的分类法和主题索引》（*Classification and Subject Index for Cataloging and Arranging the Books and Pamphlets of a Library*），杜威提出的这个十进制系统刚获得版权，将包含有用的知识的印刷作品分为十个大类。

10 月 5 日，永久组织委员会（Committee on Permanent Organization）公布了一份成立专业协会的章程。章程的序言部分写道："为了促进本国图书馆的利益，增加图书馆员和所有对图书馆经济和书目研究感兴趣的人之间在知识和善意方面的互惠，本文件上的签名者共同成立名为美国图书馆协会的团体。"霸气的杜威将名字签在了第一位，代表们在第二天离开费城之前选举温莎为协会主席，另外选出了四名副主席，杜威担任秘书长。美国的图书馆员们有史以来第一次能够通过专门的组织来开展社交、宣传成果并表达意见。第一期《美国图书馆杂志》（后来改名为《图书馆杂志》）刊登了杜威的一篇文章，他在文章中勇敢地宣布："图书馆员终于可以将自己的工作看作是一种职业了。"[46] 三年后，美国图书馆协会采用了（杜威提出的）口号："以最低的成本为最多数人提供最好的阅读"，这句话很好地概括了图书馆事业的职责。

杜威 1876 年发表的这篇文章今天仍然被大量引用，它说出了数百名希望加入 19 世纪晚期成立的这个专业组织的图书馆员的心声，他们相信人类即使不能变得完美，但仍然有继续进步的空间。为了在受到移民、工业化和城市化影响的国家中维护社会稳定，图书馆员希望做好自己的本职工作，有序整理印刷品中蕴藏的有用知识，并让所有人在开放且管理有序的图书馆中获得这些知识。分类法就是一个途径。几乎同时，卡特的条例与杜威十进分类法（Dewey Decimal Classification）在美国图书馆史上这一特殊的时间出版了。

首先，这两个体系都包含了从先辈那里继承的一系列分类思想。为了教育大众并促进新知识的探索，类目关系必须使知识世界有序。分类者认为可以将知识世界视为一个统一的整体，其中的要素通过知识探索活动被揭示出来。这些要素之间存在等级关系，将它们以"自然"顺序罗列出来有助于凸显不同主题的核心特征，这需要在顶层就设计好最宽泛的各类主题的一个体系。

　　这两个体系都基于这样一种信念：坚信对图书馆馆藏采用普遍适用的分类方案和一套共同的编目规则，将为用户提供一种可靠的方法，帮助他们获得关于本国文化、经济和政府的有用知识，而这将使得公共图书馆成为公民自我教育的中心。将书号直接标注于书脊上，这将使得图书按照相关的主题目录（这些主题目录又相互联系）排列，现在通过检索书号就可以很快地找到图书，而不像以前需要靠记位置。图书馆员认为这种排列方法简单、有效，从他们的视角来看，这对于以往的方法是很大的改进。虽然在 1876 年以前，图书馆员采用过多种图书分类体系，但是在 19 世纪最后 25 年，大多数公共图书馆都采用了杜威十进分类法。

　　然而，图书馆分类人员没有发现，这些体系将文化偏见注入了图书馆编目和分类实践中，其中包括对小说的歧视。例如，在杜威十进分类法中，小说（杜威曾将其视为"精神力量的致命敌人"）没有得到关注。一个世纪以后，图书馆员玛格丽特·爱德华兹（Margaret Edwards）抱怨道，小说是"一种文学混蛋，因为它不符合图书馆通过'严肃'阅读实现自我教育的理念，尽管它确实触及了人们的情感和感受"。采用杜威十进分类法的图书馆按照作者的姓氏排列小说[47]。虽然用户经常抱怨图书馆对图书的分类组织办法，但是他们很少抱怨图书馆按作者字母顺序排列小说，因为这能让他们快速找到他们需要的小说，而这是他们想要的。

　　1877 年，《波士顿旅行家报》（*Boston Traveller*）发表了一篇虚构的（类似于小说的）宣传文章，巧妙地展现了偏爱有用知识的图书馆机构与要求公共图书馆提供小说的民众之间的紧张关系：

　　　　一个小男孩对公共图书馆的一名助理说："先生，我在这些目录中找不到我想要的书，我希望您能帮我找到它们。"助理慈爱地问道："你想要找什么书？""您能帮我找到《调皮鬼穆利根》（*Mulligan the Masher*）或者《加尔特的格里·格鲁特》（*the Gory Galoot of the Galtees*）吗？"助理摇了摇头。小男孩又说："好吧，那我想要《红头发的拉尔夫》（*Red-Headed Ralph*）和《咆哮的里亚尔托突击兵》（*the Ranger of the Roaring Rialto*）。""孩子，我们不保存这种垃圾。""这算什么图书馆，"小孩反驳道，"它怎么和这个国家的其他机构一样，为富人而设，一点都没有为可怜的工人着想？"[48]

1876年的《专题报告》曾指出，对24家公共图书馆流通情况的调查显示，67.4%是"针对成人和青少年的散文小说"[49]。

作为一种新兴职业的从业者，大多数图书馆领导将小说视为一个需要解决的问题，但解决方案却各不相同。普尔在1876年的大会上说道："在每个人的智力发展过程中都有……一个渴望阅读小说的短暂时期，但是从这里开始……他安全地过渡到更广阔的学习领域，而这种渴望永远不会以最初的形式再次回到他身上。"还有很多人表示出更强烈的反对。旧金山公共图书馆馆长珀金斯（F. B. Perkins）坚持认为，为了克服人们对小说的渴望，图书馆员应该成为"书籍和阅读的指导者"。通过教授"在记录人类思想的印刷品中探索任一主题的方法"，图书馆员将鼓励人们"有目的地阅读科学和艺术作品"。在珀金斯看来，这对于普通读者而言更为重要，对他们来说，"记录过去和现在的人类知识与精神活动的印刷品是一片人迹罕至，甚至狂风呼号的荒野"。珀金斯提出，阅读有三个目的："娱乐、获取知识和文学创作。"除了需要努力"培养良好的阅读品位以及学会把握尺度，以娱乐为目的的阅读几乎不用教"。珀金斯虽不完全排斥读者阅读小说，但他认为小说应该是有选择性的。他表示，由于这是"所有基督教文明所要求的"，像拉伯雷（Rabelais）和巴尔扎克等作家的文学作品，"像《范妮和火之女》（*Fanny and the Woman of Fire*）这样低俗的法国小说"以及其他关于爱情和犯罪的流行小说都应该"像砒霜、鸦片和不得向儿童提供的朗姆酒一样被排除在公共图书馆之外"[50]。

第3章　"以最低的成本为最多数人提供最佳读物"（1876—1893）

　　1876 年，美国建国一百周年，这是美国历史上的一个转折点，标志着富有进取心的实业家、商人、企业家和发明家们共同开启了一个丰裕的时期，这不仅使在美国出生的城乡居民受益，而且使那些 19 世纪晚期努力奋斗成为美国公民的数百万移民受益。他们共同形成了 19 世纪晚期的消费社会，优质食物产量的增加、住房条件的改善以及制冷、电力和照明技术的进步使他们受益匪浅。那些出生于 1870 年以后的人发现，他们的生活比父辈更好，他们建设这个国家，生活变得日益富足，他们对此非常满意。

　　对于普通民众来说，美国公共图书馆也是这种变化的一部分。马萨诸塞州伍斯特公共图书馆馆长塞缪尔·格林（Samuel Green）将 19 世纪最后 25 年称为"图书馆运动加速期"[1]。1901 年，西奥多·罗斯福（Theodore Roosevelt）总统在向国会发表讲话时，称公共图书馆的发展是"过去五十年最典型的教育运动"。到 1876 年，美国的公共图书馆已经成为文化民主实践的生动案例，始终在抵制某些不食人间烟火的文化权威意欲形成一元化的民族文化的企图。然而，19 世纪末期，许多文化权威担心快速的工业化、移民的增加以及城市化的加速会威胁到社会秩序。在"寻求秩序"的过程中，知识工作者将他们的工作职业化，形成了律师、医生、教师和图书馆员等新的类别，所有职业都致力于通过标准化的实践与规范为看似不稳定的社会带来稳定[2]。虽然很多图书馆员试图左右读者的阅读选择、塑造他们的文学品位，但读者们一次又一次地予以了回击。

虽然图书馆员已经成立了一个专业组织，但杜威确信，图书馆事业需要依靠另一只脚才能站稳。1883 年，杜威成为哥伦比亚学院（后改为大学）图书馆馆长。此后不久，他开始着手建立正式的图书馆学教育机构。1886 年，杜威宣布图书馆学院将于次年开始招生。然而，随着筹备活动的进行，董事会了解到杜威打算招收女学生，这一举动违背了哥伦比亚学院的传统。董事会向校长提出抗议，于是校长建议杜威推迟创建图书馆学院。杜威拒绝了这一建议。由于没有任何章程规定女性不能进入学校课堂，董事会只能阻止杜威使用学校的教室。对此，杜威无所畏惧，他走出校园，穿进街道，觅得一所教堂上方的一间储藏室，"我镇定自若地向第一个班的同学们表示欢迎，并宣布第一个图书馆学院开学"。在 20 名学生中，有 17 名为女性[3]。

杜威设置的课程反映了他对图书馆这一职业范围界限的认识。学生只要有好的"品性"就会被录取，在有教养的阶层看来，有"品性"的人就是那些具有社会地位、通晓西方经典作品的人。一旦被录取，学生就会见到三种不同的"教员"。在实践技能方面，杜威和他的同事主要负责教授培养编目、分类、选书、参考咨询服务及图书馆管理技能的课程。在激励学生方面〔杜威这一代人称之为"图书馆信念"（the library faith），即相信民主国家离不开公共图书馆，需要公共图书馆为之培养有见识的公民〕，杜威邀请了许多图书馆从业者担任客座讲师。在理论基础方面，杜威则依靠哥伦比亚学院教师周六早上开设的系列公开讲座。例如，在 1887 年，杜威邀请学校古典文学教授哈里·瑟斯顿·佩克（Harry Thurston Peck）和哲学教授尼古拉斯·默里·巴特勒（Nicholas Murray Butler）等人讨论各自领域内最好的作品，并要求图书馆系的学生参加讨论。

在杜威看来，这一教学体系正确反映了图书馆职业的专属"领域"。自然科学、社会科学和人文科学领域的专家基于他们在现代大学中的研究，能够分辨出有用的知识以及"最佳读物"。特别是对于小说而言，学术界内外的文学权威要确定标准，并据此来评估新的作品。为了给读者提供最佳读物，图书馆员要拓展图书馆服务范围，"以最低的成本为最多数人提供服务"。图书馆专业的学生在学校系统地学习了多种实践技能——如何获得新的文献（图书选择），如何组织这些文献（编目和分类），如何从已有的馆藏中找到用户提出的问题的答案（参考咨询服务），最后，如何治理图书馆（管理）。因此，图书馆学的知识结构和体系重点强调有用的知识，图书馆员的职责是担任"文化管理者"。

图书馆学领域并没有与其他专业混淆不清，它对图书馆员这一职业进行了有效的划分，同时也给女性（通常她们的工作机会比男性少）提供了从事这一新职业的机会。这一工作与儿童有关，对女性图书馆员来说是一个宝贵的机遇。19 世纪后期，儿童福利倡导者开始在睦邻之家（settlement houses）、少年法庭、游乐场和公共卫生机构等新的公共场所监管儿童的身心发展。儿童图书馆员应运而生。儿童图书馆员的创举包括在公共图书馆中开辟独立空间，培养专业人员，为儿童提供图书馆员精心挑选的、有助于提高儿童的道德水平和社会能力的图书。

杜威和他的同事们认为，经过专业权威确认的最佳读物如果可以通过一个通用的图书馆知识分类法获取，那么读者就会被这些最佳读物吸引。图书馆员与其他领域专家属于同一个阵营，所以图书馆员通常不会质疑专家所判定的好的或者坏的读物，而且随着图书馆学文献（包括专业文章和书目指南）的发展，它们也只不过是反映并支持其他领域专家的决定。实际上，图书馆学专业体系很少关注用户最需要的普通读物。可以说，这是有意为之的。

用今天的标准来看，19 世纪晚期的公共图书馆用户为借书要经过一番复杂的过程。例如，1886 年，旧金山公共图书馆用户不得触摸馆内的任何书，这些书被放在铁纱网后面高至天花板的木质书架上。用户查完印刷目录（较大的一本是非小说目录，较小的一本是小说目录，不过这两本目录内容都不是最新的）后，在长方形纸条（粉红色用于小说类，白色用于非小说类）上填写书架号，然后通过铁纱网的一个窗口将纸条交给图书馆员，图书馆员爬上梯子为用户找书。一位图书馆员后来回忆道，由于他们不是"书痴"，"能不能帮用户找到所需的图书也要靠运气"[4]。

当然，用户肯定会有怨言。辛辛那提的一位读者抱怨说，他去过图书馆三次，每次都要等上 40 分钟。"我走过房间时，发现已经有 25 人在等着了。在这样的场合，排在最后的人真是可怜。"在芝加哥，"一位感到厌恶的女士"写信给当地一家报纸，问道："为什么图书馆员都被安排为男性读者柜台服务，而女性读者柜台却只有一个馆员，排队的女性经常多达 12 到 14 人？爬三段楼梯来到图书馆，再为了一本书被迫等待半小时，这简直是一种折磨，没有多少女士愿意或者能够忍受。"除了性别问题外，社会阶层的差异在图书馆也明显地体现出来。在明尼苏达州的圣保罗市，一位用户指出了图书馆服务的不公平，"如果一个人衣着寒酸，他会发现比他晚来的人反而先得到了服务"[5]。

▲ 明尼阿波利斯公共图书馆（Minneapolis Public Library）借阅卡申请人的担保人表格，所有申请人必须填写，经批准后才能借阅图书。卡片左侧警告："女性担保人必须达到一定年龄并且具备独立承担责任的能力。"图片来源:《1949 年明尼阿波利斯公共图书馆年度报告》。

这一时期，公共卡片目录出现了。1881 年，一位用户说，"这个新的想法起初在某位图书馆员的脑海中出现"，它像"一种流行病……蔓延到"全国各地的图书馆。通常而言，馆藏的每一本书都可以在三到五张卡片上查到，这些卡片以书目的形式描述图书馆的所有馆藏。用户可以通过主要款目检索到任何图书，然后在索书单上写下作者的姓氏以及分类号。除主要款目外，额外款目包括题名卡片，对于非小说作品还有主题卡片（这也从另一个侧面反映图书馆界对小说不够重视），对于主题卡片上所使用的主题词，图书馆界一直严加筛选。当时卡片的尺寸是 7.5 厘米 ×12.5 厘米，而不是几十年后使用的 3 英寸 ×5 英寸。这体现了杜威对于米制度量体系的热情，他一生都致力于推动国家采用这一体系。

图书馆员喜欢卡片，因为它们能让目录时刻保持最新的状态。他们要做的就是制作卡片，有时用"图书馆手写体"（一种独特的书写艺术）写字，有时用打字机打字。这种卡片很厚，可以经得起用户反复使用。卡片做好后装在大柜子的抽屉里。有许多用户因打开抽屉时用力过猛，将它摔在地板上，导致目录卡散落一地，于是从 1894 年开始，制造商在卡片中下部位打孔并插入杆子将卡片固定。从那时起，公共图书馆便出现了抽出目录柜抽屉、将抽屉放在桌子上找卡片，结束后又将抽屉放入柜子里的熟悉的摩擦声。脾气暴躁的图书馆员经常对吵闹的用户们大喊："去查目录卡片！"（20 世纪的一位图书馆员曾经感叹道，这或许是美国人最讨厌的几个字。）有些读者喜欢卡片目录。"数不清的小抽屉中装满了卡片，我愉快地在杆上来回推动它们，直到发现一个吸引我的名字。"一位读者在半个世纪以后回忆道，"我会踮着脚尖，拿起拴在一根粗线绳上的铅笔，将书号写在纸条上，交给涂着绿眼影的女士"。有些读者则厌恶卡片目录。1881 年，一位愤怒的用户说，"用它找书"，气得"骂娘"，读者因此而"浪费的时间"比读者"花在阅读这本找到的书上的时间更多"[6]。

最核心的进步是图书馆局（Library Bureau）的出现，它是杜威于 1881 年创办的一家图书馆供应公司，主要销售图书馆家具（包括图书馆必备的流通台），让图书馆内部展现出统一的外观和氛围。1876 年，用户反映他们阅读主要靠煤气灯照明；到了 1893 年，大多数公共图书馆用电灯取代了煤气灯，不仅延长了开放时间，还使得更多的工薪阶层能够使用图书馆。通风系统的改进也使中产阶级用户不像以前那样反感与某位馆员所谓的"邋遢型读者"接触。所有这些改进提升了用户在日常生活中使用图书馆的满足感。当图书馆开始使用一种叫作"希金斯画板胶"（Higgins' Drawing-Board Mueilage）的"植物胶"将书袋粘贴到书封内侧时，它产生了一种气味，与旧书的气味混合在一起，共同构成读者在公共图书馆的美好记忆[7]。

这一时期，政府官员们开始向本辖区的图书馆免费寄送政府文件。这种做法有几个好处。它迎合了图书馆培养有见识的公民的迫切需求。例如，在 1891 年，一位国会议员向明尼苏达州杜卢斯公共图书馆（Duluth Public Library）寄送了 1100 份文件，该图书馆预测"这些文件……对于美国政治学专业的学生来说将是非常宝贵的"。当地报纸称赞了官员们这种"慷慨"的行为[8]。尽管对政府文件有良好的期盼，但在公共图书馆中使用政府文件的人非常少，大多数用户还是想读小说，而不是这些免费分发的政府信息。

19 世纪晚期，在专业词汇中，"最好的读物"逐渐取代了"有用的知识"，许多用户到公共图书馆的目的是寻找馆藏中最好的读物。例如，1884 年，怀揣作家梦的 24 岁的哈姆林·加兰（Hamlin Garland）从艾奥瓦州搬到了波士顿。几乎在刚一抵达，他便立即去了波士顿公共图书馆。在这里，他"夜以继日地阅读，与古往今来所有大师……进行交流"。贝茨厅"非常舒适，"他回忆道，"有些时候，我的思想极大地发散开，连续几个小时像一只放飞的雄鹰一样四处翱翔。"加兰与波士顿公共图书馆其他频繁到访的"严肃"读者——如亨利·沃兹沃思·朗费罗（Henry Wadsworth Longfellow）、奥利弗·温德尔·霍姆斯和马克·吐温（Mark Twain）——别无二致。在西海岸，一位名叫杰克·伦敦（Jack London）的"码头老鼠"①少年开始拜访加州奥克兰公共图书馆（Oakland Public Library），在这里发现了一个比码头更大的世界。对于他而言，图书馆是避难所，而馆员、诗人艾娜·库尔布里斯（Ina Coolbrith）成为这个流浪少年的导师，也是第一个赞赏他的阅读选择的人[9]。

不同专家群体在严肃读物与有用的知识上的分歧有时会使公共图书馆成为攻击目标；19 世纪晚期，宗教往往是一个导火索。1881 年，辛辛那提《天主教电讯报》指出："公共图书馆中的天主教书籍数量与在这个城市纳税的天主教徒的数量完全不成比例。"当芝加哥公共图书馆董事会拒绝订购其中一位天主教董事推荐的三本天主教期刊时，这位董事声称天主教徒的信息需求没有得到应有的满足。这引起了一连串的反应。《芝加哥论坛报》一篇社论问道："这位董事什么时候得到任命……成为这个城市'天主教徒思想'的代表？"一位记者调查了报纸和期刊的订阅情况，发现虽然天主教徒占芝加哥人口的 10%，但芝加哥公共图书馆订阅了 22 种天主教报刊，而其他教派的报刊只订阅了 6 种。尽管浸信会和卫理公会是这座城市最大的两个教派，但馆藏期刊中并没有这两种教派的主要杂志。爱尔兰新教徒也抱怨图书馆没有订购代表他们利益的报纸。这些纠纷产生的影响在下一次董事会上表现得尤为明显，最终董事会批准订购《美国天主教徒画报》（*Illustrated Catholic American*）、《爱尔兰人》（*Irishman*）和《凯尔特人月刊》（*Celtic Monthly*）三种期刊[10]。

虽然图书馆员喜欢援引通过阅读严肃读物取得成功的读者案例，但是他们仍然要面对流行小说——在全国范围内，流行小说占据着公共图书馆总流通量的 65%—75%。期刊和报纸编辑经常撰写夸张的长篇大论，宣称阅读小说是一种邪恶的行为，公共图书馆不能用纳税人的钱购买小说。1879 年，《新罕布

---

① "码头老鼠"（wharf rat）是指那些从船上或码头附近仓库偷窃的人。——译者注

什尔哨兵报》（New Hampshire Sentinel）在得知一个男孩六个月内从康涅狄格州哈特福德公共图书馆（Hartford Public Library）借回了 102 本小说、一个女孩在同一时期借回了 112 本小说的消息后，发表了一篇报道，其中写道："想想这些孩子们在感官狂欢结束后的思想状态吧！"在没有提供任何依据的情况下，这位编辑宣称："很明显，为年轻人提供如此多的精神刺激对他们造成了巨大的伤害。"[11]

一些图书馆员也表达了同样的担忧。1877 年，宾夕法尼亚州日耳曼敦一位图书馆员说，阅读小说的工厂女工的脑中"充斥着错误的生活观念，她很容易被哄骗进入一段不合适的婚姻，或被一些夸夸其谈的恶棍所骗"。对于男孩来说，"他在书中读到一些大胆的错误行为……在他看来，相比上天赐予的需要耐心从事的工作，他更愿意追求边境的潇洒生活，或者遥远国度的冒险之旅"。与大城市的公共图书馆相比，小镇的公共图书馆似乎并不担心系列小说，这令一位大城市图书馆的董事感到困扰："希望小型图书馆的馆长能够逐渐认识到自己的公共责任，停止通过提供用户狂热追求的不成熟和不受管制的书刊来迎合一时的流行趋势。"[12]

尽管图书馆员表示反对，但人们对大众阅读的需求依然存在。1879 年，波士顿公共图书馆员统计了一个星期六借出的图书，发现 90% 是小说，其他作者主要是阿尔杰、索思沃思和奥普蒂克等。一年以后，董事会重复了 20 年前开展的试验——减少流行小说的供应，结果与 20 年前类似：流通率急剧下降。在密尔沃基，小说占据了公共图书馆流通量的 70%。据《密尔沃基哨兵报》（Milwaukee Sentinel）报道，《新娘前夜》（The Bridal Eve）、《被遗弃的丈夫》（The Discarded Husband）和《我的小情人》（My Little Love）等作品被一遍又一遍地借阅，读者主要是青年和中年女性[13]。

19 世纪晚期，印刷界的竞争异常激烈。一位专家估计，全国理发店和沙龙中提供的犯罪故事小报的流通量每周超过 20 万。1882 年，《加利福尼亚与陆上月刊》（Californian and Overland Monthly）一位记者写道，在旧金山，小说这种"有害的"文学"让男孩们讨厌工作、鄙视真理、羞辱纯洁"。他继续写道，读者分为四类：学生；工厂和商店女工；酒吧招待、车夫、农民和船夫；"堕落的女性，通常还有夜间工作者、夜猫子、图谋不轨的盯梢者和从事罪恶营生的人"[14]。同年，《辛辛那提每日公报》的一位记者注意到，这座皇后城 175 个报摊每周销售 10000 份故事小报。当地学校的校长指出（但没有提供任何证据），阅读这些读物的儿童"思想大多被毒害了"。他告诉记者，遗憾的是，公共图书馆里到处都是系列小说。他还说道："有位父亲曾经对我说，他希望看到公共图书馆被烧毁，因为它正在毁掉他的儿子。"1876年，辛辛那提公共图书馆减少了流行小说的数量，馆长吹嘘道："图书馆用户的品性将发生改变。"《辛辛那提每日公报》予以了回击："图书馆馆长所谓的令人满意的进步就是指穷人不再来图书馆了吗？……尽管他们穿着破烂、举止无礼？"[15]

对于那些反对阿尔杰、奥普蒂克、索思沃思和霍姆斯的人，《波士顿每日广告商报》回应称，图书馆董事会"合理地提供了大多数人所需的读物；给他们带来快乐；至少不会给他们带来伤害；而且与他们的需求相符合，图书馆为他们提供知识和道德指引；最后，吸引他们进入图书馆，他们在图书馆会找到更好的内容"。社会活动家托马斯·温特沃思·希金森（Thomas Wentworth Higginson）对此表示赞同，尽管他言语中流露出系列小说所渲染的白人种族优越感。希金森提出，促使一个男孩开始阅读奥普蒂克的，"是对于冒险的热爱，而这正是让盎格鲁血统的美国人遍布整个大陆的原因"[16]。

1881 年，美国围绕公共图书馆流通小说开展了全国性辩论。点燃这场风暴的是 1880 年底波士顿《星期日先驱报》（Sunday Herald）刊发的一系列文章，这些是由长期在波士顿公共图书馆从事编目工作的詹姆斯·哈伯德（James M. Hubbard）撰写的，抨击了波士顿公共图书馆向儿童提供系列小说的行为。继《星期日先驱报》系列文章之后，哈伯德向波士顿公共图书馆董事会提交了一份包含 100 种违规图书的书单，一个月后又在《国际评论》（International Review）上发表了另一篇文章。他还请求波士顿市议会整顿波士顿公共图书馆馆藏，确保它反映了该馆创始人的意愿。哈伯德在发表于《国际评论》的文章中写道："我认为本市向公众免费提供仅供娱乐的文学作品是不正确的。"他感叹道，全国各地的公共图书馆"几乎无限制地大量提供这种文学作品；而且主要提供给……学校儿童"，这些学生不应该接触到"灌输有害思想……破坏良好道德"的故事。哈伯德呼吁"对所有这一类作品进行严格的审查"。他认为波士顿公共图书馆可以很容易地开展这种审查，并对其他图书馆产生示范性影响，督促它们只收藏最好的图书[17]。

波士顿市议会在 1881 年初就哈伯德的请愿举行了听证会。哈伯德在听证会上使用"庸俗""不道德""恶心""沾满罪恶"等词语抨击流行文学的作者，并要求取缔小说及流通相关作家作品的图书馆青少年部门。图书馆董事会反驳道，将数百万美国人所阅读的、波士顿公共图书馆读者所需要的图书彻底清除是不现实的，这种做法也不妥。然而，当哈伯德于 1881 年末出版了一本列出违规书籍（包括他所谓的"卑微的人面兽心的女性小说家"的作品）的小册子时，图书馆董事会做出了让步。1882 年 1 月，波士顿公共图书馆将哈伯德列出的作品下架，并承诺对所有作品进行审查，处理不合适的作品，将那些没有争议的作品重新摆回到书架上[18]。

在其他地方，报纸和期刊也成为争论的对象。《辛辛那提每日公报》指出："图书馆员中现在流行一种理论，即持续阅读任何作品都可以培养出良好的阅读品位，我们对此表示怀疑。"《朋友报》（*The Friend*）指出，波士顿公共图书馆"大大滋长了它的创立者想要遏制的邪恶力量"。《陆上月刊与西向杂志》（*Overland Monthly and Out West Magazine*）的一位作者指出，公共图书馆流通的"垃圾削弱了读者的品位，腐化了读者的情感，各个群体中有影响的人现在有必要站出来……开展严格且理性的审查"。这位作者打趣道："将公共资金花在提供免费啤酒上比花在不堪的小说上更明智。"《伍斯特每日谍报》（*Worcester Daily Spy*）则表示反对。该报称，哈伯德认为公共资金不应花在"令人愉悦"的小说上，这"是不合理的"。"快乐本身不仅不可耻，而且是真实存在的，是人类的诸多情感之一。"《北方基督教倡导者报》（*Northern Christian Advocate*）认为有必要开展某种形式的审查，但必须由父母进行。《批评者报》（*Critic*）公开谴责了哈伯德制定"禁书目录"的行为[19]。

在芝加哥，《洋际报》（*Inter Ocean*）的一名记者询问芝加哥公共图书馆管理层对于哈伯德的请愿书的意见。馆长普尔就收藏薇达（Ouida）、霍姆斯和索思沃思等作家的作品给出了理由。他说："如果每一个阶级都为支持图书馆的发展而纳税了，那么，每一个阶段都应得到自己想读的书。"至于这些小说是否提供了"错误的生活观念"的问题，普尔回应说："与民众茶余饭后的闲谈相比，图书馆的每一本书都是更好的老师。"这位记者还采访了该图书馆董事会。一位董事表示，公共图书馆不应该收藏索思沃思等作家的小说。另一个人表示同意，同时抱怨他的同事们不断否定他的意见。然而，有一位董事说他见过索思沃思本人，从与索思沃思的谈话中，他认为这位作家不会写出任何损害敏感之人的道德的内容。董事会主席指出，图书馆不能强迫人们走进来，所以需要提供人们想要的书。芝加哥市的一位学校校长、图书馆董事会前成员对此表示同意。他表示，如果人们不能在图书馆读到系列小说，他们可以在当地报摊上找到更劣质的阅读内容[20]。

在这场争论期间，美国图书馆协会合作委员会（American Library Association's Cooperation Committee）调查了 70 家公共图书馆，了解它们的馆藏中是否包含索思沃思、霍姆斯、阿尔杰、奥普蒂克和薇达等人的作品。在 30 家给出回复的图书馆中，11 家表示拒绝购买索思沃思的小说，3 家已将阿尔杰和霍姆斯的作品下架，2 家下架了亚当斯①的作品。另外，24 家图书馆表示拥有阿尔杰的作品、23 家有霍姆斯的作品、22 家有奥普蒂克的作品、13 家有索思沃思的作品[21]。除了在女性作家方面有一些共同观点外，受访图书馆极少达成共识。调查结果还显示，每家图书馆都找到了其所在社区接受的核心文学价值。无论图书馆员个人是否反对，他们仍然尽可能地在有限的范围内收集人们想要的内容。

1882 年初，波士顿公共图书馆董事会审查委员会发布了一份报告，建议将哈伯德在 1881 年发行的小册子中罗列的大部分作家的作品封存至隔离室（Inferno）②——图书馆员用来隔离某些特定图书的指定场所。隔离室中的图书在卡片目录上会用三颗星标注，如果用户想要借阅这些书，必须填写一份包含年龄、职业、品格鉴定和使用目的等信息的索书单。图书馆规定："在馆员取书之前，索书单必须得到馆长的批准。"关于隔离室，有个波士顿人问道："有没有一个足够强大的显微镜能够探测到图书馆这个庞大的审查禁书的地方？"[22]全国各地对于隔离室的反应各不相同。《公理会徒报》（Congregationalist）认为这是站不住脚的，因为即使采用这种方法，"如果有足够多的人要求，图书馆

---

① 奥利弗·奥普蒂克是美国作家威廉姆·T.亚当斯的笔名。——译者注

② Inferno 出自但丁的《神曲》。《神曲》分为三部分：地狱（Inferno）、炼狱（Purgatorio）和天堂（Paradiso）。这里是指图书馆将有争议的某些图书从对读者开放借阅的书架上取出来专门存放到某一个地方。除非有特别许可，否则这些图书不对外提供。此处意译为"隔离室"。——译者注

还是一定会提供自由性爱方面的爱情小说的"。《辛辛那提每日公报》指出："图书馆审查委员会的任务复杂而艰巨，但应该注意社区里并非全是儿童。"[23]

虽然在哈伯德的攻击引发的公共压力下，波士顿公共图书馆对"不道德"和"令人反感"的书籍的定义发生了改变，但是隔离室提供了解决问题（如何处理有些人认为社区公共图书馆应该拥有，而有些人认为不应该有的图书）的一种办法。隔离室帮助图书馆员以双方都能接受的方式调解了这些纠纷。多年来，隔离室不仅成为受当局质疑的小说的栖息地，而且为存放文学专家仍有争议的高雅文化作品敞开方便之门。例如，1882 年，波士顿公共图书馆不仅把薇达、索思沃思和阿尔杰的作品打入隔离室，还将沃尔特·惠特曼（Walt Whitman）的《草叶集》（*Leaves of Grass*）、乔万尼·薄伽丘（Giovanni Boccaccio）的《十日谈》（*Decameron*）以及埃米尔·佐拉（Émile Zola）的所有作品都存了进去[24]。

19 世纪晚期，图书馆界开展了大量激烈的公开辩论。哈姆林·加兰认为，在波士顿公共图书馆阅读惠特曼的《草叶集》是一种自我改造的体验。"从第一次阅读开始，我仿佛被带到了高处。"[25] 但其他人将惠特曼视作对社会道德的威胁，并抵制其所有作品。加兰从波士顿公共图书馆的隔离室中借到了《草叶集》，但芝加哥公共图书馆没有收藏这本书。1884 年，一位芝加哥人在给《芝加哥论坛报》的信中写道，图书馆馆长"不会在图书馆中存放任何可能导致他被起诉的书"。馆长普尔认为，《草叶集》是一部淫秽的作品，"任何一个受人尊敬的图书馆都无法接受它"。《芝加哥论坛报》的一位读者认为这个观点很荒谬，他指出，《草叶集》"是我们拥有的唯一纯粹原生的、美国本土的文学作品"。"纯属无稽之谈，"《芝加哥论坛报》的另一位读者反击道，《草叶集》的"粗俗无礼"使它不配在芝加哥每一个孩子都能接触到的图书馆书架上拥有一席之地[26]。

很多其他作品也引发了争议。例如，1885 年，马萨诸塞州康科德公共图书馆（Concord Public Library）将《哈克贝利·费恩历险记》（*Adventures of Huckleberry Finn*）列为禁书一事成为全国性的新闻。该馆一位董事认为，该书"完全是垃圾"；另一位董事认为该书"更适合贫民窟的人，而不适合正派体面人士"。路易莎·梅·奥尔科特（Louisa May Alcott）写道："如果克莱蒙斯（Clemens）①先生想不出更好的故事讲给纯洁的年轻男女们听，他最好什么也别写。"图书馆员卡洛琳·修因斯小时候喜欢斯托夫人的《汤姆叔叔的小屋》，19世纪80年代，她所在的康涅狄格州哈特福德公共图书馆收藏了该书相当多的复本。梅森-迪克森线②以北的大多数公共图书馆也都收藏了这本书，但对于南方的白人读者而言，《汤姆叔叔的小屋》是邪恶的化身，很少有南方图书馆收藏这本书 [27]。

修因斯虽然喜欢《汤姆叔叔的小屋》，但是讨厌被她称为"不死四人"的阿尔杰、奥普蒂克、卡斯尔蒙（Castlemon）和芬利（Finley）。在哈伯德攻击波士顿公共图书馆一年后，修因斯于1882年出版了《儿童图书：家长和儿童指南》（Books for the Young: A Guide for Parents and Children）。同年，她启动了儿童有声朗读项目，该项目后来演变为所有图书馆每星期开展的讲故事活动，至今仍然存在。随着越来越多的女性从事图书馆职业，负责制定严肃文学标准的男性自愿地让女性馆员利用其"天生的直觉"来为儿童挑选好书。提倡为儿童提供图书馆服务（因此增加了图书馆服务的用户数量）的先锋女性抓住这个机会组建了一个专业团体，反对报摊售卖的系列小说。修因斯在她的书的序言中说，"那些让'精明'成为美德，鼓励孩子变得残忍、粗鲁或不尊重长辈，语法拙劣，或者使穷困潦倒的主人公一夜暴富的书"会被禁掉。1883年，修因斯在《图书馆期刊》中开设了一个题为"儿童文学"的专栏，在其中开列书目作品，介绍所列图书的特点，并解释这些书为什么适合儿童阅读 [28]。

修因斯发表的书目使一些图书馆的实践成果通过出版形式固化下来。例如，1877年，罗得岛波塔基特公共图书馆（Pawtucket Public Library）馆长收集了一系列关于男孩因阅读太多廉价通俗小说而犯罪的新闻报道，做成一个剪报本。其中一则新闻介绍了一位臭名昭著的杀人犯，他表示自己少年时阅读的凶杀和暴力小说将他变成了罪犯。这位馆长经常将剪报本给将廉价通俗

---

① 马克·吐温是笔名，他的原名是萨缪尔·兰亨·克莱蒙斯（Samuel Langhorne Clemens）。——译者注

② 梅森-迪克森线（Mason-Dixon line）为美国宾夕法尼亚州与马里兰州之间的分界线，于1763年至1767年由英国测量家查理斯·梅森（Charles Mason）和英国测量家、天文学家杰里迈·狄克森（Jeremiah Dixon）共同勘测后确定。美国内战期间成为自由州（北）与蓄奴州（南）的界线。——译者注

小说带进图书馆的年轻人看。罗得岛普罗维登斯公共图书馆在 1885 年做了同样的事情。《波士顿先驱报》报道："据说这个阅读廉价通俗小说的男孩经常阅读剪报本，这个剪报本不断增加因读了廉价小说而走上犯罪道路的案例。后来男孩厌恶地放下本子，从此再也不愿翻看那些廉价通俗小说。"《波士顿先驱报》鼓励其他图书馆制作类似的剪报本；全国各地的报纸都报道了这个故事[29]。

　　但是有些用户进行了抵制。1889 年，洛杉矶公共图书馆馆长指示工作人员拒绝采购对青少年有害的图书（图书馆有修因斯的书目），遭到一些家长的反对。一位家长坚决要求停止这种做法。她认为，只有停止这样做，"我们

▶▼ 小霍雷肖·阿尔杰的"衣衫褴褛的迪克系列"（*Ragged Dick Series*）和奥利弗·奥普蒂克的"湖岸系列"（*Lake Shore Series*）是 19 世纪晚期系列小说的代表，数百万年轻人阅读过，但这些作品遭到很多人诟病，也经常作为"不良读物"被公共图书馆的领导们所禁止。上图：小霍雷肖·阿尔杰的《衣衫褴褛的迪克》，图片来源：美国国会图书馆 LC-USZ62-49663。下页图：奥利弗·奥普蒂克的《湖岸》，图片来源：archive.org。

才可能看到一所令人骄傲的'馆藏丰富的图书馆',一所得到充分利用的图书馆"。与之相反的是,一位图书馆员对于女孩们没完没了地要求借阅系列小说感到不满,于是撕毁了她们的索书单,并将填写好的传记作品的索书单递给她们。《基督徒联盟报》一位记者写道:一个女孩"皱着眉头"回答道:"我不想读任何传记。"然而,并非所有的图书馆员都如此刻板。1891 年,俄勒冈州波特兰的一位记者注意到,在当地公共图书馆,"男孩们沉迷于边境的悲惨故事,女孩们在夜里阅读《妻子的秘密》(*The Wife's Secret*),时髦的家庭主妇读完一本法国小说后又来换另一本更劲爆的故事,放学后的学生们反复阅读《十日谈》"。他指出:"这位对所有人都彬彬有礼的馆长对待所有的阅读都一视同仁。"[30]

公共图书馆夹在数百万在专家看来不利于社会秩序的系列小说的年轻读者，以及将这数百万人吸引到他们不是非来不可的公共机构的需求之间，被迫做出妥协，为本地社区提供一种可接受的方案。1891 年，即使是康涅狄格哈特福德公共图书馆（编纂了谴责"不死四人"书目的修因斯担任馆长）也不得不屈服于大众需求。"男孩们没有离开奥普蒂克、阿尔杰或卡斯尔蒙，女孩们也仍在看她们的埃尔茜和霍姆斯小姐。"修因斯感叹道，"我希望我会看到，哈特福德图书馆里的孩子们游行到公园，像萨瓦纳罗拉（Savanarola）①一样焚烧了他们的偶像的图书，但不幸的是，真实的情况并非如此。"该馆董事会主席补充道："现在的问题不再是图书馆提供大量小说是否会影响读者阅读经典文学，而是读者能否在图书馆找到愉悦身心的健康读物，而不是两手空空地走出图书馆，到报摊和铁路柜台处购买这些内容。"[31]

尽管很多人谴责不良作品会造成恶劣影响，但读者表现出的真实情况却并非如此。哈姆林·加兰回忆起他在艾奥瓦州度过的青少年时期，那时他经常和朋友交换阅读廉价的通俗小说和每周小报："我非常喜欢《老侦探》（Old Sleuth）和《杰克·哈克威》（Jack Harkaway）。"他后来回忆道，"那个时候这种周刊读物着实令我着迷……我从这些故事中所获得的快乐理应让我感到羞耻，但事实并非如此——我为此感到高兴"。在 19 世纪 80 年代的俄亥俄州，当时还是青少年的舍伍德·安德森（Sherwood Anderson）"如饥似渴地阅读能拿到的任何印刷品"，包括劳拉·琼·利比（Laura Jean Libbey）的作品、廉价通俗小说，以及库珀、史蒂文森和马克·吐温的作品。他回忆道，这些书大部分是从公共图书馆借来的，"我每天都去图书馆……这些书……丰富了我的梦象"。差不多在同一时期，西奥多·德雷泽（Theodore Dreiser）走进了印第安纳州华沙（Warsaw）公共图书馆，起初他只选择了图书馆员推荐的书籍，后来"转向了小说，在薇达、哈里森夫人（Mrs. Harrison）甚至劳拉·琼·利比等作家中寻找不现实的感伤主义作品，我本能地渴求这些书"[32]。

---

① 吉罗拉莫·萨瓦纳罗拉是一位意大利道明会修士，从1494年到1498年担任佛罗伦萨的精神和世俗领袖。他以在虚荣之火事件中反对文艺复兴艺术和哲学，焚烧艺术品和非宗教类书籍，毁灭被认为不道德的奢侈品，以及严厉的讲道著称。——译者注

廉价通俗小说的作者大多喜欢赞美人的尊严，并且大肆宣扬在美国这个民主平等的国度追求成功的靠自我奋斗成功的人的美德。然而，近年来对城市工人阶级阅读的廉价通俗小说的研究表明，这些小说提供了一种想象空间，读者可以想象自己在阶级斗争中取得成功，最终获得美满的结局。例如，罢工的结果总是好的；女主角总能赢得胜利。对于读者来说，这些故事与文学专业人士所赞赏的严肃小说一样具有强大的力量，但批评者企图在廉价通俗小说的读者身上用严肃读物的标准来寻找其印记，因此总是一无所获。然而，如果继续观察加兰、安德森或德雷泽这些年轻读者后续的生活，我们可以发现，他们的生活并没有被修因斯和其他人所排斥的系列小说所摧毁[33]。

早期的漫画同样引发了公众辩论。1892年，当波士顿公共图书馆允许12岁的孩子进入阅览室时，这些孩子立即将图书馆员围住，要看彩色连载漫画，例如《冰球》（*Puck*）或《裁判》（*Judge*），读的时候还会放声大笑。因此，图书馆董事会决定停止订购这些漫画。对于这一决定，美国各地很多报纸都发表了评论。《费城询问报》（*Philadelphia Inquirer*）打趣道，幼儿园随便一位老师都可以告诉图书馆员，图画有很好的教学效果。《托莱多蜜蜂报》（*Toledo Bee*）坚持认为，大多数人都清楚，讽刺和幽默是"犀利的老师，一幅有针对性的漫画可以揭露一个谎言，这是波士顿的学究们几十篇长篇累牍的著述都无法做到的"。萨克拉门托（Sacramento）的《忒弥斯报》（*Themis*）戏谑道："如果他们愿意的话，那些烧死过女巫的文明人的后代请回到16世纪生活。其他人更喜欢待在19世纪。"回头继续说波士顿，当一位用户愿意向波士顿公共图书馆捐赠《冰球》杂志的订阅费用时，《波士顿环球日报》也加入了这一有趣的讨论。该刊发表了以"公共图书馆天空的阴霾散去"为副标题的文章，在旁边故意配了最近一期《冰球》杂志上刊登的漫画，以此来讽刺波士顿公共图书馆的这一决定[34]。

随着公共图书馆成为重要的公共场所，在19世纪末，美国社区为开办新的图书馆举办了大量的庆祝活动。例如，1889年，马萨诸塞州的彼得沙姆（Petersham）为建在镇中心公共用地（Town Common）上的公共图书馆举行落成典礼，同时举行了街头游行：当地一位内战英雄领头，"12名童男童女［也不知道他怎么知道的］举着旗帜，队伍中还有老兵（他们的人数足以组成两支卫队）、铜管乐队，后面跟着学者，普通民众则跟在最后面"[35]。公众有时会为公共图书馆的选址提供意见。1887 年，波士顿公共图书馆为其位于科普利广场（Copley Square）的新大楼奠基时，一些公民表达了不满。一个人抱怨道："如果我们所有珍爱的书籍都被搬到后湾（Back Bay）地区，你不觉得这剥夺了我的快乐吗？"一位年轻女孩问道："可不可以请求他们将阅览室留下？"一位"工人"写道："多年来，我一直在那里度过下午时光；我会迅速吃完晚饭，然后去那里读报纸；晚上回家时，我会和妻子分享我读到的内容。现在，如果阅览室和图书馆都从这里搬走的话，所有这一切都要结束了。"还有一些拥有相似的阶级背景的人对新建筑的外部装饰表示不满。一位用户指着一处拉丁碑文说："铭文……应该使用优美而易懂的英语。"[36]

尽管如此，图书馆作为社区空间是很常见的。1887 年，布法罗公共图书馆（Buffalo Public Library）一幢新楼开放，其中一楼设有馆长办公室、目录室、研究室以及期刊阅览室（上面贴着标语："安静是这间房间的法则"），后面设有书架。大厅外面有一条走廊，被形容为"舒适的夏季阅读场所"。二楼为女士阅览室、演讲室、教室、会议室、象棋与谈话室，以及一个由三个房间组成的展厅。三楼为布法罗历史学会负责管理的博物馆、演讲室、图书馆与画像展厅。地下室由布法罗自然科学学会负责管理，包括一间地质和矿物学室、一间动物学室、两间科学图书室、一间植物标本与实验室以及一间报告厅[37]。图书馆为多种活动提供了空间，帮助这个多民族的城市培养社区意识。

一些中产阶级美国人对 19 世纪中期会员图书馆的讲座活动评价非常高，他们希望新的公共图书馆能继续开展这些活动。在罗得岛南金斯顿（South Kingstown）公共图书馆的落成典礼上，一位演讲者说："我们今天所处的这栋建筑有着自己的故事。这里将会有讲座，还将举办音乐会。在这里，我们引以为傲、正在繁荣发展合唱团将有自己的家，音乐将发挥独特的魅力，提升我们的社交生活。"在谈到作为投资项目的公共图书馆会给当地社区带来最大的回报时，圣路易斯公共图书馆馆长列举出：阅览室定期举办讲座（例如，1889 年，一位教授利用周五晚上的时间做了 14 场政治与社会科学讲座），会议室接待了许多团体，包括一个女性俱乐部（在 1891—1892 年间讨论了席勒的戏剧、巴尔扎克的小说场景以及浪漫主义的兴衰）和一个正在研究莎士比亚的艾略特学会。通过这种方式，图书馆丰富了这座城市的知识生活[38]。

这时，公共图书馆已经有了一些常来的用户类型，其中很多在 21 世纪仍然可以看到。1889 年一个周六的午后，在底特律公共图书馆，主阅览室的图书馆员从这里的读者中分辨出这样几类："书痴""每日到访读者""饱受眼疾痛苦而用鼻子阅读的人"以及"长期读报者"。"长期读报者""经常看着看着就睡着了，如果有别人在等这份报纸，图书馆员会趁着他睡着将报纸拿走"。看漫画的男孩们也是常客。"他们精力充沛，经常受到警告……不要用那些欢快的漫画中善意的玩笑去打扰他人。"一个"疯女人"经常来这里，坐在大门旁，"看着每一个进来的男人。她的丈夫在一年前……跑了，但她一直在寻找他"。还有那些"坐在林肯半身塑像基座旁的恋人们。他们整个上午都坐在那里，在彼此眼中读到了浓浓的爱意"。1887 年，当《波士顿先驱报》一位记者问起时，图书馆员迅速指出了每天都坐在同一个地方的三个"文学怪人"：阅读《大不列颠百科全书》的"百科全书怪人"；只读育儿图书，且每到一个小时整点时都要把书交给图书馆工作人员保管，自己出去喝咖啡吃蛋糕的"咖啡蛋糕怪人"；还有长时间地阅读伊曼纽尔·斯维登堡（Emmanuel Swedenborg）的一本书，导致封面破损的"天堂神秘人"。当图书馆员要将破损的书送去重新装订时，"天堂神秘人"威胁要向市长投诉[39]。

公共图书馆的规定（图书馆员以各种不同的方式执行）不仅是为了规范社会行为，而且还为了确保环境卫生。一些措施比较成功，还有一些措施则不甚成功。1879 年，芝加哥的一位用户抱怨道："没有痰盂真是糟糕透顶，角落和缝隙里到处散发着恶臭。"另一位用户担忧地指出："人们在台阶上吐痰，让人很容易滑倒，给肢体甚至生命带来危险。"11 月，该图书馆阅览室开窗通风，有人抱怨空气对流"将用户暴露在这个季节的多种流行病中"，使图书馆成了"死亡陷阱，而不是一个有益的机构"。但另一位用户认为，阅览室里经常挤满了"不洗澡的人"，所以图书馆必须打开窗户。"如果不保持通风……鼻子灵敏的人将无法忍受这里的空气。"1886 年，该图书馆关闭了报纸阅览室，以赶走"主要来这里取暖的气味难闻的大批流浪汉"[40]。

城市公共图书馆在新移民社区开放的分馆很快成为民众聚会的场所。到1891 年，芝加哥公共图书馆已在全城建立了 24 个流通站和 5 间阅览室，所有地点特意选在报摊和酒吧附近。在一间阅览室，几十名男孩在学校 3 点半放学以后来到了这里，"在他们之后，来了一位魁梧的警察，他坐在一个显眼的位置，摇着手杖，拨弄着警徽，一直坐到下午 6 点，"一位记者写道，"到了这个时候，饥饿感已经战胜了对图画书的热爱，阅览室里这 24 个年轻的美国人无法抵制外面世界的诱惑，便出门了。"半小时以后，工人们来了，占据了阅览室座无虚席，他们一直待到晚上 10 点才离开。另一位记者注意到，在捷克移民社区旁的一间阅览室里，用户们"一遍又一遍地阅读图书馆提供的波西米亚文学作品，直到将这些书完全翻破，然后如饥似渴地寻找其他阅读材料……当然，年轻人也会拿起英文书看，这些书逐渐改变了他们的民族特性"[41]。

这一时期，美国公共图书馆开始与公立学校合作。1883 年的每个星期六早上，芝加哥一位公立学校的老师都会将班上的学生带到图书馆看图书展览。"标准的文字书和图画书……摊开摆放在馆长室的桌子上，这些书是在老师指导下选出来的，老师做了精心的准备来讲解面前这些图书，比如介绍这是该领域的最权威作品，讲解使用它们的最佳方式。"接下来，图书馆长对学生表示欢迎，邀请他们使用所有这些资源，并带领他们参观图书馆建筑，介绍图书馆的组织结构和馆藏目录。公共图书馆还向学校提供馆藏，通常是为了将孩子从系列小说中吸引过来。

1878 年，辛辛那提公共图书馆在三层展厅展出了当地学生的艺术作品。《辛辛那提每日公报》报道："这是检查辛辛那提公立学校有关品位和审美培养情况的一个机会。"1882 年，当洛杉矶图书馆阻止读者在图书馆下国际象棋与跳棋（这是原来的洛杉矶图书馆协会所设置的"会谈室"遗留下来的传统）时，读者们表示不满。《洛杉矶时报》（*Los Angeles Times*）报道说："公众的呼声使游戏得以恢复，但强调了遵守秩序。"1877 年，佐治亚州梅肯① 公共图书馆（Macon Public Library）在"看起来像是展厅"的房间中展出了由当地木工制作的手工雕版卷轴。1886 年，图书馆举办了一场讲座，"主题是'解读笑话'，听众由梅肯地区许多文化人组成"。四年后，《梅肯每周电讯报》（*Macon Weekly Telegraph*）报道了图书馆举办的一场社区花卉展览："昨天，天竺葵、菊花和其他五彩缤纷的花朵将公共图书馆映衬得光鲜艳丽，且散发着芬芳。"[42]

---

①　梅肯位于美国佐治亚州，该州位于美国东南部，是南北战争时期参战的 11 个南方蓄奴州之一。——译者注

公共图书馆还是表达不同政治倾向的地方。1880 年，梅肯公共图书馆展出了其收藏的美利坚联盟国（Confederate）①的战旗、货币和 1864 年烘焙的饼干。两年后，该图书馆举办了一场展览，展品包括当地艺术家的作品、钱币、扇子、玩偶、瓷器，特别是与南方邦联有关的纪念品。1890 年，一个妇女俱乐部在该图书馆的国际象棋室聚会，商讨举行每年一度的南方邦联退伍军人博览会。而另一边，1892 年，马萨诸塞州②伍斯特（Worcester）公共图书馆在新的讲堂里展出了从独立战争到内战时期士兵和水手们所穿制服的图片。几个月后，该馆又展出了美国内战照片，其中一些照片展现了横尸遍野的战地场景。一些地方的公共图书馆试图促进北方和南方的团结。1891 年，由原南北方士兵组成的美国退伍军人联合会（United American Veterans）在华盛顿哥伦比亚特区开会，探讨在这里建立一个公共图书馆的可能性[43]。

许多人认为公共图书馆应该解决社会问题。1884 年，康涅狄格州布里奇波特（Bridgeport）公共图书馆馆长列举了该馆为社区带来的好处。她说，该馆"像许多其他图书馆一样，为最底层的阶级提供服务，既然社区许多成员都属于最贫穷的人，而且周日的许多常客都会主动告诉我们，以前他们只能在破烂的小酒馆里度过周日，因为他们没有房子，住在寄宿公寓里"。图书馆还推动了社区的非正式教育活动。这位馆长指出："在公共图书馆开放以前，这里完全没有讨论或互助提升的社团。现在已经有了好几个社团，管理完善，参与人数众多。肖托夸（Chautauqua）学习圈③、科学课以及致力于文学艺术研究的俱乐部蓬勃发展起来，所有这些都或多或少地依赖于图书馆的帮助。"[44]

全国各城市的移民通过多种方式利用公共图书馆。1888 年，一位记者注

①　美利坚联盟国，又译作美利坚诸州同盟、美利坚邦联或迪克西，是自 1861 年至 1865年由 11 个美国南方蓄奴州宣布从美利坚合众国分裂出去后建立的政权，通常简称为"南方邦联"。——译者注

②　马萨诸塞州位于美国东北部，是南北战争时期参战的北部自由州之一。——译者注

③　1874 年，刘易斯·米勒（Lewis Miller）与约翰·海尔·文森特（John Heyl Vincent）创办肖托夸湖周日学校，后来发展为肖托夸学院。1878 年，成立肖托夸文学和科学学习圈（Chautauqua Literary and Scientific Circle），也简称"肖托夸学习圈"，主要为那些受时间或经济所限不能进入大学求学的人群提供函授教育，鼓励学生建立读书会，"肖托夸学习圈"提供推荐书目。参考赵俊玲：《我国民间读书会研究》，国家图书馆出版社 2020 年版。——译者注

意到，某天晚上在波士顿公共图书馆的阅览室里，"这里可能会看到：出身于骄傲的英国家庭的人、被驱逐的爱尔兰人、波兰难民、俄国虚无主义者、来自格丁根或海德堡的德国年轻学生、爱干净的法国人、强壮的苏格兰人、商人和机械师、店员和工人，说笑的女学生和正在预习明天课程的阳光的高中男生坐在一起"。记者向一位图书馆工作人员询问移民情况，后者指出："我很高兴看到人们——其中大多数是外国人——从阅览室受益后，将刚到美国的朋友们也带到这里……我发现这些人来了不久之后就要求阅读美国报纸，通过这些报纸学习英语。"15 岁的奥尔佳·图文（Olga Tuvin）从俄罗斯波洛克斯克（Ploksch）来到美国，起初她尝试在夜校学习英语，但后来放弃了"令人窒息的"课堂，那里只用儿童启蒙读本，以为移民都是愚昧的。"我随后就知道，公共图书馆必须成为我的学校……我非常渴望成为一个有用的美国人。"[45]

19 世纪晚期，一些图书馆将儿童作为新的服务对象，却遭到了反对。在 1900 年之前，公共图书馆普遍都立着一块写有"儿童和狗不得入内"的标牌。1891 年，一位图书馆门卫告诉一位带着女儿的父亲说："你不能把她带进去，先生。"但这位父亲提出了抗议，他不想在自己借书时让女儿在外面淋雨。两个男人最后的妥协结果是，图书馆借给女孩一把伞。马萨诸塞州布鲁克林公共图书馆在 1890 年开放了一间儿童活动室，以解决另一个难题。该馆的一位职员回忆说："馆长无法忍受儿童在馆内到处乱走。"为了安抚馆长，图书馆董事会专门给儿童开放了地下室的一个房间，并设专人看管[46]。

作为公共空间，公共图书馆也吸引了一些不良分子。1877 年，在西弗吉尼亚州的威灵（Wheeling），一群年轻男孩站在公共图书馆门口晃悠，不断对着路人口吐脏话，当地的一家报纸报道说："每一个路过的女士都要遭到这群年轻流氓的侮辱。"1885 年，《密尔沃基杂志》（*Milwaukee Journal*）抱怨在图书馆门口徘徊的一群小混混"用言语或行为羞辱不幸遇到他们的每一位女士"。图书馆也一如既往地吸引了流浪汉和失业者。1877 年，印第安纳波利斯公共图书馆阅览室的流浪汉们被一位警官带走并被禁止再次返回。在 19 世纪 90 年代，波士顿公共图书馆的用户将底层大厅称为"流浪汉的避难所"，在冬天，无家可归者会放弃外面的长椅，在这里"坐下来，将套着湿袜子的脚放在暖气旁边烤着——图书馆员一转过身，他们就会偷偷脱掉靴子"。然而，并非所有人都反对他们的存在。一位记者指出，对于无家可归者来说，芝加哥公共图书馆阅览室"在一个艰难和挣扎的世界中犹如沙漠里的绿洲，他们每天在这梦幻般的安静环境中度过的几个小时是他们贫瘠的生活中唯一的幸福瞬间"。洛杉矶公共图书馆馆长在1893年写道，由于社会不能为所有人提供工作，"如果一个无所事事的人——不管是长期如此还是暂时如此——能在一个有益身心的环境与氛围里坐下来，他的面前就是书本，整个社区自然就会更加安全。如果人们充分意识到这件事的意义，那么每个就业办公室和街角收容所都会邀请失业者来到图书馆，鼓励他们在这里闲荡。"[47]

到1876年，美国公共图书馆已经成为许多人生活的一部分，当图书馆遭到攻击时，他们会立即采取行动来保护它。例如，1876年，一位议员建议关闭芝加哥公共图书馆以节省纳税人的钱，人们立刻做出了回应。《芝加哥论坛报》的社论写道："图书馆对所有人一视同仁，而且传播了有用的知识——这在某些人眼中是废除图书馆的两个非常有力的理由。"有些人认为关闭图书馆是一个阶级问题。"纳税大户关心他们的利益；我们凭借自己的劳动与产业，虽没有积累如此巨大的财富，但是也为整个社区做出了巨大贡献"，理应拥有一个得到充分保障的公共图书馆。另一位纳税人表示反对，他认为图书馆"只是那些一无所有的人强加给我们的众多机构中的一个，我建议将包括征税在内的市政事务投票权只能交给这个城市有产业的人"。这一观点也立刻得到回应。"我不会乞求市议会支持向公共图书馆充分拨款，但我会要求这么做，因为我依法享有这样的权利。"[48]

第4章 "自由选择阅读的内容与时间"：
卡内基时代（1893—1917）

　　1893年5月1日至10月31日，近2700万名游客走进了密歇根湖边占地600英亩的芝加哥世博园大门，在200多座建筑物中观赏了来自世界各地的数以万计的展品。位于世博园中心的"荣誉殿堂"最引人注目，当地人因其灰泥房顶的经典设计而将它戏称为"白城"。为庆祝哥伦布发现新大陆四百周年，芝加哥市政府决定将这一届博览会命名为"哥伦布世界博览会"，向齐聚于此的人证明芝加哥是一座充满活力、富有文化的美国城市。

　　同样在芝加哥，美国图书馆协会于1893年7月召开年会。14年前，该协会将"以最低的成本为最多数人提供最佳读物"确定为自己的口号。为了明确什么是"最佳读物"，图书馆员们向拥有良好的背景，在他们看来能够正确地评估印刷作品好坏的专家求助。大多数人分享了一种阅读观。这种阅读观认为，"好的"读物能引导良好的社会行为，而"坏的"读物则会产生不良的社会行为。专家之间有时会产生分歧，例如《哈克贝利·费恩历险记》是"好"还是"坏"？但大多数时候他们对于流传下来的西方经典表示满意，他们推荐的"最佳读物"也比较一致。图书馆员的一项核心任务是梳理这些专家的书评，并编写"最佳读物"书目。在芝加哥年会上，美国图书馆协会自豪地展出了适用于所有公共图书馆的包含5000册图书的"典范文库"（Model Library），其中小说仅占15%。一年以后，内政部教育局出版了《美国图书馆协会书目》（*Catalog of the A.L.A. Library*），并以政府文件的形式印了20000份，国会议员将它们免费发放给公共图书馆[1]。该目录随即成为图书馆的采购标准。

1893 年美国图书馆协会年会的一场分论坛在世博园的"妇女大楼"
（Woman's Building）举行，这里有第一家专门收藏世界各地女性作家作品的
图书馆，收藏了 8000 册图书。由于其中很多作家被专业图书馆员所鄙夷，这
里的馆藏也与"典范文库"中的文学经典相违背。在美国图书馆协会组织的这
次展览会上，美国图书馆协会展示了新的技术和专业设备，而与此不同的是，
"妇女图书馆"则由全国知名的室内设计师坎达丝·惠勒（Candace Wheeler）
负责装饰，营造出"家一般的"书香氛围。在 5 月到 10 月期间，成千上万名
女性俱乐部的成员参观了这里，留下了深刻的印象。她们回去后在当地建造的
公共图书馆不仅反映了她们的组织能力和公民责任，还反映出她们渴望模仿这
种"家一般的"书香氛围[2]。

1893 年的美国图书馆协会年会对于读物的质量关注较少，而更多地探讨
了"最低的成本和最多数人"。为了实现"最低的成本"，协会主席杜威和他
的支持者一道继续推动图书馆采用统一的分类法和主题词等集中式的体系。通
过这些途径，图书馆员参与了进步时代（Progressive Era）①的增效运动。图书
馆设备与格式的标准化、通过广泛采用杜威十进分类法而实现的书目管理集中
化、美国图书馆协会进一步完善的共同编目实践以及指导图书馆员提供最佳读
物的书目编制工作——这些都提高了美国公共图书馆的效率，并为全国读者提
供了共同的图书馆体验。

图书馆界领袖们相信，通过为公众提供包含可靠信息和有用知识的印刷
品，公共图书馆必将对社会进步、社会秩序做出贡献。这一信念通常被称为
"图书馆信仰"，很多读者取得的成就进一步加深了这一信念。哈里·杜鲁门
（Harry Truman）回忆说："我在 12 到 14 岁的时候已经读完了［密苏里州独立
城］图书馆的所有藏书，包括百科全书……这些书对我影响非常大。"1899
年，威尔伯（Wilbur）和奥维尔·赖特（Orville Wright）兄弟在代顿公共图书

[77]

---

① 进步时代，是指美国1890年至1920年这一历史时期，是美国的社会行动主义和政治
改良纷纷涌现的一个时代。这一时期掀起了进步运动，该运动的主要目标之一是通过揭露政
治利益集团的腐败，净化美国政府内部，同时进一步建立直接民主的参政方式（尤其是女性投
票权），强调公平竞争，保障消费者权益。进步运动的次要目标之一是在各个领域推进增效运
动。大批社会活动家在当时一起联手改革地方政府、公共教育、医疗、财政、保险、工业、
铁路和教会以及其他各种领域。在社会科学，特别是历史学、经济学和政治学内部，也有进
步运动者推行学科转变和专业化以使其符合"科学"的标准。——译者注

馆（Dayton Public Library）读到了一本关于鸟类学的书（可能是史密森学会的一份报告），激发了他们对人类飞行的兴趣。海明威在少年时期经常光顾伊利诺伊州奥克帕克公共图书馆（Oak Park Public Library）。1953 年，他在该馆成立五十周年时写道："它对我的生活意义重大"，并送了一张 100 美元的支票给该图书馆。"如果你们发现我有罚款或欠费，可用这笔钱支付"，他开玩笑地说道[3]。

在这一时期，参考咨询服务成为公共图书馆的一项常规活动。1909 年，密苏里州圣约瑟夫公共图书馆（St. Joseph Public Library）详细介绍了参考咨询室每天开展的与公共图书馆最喜爱的有用的知识有关的工作——"帮助养老金部门检测欺诈行为，或帮助符合条件的女性享受政府援助；帮助用户寻找他的祖父是谁或曾外祖母是谁，并了解他们的生活；为报纸提供他们急需的肖像或插图；帮助……拼写单词；查找历史上的一个日期、内阁官员或其他官员的姓名；为部长……的演讲提供数据……；此外，也是同等重要的是，为各个学科认真学习的学生、精力充沛的俱乐部女士、全身心投入工作的老师提供所需帮助"[4]。

这一时期，美国正在经历公共图书馆运动（public library movement），与此同时，国内出版的图书数量大幅上升，从 1880 年的 2076 种增加到了 1910 年的 13470 种。其他类型的出版物也有所增加。月刊发行量从 1890 年的 1800 万册增加到了 1905 年的 6400 万册，日报发行量在 1909 年达到了 2600 份（其中近一半是非英语报纸）。面对迅速增加的印刷品，图书馆界采用了高效的方法来筛选最佳读物，这是高度依赖专家团体的筛选体系的结果。例如，1901 年，威尔逊公司（H. W. Wilson Company）开始发行《期刊文献读者指南》（Readers' Guide to Periodical Literature，以下简称《读者指南》），最初只涵盖 20 种期刊，如《大西洋月刊》（Atlantic Monthly）、《现代文学》（Current Literature）和《北美评论》（North American Review）等，每种期刊都请一位致力于在他的文化领域出版经典作品的权威专家来撰写评价。《读者指南》提高了相关文献的阅读量，所以图书馆偏爱其中推荐的出版物。《读者指南》的收录范围调整相当缓慢，导致受到边缘化的群体（如非裔和拉美裔美国人）发行的期刊处于明显的劣势——这些期刊在指南中没有被收录，因此公共图书馆不会订购。结果，《读者指南》推荐的图书和文章限制了图书馆的馆藏内容，强化了白人新教徒精英群体文化所主导的生活方式，这一状况几乎无法撼动。

与此类似，在这 10 年内，威尔逊公司还出版了《小说目录》（*Fiction Catalog*）和《儿童书目》（*Children's Catalog*）等目录工具。与《美国图书馆协会书目》一样，《小说目录》也参考了在威尔逊推荐的期刊上发表书评的专家的意见。图书馆员喜欢这些书目指南。1904 年，《美国图书馆协会书目》第二版问世，路易斯维尔公共图书馆决定采购该目录上列出的所有该馆尚未收藏的小说。1905 年，美国图书馆协会创立了《书目》（*Booklist*）杂志，一年发行 10 期，也深受图书馆界喜爱。密苏里州锡代利亚（Sedalia）的图书馆员认为这是"我们采购图书的最佳指南"。许多图书馆员在为当地报纸写专栏时，都会直接复制《书目》杂志中的评论。1915 年，艾奥瓦州克林顿公共图书馆（Clinton Public Library）反映说，读者经常带着他们从当地报纸上剪下的含有《书目》杂志书评的专栏来到图书馆流通处查找图书。不过，有时图书馆员也会遇到反对。《波士顿环球报》1894 年报道："根据'专家'建议建立的典范文库可以引起一定的兴趣，但是它们在这个崇尚自由与个性的国家很难'满足长久以来的期盼'。公共图书馆对于与它共同成长的社区来说是很重要的，它也会从当地最优秀的公共精神中汲取营养并发展壮大。"[5]

专业图书馆员的缺少无意中支持了《波士顿环球报》的观点。由于图书馆学校无法为这一时期新开放的公共图书馆培养足够多的专业图书馆员，小型社区一般会雇用未受过培训的女性，他们通常来自与社区主流价值观一致的有头有脸的家庭。这些未经训练的图书馆员工作时往往自行其是，行业规范与理念影响不到她们，在美国图书馆协会中几乎没有声音，对于她们自己及家人喜欢多年的流行小说也没有表现出反对。例如，1910 年，密歇根州莱克星敦查尔斯·摩尔图书馆（当地人口 519 人）馆长并不是密歇根州或美国图书馆协会会员，也没有订阅这些专业协会的期刊。当时，摩尔图书馆拥有 21 本阿尔杰的作品、37 本玛尔塔·芬利的作品和 40 本"波波希双胞胎"系列图书（*Bobbsey Twins*）。相反，毕业于威斯康星图书馆学院（Wisconsin Library School）的威斯康星州莱茵兰德公共图书馆（服务人口 5637 人）馆长是威斯康星州和美国图书馆协会成员，订购了《读者指南》和《书目》杂志，《美国图书馆协会书目》的两个版本也都具备。她的图书馆只有 2 本阿尔杰的作品和 1 本芬利的作品，没有"波波希双胞胎"系列图书[6]。

谁经常光顾这些新开放的公共图书馆？ 1902 年，在密苏里州圣约瑟夫公共图书馆的 468 位借阅者中，有 125 名女学生、78 名男学生、62 名家庭主妇、38 名工人、27 名店员和 14 名屠夫。最后一类人员体现了当地的经济支柱；20% 的人在本地肉类加工厂上班。同样，在宾夕法尼亚州布拉德福德公共图书馆（Bradford Public Library）1907 年登记在册的 3238 名读者中，有 1637 名女性、779 名男性以及 822 名儿童。在 976 个登记了具体职业的读者中，159 人为速记员和簿记员、139 人为店员、93 人为教师、76 人为工人、69 人为机械师、61 人为裁缝[7]。在这两个图书馆的用户中，工人阶级加上中产阶级的数量明显多于政府官员，女性和儿童多于男性；在这两个图书馆中，小说都占到馆内流通量的三分之二。

有些人从这些性别和年龄的统计数据中看到了问题。全国发行的《独立》（Independent）杂志认为公共图书馆"对于女性和儿童很有用，但对于男性似乎用处没那么大……女人把书当作玩伴，男人把书当作工具……相较于阅读型图书馆，参考咨询型图书馆更适合男性的思维"。《独立》杂志还认为，图书馆职业本身就存在问题。"从事图书馆工作和管理的人多为女性，这会加强公共图书馆的女性化趋势……她们是优秀的编目员，能够保持环境整洁有序……但是她们与所在社区的工作和生活有点脱节。"[8] 当时，超过 70% 的图书馆员是女性，大多数女性图书馆员获得的薪酬低于男性图书馆员，但是她们对能成为这个快速发展的行业的一员而心存感激，因此很少对《独立》杂志中提到的性别歧视提出质疑。

1893 年以后，图书馆开始向读者开放书架。1895 年，一位波士顿人参观完罗得岛图书馆之后说："我太享受在书架中间度过的那半个小时了。"这种体验与波士顿普遍的"等待取书"完全不同，后者"让你觉得自己受到了很大的恩惠"。图书馆员经常通过开放书架的方式阻止读者读小说。例如，在 1897 年，洛杉矶公共图书馆开放了非小说类书架，把这些有用的知识用杜威十进分类法组织，提高了获取图书的便利性，但是他们把小说放在"铁路一类后面"，增加了获取难度。但另一方面，有些图书馆只开放小说类的书架，一个主要原因是为了减少为读者寻找他们想要的小说所需的人力成本。

为了鼓励用户阅读非小说类图书，很多图书馆员将"每次借阅一本书"的规制改为"每次可借两本书"，允许用户借一本小说和一本非小说作品。1897年，明尼阿波利斯公共图书馆表示，"这一规定有助于大幅提高除小说外的所有类型图书的流通量，同时培养了阅读小说外的其他作品的兴趣"。1898年，针对"每次借阅两本书"规定的调查结果显示：非小说作品的流通量比实行"每次借阅一本书"的图书馆高出15%—20%。10年间，美国大部分图书馆都实施了"每次借阅两本书"的规定。很多图书馆针对小说和非小说作品设计了两种不同颜色的借阅卡。1906年，几名儿童来到路易斯维尔公共图书馆，对图书馆工作人员说他们想为家长借一本"好的故事书"，图书馆员有时会给他们一本历史书或者传记带回家。但一到还书的时候，其中一个孩子明确表示他的父母"不想要蓝卡［非小说类借阅卡］上的任何书"。不过，读者仍然会钻空子，违背图书馆员的初衷。例如，密西西比州杰克逊公共图书馆（Jackson Public Library）规定读者一次可以借阅两本书（一本小说，一本非小说作品），但不得在借出的当天归还（世纪之交图书馆员发明出的另一个方法，用来阻止普通小说阅读过快）。但这一规定并没有难住尤多拉·韦尔蒂（Eudora Welty）。她后来回忆道，"我每次借两本，尽量快地阅读图书馆借的书，把它们放在我的自行车篮子里飞快地带回家"，通常在第二天就能把小说还掉[9]。

为了在满足读者对于流行小说的需求同时节约购买复本的成本，避免当小说不再流行时还有大量复本留在书架上的情况，一些图书馆复制了18世纪的流通图书馆的模式，开展租赁服务。有些用户反对图书馆针对用于租赁的复本收费，对此圣路易斯公共图书馆回答道："图书馆馆藏中的每种图书都有几本免费的副本……只有当用户不愿意花时间等免费新版小说时才借租赁本。"19世纪90年代后期，密苏里州堪萨斯城公共图书馆（Kansas City Public Library）取消了租赁服务，因为董事会坚持认为这项服务不符合"免费图书馆的理念和精神"。然而一年后，在"认真征求读者的意见后"，堪萨斯城公共图书馆又恢复了这项服务[10]。

放宽流通限制让越来越多的读者走进开放书架，但这同样带来了一些问题。不同年龄的读者现在不得不难受地歪着头，阅读狭窄且竖排的书脊。此外，新泽西一位读者在1912年抱怨道："底层书架上的书太靠近地板了。"从当时的流行穿着来看，"让女士跪下去阅读书名太难了，几乎无法做到"。另一位读者感叹道："没有一位女士有足够高可以够到书架顶层上的书；如果她穿着'霍步裙'①，还没办法爬上书架边的小梯子。这让人感觉女性在打扮时尚的同时无法做到博学多识。"[11]

随着越来越多的图书馆开放书架，很多图书馆开始完善流通机制。新泽西州纽瓦克公共图书馆（Newark Public Library）实施的双卡制度成为典范，主要包括在图书封底内侧加一个书袋，里面插一张图书卡，记录到期时间的一行字和一张借阅卡。读者将书拿到借阅台时，把图书卡取出签名并交给图书馆工作人员，图书馆工作人员在借阅卡、书袋和图书卡上盖上日期，并留下图书卡。对于20世纪初期的读者来说，他们在图书馆借书时，当听到熟悉的"砰，砰，砰"盖章声时，说明借书程序完成了。一位年轻人清楚地记得"那位图书馆员从'头顶的发髻'中抽出一支铅笔，铅笔末端夹着那个'神奇的紫罗兰色的日期章'"[12]。读者还书时，图书馆员会在借阅卡上再盖个章，并将图书卡放回纸袋。

流通台前发生的事给图书馆员带来很多快乐。例如，1903年，在纽约公共图书馆的一个分馆，有个小女孩递给图书馆员一张便条，上面写着："请给这个女孩一本《东林恩》（East Lynne）。"图书馆员在便条上回复道："馆里没有《东林恩》，需要其他的吗？"小女孩拿着便条跑了出去，几分钟后又带着一张新的便条回来了，上面写着："……或其他任何伤感的小说。"几天后，一个"看起来很严肃的男孩"前来借"《钟楼怪人》"②。《纽约时报》报道："他的样子很纯真，没有任何亵渎的意图，图书馆员只能躲在桌子底下偷着笑。"在纽约公共图书馆的另一家分馆，一个小男孩反复强调："我的兄弟想要借'大傻瓜'写的《三只蚊子》③"[13]。

和前几代读者一样，19世纪末20世纪初的读者也会不由自主地在公共图书馆的书刊上留下评论。例如，1904年，芝加哥公共图书馆的一些书中页边空白处有这样一些评论，例如"不错的书"或者"我认为雷金纳德是个很棒的

---

① 霍步裙（Hobble skirt）又叫蹒跚裙，紧贴女性的双腿，一直延伸到脚踝，裙摆很窄，穿上只能小步走路，1910—1914年间非常流行。——译者注

② 原文是"The Hunchback of Not a Dam"，是对《钟楼怪人》（Hunchback of Notre Dame，即《巴黎圣母院》）的误读。——译者注

③ 原文是"The Three Mosquitoes by Dummass"，是对大仲马（Dumas）的《三个火枪手》（The Three Musketeers）的误读。——译者注

家伙"。一位记者注意到，批评性评语较为简洁，政治和宗教引发的评论最为
"激烈甚至不堪"。除了在空白处写评论外，读者还在书中留下了各式各样的
"书签"——票据、照片、长长的情书（底特律一位图书馆员在 1899 年说，其
中一些话让人脸红）、成绺的头发和衣服的样图，一本医学书中甚至夹着一个
干燥的人耳，可能是医学院的学生放进去的[14]。报纸喜欢这些故事，并经常
报道。

很多公共图书馆扩展了服务范围。1912 年，克利夫兰公共图书馆在市政
厅开设了"市政参考咨询室"，里面收藏了宪章、条例、报告和统计数据，以
及剪报（来自 200 份报纸和 25 种杂志）——都与市政工作有关。图书馆馆长
对市议会说，现在"如果没有充分了解其他城市的实践和成果，我们不会通过
任何法令，也不会试行新的规划"。一些公共图书馆还为残疾人提供特殊服务。
纽约公共图书馆开创了好几种服务。1912 年，纽约公共图书馆一个"与盲人
一起工作"的部门向 37 个州的 806 位"活跃读者"出借了 23325 册图书。"这
个房间里有一种悲伤的诗意，"一位访客说，"我们看到一位年轻人，瞳孔无
光，眉毛高耸，他抬头仰望天空，仿佛在追求光明。他快速移动着纤细的手，
仿佛在凸起的文字中感受李尔王深切的痛苦和悲伤，并探索深层的思想。"[15]
市政府参考咨询服务和"与盲人共事"活动很重要，但是覆盖人数远不及其他
项目所能触及的数百万人，例如流动图书车。

"嘿，妈妈，她来了！"1914 年，艾奥瓦州的一个农场男孩看到奥纳瓦公
共图书馆（Onawa Public Library）馆员带着一袋书骑马跑来时喊道。通过这些
流动图书车，美国公共图书馆将服务扩展到了乡村地区。1890 年，马萨诸塞
州成立了一个免费公共图书馆委员会（Free Public Library Commission），旨在
"促进公共图书馆的建立并提高服务效率"。其他州相继跟进，截止到 1899 年，
32 个州的图书馆委员会下设 2500 个流动图书车，共拥有 11 万册图书，当年
的读者数量达到 100 万人。流动图书车的足迹遍布许多地方——灯塔、伐木
场、乡村学校和农舍。1897 年，在俄亥俄州的一个站点，有位记者看到一些
读者围住了一个新到的书箱。"一位和蔼的老妇人满头银发，手上满是操劳的
痕迹……她焦急地等待工作人员将钥匙插入锁孔"，她用"颤抖的双手"摸
索着里面的书，最终停在了一本流行小说上。她"抬起头，眼神中充满了赞
赏，满脸热泪"，低声说："噢，上帝，我感谢你！"然而她选择的小说只是图

书馆员引导她阅读严肃作品的一个诱饵。密歇根州图书馆员坚持认为，流动图书车为农村地区的一万名读者送去的"可靠作品"，"一定会……提升和净化人们的知识品位"。1898 年，威斯康星州免费图书馆委员会（Wisconsin Free Library Commission）下设 34 个站点，其中 22 个在农舍、9 个在邮局、2 个在乡村商店、1 个在火车站，这些站点共有一万册图书。

城市公共图书馆通过借书站（delivery stations）将服务延伸至工人阶层。1900 年，芝加哥一位记者发现，一间"免费阅读室"里面大多为"闲书和画报"，以便吸引那些"辛勤劳作一天而疲惫不堪的"畜牧场工人。到了 1902 年，芝加哥的借书站已经大受欢迎，当政府官员决定将送书服务由每天一次减少到一周三次时，两万名芝加哥民众签署了请愿书。1907 年，洛杉矶公共图书馆在电话局站和数千女性经常光顾的商店等场所设立了借书站[16]。

公共图书馆也增加了儿童服务。1893 年，明尼阿波利斯公共图书馆开设了儿童阅览室。1897 年，布鲁克林普瑞特艺术学院图书馆增设了儿童部。《基督教倡导者》称："看到和欣赏这些美丽的书籍让孩子们兴奋极了，男孩们从窗户跳进跳出，从楼梯扶手滑下来，引发的喧闹让普瑞特艺术学院的人不得不重视起来。"为了避免骚乱，普瑞特艺术学院聘请了玛丽·赖特·普卢默（Mary Wright Plummer），"她非常耐心、稳重，对儿童的性情了如指掌，因此成为孩子们的阅读向导"。为了给儿童阅览室增加人手并为孩子们讲故事，普卢默聘请了安妮·卡罗尔·穆尔（Anne Carroll Moore）。穆尔在 20 世纪初开创了儿童图书馆事业。

为了证明有必要为儿童设立专门的阅览室，很多人指出了这种独立空间的益处。1896 年，密尔沃基一位图书馆员表示，儿童阅览室应该通风良好、宽敞明亮，摆放大量植物，有开放书架、小且舒适的桌椅、可以挂相框的足够大的墙面，以及展示儿童画作的布告栏。1897 年，《波士顿每日广告商报》指出："难怪孩子们在这里很开心，墙上挂着图画，窗户边菊花盛开。"还有两只猫，一只名叫迈克·安东尼，"像雕像一样坐在图书馆员的桌子上"；另一只叫摩西，"坐在书架最高处，俯瞰着孩子们"。1913 年，加利福尼亚州圣何塞（San Jose）的一位图书馆员认识到了图书馆与学校相比具有的明显优势——孩子们来图书馆是"因为他们愿意来，而不是非来不可"[17]。

匹兹堡的图书馆员们组织了一个卡内基家庭图书馆联盟（Carnegie Home

Library League），为经过挑选的"贫困阶层"家庭提供服务：每次可借阅
15—20 册图书，借阅期限为 4—6 周。同时，匹兹堡的图书馆员还在多个区
组织了 11 个图书馆俱乐部，因为在这些区里，很难找到足够大的家庭空间来
办图书馆活动。到了 1909 年，匹兹堡图书馆为 22 个图书传送站、12 家夏季
游乐场图书馆、23 个家庭图书馆团体和 56 个读书俱乐部提供支持。该馆旗下
当年有 228 家分支机构。当时，克利夫兰公共图书馆有一个图书馆联盟，口
号是"洁净的心灵，洁净的双手，洁净的图书"。1910 年，克利夫兰拥有 62
个家庭图书馆，包括 11 个德国家庭、10 个匈牙利家庭、5 个挪威家庭、2 个
叙利亚家庭、2 个波兰家庭、14 个意大利家庭、6 个斯洛文尼亚家庭和 3 个犹
太家庭等。选择合适的家庭来设立家庭图书馆非常重要。一位图书馆员指出：
"不能选择最贫困的家庭，否则比他们好的阶级的孩子们不会来；也不能超过
平均水平太多，否则贫穷的孩子很难融入。"当圣路易斯公共图书馆在当地意
大利裔美国人社区的一间三室的房子里设立了家庭图书馆后，馆长每星期去
例行访问，都要"经过一条半英里长的泥泞道路，身边有一条长长的护送队
伍……包括 11 个孩子、4 只狗和 2 只山羊"。其他城市公共图书馆系统也设立
了类似的家庭图书馆[18]。

美国公共图书馆还将服务延伸至学校。1891 年，密尔沃基公共图书馆
（Milwaukee Public Library）邀请所有公立学校的老师来图书馆为每个学生挑选
一本书。如果图书馆员认为老师选出的书"不大合适"，他们会帮助挑选更好
的书。选好之后，图书馆员会将这些书送到教室。第一年借出 2235 册书共计
流通 6728 次，第二年借出 4351 册书共计流通 14275 次，第三年借出 14980 册
书在 45 所学校流通 42863 次[19]。

很多图书馆员从年龄和民族的角度积极延伸服务，以便为"最多数人"
提供服务，但是很少从人种角度进行延展。1902 年，当亚特兰大公共图书馆
（Atlanta Public Library）开放时，威廉·爱德华·伯格哈特·杜波依斯①（W. E.
B. Du Bois）质问图书馆董事会，这家公共图书馆所服务的城市有九万市民，
其中 40% 是黑人，但黑人为什么不能享受图书馆服务？杜波依斯说："对于这
座城市的这一伟大机构来说，它的精神不应是隔离或排外。"图书馆董事会主

---

① 杜波依斯（1868—1963），20 世纪上半叶卓有影响的黑人知识分子。——译者注

席回应说:"你不认为让白人和黑鬼一起使用图书馆对这个机构来说是致命的吗?"在杜波依斯看来,这个回答"是这么明白,令人沮丧,以至于我只好简单地告诉他:'我不想再对此发表任何意见。'"杜波依斯后来讽刺道:"我为亚特兰大的卡内基公共图书馆缴税,却无法进入图书馆读我想读的书。"[20]

1905 年,路易斯维尔公共图书馆为城里的四万名黑人设立了有色人种分馆。一位黑人助理馆员回忆道:"分馆刚开放时,我们种族的一些人极力反对这一项目,认为其中包含的种族隔离的想法令人厌恶。"然而与此同时,她发现"其他种族的人不会像我们一样了解我们的需求、习惯与好恶……他们也不可能像我们自己的种族一样,在一种友好自由的氛围中为我们提供服务"。1908 年,卡内基资助的一所图书馆对外开放。从第一天起,这家分馆就实行开架并有意识地提供美国黑人文学。《有色美国人》(Colored American)（没有收录在《读者指南》中）是最受欢迎的一本期刊,《摆脱奴隶制》(Up From Slavery)是第一本借出的书。其他受欢迎的作家包括查尔斯·切斯纳特(Charles Chesnutt)、弗雷德里克·道格拉斯（Frederick Douglass）、保罗·劳伦斯·邓巴(Paul Lawrence Dunbar)和杜波依斯等黑人。1913 年,休斯敦公共图书馆也开放了一家由卡内基资助的有色人种分馆,当地黑人筹集资金为该馆购买物品和家具。一年后,得克萨斯州盖恩斯维尔公共图书馆（Gainesville Public Library）开放,"在较低楼层"为黑人设立了专门的阅览室,"有单独的入口"。在得克萨斯州沃思堡公共图书馆（Fort Worth Public Library）,黑人可以借书,但是不能坐在阅览室的桌旁[21]。

对于这场有关图书馆应收藏哪些读物的世纪之交的争论,公共图书馆有能力解决,这一点在与罗马天主教徒的交流中体现得尤为明显。1895 年,俄勒冈州波特兰的天主教徒抱怨图书馆没有订购天主教方面的杂志,而且根据杜威十进分类法,在属于"宗教"一类的 1400 册图书中,没有一册是由天主教徒撰写的。印第安纳州韦恩堡（Fort Wayne）的一位牧师更为激进。他说,天主教徒为图书馆缴了税,因此图书馆董事会应该维护其利益,任何攻击天主教的书都应该被处理掉。丹佛一位主教将公共图书馆称为"腐败的下水道","让所有阶级都能接触到异教徒伏尔泰的作品以及哗众取宠的廉价小说"。一位亚特兰大的大主教争论道:"我们只想得到公平的待遇,如果占这个城市一半人口的天主教徒缴了税,却没有得到平等对待,我们会非常难过的。"[22]这位主教对于亚特兰大的黑人则只字未提。

天主教徒的想法不无道理；大多数公共图书馆的创始人都是新教徒，图书馆收藏的宗教文献反映了他们的文化偏见。不过，公共图书馆逐渐作出了让步。1898 年，罗得岛普罗维登斯公共图书馆在其每月公告（monthly bulletin）上发表了一份天主教文献目录。"这引发了关注，因为它回应了人们提出的合理的反对意见。"1904 年，密尔沃基"哥伦布骑士会"（Knights of Columbus）批准发布《密尔沃基公共图书馆天主教图书目录》（*Catalogue of Catholic Books in the Milwaukee Public Library*）。艾奥瓦州锡达拉皮兹（Cedar Rapids）的"哥伦布骑士会"采取了同样的做法。1910 年，经过大主教的批准，圣路易斯公共图书馆表示将很快公布馆内收藏的天主教文献目录[23]。哥伦比亚特区、路易斯维尔和密歇根州大急流城（Grand Rapids）的公共图书馆也很快发布了各馆的天主教图书目录。

图书馆仍然是解决文学争议的场所，尽管不可能让所有人完全满意。1894 年，蒙大拿州比尤特公共图书馆（Butte Public Library）由于一位董事的反对而封禁了马克·吐温的《哈克贝利·费恩历险记》。尽管 1905 年针对芝加哥 3000 名儿童的一项调查显示，《哈克贝利·费恩历险记》在儿童喜爱的图书中位列前 20 位，但布鲁克林公共图书馆仍然将《哈克贝利·费恩历险记》与《汤姆·索亚历险记》放到限制借阅的书架上，因为它们"不适合青少年阅读"。1902 年，公众的抗议迫使丹佛和奥马哈公共图书馆采取了同样的做法，得梅因公共图书馆（Des Moines Public Library）也"藏起了"这两本书。《奥马哈世界先驱报》（*Omaha World Herald*）抗议道："多么脆弱的公共图书馆董事会呀。"作为回应，马克·吐温在给《奥马哈世界先驱报》的信中写道："我非常难过，担心这种争吵将造成很大的伤害。它促使大量纯洁的读者开始阅读《哈克贝利·费恩历险记》……他们的道德将会遭到破坏甚至被摧毁。"马克·吐温写给《丹佛邮报》（*Denver Post*）的另一封信导致民众开始向公共图书馆施压，让《哈克贝利·费恩历险记》重新回到书架上。一旦文学权威承认了《哈克贝利·费恩历险记》的经典地位，图书馆员们便为它献上了拥抱。虽然这本书没有出现在 1893 年发布的美国图书馆协会书目中，但是 1904 年的版本中已经有了它的名字[24]。

在 19 世纪末到 20 世纪初，波士顿公共图书馆的隔离室中有 200 部作品的卡片目录标有一星（表示此书不外借，除非得到图书馆董事或馆长的特批）或两星（表示此书在任何情况下都不外借）。《纽约时报》的一位记者指出，那里有佐拉、薇达、巴尔扎克和薄伽丘的作品，"以及大量医学著作"。他还指出，"包含对流浪汉、侦探、警察和罪犯的详细描写"的作品甚至没机会进入隔离室，"图书馆拒绝"接受这些作品。1903 年，监察协会（Watch and Ward Society）将波士顿书商们告上法庭，理由是他们售卖薄伽丘的《十日谈》和拉伯雷的《巨人传》，而波士顿公共图书馆却安然无虞，因为这两本书都被存进了隔离室，这使图书馆能够同时安抚争辩双方[25]。

1905 年，查尔斯·拉米斯（Charles Lummis）开始担任洛杉矶公共图书馆馆长，他发现前任馆长们针对耸人听闻的小说（sensationalist novels）制定了"禁书目录"。其他被打入"炼狱"（purgatory）的图书包括关于摩门教、基督教科学、社会主义、无政府主义和共产主义的作品。拉米斯骄傲地宣称："我把所有这些作品都解救了。"图书馆员的"个人信仰、政治倾向或文学品位……不能左右读者的选择"。拉米斯还解救了"仅仅因为太多人借阅"以及"有人认为影响了读者看书"而被前任馆长们下架的杂志。其他图书馆的很多书就没那么幸运了。1906 年，托皮卡公共图书馆（Topeka Public Library）下架了厄普顿·辛克莱（Upton Sinclair）的《屠场》（*The Jungle*）。明尼苏达州圣保罗公共图书馆（St. Paul Public Library）也下架了这本书，称该书是"不道德的"。《德卢斯新闻论坛报》（*Duluth News-Tribune*）特别指出，圣保罗有一家大型肉类加工厂："众所周知，圣保罗是一个很有公德心的城市，所以它会保护民众不被一个大工厂背后的具体运作的细节所困扰。"1910 年，明尼阿波利斯公共图书馆将罗伯特·赫里克（Robert Herrick）的《一起》（*Together*）与乔治·韦尔斯（H. G. Wells）的《波利先生的故事》（*History of Mr. Polly*）存进了隔离室。馆长解释道："图书……有问题的以及缺乏永恒的文学价值的作品，图书馆甚至不考虑收藏。"[26]

一些非小说类印刷品也困扰着图书馆。除非一本书与当地社区利益有冲突时，图书馆的收藏态度才会一致，否则很难形成共识。例如，1897 年，新泽西州纽瓦克公共图书馆禁止了《纽约世界报》（*New York World*）和《纽约新闻报》（*New York Journal*）（普利策与赫斯特集团发行的报纸），因为每天的版面上充斥着"大量污秽的内容"，对图书馆读者产生了"恶劣的影响"。几个月内，全国 15 个其他城市的图书馆采取了同样的做法。1913 年，俄勒冈州班登公共图书馆（Bandon Public Library）下架了《一位无政府主义者的监狱回忆录》（*Prison Memoirs of an Anarchist*），当地的社会主义者对此提出了抗议。一年后，俄勒冈市的图书馆员刚收到捐赠的另一份社会主义出版物后便将其摧毁，一位董事表示反对，他认为，"只要这本书能通过邮局……（从新泽西）寄到这里来，而且用户有需求"，图书馆就应该收藏这本书。但是当明尼苏达州图哈伯斯（Two Harbors）市长（他是一名社会主义者）在 1911 年抱怨公共图书馆缺少社会学和政治经济学方面的图书时，馆长回应道，馆藏中有 488 部非小说作品按照杜威十进分类法被归为社会学，其中 60 本为马克思、杰克·伦敦和厄普顿·辛克莱的作品，还有像《对社会主义的批判性审视》（*Critical Examination of Socialism*）等对立的作品[27]。

地区偏见也引发了抗议。1899 年，佐治亚州《哥伦布每日问讯报》（*Columbus Daily Enquirer*）抱怨在公共图书馆书架上关于南北战争的书中，南方人"都被称为'叛乱分子'，被描绘成无知、恶毒和残忍的人"，想要摧毁联邦，使奴隶制成为帝国的基础。该报纸呼吁对图书馆进行审查，认为"有必要采购南方作家撰写的优秀而生动的青少年作品"，能够反映南方的实际情况——至少是该报眼中的事实。类似的抗议在北方也发生了。1905 年，《波士顿环球报》指出，马萨诸塞州萨默维尔（Somerville）的一名联邦军退伍兵在当地的公共图书馆找到了查尔斯·迈纳（Charles L. C. Minor）的《真实的林肯》（*The Real Lincoln*）一书——"被偏见蒙蔽了双眼的南方人愤怒地讨伐他所爱戴的总统"。其他退伍军人也表示抗议，于是图书馆员迅速将该书下架。当《波士顿杂志》发现剑桥公共图书馆还有这本书时，一位退伍军人立刻致电该馆，并质问图书馆员，这种书怎么能出现在公共图书馆？面对质问，图书馆员提议可以将该书存入隔离室。但这名退伍军人并没有得到宽慰。几天后，这本书又被下架了[28]。

小说仍然是最困扰图书馆员的一类作品。1890 年，《图书馆杂志》发表了一位匿名作者编写的《小说之歌》：

> 一天，图书馆咨询台前站着几位读者
> 大喊"小说，哦，小说，哦，小说！"

我对他们说："你们为什么说

'给我们小说，哦，小说，哦，小说'？"

我大声问道："各位，脑残了吗？

人类智慧就只用来读小说？"[①]

他们没有回答我，只回复了

"给我们小说，哦，小说，哦，小说！"

这里有成千上万本其他作品，能给你带来更多好处，

远远好于小说，哦，小说，哦，小说！

小说这种糟糕的精神食粮会腐蚀你的大脑

小说，哦，小说，哦，小说！

求求你们阅读历史、音乐、旅游或戏剧、

传记、诗歌、科学、散文

或者其他比小说，哦，小说，哦，小说

它们都强过更有智慧的作品！

图书馆员苦口婆心，面红耳赤地劝说，气得脸发青，

不要再读"小说，哦，小说，哦，小说"？

他倾注耐心，一心提升读者的品位，

不再拘泥于"小说，哦，小说，哦，小说"。

也许等到他年华不再、后背微驼，

岁月将他的头发染白，

当他递交统计报告时，70% 的读者仍然在喊：

小说，哦，小说，哦，小说！ [29]

　　事实上，到了 20 世纪初，小说仍然占图书馆流通量的 65%—75%。《爱达荷州政治家报》（*Idaho Statesman*）揶揄道，在公共图书馆，"厚重的读物上结满了蜘蛛网，而休闲小说的书架前则挤满了搜寻爱情故事的人。"1915 年，纽约市政府一位官员建议公共图书馆不要再采购小说。《芝加哥论坛报》同意他的观点，强调把资金用于采购"垃圾小说"是不合理的。锡达拉皮兹图书馆的

---

① 这几句译文感谢美国北伊利诺伊大学图书馆终身教授潘俊林的指点。——译者注

一位董事将流行小说的忠实追随者称为"不思进取的读者",他向社区民众重申道:"对于这一阶层,我们从不迎合,因为我们相信如蝴蝶般在不同小说之间穿梭的读者……最终将无法认真地阅读任何东西。"图书馆员们也表达过类似的观点。约翰·科顿·达纳(John Cotton Dana)在脍炙人口的《图书馆入门》(*Library Primer*)一书中写道:"愚蠢、无力、敷衍、优柔寡断的小说,病态的爱情故事,过时的言论,胡乱拼凑的生硬对话,不可能发生的事情,有关儿童道德的陈词滥调或胡言乱语——我们不需要这些。"[30]

然而,一些图书馆员有着不同的看法。海伦·海恩斯(Helen Haines)在《图书馆杂志》撰文反对图书馆员"这个群体严厉谴责小说阅读,渴望看到人类……沿着一条笔直狭窄的道路走下去"。另一位图书馆员表示,如果人们不能理解为什么各个年龄层的读者都如此重视富有想象力的作品,他们就无法理解文化的真正含义。他对于进步时代强调效率感到尤为愤怒。1916 年,波士顿一位图书馆员说道:"数字是冰冷的,人性才是真正重要的东西。"[31]1903 年,达纳调查了 34 家他认为具有代表性的公共图书馆。他发现,在三天的时间内,小说的流通量是最多的。认真研究了调查结果之后,达纳得出了一个明显的结论。人们喜欢读故事——针对特定读者的特定故事。女性的"文学阅读不喜欢晦涩难懂的,她们喜欢贴近生活的关于真爱的故事",她们青睐的言情小说,都是由"名副其实的、传统的……清白的甚至有积极影响的"作家所撰写。男性也表现出了相似的特征。达纳指出,公共图书馆每年流通的小说达一亿册次[32]。

普通读者经常会讨论通俗小说对自己生活的影响,只不过没有发表在图书馆的宣传材料上。例如,1911 年,小说家吉恩·斯特拉顿-波特(Gene Stratton-Porter)分享了粉丝的来信。有个人回忆起自己阅读《收割者》(*The Harvester*)的情形:"在五个小时的时间里,它抓住了我的思绪和我的心,让我的血液沸腾起来……直到我找到一种妥善的方式将它引发的情绪压下去。"普林斯顿大学一位退休的文学教授写道:"十年的大学教学经历可能让我和其他许多教授一样变得势利,只关注畅销书,但是……自从退休以来,我学会了成为一个人。你的作品中有一种伟大、纯净、激励人心的东西,这些让我觉得你比所谓的'现代'作家们更为出色。"斯特拉顿-波特紧跟着说道:"国内的高级文学评论家们对我的作品评头论足,对此我深感疲惫。他们把我的作品列为二等甚至三等，只因为我不写什么情结和物质主义。"[33] 虽然，图书馆员们在编写书目时也要参考这些"高级文学评论家"的意见，但是他们仍然要给成千上万要求阅读斯特拉顿–波特的作品，而且非常热爱这些作品的读者提供这些书。

有时，读者会描述当地的公共图书馆面对社区不同文学品位的解决方法。1894 年，一位俄亥俄州的居民写道："我们镇上的图书馆是属于民众的，从名字上就能看出来。"该馆馆长厌恶法国小说，但他是"潘西的狂热读者"。儿童是"主要用户"，所以馆里有大量阿尔杰和奥普蒂克的作品。埃文斯尤其受成年读者欢迎，他们不断地翻阅她的书，"直到内页沾满了烟草和旧纸币的臭味，甚至碎成小片"。这位居民写道，图书馆用户"的文学品位就像社交圈一样存在不同的等级，每个阶层相对于其他阶层都有一定的优越感"。这位小镇用户非常感激图书馆为老人和穷人提供服务[34]。

面向青少年的系列小说给图书馆员造成了最大的困扰。业界针对这一问题也提出了不同的解决办法。例如，1896 年，波士顿公共图书馆馆长下令组建一个由 20 名女性志愿者组成的"小说委员会"。他表示，这个委员会不负责选购图书，但"负责提供有关信息，帮助图书馆做出明智的采购选择"。两名委员负责审读图书馆考虑采购的每一本书，如果两人没有形成一致的意见，就要交给第三名委员审读。她们的意见将传达给图书馆员，由图书馆员作最后的决定。1899 年，"小说委员会"共审读了 467 本书。对于委员会通过的书，波士顿公共图书馆会为主馆和分馆采购多份复本。不过，委员会也强化了图书馆管理者的偏好，1897 年，图书馆撤掉了埃利斯、福斯迪克（Fosdick）、霍姆斯、奥普蒂克和斯蒂芬斯的作品。不久后，儿童阅览室书架对外开放，这些书"主要是'青少年读物'中较优良的部分"。"优良的读物"成为所有儿童图书馆员拒绝大多数系列小说的惯用说法。波士顿公共图书馆的做法鼓励了其他地区的图书馆。1897 年，密尔沃基与堪萨斯城公共图书馆撤掉了伯莎·克莱（Bertha M. Clay）和劳拉·琼·利比（Laura Jean Libbey）的作品。同一年，伊诺克–普拉特图书馆将索思沃思、克莱、斯蒂芬斯和多拉·拉塞尔（Dora Russell）的书下架。宾夕法尼亚州阿勒格尼（Allegheny）和密苏里州圣约瑟夫（St. Joseph）的公共图书馆拒绝将 13 位系列小说家的已经破损的书换成新的。馆长阿利盖尼辩称："不是因为这些书不道德，而是因为它们称不上文学作品。"他将读者们称为"小说狂魔"[35]。

撤掉系列小说是一种手段；向人们施压，让他们"试试读这本"则是另一种。有些图书馆的处理方式非常巧妙。一位读者回忆起乡村图书馆员"范妮·克里滕登"（Fanny Crittenden）时说：

> 我们尊敬她，我们也害怕她，她最重要的工作场所便是那张流通台。她从不给读者提要求；但我们发现自己总会选择克里滕登小姐愿意在上面盖戳的书。大约 14 岁时，我拿着图书馆新到的《汤姆·斯威夫特》（Tom Swift）到她面前……她说："我的天，真是想不到你最近长大了这么多。""是的，克里滕登小姐。"我小声回答。"当然，你肯定是为弟弟埃德借这本书。我想想，你比埃德大两岁还是三岁？"那时，我觉得自己心理年龄其实比弟弟还小两三岁，但是我也不适合看《汤姆·斯威夫特》了。是时候往上迈出一步了，但不能一次迈出太多。大约 16 岁的时候，我大胆地带着一本埃莉诺·格林（Elinor Glyn）的作品来到她面前，脑子里开始浮想联翩……"你确实有必要读一读《三个星期》（Three Weeks），但埃莉诺·格林是个需要意会的女人，她会希望你在读完沃尔特·斯科特（Walter Scott）的所有作品之后再来找她。"[36]

然而，并非所有人都能具有范妮·克里滕登这样的"外交才能"。1904 年，亚特兰大公共图书馆指出："图书馆保留拒绝将这些书借给在他们看来不适宜阅读的人的权利。"1911 年，纽约公共图书馆儿童部禁止出借阿尔杰、奥普蒂克和约翰·汤森·特罗布里奇（John Townsend Trowbridge）的作品，一位图书馆员称他们的作品是"娇艳的罂粟花"。但是孩子们学会了钻图书馆的空子。1914 年，一个 12 岁的孩子知道"汤普金斯公园分馆有全套吉卜赛系列小说；邦德街分馆有希尔德加的作品；欧顿多佛分馆有帕蒂的全套系列小说"。当得知出现了一部新的系列小说时，她和朋友会盯着最有可能提供该小说的分馆的流通台，当别的女孩归还这本书时，她会问："请问，我们可以借吗？"[37]

为了解释自己对系列小说的立场，图书馆员的相关言论飙升。1912 年，芝加哥公共图书馆馆长虽没有任何证据，但坚定地表示："阅读这些惊悚小说的小男孩……失去了对自己和对世界的信心。"童子军图书馆馆长说道："我希望可以在这些书上贴上标签：'炸药！会将男孩们炸得脑浆四溅'。"许多公众对此表示同意。纽约州艾伦维尔（Ellenville）的一位公民在系列小说上贴上了"绝望的泥沼"标签。《纽约时报》一位图书评论员对小型公共图书馆提供大量阿尔杰和奥普蒂克的作品感到绝望，表示"一种邪恶的力量……在影响着孩子们"。《文学世界》无法理解为什么其他公共图书馆不能像波士顿公共图书馆那样设立一个咨询委员会[38]。

一些报纸则表示了反对。《纽约夕阳报》（New York Evening Sun）嘲笑波士顿公共图书馆的"老太太委员会"看不起大多数读者所需要的小说。《芝加哥时代先驱报》（Chicago Times-Herald）指出，这些"小说肃清人员"提到的图书在许多小镇公共图书馆都有提供。《奥马哈世界先驱报》写道，"多年前"阅读哈里·卡斯尔蒙（Harry Castlemon）和阿尔杰的那些人"如今已是两鬓斑白"，"他们将很快证明自己不仅从阅读中获得了快乐，他们的生活也得到了改善"。1907 年，《底特律自由新闻报》（Detroit Free Press）的一位编辑坚称，他认识很多年轻时读过阿尔杰的作品的人，没有一个人"遭到了严重的伤害……我们的图书馆被太多愚蠢的老妇人所挟制"[39]。

系列小说的作者有时也会进行回击。当波士顿公共图书馆小说委员会称爱德华·斯特拉特迈耶（Edward Stratemeyer）脍炙人口的系列小说"流浪的男孩"（Rover Boys）为"无害的垃圾——非常廉价且耸人听闻"时，斯特拉特迈耶写信给出版商说："我想我比那些从未写过青少年读物的人更了解这一题材。"虽然斯特拉特迈耶的书在波士顿、纽瓦克以及其他大城市遭到封禁，但它们在一些小镇图书馆比较受欢迎，这些图书馆并不重视《书目》杂志和《儿童书目》中推荐的经典作品。同样遭到诸多谴责的小说家薇达写道，"公众是决定自己想要阅读什么的唯一裁判"，图书馆员"既非教皇，也非警察"。《美国男孩》（American Boy）杂志的长期撰稿人、青少年流行小说《越位》（Off Side）的作者威廉姆·海利格（William Heyliger）坚称他的作品对青少年有益，并引用了三位赞赏他的作品的图书馆员作为例证。但《书目》杂志仍然不愿意收录这些书。"看吧，"海利格说道，"读者认为我的书是有价值的；美国图书馆协会的图书馆员则认为，由于没有得到推荐，所以我的书不值得阅读。哪一方才是正确的？"[40] 93

虽然许多图书馆员对"小说狂魔"的命运表示担忧，但是真正的读者似乎并没有对自己或对世界失去信心。在 20 世纪的第一个 10 年，年轻的达希尔·哈米特（Dashiell Hammett）如饥似渴地阅读了侠客小说（Swash bucklers）和悬疑小说（mysteries），而他附近的伊诺克·普拉特免费图书馆（Enoch Pratt Free Library）分馆并不提供这些作品。同样，巴尔的摩少年佐拉·尼尔·赫斯顿（Zora Neale Hurston）也读完了普拉特图书馆拒绝收藏的阿尔杰和克莱的作品，以及数十本廉价通俗小说。赫斯顿后来写道："我不后悔阅读这些所谓的垃圾，它们很有帮助，因为早早培养阅读习惯是非常重要的。"1909 年，堪萨斯城的八岁男孩沃尔特·迪士尼（Walt Disney）不喜欢学校安排的阅读任务，却充分利用了当地的公共图书馆。他喜欢马克·吐温，但也读完了阿尔杰和汤姆·斯威夫特的作品。1907 年，当伍斯特公共图书馆的职员扔掉了阿尔杰的作品时，12 岁的吉米·马罗尼（Jimmie Maroney）很生气，他对一位模仿他爱尔兰口音的记者说："我掐了自己，才知道自己是醒着的。我走进儿童图书馆，递上我的借阅卡，想借一本阿尔杰的书。图书馆员冷冷地盯着我，仿佛在说'你这个邪恶的小孩'，然后把卡退了回来……为什么？因为图书馆觉得他的书不真实，而且过于哗众取宠，所以下架了。"继公众抗议之后，伍斯特公共图书馆董事会发现图书馆还下架了奥普蒂克的作品。一位董事表示反对："这些书对我来说是很好的读物，对当前这代读者来说也是一样。"[41]

　　19 世纪的最后 10 年，波士顿和芝加哥开放了令人印象深刻的新馆。《基督教科学箴言报》（Christian Science Monitor）的一位撰稿人表示，走进位于波士顿科普利广场的新馆建筑象征着"人类从无知走向知识、从黑暗走向光明"。芝加哥公共图书馆为最优秀的作家（均为西方经典巨著的作者）"加冕"，把他们的名字刻在了大楼外部的檐口（cornices）上。另一方面，纽约公共图书馆呈现出另一番独特的景象。它于 1895 年建立，是一个免费的参考咨询公共图书馆，由阿斯特图书馆（Astor Library）、莱诺克斯图书馆（Lenox Library）和塞缪尔·蒂尔登基金会（Samuel Tilden Trust）合并而成，包含两个分支机构：一个是流通部门，负责监管当地几十家分馆；另一个是研究部门，位于纽约第四十二街和第五大道交叉处的一座学院派建筑中。1915 年，门口台阶上立了两头石狮，分别称为"坚忍"（Patience）和"刚毅"（Fortitude），到了下一个世纪，这两头石狮戴着节日花环，登上纽约产品广告和邮票，并成为很多作品的主题或标题，在 2000 年的世界棒球锦标赛期间还分别戴上了纽约洋基队与纽约大都会队的帽子。到了 21 世纪初，这两头石狮已经成为全国公共图书馆与阅读的象征[42]。

虽然波士顿、芝加哥和纽约的公共图书馆让人印象深刻，但是在 1920 年以前，安德鲁·卡内基对公共图书馆建筑的影响最大。从 1889 年到 1919 年他去世之前，卡内基花费了 4100 万美元为美国 1412 个社区建造了 1679 座公共图书馆。卡内基的善行也激励其他人纷纷慷慨解囊。在 1890 年至 1906 年间，用于图书馆建筑的慈善捐款达到了 3400 万美元。"强盗资本家"们的慷慨行为加速了美国公共图书馆运动的发展，公共图书馆也以各种方式促进了社区的发展。这其中离不开卡内基的倡导。1889 年，他在为宾夕法尼亚州布拉多克公共图书馆（Braddock Public Library）的致辞中说："我相信你们不会忘记休闲娱乐的重要性。"布拉多克公共图书馆中有 2 个保龄球道、8 张台球桌、一个健身房、一个游泳池、21 个浴缸和 12 个淋浴，还有一间象棋和跳棋室，但没有纸牌室——体现了该图书馆的道德底线。馆内的礼堂可以容纳 1000 人，里面有带软垫的歌剧椅和一架风琴。1916 年，据图书馆员估计，自图书馆开放以来共有 50 万人到访，运营期间平均每天到馆人数达 1600 人[43]。

▲ 加利福尼亚州海沃德（Hayward）公共图书馆，这是典型的小镇卡内基图书馆建筑，但采用了西班牙土坯建筑风格。照片来源：美国图书馆协会档案。

卡内基关于社区空间的承诺促使更多卡内基图书馆纷纷成立。很多接受卡内基资助的社区请他为图书馆建筑提一些建议，于是在 1910 年，卡内基的秘书发布了一份小册子，其中有 6 种设计风格。每种设计都包含一间演讲室或社区活动室，很多都被用作礼堂，模仿了 19 世纪中期会员图书馆的成功规划。但卡内基图书馆与完全由男性设计建造的会员图书馆不同。在 19 世纪末 20 世纪初，数千名女性俱乐部成员承担起了装修图书馆的责任，其中不少人体验过 1893 年妇女图书馆"家一般的"氛围。读者也注意到了这一变化。1901 年，一位署名"爱书者"的人在给《布鲁克林鹰报》（*Brooklyn Eagle*）的信中写道："我要赞美布鲁克林公共图书馆充盈的文化氛围以及精致优雅。"他提到了流通台上象征着"真、善、美"的鲜花，阅览室里"多组美丽的夏日风景画"（其中一组唤起了他的"爱国主义热情"），儿童阅览室中展示的蝴蝶、动物和花朵，"让孩子们感受到了自然之美"。许多图书馆员（大多为女性）对此表示同意。1905 年，明尼阿波利斯公共图书馆馆长指出，图书馆"应该以最热情的方式对待读者"，"这里的气氛应该让读者感觉像在家一样亲切、体贴、充满关爱"[44]。

然而，有些社区拒绝了卡内基的资助，并借此机会发表意见。拒绝的理由各不相同。有时是自尊心作祟。《晚邮报》（*Evening Post*）坚持表示，路易斯维尔不需要一座"乞讨的纪念碑"。有时是出于种族原因。在南方，很多人相信卡内基免费图书馆将必然允许黑人进入，1901 年，密西西比州的《杰克逊市号角纪事报》（*Jackson Clarion Ledger*）高兴地表示："到目前为止，密西西比州没有一个城镇接受了卡内基的资助。"但更多时候是阶级问题。1904 年，在人们投票否决接受卡内基的资助后，西弗吉尼亚州惠林市一位工会代表说："在这个伟大的绿色星球上，总有一个地方是安德鲁·卡内基无法用金钱换来纪念碑的。"[45]

围绕卡内基资助的争议也表明，公共图书馆对于民众而言远不仅仅是获得有用知识的渠道。1902 年，一些当地居民对卡内基图书馆建筑表示不满，《德卢斯新闻论坛报》质问道："这些没有思想、一味吹毛求疵的人……懂得欣赏这个美丽的建筑及其花木共生的环境的教化作用吗？这座建筑的代代相传势必会在最卑微的公民中培养艺术感，为潜移默化地促进公民素质的整体提升做出哪怕一点点贡献。"该报还提醒读者，卡内基资助建立的所有图书馆都是由德卢斯的艺术家和工匠设计建造的，"这一事实应该让我们有一种家乡自豪感。"[46] 该报社论重点介绍了图书馆中"家一般的"氛围，但从未提及最佳读物。

宏伟的建筑的确让人印象深刻，但是深入广大读者内心的往往是分馆，因为它们关注社区需求。19 世纪末 20 世纪初，在五个行政区合并为纽约市不久后，卡内基出资建立了 65 家纽约公共图书馆分馆，每家分馆都有社区活动室。例如，在 1910 年，有 10 家分馆为外国人开设了晚间英语课程。在两家分馆的会议室，由 80—100 人组成的童子军"营"在这里开会，而在另一家分馆，一个面向男孩的航空俱乐部展出了 6 架模型飞机。1912 年，女孩们在一家分馆学习刺绣，而另一家分馆则举办了大声朗读活动。对于许多人来说，这些分馆就是他们的第二个家。1911 年，一位图书馆员称，在寒冷的日子里，几乎所有分馆的阅览室都人满为患，这是城里为数不多的舒适的公共场所之一——尤其对于 12 至 14 岁的孩子们来说，因为他们没有其他健康的场所可以去[47]。1911 年，圣路易斯公共图书馆指出，图书馆所具备的"邻里特征"（neighborhood character）使得它的六个分馆成为社交中心，1910 年，139 个组织在这些分馆中举办了 1404 次活动，包括社会主义者、英语国家移民以及美国革命女儿会（Daughters of the American Revolution）的定期聚会等。当图书馆员问年轻的舞会组织者为什么使用卡班尼（Cabanne）分馆而不是舞厅作为舞会场所时，一位组织者回答："我们都是在这家图书馆里长大的。"在另一家分馆，图书馆员们也会组织民间舞蹈课程[48]。

许多公共图书馆都在室外放置了长椅，以便于人们在天气晴好时相互交谈。在沃思堡，图书馆草坪上的九张长椅成为市中心的"呼吸点"——人们可以在那里享受户外时光。1898 年夏天，布鲁克林公共图书馆在公园里开设了一间"阅览室"，《青年伴侣》（Youth's Companion）杂志称其为"花园里的图书馆"。《远景》杂志（Outlook）报道称，读者们会带上书和杂志，坐在树下阅读，将这里变成了社交中心。1910 年，纽约公共图书馆分馆已有五个露天的天台阅览室，尤其受孩子们的欢迎。纽约《晚邮报》指出，炎热的夏天，穷人家的孩子可以在这里享受阅读氛围和新鲜的空气，与潮湿的街道和拥挤的公寓形成了鲜明的对比[49]。

图书馆作为邻里社交中心在路易斯维尔公共图书馆的有色人种分馆中表

95

现得更为明显，一个很大的原因在于它们是实行种族隔离的路易斯维尔为数不多的允许黑人聚会的地方。第一家黑人分馆于 1905 年开放，1908 年搬入了新的卡内基大楼。1914 年，图书馆管理层在另一个黑人社区成立了第二家卡内基图书馆，里面有三间教室和一间能容纳 350 人的礼堂。1914 年的一个月里，这两家黑人分馆共接纳了 93 次集会活动，包括婴儿诊疗、主日学校培训课程、讲故事活动，还有部长联席会议、童子军、跨种族委员会、班尼克阅读会、邓巴文学俱乐部、道格拉斯辩论社、家长教师协会（Parent Teachers Association）、女子图书馆俱乐部以及城市联盟等团体的会议。一位用户说："从获得自由以来，路易斯维尔有色人群现在的阅读人数比以前任何时候都更多了。" 1905 年，图书馆员还举办了图书馆工作人员培训班，为没有其他学习机会的黑人女性（主要是南方人）提供培训，这些人后来大多在南方城市（例如路易斯维尔）的黑人分馆中找到了工作[50]。

社区活动改变了民族和种族形象，公共图书馆（包括主馆和分馆）经常成为新移民融入社区的场所。在 1893 年至 1917 年间，有 700 万人从东欧和南欧来到美国。不久后，很多人出现在了公共图书馆，如作为第一代俄罗斯裔犹太移民来到美国的玛丽·安廷（Mary Antin），她后来成为移民权利活动家。她刚到美国时还是个孩子，但很快发现了图书馆。"我喜欢从低矮宽阔的台阶慢慢地向上走到大堂的入口，欣赏图书馆建筑的雄伟轮廓，一遍遍地读着建筑上雕刻的文字：'公共图书馆——由人民所建造——向所有人免费开放'……所有渴望阅读的孩子，妆容精致的女人，赶着回家著述的学者们——我和他们共同拥有这个美好的事物……我很开心，因为它是我的；我也很激动，因为它是我们的。"[51]

公共图书馆的报纸阅览室也成为不同族群的聚集场所。1907 年，密苏里州堪萨斯城公共图书馆阅览室的一位工作人员在看到阅览室里挤满了多个民族的读者之后说："这是美国人的阅览室。" 1904 年的一个星期日，有位记者观察到波士顿公共图书馆报纸阅览室的情况："一个波兰人在读《华沙公报》，一个德国人拿着一份《德国柏林报》，一个典型的斯拉夫人面前放着一份《新维莱尼亚报》，一群俄罗斯裔犹太人正在阅读《俄罗斯顾问报》、《奥德赛公报》以及圣彼得堡编辑的一两种法语报纸。读者们文明地交换彼此的报纸，这也成为陌生人之间相互交流的一种方式。"[52]

▲ 在 20 世纪初期的路易斯维尔，由于非裔美国人基本没有可以聚会的公共场所，由托马斯·方丹·布卢（Thomas Fountain Blue）管理的公共图书馆中的两家"有色人种"分馆成为像道格拉斯辩论社（Douglass Debating Society）等活跃的自我提升团体的社区活动中心。照片来源：路易斯维尔大学档案与特藏部所藏路易斯维尔免费公共图书馆相关藏品，索取编号：92.18.005。

　　除了翻阅报纸的沙沙声外，阅览室里还见证了人性的苦痛。1901 年，波士顿一位图书馆员发现一位佐治亚女人"读到一半时"，"独自默默地"哭了起来。"她尽量不让别人注意到她，但是坐在旁边的一位和善的老妇人看到她在哭，这位来自南方的女人告诉老妇人，这份报纸让她产生了强烈的孤独感，她忍不住哭了出来。"这位图书馆员还观察到，来自同一个地方却素不相识的

99

人思乡情切，因为要借阅同一份报纸而在借阅台相遇。1896 年，芝加哥公共图书馆的一名警卫发现，有个乞丐每天都会来到报纸阅览室，而且只看旧金山的报纸。有一天"他憔悴的脸更加苍白，他在高高的桌子上一次次撞击自己的头，大声哭了出来"，警卫上前警告他："此处不得喧闹。"那人指着报纸上的一篇文章告诉警卫，两个月前他五岁的儿子从一栋楼上摔了下来，报纸一直在追踪报道他的状况。他说："事故发生后，我每天都给他的母亲写信，但是她已经再婚了，把我所有的信都退了回来，也没回复过。"警卫发现，那个小男孩已经死了 [53]。

在 19 世纪末、20 世纪初，图书馆阅览室仍然是流浪汉的避风港。1915 年，密尔沃基公共图书馆表示，流浪汉是"所有图书馆的噩梦"。城市图书馆通常将阅览室设置在入口处，尽量减少与儿童及成人读者的接触。在辛辛那提和圣路易斯，图书馆员甚至将椅子撤走，以避免流浪汉在馆里游荡。在波士顿公共图书馆，流浪汉早上甚至会在阅览室外的厕所洗澡。1908 年，克利夫兰的一名工作人员称，报纸阅览室"令较好阶级的读者感到厌恶"。底特律图书馆的一名董事称流浪汉是"地球上的败类"，并建议将阅览室移到地下室——"对他们来说已经够好了"[54]。

作为场所，公共图书馆也规范了社会行为。在密西西比州杰克逊市长大的尤多拉·韦尔蒂（Eudora Welty）很害怕图书馆馆长，她的"龙眼"始终盯着大门口。"如果她觉得你的裙子有些透，她会直接让你回家；如果你真的很想去阅读的话，最好穿上一件衬裙。"虽然 20 世纪早期的家长认为公共图书馆很安全，但是作为公共场所，这些地方仍然存在缺陷。例如，1914 年，加利福尼亚州圣何塞市的警察逮捕了一名在公共图书馆骚扰女学生的 34 岁男子。有时，用户会主动承担对这些公民机构的监管义务。在洛杉矶公共图书馆，一位愤怒的用户跟随一个不停咳嗽的人一直来到大厅，对这位妨害公共环境的人"背后狠狠地踹了一脚"[55]。

除了提供最佳读物，儿童图书馆员还提倡保持环境卫生。加利福尼亚州帕萨迪纳公共图书馆（Pasadena Public Library）将青少年部设置在厕所边上。"手有些脏的孩子在取书之前要到盥洗台前把手洗干净。"不过，孩子们仍然想出了违反图书馆规定的办法。当被问到怎么这么快就洗干净手时，一个孩子回答说："我们舔了舔。"一个双手脏兮兮的小男孩向纽约公共图书馆分馆的一位图书馆员抗议道："我生来就这样。"还有一个则说："我从家走到图书馆时，风把灰尘吹到了我手上。"[56]

为了发挥公共图书馆助力社区的潜力，许多图书馆员改变了传统做法，努力满足社区需求。1917 年，明尼苏达州弗吉尼亚公共图书馆（Virginia Public Library）在地下室设置了一个小厨房，为周六去城里采购的农妇们展示高效的现代烹饪方式。明尼苏达州奇瑟姆公共图书馆（Chisholm Public Library）为当地的缝纫学习团体购买了一台缝纫机。1917 年，加利福尼亚科罗纳（Corona）的一位公共图书馆馆员注意到："我们在一座拥有 5000 人的小镇里开办了社交中心图书馆，这里一半以上是墨西哥人。"这位图书馆员寻找她能找到的"所有散页照片及彩色插图"。"对于学习英语的墨西哥人来说，图片的效果比书和人更好。"[57]

公共图书馆也经常举办艺术展览。1902 年，达拉斯公共图书馆开放了美术室，这是该州第一个免费的艺术展览馆。1905 年，艾奥瓦州克林顿公共图书馆举办了为期一周的展览，展品由芝加哥一家美术馆提供。近 7000 人参观了这次展览，其中很多人此前从未走进过图书馆。在锡达拉皮兹，公共图书馆有目的地组建了一个图书馆艺术协会，专门负责组织展览。图书馆馆长表示，在 1908 年的一场巡回展期间，每天都有数百名儿童前来参观。1911 年，纽约公共图书馆开放后不久，每周有数千人访问其中的展览馆，令管理层颇为惊讶[58]。一些图书馆还收藏了博物馆的藏品。奥马哈公共图书馆的顶层由西方艺术协会（Western Art Association）负责管理。威廉·汤普森（William Thompson）向这里捐赠了自己的一块头皮，这是 1867 年他在奥马哈附近被印第安人袭击时脱落的，他在袭击中侥幸逃生。图书馆到现在仍然保存着这块头皮，偶尔也会展出。在俄克拉何马州的佩里（Perry），一位用户极其慷慨地给当地卡内基图书馆内的博物馆捐赠了一些标本，包括在佩里附近捕获的一只獾、一只来自当地农场的孔雀、在去奥兰多的路上捉住的两只鹈鹕、一个鸵鸟蛋、路易斯安那的一条小鳄鱼以及他在阿肯色河钓上来的一条五十磅重的鲶鱼的鱼头。当地人捐赠的其他物品包括挂着九个玉米的玉米茎、得克萨斯长角牛的角做成的椅子，以及当地人种植的四英尺长的葫芦。不过，图书馆里的博物馆拒绝收藏当地人几十年前用过的一个大痰盂[59]。

其他公共图书馆在空间利用方面同样发挥了创意。1905 年，明尼苏达州

101

圣克劳德公共图书馆（St. Cloud Public Library）为新落成的卡内基图书馆大楼吸烟室购买了两张跳棋和象棋桌。五年后，南卡罗来纳州马里恩公共图书馆（Marion Public Library）为公民联盟（Civic League）的"五一"花展提供场所。内布拉斯加州卡尼公民俱乐部利用公共图书馆的地下室举办"婴儿周"活动。州卫生局负责提供信息，一家保险公司免费提供关于儿童保育的小册子，图书馆编写关于婴儿护理与喂养的参考书目。共有 1000 个家庭参与了这场活动。1912 年克利夫兰公共图书馆城西分馆赞助了一项社区卫生运动。图书馆礼堂展出了抗结核病、探访护士 ①、婴儿药房的宣传图表；当地的一家牙科诊所每周两次在图书馆俱乐部活动室看诊[60]。

图书馆也成为政治活动的场所。1913 年 5 月 2 日，位于第五大道的纽约公共图书馆的台阶成了两万名女权主义者游行的检阅台。同年，佐治亚州哥伦布公共图书馆举办了"全国反对妇女选举协会"（National Association Opposed to Women Suffrage）分会会议，"全国平等选举协会"（National Equal Suffrage Association）的一位成员也在这里发表了演讲。蒙大拿州比尤特公共图书馆举办了同样的活动。1916 年，俄勒冈州波特兰公共图书馆为在全国巡回演说的 23 名东部女权主义者举办了一次大型会议。然而，在得克萨斯州的一个小镇，有位公民则抱怨女馆员将宣扬女权主义图书发给每一位前来流通台借书的读者[61]。

公共图书馆也推动了地区政治。在南方，北卡罗来纳州富兰克林公共图书馆（Franklin Public Library）每年都会为南方邦联退伍军人举办午餐会。佐治亚州哥伦布公共图书馆每年都会举办罗伯特·李（Robert E. Lee）诞辰纪念日。蒙大拿州阿纳康达公共图书馆（Anaconda Public Library）在每年 2 月的第二个星期六会在讲故事活动期间讲述亚伯拉罕·林肯的事迹。大约在同一时间，德卢斯公共图书馆为新移民举办"林肯纪念日"群众大会。在罗得岛帕塔基特公共图书馆（Pawtucket Public Library），孩子们在林肯生日当天向国旗致敬。图书馆不仅举办庆祝活动，还会装饰一新。1911 年，北卡罗来纳州格林斯伯勒公共图书馆（Greensboro Public Library）的读者们在儿童阅览室感受到了"爱国主义和英雄主义教育"。一面墙上挂着乔治·华盛顿与玛莎·华盛顿

---

① 探访护士（Visiting Nurses）又称公共健康护士，是指被医院或社会服务机构聘用，开展公共卫生服务的护士，他们通常到社区探访病人并提供服务。——译者注

夫妇（George and Martha Washington）的肖像、弗农山庄（Mount Vernon）的照片，以及约翰·J. 奥杜邦（John J. Audubon）、弗朗西丝·威拉德（Frances E. Willard）和罗伯特·李的肖像，但没有林肯的肖像[62]。

1912 年，在印第安纳州加里公共图书馆（Gary Public Library）搬入卡内基新馆之际，馆长写道："使用公共图书馆礼堂传播声音与……使用阅览室传播文字一样重要。"哥伦比亚特区公共图书馆报告指出，在 1914—1915 年间，在该馆礼堂举行活动的团体包括"妇女单一税联盟"（共举行 6 次会议，平均每次有 164 人出席）、"管家联盟"（307 人与会）、"华盛顿读者俱乐部"（381 人与会）、"校际社会主义团体"（376 人与会）、"德国读者俱乐部"（640 人与会）、"野外探险协会"（有 413 人参加了"我们熟知的鸟类"讲座）和华盛顿通神学会联合会（348 人与会）[63]。

作为社区中心，公共图书馆有时还会成为调解公共艺术分歧的场所。人们总会担心图书馆中出现低俗的内容。1909 年，纽约皇后区公共图书馆埃尔姆赫斯特分馆（Queens Public Library's Elmhurst branch）挂出了米开朗琪罗的"大卫"雕塑照片，"女性基督徒节制联盟"（Women's Christian Temperance Union）提出抗议，警察迅速没收了这些照片。一位警官说："我不会允许任何下流的照片在埃尔姆赫斯特展出。"不过，在 19 世纪末，波士顿公共图书馆经历的关于公共艺术的争议比美国其他公共图书馆都多。1894 年，波士顿市议会要求图书馆将新馆外部展示的一个带有裸体男性形象的标识撤掉。这一要求引发了大量争论。据《波士顿环球报》报道，在接下来的几个月，成千上万的人专程去图书馆看这个标识，"有些人表示赞赏，也有人进行了谴责"。几个月后，波士顿公共图书馆拒绝了市议会的要求，带有裸体想象的标识保留了下来。第二次争议发生于 1897 年，许多人反对图书馆将弗雷德里克·麦克莫尼斯（Frederick MacMonnies）的裸体雕塑作品"酒神女祭司"（Bacchante）放在内庭。在接下来的几个月，这个争议一直占据着当地及全国报纸的头版。《波士顿每日广告商报》同意放置这个雕像，但《纽约福音报》（New York Evangelist）认为它"是不道德的存在"。最终，图书馆迫于公众压力将该雕像运往纽约大都会艺术博物馆——至少是暂时存放[64]。

公民经常参与美国公共图书馆中的争议问题。1916 年，节育活动家玛格丽特·桑格（Margaret Sanger）策划了一场巡回演讲，其中一站是明尼阿波利斯。朋友们告诉桑格，在美国"最保守的城市，你最多只能有六位听众"。桑格还是坚持去了，并在公共图书馆发表了演讲。"令我惊讶的是，这次的听众数量在我们此次行程表中是最多的之一，图书馆不得不新增数百把椅子给无座的人。"虽然社会主义这一话题令许多美国人望而生畏，但在 1907 年，仍然有很多人来到盐湖城公共图书馆，听社会主义报纸《每日人民报》（*Daily People*）的编辑丹尼尔·德·利昂（Daniel De Leon）发表演讲。1908 年，"问题俱乐部"（Question Club）在德卢斯公共图书馆举办活动，期间有位社会主义者驳斥了提倡"单一税"的观点。《德卢斯新闻论坛报》报道："辩论有时候温暖且人性化，很多听众会插嘴，提出问题和意见，这实际上增加了局面的混乱，致使会议结束时，话题还没讨论完。"在圣路易斯公共图书馆巴里分馆，"密苏里社会主义党"（Missouri Socialist Party）分别于 1915 年和 1916 年举行了为期四天的会议；在克鲁登（Crunden）分馆，"青年社会主义联盟"（Young People's Socialist League）每月开会研究马克思主义 [65]。

这一时期也见证了电影的出现。有些图书馆员对此表示抗拒。1911 年，一位爱荷华州的图书馆员抱怨道，图书馆现在"不得不抵制五分钱电影院放映的电影的诱惑，这些电影经常引起一种病态的好奇心"。但有些图书馆员则对这一新的媒体形式表示欢迎。1915 年，克利夫兰公共图书馆指出，电影创造了"对图书的极大需求"，因此他们密切关注当地电影院的公告。1915 年，威斯康星州麦迪逊公共图书馆礼堂放映了电影；纽约伊萨卡公共图书馆（Ithaca Public library）采取了相同的做法，只不过馆长抱怨每次放映结束后，花生壳和爆米花扔得满地都是。1909 年，辛辛那提公共图书馆在一天内向教堂、学校和女性社团借出数百张幻灯片，并且发现这些幻灯片增加了历史和旅行类图书的流通量。同年，俄勒冈州波特兰公共图书馆购买了一台立体幻灯片放映机（stereoscope）和一套包含埃及、欧洲各国、加拿大、中国和美国的"立体旅行幻灯片"。两者都可以像图书一样外借 [66]。

录音技术的进步同样影响了公共图书馆。1909 年，锡达拉皮兹的图书馆馆长推动其所在的社区成立一个音乐社团，并请求图书馆赞助一架普通钢琴和一架自动钢琴。她说，图书馆的礼堂将成为一个很棒的聚会场所，社团可以在那里"引领年轻人的思想去追求越来越高的享受"。一年后，一家钢琴公司向图书馆捐赠了 480 本音乐书，几个月内的流通量达到了 1837 次。1910 年，明尼苏达州弗吉尼亚公共图书馆购买了一台黑胶唱片机和 50 张唱片，将周日下午的阅览室变成了音乐厅，第一年就有 7000 人参加了音乐会。1916 年，另外五家小型公共图书馆在卡内基新楼阅览室内也举办了相同的活动[67]。

美国公共图书馆是进步时代的一个主要受益者。到了 1917 年，很少有人质疑公共图书馆的社会价值和文化价值，大多数人都能说出它们存在的合理性。《旧金山纪事报》（*San Francisco Chronicle*）在 1900 年指出，在"未来的几个世纪，当开化世界的历史学家追溯从野蛮状态向更高文明进步的主要因素时"，"现在的时代"将被称为"公共图书馆时代"。《洛杉矶时报》附和道，没有任何影响能够"如此令人振奋"，"人们的智慧与文化层次达到了前所未有的高度"，这"在很大程度上归功于公共图书馆体系的发展"[68]。

在 1893 年到 1917 年之间，美国从农业国转变为世界工业强国。城市发展、收入增长、数百万移民的涌入使得人口更加多样化，但与此同时，地位的不平等使得许多人对自己所处的困境进行反抗（有时会使用暴力），并寻求改变不合理的状况。对"天命"（Manifest Destiny）的信仰引领私人资本与政府权力向西部拓展，剥削当地资源，征服当地人民，同时南方形成了否认数百万黑人的基本权利的"吉姆·克劳"①社会。铁路与汽车，电报与电话——所有这些都帮助人们实现了前所未有的联系；电力也改变了人们的生活。同样，美国公共图书馆也帮助人们在这个充满活力的时代进一步相互联系。从 1876 年美国图书馆协会成立到 1917 年，美国公共图书馆的数量由 1101 个增加到了 2849个。每位用户平均每年借阅 12 本书[69]。不管是青少年还是成年人，他们借阅的绝大部分图书仍然是小说。

到 1917 年，美国公共图书馆的不断增加使得它们与博物馆、音乐厅和公园一样成为旨在打造当地社区、展示社区文化的公共空间。公共图书馆建筑成为人们熟悉的场所，根据体现中产阶级行为规范的一系列规则开展阅读和社交活动。在公共图书馆，个人可以获得社会交流，移民可以融入当地环境，年轻

---

① "吉姆·克劳"（Jim Crow）是美国白人艺人托马斯·赖斯（Thomas Rice）1828 年起自创并扮演的一个黑人角色名。赖斯故意戴着黑脸面具，又唱又跳，做出丑化黑人的表演以逗乐观众。"吉姆·克劳"逐渐成为非裔美国人的代称，是对黑人的贬义称呼。19 世纪美国南方立法机构针对黑人颁布了一系列种族隔离法律，被称为"吉姆·克劳法"（Jim Crow laws）。——译者注

人可以展示他们从这里学到的良好行为——或者由于行为不端而承受后果。对于普通人来说，公共图书馆提供了他们所需要的道德指导以及他们期待的各种奖励，所有这些都是在一个他们感受到特别优待但又与他人分享的环境中发生的，他们在这个自愿进入的公民机构中留下了自己的印记。在很多方面，公共图书馆提供的服务、空间和读物让它们成为许多人日常生活必不可少的内容。

鲍士伟（Arthur E. Bostwick）在 1910 年出版的非常有影响力的《美国公共图书馆》（*American Public Library*）一书中介绍了公共图书馆这个不断发展的公民机构。他认为公共图书馆是一个活跃的邻里活动中心，在令人愉快、富有吸引力的建筑中营造家一般的氛围，并将图书集中在一起，供读者使用。公共图书馆不仅有馆内馆藏，还有在馆外流动的馆藏，这些馆藏组织有序、检索方便，还提供开放书架和儿童阅览室，长时间开放，与当地学校合作，在会议室和礼堂举办社区会议、讲座和展览。鲍士伟说，"它开展了上千种活动，这使［它］明显区别于此前被动的图书馆"，"现代图书馆"服务于"整个社区，而不仅仅是……那些自愿走进图书馆的人"[70]。

第 5 章 "文学世界的栖身之所"（1917—1929）

1914 年 8 月到 1917 年 4 月，虽然美国在第一次世界大战中仍然保持着中立，但是图书馆作为公共机构却不可避免地受到了影响。1914 年末，罗得岛帕塔基特英国救济会在当地公共图书馆开会，商讨协助盟军的方法。在德卢斯，和平主义者坚持要求图书馆购买和平主题的书籍，以对抗图书馆里与战争有关的信息。1915 年，在卢西塔尼亚号（Lusitania）沉没①之后，纽约奥伊斯特贝公共图书馆（Oyster Bay Public Library）丢弃了西奥多·罗斯福十年前捐赠的德皇威廉二世肖像。1916 年，密苏里州堪萨斯城公共图书馆在大厅中挂起了欧洲战争形势地图，一群被《堪萨斯城星光报》（*Kansas City Star*）称为"战争迷"的人在午饭时间围在地图前讨论战事。底特律公共图书馆年度报告指出："强烈的国际纷争……已经催生了人们对于渴盼战争文献的长久需求。大量读者在图书和期刊中写下简短的评论来发泄根深蒂固的民族情感。"[1]

然而，美国一旦卷入战争，任何中立的借口都消失了。按照一位图书馆员的说法，公共图书馆变成了"一种积极的宣传工具"。为了净化馆藏，很多图书馆员采用"军队索引"（Army Index）——军队训练营图书馆不予收录的有关亲德与和平主义文献的一个目录。1918 年《俄勒冈人报》（*Oregonian*）指出："公共图书馆将有一个更好的氛围，因为宣传德国的作品已经被清理掉了。"在波士顿公共图书馆，用户想借"军队索引"中的书时，图书馆员会告诉他们这些书"丢失了"。纽约、加州雷德兰兹（Redlands）以及亨廷顿海滩

---

① 由于英国对德国实施了海上封锁的潜艇战，1915 年 5 月 7 日，德国舰艇发现了卢西塔尼亚号远洋班轮后，用鱼雷将其击沉。——译者注

（Huntington Beach）的公共图书馆也都出现了相同的情况。韦恩堡公共图书馆剔除了 1914 年以后出版的德文书籍。在蒙大拿州比尤特（Butte），当地官员烧毁了公共图书馆中的所有德文书籍。辛辛那提公共图书馆不仅停止流通德文书籍，还下架了赫斯特（Hearst）公司旗下的反战报纸。当密苏里州富尔顿公共图书馆（Fulton Public Library）停止订阅当地"对现任政府不忠"的报纸时，《堪萨斯城星光报》提出了抗议。三天后该馆也禁掉了《堪萨斯城星光报》[2]。

并非所有公共图书馆都效仿这种做法。达拉斯公共图书馆中央书架上保留了 278 本德文书，图书馆董事会辩称："为什么那些已经在书架上放了多年的德文书要在此时被我们抛弃？我们找不到任何理由。"伊利诺伊州贝尔维尔（Belleville）的公共图书馆订购了当地的德文报纸及期刊，一位匿名者写信指责该馆馆长是"亲德派"，《贝尔维尔民主党新闻报》（*Belleville News Democrat*）为馆长辩护，称这些是"愚蠢而荒谬的指控"[3]。

在战争期间，美国公共图书馆热切地传播关于联邦政府的战事信息，并向各类与战争有关的活动开放图书馆建筑，包括帮助移民（特别是德裔美国人）迅速融入当地社会的"美国化项目"。由于要保证海外战斗人员的食品供应，国内只能厉行节约。美国公共图书馆将节约食物作为一项重点计划。例如，达拉斯公共图书馆挂起了由公立学校学生制作的海报，呼吁人们节约食物。图书馆馆长指出，这些海报"吸引了很多人的注意，对公众将产生真正的教育意义"。全国公共图书馆还贴上了"以知识取胜"（Knowledge Wins）主题活动海报，用来宣传旨在为士兵和水手征集图书的活动。通过参与这些与战争有关的事务，图书馆巩固了其在美国公共机构中的地位。芝加哥公共图书馆馆长卡尔·罗登（Carl Roden）后来指出："战争使得公共图书馆受到关注。"[4]

然而与此同时，战争也改变了图书馆界的阅读观。图书馆员积极参与了为国内外军人募集上百万册流行图书（明尼苏达州的一位志愿者为它们贴的标签是"尚好但不够高雅"）的三次全国性捐书运动，他们不得不放宽对大众阅读的批评态度。他们不愿意与联邦政府这样强大的机构对抗。此外，许多小说都在图书馆例行订阅的《周六晚报》（*Saturday Evening Post*）和《女士家庭杂志》（*Ladies' Home Journal*）等报刊上，或是在经常与图书馆董事会成员交锋的社区领袖编辑的报纸上连载。因此，到战争结束时，图书馆界领袖们逐渐接受了一个观点，即至少对成年读者来说，他们排斥了半个世纪的休闲读物介于好与坏之间，至少是无害的。

1917 年至 1929 年间，图书馆员继续努力"以最低的成本为最多数人提供最佳读物"。很多人通过完善服务来实现这一点。虽然熟悉的图书馆设备仍然存在，但是新的元素也慢慢引入。1925 年，纽约公共图书馆开始提供影印（photostat）服务。更重要的是，电话改变了参考咨询服务的方式。在一些大城市，公共图书馆安装了独立的电话装置，工作人员守在一个可以转动的参考书架旁，按照"先到先得"的方式提供电话咨询。所有公共图书馆中，有超过一半图书馆提供流行小说的租借或"收费复印"服务。伊利诺伊州盖尔斯堡公共图书馆（Galesburg Public Library）认为出租馆藏"可以解决小说的问题"，因为这样可以最大限度地降低购买复本的需要。锡达拉皮兹公共图书馆在 1922 年注意到，相比等待借阅抢手的作品，很多人宁愿选择租借本[5]。图书馆效率的提高还体现在其他方面。1919 年，美国图书馆协会采用了一套馆际互借编码——一套统一的交流系统，将需要借书的图书馆与拥有相关图书的图书馆联系起来。

其他一些活动进一步规范了图书馆专业行为。1923 年，明妮·厄尔·西尔斯（Minnie Earl Sears）发表了《小型图书馆主题词表》（*A List of Subject Headings for Small Libraries*），沿用了美国国会图书馆主题词表中的常用词汇。该词表成为数千家小型公共图书馆的基本参考书。它引发了一些明显的变化。例如，杜波依斯撰写的《黑人的灵魂》（*Souls of Black Folk*）一书由原来的 325"殖民地与移民"类目移至 326"黑人"类目[6]。因此，在这本书出版20 年之后，十进分类法终于承认美国黑人为一个独立的"阶级"；1927 年，当"班纳克读书社"或者"道格拉斯辩论社"的成员在路易斯维尔两家"有色人种分馆"中浏览"326"书架上的书时，还看到了本杰明·格里菲思·布劳利（Benjamin Griffith Brawley）1921 年出版的《美国黑人社会史》（*Social History of the American Negro*）和阿兰·勒罗伊洛克（Alain Le Roy Locke）1925 年出版的《新黑人》（*The New Negro: An Interpretation*）。尽管如此，种族偏见依然存在。威尔逊公司推荐的目录中仍然不包括黑人的期刊或报纸——没有有色人种分馆钟爱的《有色美国人》、马库斯·加维（Marcus Garvey）的《黑人世界》（*Negro World*，每周发行 20 万份）或《芝加哥卫报》（*Chicago Defender*，发行量达 28万）等报刊。除了黑人分馆外，几乎没有其他分馆订阅这些报刊。

帮助筛选"最佳读物"的书目体系发展起来。许多图书馆开始通过中间商来订购图书，比如贝克和泰勒出版公司（Baker & Taylor）以及麦克勒格出版公司（A. C. McClurg），这样图书馆可以用一张支票订购多种图书；但与此同时，书商的库存清单限制了图书馆的选择。大多数公共图书馆都遵循了马萨诸塞州布鲁克林公共图书馆 1926 年形成的一套采购程序：图书馆员定期从《书目》杂志、美国图书馆协会《书目》、威尔逊公司的指南（如《书评文摘》和《小说目录》）中筛选图书；阅读《周六文学评论》（*Saturday Review of Literature*）等期刊中的书评；观察当地书店的热门图书，从而为确定本馆租借本图书寻找灵感 [7]。另外还出现了新的图书指南。创立于 1924 年的《号角图书》（*Horn Book*）专注于儿童文学。1922 年，儿童图书馆员开始向"纽伯瑞儿童文学奖"（Newbery Medal）评委会推荐他们认为最优秀的儿童文学作品。

尽管图书馆员努力为读者提供最佳读物，但读者经常会根据一本书的品相来做选择。1923 年，纽约公共图书馆分馆一位 12 岁的读者说："如果书页磨损或卷边，我就想读一读。"她的选书做法也代表了其他人的想法。1921 年，圣何塞的一位公共图书馆用户问自己的朋友："你如何从图书馆挑选一本好书？"朋友回答："我会翻看盖日期戳的地方。如果盖满了，我知道这种书是人们爱不释手的。" [8] 这一时期，人们继续与图书馆里的书对话。有位读者在佐治亚州哥伦布公共图书馆收藏的《宇宙之谜》（*The Riddle of the Universe*）一书中写道："死后世界并不存在，我很肯定。"在百科全书中一篇关于婚姻的文章中，另一位读者写道："真希望我已经结婚了。"在马萨诸塞州楠塔基特公共图书馆（Nantucket Public Library），一位在书的空白处写满了评论的穿着考究的男子"非常伤心地得知……图书馆不允许他在书上乱写乱画……他真心认为自己提升了这本书的价值" [9]。

偷书行为也引发了一些回应。有个人发现一位读者将一本书藏在身上向门外走，于是走过去说道："我叫塞缪尔·沃德洛（Samuel Wardlaw），洛杉矶公共图书馆的特别调查员。请帮忙将这本书放回原处，我们将不予追究。"读者尴尬地照做了，然后迅速走出了图书馆。在《洛杉矶时报》的一次采访中，沃德洛介绍了自己的日常工作，包括追查逾期不还的读者，分辨小偷（包括一位牧师和一位电影明星）以及监视"行为古怪的人"。有些调查让他"发现盗窃者的房间内除了书以外，还堆满了其他赃物；还有些调查让他发现用户有精神问题，他们坚称书是小精灵偷的，不知怎么跑到了他们这里" [10]。

到了 1920 年，美国已拥有近 6000 家公共图书馆，其中近三分之一是由卡内基出资建造的。（1919 年安德鲁·卡内基去世时，全国各地的图书馆在其葬礼期间闭馆一小时。）虽然在 1920 年，全国一半的人都有机会使用图书馆，但是在美国农村地区，只有 17% 的人可以享受当地的图书馆服务。为了满足农村居民的阅读需求，加州等地的图书馆员呼吁提供乡村图书馆服务，通过流动图书车或者包裹邮寄的方式将图书送到乡村地区。阿拉斯加朱诺公共图书馆（Juneau Public Library）通过船只将图书送到罐头厂工人的手中。在明尼苏达州的希宾（Hibbing）地区，公共图书馆即使在零下三十度的天气仍会开着一辆装满书的卡车每周访问一次当地所有的矿井和囚犯劳动营，每两周访问一次所有的学校。1921 年，蒙大拿州西部的阿纳康达公司（Anaconda Company）建造了一辆 14 英尺 × 40 英尺的"图书馆汽车"，密苏拉公共图书馆（Missoula Public Library）在这辆车里面装满图书，在该公司的各个伐木厂之间往来，提供借阅服务。1926 年，一位记者看到几个年轻的"森林巨人"夹着六本书离开了"汽车图书馆"。南卡罗来纳州格林维尔公共图书馆（Greenville Public Library）向居住在城郊的英格兰和苏格兰移民工人提供流动图书车服务。这些工人很多都不识字，但是家里的学龄儿童非常喜欢流动图书车[11]。

在路易斯安那州一个乡村的停靠站，一位拥有五个孩子的母亲起初拒绝接受流动图书车的服务。当被问起原因时，她说她觉得读书毫无意义。但是知道这些书可以免费阅读后，她改变了想法。流动图书车的管理员说，在路易斯安那州的另一个乡村，有个少年看到书车驶来时"急忙扔下工作跑了过来"。他是家里唯一一个有读写能力、会写信的人，所以决心成为家里的书记员。然而，并非所有人都喜欢流动图书车服务。1926 年，当北卡罗来纳州达勒姆公共图书馆的书车停在一所农舍前时，一些人"担心如果小说这种撒旦的化身进入他们家，他们的灵魂会受到诅咒"[12]。

城市公共图书馆也扩展了送书上门服务。1920 年，伊利诺伊州埃文斯顿公共图书馆（Evanston Public Library）开办了一家"汽车图书馆……在街上遇到时，你只要招一下手，就可以挑选自己喜欢的图书"。汽车图书馆也有固定的停靠站。"人们不再害怕看到'图书馆员女士'，"《独立报》称，"看到人们围过来，图书馆员疲惫的眼睛立刻闪烁光芒，孩子们的欢呼声尤其响亮。即使一开始看都不看书车一眼的男士们现在也将它的到来看作是大喜事。"1925 年，一个小伙子推着一辆装有波士顿公共图书馆图书的小推车，摇着铃铛，宣布他时隔两周又来了。根据不同社区的需求，推车里装着汉语、希腊语、意第绪语、意大利语或英语等不同语言的书籍。1927 年，纽约公共图书馆开始在布朗克斯（Bronx）提供马车服务。有位读者说，"一看到明亮的绿色马车出现在山脊上，孩子们就会大声欢呼起来"，成年人"也会跟着开心地喊出声"。有个孩子看到图书馆员在桌子上铺满了各种图画书时说："真像是在幼儿园。"他的兄弟说："更像是野餐。"[13]

战争推动了图书馆另一项服务的发展——延伸至医院的服务。艾奥瓦州苏城（Sioux City）公共图书馆的馆长从战场归来时，他以军事疗养设施为蓝本，精心制定了面向医院提供图书馆服务方案。一位病人告诉推着书车挨个病房转的图书馆员说："我一点也不觉得孤单，因为有书可以读。"一位母亲说："你肯定给我的儿子带来了很多阳光。"他的儿子是长期住院患者。到了 1925 年，该图书馆还给另外 13 个市县的医疗保健和社会福利机构的病人与犯人提供了服务[14]。

▲1924 年左右，信差男孩正在等待辛辛那提公共图书馆开门。这些男孩负责将书送到辛辛那提用户的家中，并收取费用。照片来源：辛辛那提和哈密尔顿县公共图书馆馆藏。

但是在实施种族隔离的南方，实施种族隔离的公共图书馆限制了能够享受服务的用户数量。1928 年，《亚特兰大宪章报》(*Atlanta Constitution*) 的一位专栏作家抱怨道，只要《汤姆叔叔的小屋》在梅森-迪克森线以北的图书馆继续流通，地域仇恨就不会消失。他写道，收藏这类"恶意中伤南方民众的作品"的图书馆滋养了"地域偏见的毒蛇"。美国图书馆协会并未反对这种做法。战争结束后，美国图书馆协会的执行秘书再次向南方会员告知，卡内基公司已经默许了他们在种族问题上的立场，并要求社区提出拨款申请时"只照顾城里的白人的需求"。这位秘书还向南方图书馆员表示，"黑人有权要求在卡内基图书馆享受优待"的想法是"错误的"[15]。

1922 年，路易斯维尔负责两个黑人分馆的馆长托马斯·方丹·布卢在美国图书馆协会一个关于黑人图书馆工作的圆桌会议上宣读论文，成为该协会成立 46 年来第一个在协会会议上发言的美国黑人。圆桌会议随后探讨了面向黑人的图书馆服务，发现"对于受过适当训练的有色人种馆员的需求正在增加"。1925 年，卡内基公司宣布将依照美国图书馆协会的建议在弗吉尼亚州的汉普顿学院 (Hampton Institute)——一所著名的黑人学府——资助成立图书馆系，为"城市图书馆系统的有色人种分馆"培养图书馆员。对此，纽约公共图书馆哈勒姆分馆的欧内斯廷·罗斯 (Ernestine Rose) 和霍华德大学 (Howard University) 的威廉姆斯 (E. C. Williams) 表示强烈反对，并私下向全国有色人种促进会 (National Association for the Advancement of Colored People) 提出抗议，认为"不久之后，全国各地的有色人种馆员都将被普通学校赶到汉普顿"，这"有可能降低汉普顿的水准"。全国有色人种促进会同意他们的观点，并向美国图书馆协会和卡内基基金会提出抗议，反对成立一所"实行种族隔离的图书馆学校"。尽管外界有反对的声音，汉普顿学院图书馆系仍然于 9 月开学。在接下来的 13 年里，该专业为南北方服务于黑人的公共图书馆培养了大量图书馆员[16]。1940 年，汉普顿学院的图书馆系转移至亚特兰大大学，20 世纪后期美国图书馆界 90% 的黑人馆员都毕业于这里。

尽管有种族隔离制度，黑人仍然暗中坚持不懈地争取图书馆服务。最终，亚拉巴马州伯明翰公共图书馆 (Birmingham Public Library) 于 1918 年开放了一家黑人分馆。三年后，亚特兰大利用卡内基提供的 2.5 万美元捐款，加上 1 万美元市政基金、1 万美元县政府基金，加上当地白人捐赠的 5000 美元在奥本大道（Auburn Avenue）上设立了一家黑人分馆。该馆的黑人馆长表示，图书馆很快成为当地黑人的"活动中心"，而且"图书馆建筑本身就为社区增添了美感"。院子里"种植了灌木和花朵，我们想按照家的标准打造图书馆的整个建筑外观和周围的环境"[17]。

不过，有些黑人颠覆了执行种族隔离政策的公共图书馆的做法。1927年，19岁的理查德·赖特（Richard Wright）遇到了难题：如何借阅孟菲斯公共图书馆（Memphis Public Library）的图书。作为密西西比州杰克逊市的一位六年级学生，他对《芝加哥卫报》上一篇描述"密歇根湖黑人"的文章感到惊叹，其中写道，这些人可以去公共图书馆借阅他们想要的任何书籍。但是在孟菲斯，除非受到白人的雇佣，否则黑人无法进入公共图书馆。一天早上，赖特走向一位白人同事，低声说："我想请你帮个忙。""什么呢？""我不能从图书馆借书，我能使用你的借阅卡吗？"那位白人同事畏缩了，并对他说："孩子，你这不是给我找麻烦吗？"最终他还是同意了，在让赖特保证自己不会将此事告知其他白人以后，他把妻子的卡借给了赖特。

> 那天下午，我精心措辞，伪造了一张纸条……上面写着："亲爱的女士：能否允许这个小黑鬼借几本门肯（H. L. Mencken）的书？"我故意使用了"黑鬼"一词，以便让图书馆员相信这纸条不是我自己写的……我走进图书馆，就像往常为白人跑腿一样，但这次我总觉得自己会滑倒而露馅。我脱下帽子，站在离流通台稍远的地方，尽可能让人觉得我不是一个喜欢读书的人，耐心地等待白人读者先享受服务。当流通台前已经没有人的时候，我还在等。白人图书馆员看了我一眼，问道："孩子，你要什么？"我仿佛失去了说话的力气，走上前递上伪造的纸条，没有开口。图书馆员问道："她要门肯的哪本书？""我不知道，女士。"我尽量不去看她的眼睛……"不是你要这些书吧？"她尖锐地问道。"不，不，女士，我不识字。"

计谋得逞，图书馆员将门肯的《偏见》（*Prejudices*）和《序言》（*A Book of Prefaces*）两本书递给了我[18]。

虽然南方的黑人在享受公共图书馆服务方面仍然遇到阻碍，但是其他群体的状况要好一些。战争结束后，一些城市公共图书馆为青少年定制了专门的服务，很多时候与公立学校合作提供。纽约公共图书馆学校事务负责人强调了课堂视察（1926 年，她视察了 260 次课堂）、阅读指导、人员培训、面向青少年设计图书馆专门空间（包括为青少年设立的内森·施特劳斯分馆）的重要性。纽约公共图书馆专门聘请了玛格丽特·斯科金（Margaret C. Scoggin）来管理内森·施特劳斯分馆，她利用"实验室"图书馆的概念开创了青少年服务，随后为全国各地的城市公共图书馆所效仿。1925 年，琼·罗斯（Jean Roos）在克利夫兰公共图书馆（Cleveland Public Library）开设了专门针对青少年的罗伯特·路易斯·史蒂文森阅览室（Robert Louis Stevenson Room）。她与其他社区组织一起开发了面向青少年（尤其是辍学的移民儿童）的图书馆服务。罗斯还为一个艺术小组与一个诗歌小组提供帮助[19]。

　　到了 1922 年，18 岁以下的人成为美国公共图书馆的主要用户，部分原因在于图书馆将服务延伸至中小学。以密尔沃基为例，据 1922 年的一份报告显示，当地公共图书馆为公立学校和教会学校提供了 2237 本书——"本质上已成为公共图书馆的一个重要职能"。所有八年级学生在一年内都要去一次图书馆，听关于图书馆服务的讲座，并参观图书馆建筑。1921 年，哥伦比亚特区的学校要求新移民学生讨论他们从图书馆借阅的书，以此作为写作课的作业。一位学生写道："我父母喜欢我从图书馆借来的书，他们也会读。"另一位写道："我父亲几乎读完了我从图书馆借来的所有书。"[20]

　　1925 年，2400 位六年级和七年级的学生参观了得梅因公共图书馆（Des Moines Public Library）儿童阅览室。在达文波特（Davenport），公共图书馆在该市的学校里设立了 150 个教室图书室，共有藏书 8000 册。图书馆员们表示："我们确信通过这些……学校图书馆的图书会进入此前从未进入的家庭。"在锡达拉皮兹，图书馆员向学校发起挑战，看谁能带来最多的新用户，并在 1928 年夏天的一个星期六，图书馆举办了一场图书派对，300 个孩子打扮成他们最喜欢的书中角色出席。洛杉矶公共图书馆于 1929 年举办了相类似的活动。《洛杉矶时报》上登载的照片显示，很多亚裔儿童也参加了这次活动[21]。

　　20 世纪 20 年代，图书馆界迎来了一种全新的职业——阅读顾问（readers' advisor，RA）。阅读顾问的作用相当于 19 世纪中期的阅读行为手册，他们通过系统的流程推广有用知识和高雅文化作品，从而促进有目的、有成效的阅

115

读。纽约公共图书馆的阅读顾问表示，他们的工作就是"开（图书）处方"。1924年，威廉姆·勒尼德（William S. Learned）出版了《美国公共图书馆与知识传播》（*The American Public Library and the Diffusion of Knowledge*）报告（由卡内基基金会资助），其中指出，公共图书馆在阅读顾问的帮助下可以成为一个活跃的成人教育机构。而作为"社区智识中心"（community intelligence centers），公共图书馆将解决困扰着民众的遍布城市街头巷尾的"肥皂盒演说家"（soap-box orators）①的问题（在20世纪20年代初期，美国处于第一次"红色恐慌"（Red Scare）中，勒尼德对此感到担忧）[22]。

在大多数大城市的公共图书馆系统中，擅长使用书目工具和查阅文献的全职阅读顾问负责与读者面谈，了解他们的目标、兴趣及能力。面谈结束后，阅读顾问会根据该读者的需求编制出量身定做的书目，然后保留记录以备后续咨询。有时，阅读顾问还会与团队合作，预先设计阅读课程②。为了支持开展这项专业工作，1925年，美国图书馆协会开始出版售价低廉的"有目的地阅读"推荐书目。

1922年，密尔沃基公共图书馆任命了一位"首席成人教育服务官"，负责与本市有关机构合作，将啤酒城（Beer City）③的三万名工人（他们并不属于很多权威人士所谓最易受"肥皂盒演说家"影响的社会经济群体）带进图书馆。这位"首席官"制定了本市成人教育信息索引，确保提供夜校课程的分馆拥有相关书籍，并采访了"每一个渴望阅读严肃作品的人"。"严肃"一词表明，阅读顾问不会制定包含西部小说、悬疑小说或言情小说的书目。洛杉矶公共图书馆的成人教育部拥有五名图书馆员，他们的工作地就是在圆形大厅内的两个工作台。一个工作台用于一般咨询（如传统的参考咨询服务），另一个为阅读顾问专用。在她的手边，放着洛杉矶地区最新的成人教育课表以及一摞用于出售的"有目的地阅读"书目小册子。到1929年，小册子已经卖出了30万份。在布法罗公共图书馆读者部成立后的两年，用户要求图书馆开设2337个主题阅读课程（reader courses），其中309次课程按照"有目的地阅读"参考书目开设了。到了1929年，近50个其他城市的公共图书馆提供了类似的服

---

① 指那些慷慨激昂、即兴演讲的人。——译者注
② 这个课程（course）与讲授性课程不同，是基于不同主题推荐书目、馆员提供指导的系列活动，参加者在馆员指导下循序渐进地阅读某一主题的推荐图书。——译者注
③ 密尔沃基别称之一。——译者注

务。然而，只有很小一部分参与者能坚持到最后。1928 年，在向波士顿公共图书馆阅读顾问咨询的 417 名用户中，81 人参加了与主题推荐书目有关的课程，其中只有 21 人按馆员指导把推荐的图书读完了 [23]。

并非每个人都欢迎这项新服务。1926 年，有个署名"小说读者"的人向《纽约时报》抱怨，这项新服务明显地表明，所有图书馆"都试图减少小说的流通，强行推广'严肃'作品"。1929 年，布鲁克林公共图书馆一家分馆的馆长迫于总馆管理层的压力而开展阅读顾问服务，并减少流行小说的采购，但他认为这样做会将人们赶走。"我们只需看看租赁图书馆在各地兴盛的情况，就知道小说阅读是不会消失的。小说读者会去任何一个能提供他们想读的作品的地方，不愿有任何延误。"[24]

但是公共图书馆领导者认为，真实的东西（而非虚构的东西）有助于创造知识，让人们在投票、建造、发明和购买等方面做出审慎的决定，参考咨询工作和阅读顾问传播的各种信息比女性爱看的言情小说或男性爱看的西部小说重要得多。在 20 世纪 20 年代，有用的知识仍然是图书馆从业人员关注的重点，它影响着图书馆的组织结构和实践。图书馆员也找到了大量案例来证明以此作为重点工作的合理性。数百万美国人继续从公共图书馆中获取其生活中非常有用的知识。

1922 年，德威特·华莱士（DeWitt Wallace）刚刚搬到纽约时，花了很多天在纽约公共图书馆的期刊阅览室抄写杂志上的文章，后来利用这些文章创立了《读者文摘》（Reader's Digest）。1925 年，作家薇拉·凯瑟（Willa Cather）在丹佛公共图书馆"隐姓埋名"地待了两周，研究《大主教之死》（Death Comes for the Archbishop）。在俄克拉何马州的塔勒阔（Tahlequah），年轻的切诺基① 小伙伍德罗·威尔逊·罗尔斯（Woodrow Wilson Rawls）——后来出版的儿童畅销书《红蕨生长地》（Where the Red Fern Grows）与《猴子的夏天》（Summer of the Monkeys）的作者——在居留地边上的一所公共图书馆里进行探索。"我读了能在图书馆找到的所有与创意写作有关的书，"他后来回忆道，"我不只是读，还都背熟了。"[25]

但用户在探求有用的知识（至少是他们所认为的有用的知识）方面有时用力太猛。例如，20 世纪 20 年代中期，填字游戏的盛行给图书馆的词典造成了

---

① 切诺基人，属于北美印第安民族。——译者注

非同寻常的压力。根据一位图书馆员的统计，每天有 500 多人要求借阅纽约公
共图书馆的 150 本英语词典。洛杉矶公共图书馆制定了每人使用五分钟的规
定，一位图书馆员说："如果这个可怕的填字游戏不消失，我们肯定会疯掉。"
对某些用户来说，公共图书馆藏书中记录的某些事实对社会秩序造成了威胁。
在美国宪法第十八条修正案 ① 通过之前，一位阿克伦（Akron）的公民抱怨说：
"如果酒要被禁售，那么公共图书馆也应该……将书架上所有容易让公众变得
思想僵化、思维混乱、意志消沉、困惑和受到误导的书清理干净。"另外，在
德卢斯公共图书馆，美国宪法第十八条修正案通过之后，关于如何制作啤酒和
杜松子酒的书突然流行起来[26]。

　　第一次世界大战过后，虽然敌对行为停止了，但公共图书馆仍继续开展
在战争期间启动的审查工作，这些工作也得到了联邦政府的支持和推动。约
翰·达纳在 1919 年写道："图书馆审查是一项必要的良性工作，是每一位图书
馆员工作中必不可少的一部分。"他表示，由于资金有限，所有公共图书馆都
开展两种审查——一种是"排除"（不采购某些图书），另一种是"隔离"（一
些鸿篇巨制被存入隔离室）。战后，美国图书馆界几乎没有出现过反对这两种
审查的声音，图书馆应作为媒介把重心不断变化的地方公共文化中心呈现给
大众，但是他们对自己的这一重要角色完全忽略了。1924 年，海伦·海恩斯
（Helen Haines）在加利福尼亚图书馆协会讲话说："图书馆员的职责是选书，
不是审查。"她提醒听众们，斯科特和狄更斯曾经被认为是"垃圾"作家。在
咆哮的 20 年代（Roaring Twenties），很多被发配到图书馆隔离室的书——如
辛克莱·刘易斯（Sinclair Lewis）的《主街》（*Main Street*）、F. 斯科特·菲茨
杰拉德（F. Scott Fitzgerald）的《人间天堂》（*This Side of Paradise*）、约翰·多
斯·帕索斯（John Dos Passos）的《三个士兵》（*Three Soldiers*）、西奥多·德
雷泽的《美国悲剧》（*An American Tragedy*）以及海明威的《永别了，武器》
（*A Farewell to Arms*）——后来都被认为是黄金十年文学中的代表作[27]。

　　然而，几乎没有图书馆员认可隔离室是必不可少的。1929 年，美国海关
查获了一个书商从英国进口的一本《十日谈》，书商表示许多图书馆都藏有

---

　　① 美国宪法第十八条修正案主要内容是禁止致醉酒类的酿造和销售，该修正案于1919
年1月16日通过。——译者注

《十日谈》，每个成年人都可以借阅。但他没有说，这些书大多保存在公共图书馆的隔离室中。这一时期，图书馆员们开始将"隔离室"一词从他们的专业词汇中剔除，并以"权限书架"（permissions shelf）来代替。但两者的作用是相同的。1927 年，纽约公共图书馆的珍妮·弗莱克斯纳（Jennie Flexner）建议图书馆员仅向在他们看来有足够辨别力的成年读者提供有争议的图书。"这种类型图书卡片上有专门的标识，图书馆员能辨认出来，但不醒目，民众注意不到，因为禁止阅读只会增强读者的欲望。"[28] 换句话说，图书馆采购这些书，但是将它们藏了起来，而且默不作声，因此只有一小部分人知道图书馆有这些书。

上述这些做法的例子比比皆是。1927 年，有位芝加哥人去公共图书馆借伏尔泰的《老实人》（Candide），一位员工低声告诉他伏尔泰的书已经被禁了。图书馆规定，"权限书架"上的书不得离开图书馆，只有 21 岁以上的人才有资格在馆内阅读。德卢斯公共图书馆为那些"在一名或多名有道德的、正直的纳税人看来与应教给年经人的道德准则相违背的图书"设置了"炼狱书架"（purgatory shelf）。1920 年，"炼狱书架"中包括埃莉诺·格林（Elinor Glyn）的《安布罗西娜的反思》（The Reflections of Ambrosine）、图书馆收藏的德雷泽五部著作中的三部以及巴尔扎克的《一个妓女的堕落》（The Harlot's Progress）[29]。

1921 年，几家公共图书馆将出版商免费提供的亨利·福特（Henry Ford）的反犹太主义周报《迪尔伯恩独立报》（Dearborn Independent）列为禁刊。马萨诸塞州林恩公共图书馆馆长认为这种出版物只是一种"政治宣传品"。波士顿公共图书馆一直拒绝接受《迪尔伯恩独立报》。《基督教科学箴言报》对这些图书馆予以批评，其指出，福特的报纸不是"政治宣传品"，而是包含着"观点"的，而且它每周发行 30 万份的事实证明人们喜欢读它。"如果公共图书馆要想成为真正自由的场所，就永远无法利用偏见引领人们开展正确的行动。"在匹兹堡的卡内基图书馆人们大量地阅读《迪尔伯恩独立报》，该馆不同意禁止阅读该刊（尽管遭到了一些知名犹太人的抗议）。该馆馆长说："只要不违反法律或不违抗良好的政府，也不损害我们生活中的道德标准，公共图书馆不应该拒绝接受任何公众感兴趣的印刷品，这在我看来非常重要而且是不言而喻的。"[30]

战后，天主教徒针对公共图书馆的偏见的抗议有所减少，但人们仍然担心罪恶还潜伏在图书馆的书架中。争议一如既往地刺激了图书馆书籍的流通量。田纳西州发生"斯科普斯案"（Scopes trial）①之后，达尔文的《物种起源》成为肯塔基州列克星敦公共图书馆（Lexington Public Library）的抢手读物。据《宪章报》（Constitution）报道，在这个案件发生以前，亚特兰大公共图书馆书架上达尔文的著作积满了灰尘，"但现在灰尘已经消失了，图书馆员还在努力充实这类馆藏以满足公众的热切的需求。"然而，在波士顿公共图书馆，几乎没有人对进化论感兴趣。一位图书馆员说，波士顿的读者认为进化是理所当然的。不过，这本书的流行并不意味着公众真正读懂书里的内容。在纽约公共图书馆的一家分馆，有位读者向图书馆员索要达尔文的《橘子和桃子》②[31]。

　　在 20 世纪 20 年代，一些专家对美国参与一战提出质疑，使得一股反英情绪在美国国内蔓延开来，有些人甚至暗示美国是被英国的政治宣传给欺骗了。1922 年，一位波士顿市议员呼吁图书馆董事会下架韦伯斯特字典，因为其中包含"伦敦大桥这样英国味很浓的词"。又比如，在讲"宪法"一词的定义时，居然没有提到美国。然而，更严重的是 1927 年，芝加哥市长威廉·汤普森（William Thompson）威胁要求公共图书馆将亲英书籍列为禁书，图书馆一位董事甚至威胁要把这些书烧毁。由于安德鲁·卡内基是一位知名的亲英派人士，汤普森将卡内基图书馆看作是培养"国际思维"（主要是英国思维）的工具。他在给图书馆董事会的信中写道："我们国家的伟大不是由一个人实现的，而是各民族共同实现的。"[32]

　　情况有些尴尬，因为在 1871 年那场灾难性的芝加哥大火以后，维多利亚女王和很多英国机构向公共图书馆捐赠了图书。美国图书馆协会的总部设在芝加哥，当年芝加哥公共图书馆馆长卡尔·罗登还担任美国图书馆协会主席。市民纷纷向报社写信抱怨。一位市民在信中写道，在斯科普斯案中，田纳西人试图指导公立学校应该教什么，"对于这些人，说他们'无知'已经很

---

①　1925 年 3 月 23 日，美国田纳西州颁布法令，禁止在课堂上讲授"进化论"。同年 5 月，该州一位生物教师约翰·托马斯·斯科普斯（John Thomas Scopes）因教授进化论而被告上法庭，审判引起全国轰动。虽然最终斯科普斯被判有罪，但这件事客观上促进了进化论的传播。该案因涉案教师的名字而被称为"斯科普斯案"。——译者注

②　原文为 Oranges and Peaches，是《物种起源》（Origin of Species）的误读，二者音近。——译者注

宽容了。"而现在，芝加哥市长也试图指导"我们这些自由的成年人应该读什么书"[33]。

1927 年 10 月 26 日，戏剧性的一幕发生了，汤普森市长派一名助手带着他列的一个的书单（包括四本亲英书籍）来到图书馆。罗登馆长会见了那位助手，带他看了图书馆的"权限书架"（据《芝加哥论坛报》报道："在一个黑乎乎的隐蔽的书柜里，锁着淫秽书刊和其他被认为不适合流通的书籍"），并表示如果这四本书确实令人反感，可以将它们放在"权限书架"上。这位助手将四本书的卡片目录找出来，并用自己的借阅卡借出。这四本书包括阿尔伯特·布什内尔·哈特（Albert Bushnell Hart）的《美国民族史》（*The American Nation—A History*）、威利斯·梅森·韦斯特（Willis Mason West）的《美国民主故事》（*The Story of American Democracy*）、克劳德·范泰恩（C. H. Van Tyne）的《美国理想实践》（*Practice of American Ideals*），以及《独立战争案例》（*The Cases of the War of Independence*）[34]。由于民众强烈抗议市长这种行为。市长表示不再追问此事，这场风波最终平息了下来。没有一本书被焚毁，这四本书被还了回来，图书馆依然把它们放在开放书架上。

令威廉姆·勒尼德感到担忧的战后的"红色恐慌"也影响了美国公共图书馆。1919 年，报纸报道了一篇讲述一位无政府主义者即将被驱逐出境的事，这位无政府主义者说自己的想法都来源于他在纽约公共图书馆读的书。"这位鼓吹恐怖主义的年轻人还说，在图书馆有许多其他男孩、女孩可以随意翻阅这些作品。"《波塔基特时报》（*Pawtucket Times*）报道称。第二天，一位记者来到费城免费图书馆，发现这些书已经被借走。该馆仍然坚定地表示这些书应该开架借阅。馆长解释道，书就像一面镜子，"读者在书里看的其实正是他自己想看的"。1920 年，加州长滩公共图书馆（Long Beach Public Library）馆长专门订购了苏联文学，确保公众能了解"这一主题的各个方面"。另一方面，在 1918 年，世界产业工人协会的两名成员因在加州尤里卡公共图书馆（Eureka Public Library）的公告栏上张贴宣传资料而被捕，对此，图书馆没有发表任何评论。1920 年，马萨诸塞州斯普林菲尔德、康涅狄格州纽黑文以及犹他州盐湖城的公共图书馆停止借阅"布尔什维克"作品[35]。

一战以后，图书馆界改变了对流行小说的态度（许多图书馆在形容流行小

120

说时都使用了"无害的"一词）；当美国图书馆协会为战后医院及退役营^①中的士兵公开征集"惊险又浪漫题材小说"时，这种态度的改变就更加明显了，该征集活动甚至专门提到了这些作家，包括赞恩·格雷（Zane Grey）、埃德加·赖斯·伯勒斯（Edgar Rice Burroughs）、雷克斯·比奇（Rex Beach）、玛丽·罗伯茨·莱因哈特（Mary Roberts Rinehart）、吉恩·斯特拉顿-波特以及哈罗德·赖特，而在战前他们的作品在很多图书馆要么是封禁的，要么是不收藏的。《书人》（*Bookman*）杂志开始每月刊载全国公共图书馆需求书目。《圣何塞晚报》指出："书目的重复性令人感慨，所有书目中不一样的书经常不会超过九种或十种。"1923 年版《小说目录》编纂人员提醒图书馆员，该目录"为普通读者收录了最近出版的一些小说，但是这些书是否具有永久价值是值得商榷的"[36]。

图书馆继续通过制定流通规则来限制小说的阅读。一战前，洛杉矶公共图书馆允许读者一次借阅三本书，三本都可以是小说。战后，图书馆允许读者一次借阅五本图书，但最多只能有两本小说。不过效果不明显。虽然非小说类图书的流通量增加了 7%，但是小说仍占全部流通量的 74%。北达科他州大福克斯公共图书馆（Grand Forks Public Library）的流通规则很具有代表性。其中一条是，"为了鼓励人们阅读更好的书"，任何人都可以"一次借阅两本书，前提是其中一本……不能是小说"。1922 年，在纽约公共图书馆一家分馆的流通台，有个小伙子向朋友解释这个借阅两本书的规则："你可以借一本你想要的书，再借一本你不想要的书。"[37]

虽然小说仍占流通量的 65%—75%，但是在咆哮的 20 年代，读者对悬疑小说及西部小说的需求增加。许多公共图书馆满足了这一需求。圣路易斯公共图书馆分馆的一位馆员说："有时我们感觉自己需要做的仅仅是用悬疑小说和西部小说填满书架。"在阿尔伯克基公共图书馆（Albuquerque Public Library），用户对西部小说的需求非常强烈，因此图书馆将所有能买到的书都买来了。洛杉矶公共图书馆将悬疑小说与西部小说挑出来单独排架，这种做法不仅"让公众感到高兴"，而且进一步刺激了这方面的需求[38]。

但是，另外一些图书馆对此表示抵制。1929 年，底特律公共图书馆馆长

---

① 退役营（demobilization camp）是指从前线返回的士兵在退役前的居所。在这里，他们进行休整及退役前的准备工作。——译者注

表示："即使无法满足痴迷'畅销书'的读者，我们也不会羞愧地低头。"为了"提升阅读层次"，洛杉矶公共图书馆成立了小说部，部门领导称为"校长"（模仿正规教育中的小学配置），他的职责是制作带评注文字的目录卡片（很多评注文字是从《书目》杂志直接搬过来的）和指导书目，并遵照有关建议将某些作品下架。1921 年，小说部的"校长"指出："小说部没有为增加小说的流通量而做任何努力，但我们致力于通过各种途径引导读者读好书。"其他城市公共图书馆仿效了洛杉矶公共图书馆的做法[39]。

有些图书馆员对普通读者表示同情，即使无法感同身受。底特律西堡（West Fort）的一家分馆馆长指出，当地居民受教育程度不高，女性整天都要操持家务，"完全沉浸在自己的小世界中，无暇关注当下的最新动态"。男人们则"忙于一些单调而机械的工作，这使他们身体疲惫不堪，无法享受户外生活与探险，只能如饥似渴地翻阅雷克斯·比奇（Rex Beach）和赞恩·格雷的作品来了解外面的世界"。馆长总结道："如果我们想让他们读点书，就必须提供他们想要的作品……在一个没有操场、没有社区中心、没有公园的街区……我们认为，分馆纯粹作为一种娱乐机构只流通小说，也是合情合理的。"[40]

公共图书馆员显然认可了读者的需求，但几乎无法理解读者除了"娱乐"｜122｜以外还有其他目的。相反，图书馆界以外的专家对此进行了解释。"是的"，侦探故事中包含"逃避，但它逃避的是……文学"，1929 年，喜欢阅读悬疑小说的史密斯学院（Smith College）文学教授玛乔丽·尼科尔森（Marjorie Nicolson）写道。她指出："我们已经不喜欢……冗长的情感分析而开始喜欢直截了当的智力思考；已经不喜欢反复强调男性和女性是环境或自身腺体的受害者，而开始喜欢男性和女性有意识地做出缜密计划；已经不喜欢那些千篇一律的、简直要将我们吞噬的'意识流'，而开始喜欢不断思考、冷静分析；［但］最重要的是，已经不喜欢那种精明而不严谨的悲观主义（他们用一种不道德的无目的性来解释人和宇宙），转而再次相信宇宙万物的运行发展皆有因果联系可以探究。所有这些我们都可以在侦探故事中找到。"很多时候，"评论家的观点是错误的"，1928 年，吉恩·斯特拉顿-波特的女儿珍妮特·米汉（Jeannette Meehan）写道，"他们坐在那里，不可一世、自我感觉良好，封闭在自给自足的小世界里，他们所写的评论也局限在自身的知识和经验范围内"[41]。

米汉的话也代表了其他人的一些想法。1927 年，布林莫尔暑期女工学校

（Bryn Mawr Summer School for Women Workers）的一个学生坚持道："最充分地使用图书的方式是把它当成朋友来看待……我们内心会产生一种感觉，仿佛自己在与书中的人物亲密地沟通。"17 年来，这所学校的 1500 名学生中大部分都从公共图书馆借过书。一位学生描述了 1927 年的一个场景，当牧师看到她拿着从公共图书馆借来的赫伯特·斯宾塞的《社会学研究》（Study in Sociology）时，便向她宣扬社会主义对于天主教的威胁。这位学生感到很不舒服，她回忆说："我觉得自己能分清好坏。"还有一位学生将阅读作为一种逃避，与 20 世纪初的文学学者玛乔丽·尼科尔森一样，这位学生进一步丰富了"逃避"的定义："有时，在小说的领地上，我会见到奇怪的人，看到心灵与思想的斗争。在那里，我会看到自己经常能体会到，但无法表达出来的东西。每次走出这些奇特的领地并关上大门后，我觉得自己很满足。掌握这把神奇的钥匙弥补了原本沉闷的世界。"对于她和她班上的同学（如果这一读者群体具有代表性的话）来说，通俗作品充实了她们的生活，滋养了她们的志向，并带来了舒适与陪伴。她们无意用文学知识来彰显文化地位 [42]。

公共图书馆界的领导者更喜欢战后出现的"每月一书俱乐部"（Book-of-the-Month Club）所推荐的那种"算不上文学巨著但通俗易懂"（middlebrow）的作品，但他们说不出具体的理由。尽管如此，读者从这种通俗小说中获得的感受与布林莫尔学校读者从流行小说中获得的感受相一致。一位读者在给通俗小说作者多萝西·坎菲尔德·菲舍尔（Dorothy Canfield Fisher）的信中写道："你写的故事在文学世界为我们建立了一块栖息之所。"1922 年，另一位读者谈及菲舍尔刚发表的《粗制滥造》（Rough-Hewn）一书时写道："根据我的判断，你的写作对象是……普通人，而不是那些陈腐的文学专家。"还有一些人认为，菲舍尔的小说是他们孤独时候的"朋友"。一位读者写道，由于家里的限制，"我不敢出去寻找我渴望的朋友，所以我逐渐爱上了书中的那些朋友，并依赖他们。我得到过的最好的东西都是你给的"[43]。文学权威或许想给布林莫尔的学生以及菲舍尔"中产阶级趣味"的粉丝们贴上"逃避"的标签，但这个词并不足以概括这些读者从他们自己挑选的作品中获得的各种益处。

人们会为自己挑选图书。20 世纪 30 年代中期，工业城镇的公共图书馆出现了一个普遍现象。据《基督教箴言报》报道，1924 年的每周六早上，正值青春期的女孩们会挎着篮子出现在公共图书馆，这"成为文化的标志"。这些

女孩通常会借几本言情小说、几本西部小说和一本"童话书"——正常水平
家庭周日（这是普通工人的休息日）阅读的标配。图书馆员知道，在言情小
说方面，吉恩·斯特拉顿-波特、哈罗德·赖特和格蕾丝·理查蒙德（Grace
Richmond）的作品比舍伍德·安德森、辛克莱·刘易斯和薇拉·凯瑟更能满
足这些家庭的阅读需求。他们还清楚，他们最喜欢的西部小说作家是赞恩·格
雷。至于童话书，小女孩们会自己挑选，但不能超出儿童馆员所限定的范围。
小女孩们心满意足地离开图书馆，既完成了父母交代的任务，又行使了自己选
书的权利[44]。

　　但是在 1926 年，美国图书馆协会对 34 个城市的 3.6 万名儿童进行调查，
结果显示 98% 的儿童将最喜欢的书投给了大受欢迎的系列小说作家斯特拉特
迈耶的一部作品，儿童图书馆员顿时警觉起来，并进行抵制。有些馆员为"儿
童图书周"（"儿童图书周"是图书馆员、出版商和图书经销商联盟于 1919
年发起的一项年度活动，旨在推广"好"书）开展了一些活动。玛丽·鲁特
（Mary Root）则另辟蹊径，为《马里兰图书馆报》（*Maryland Library Notes*）
编写了"不推荐流通书目"，里面包含了 61 种系列小说，例如霍雷肖·阿尔
杰、玛尔塔·芬利（《爱西尔·丁斯莫尔》系列）、哈里·卡斯尔蒙、奥利
弗·奥普蒂克、爱德华·埃利斯和爱德华·斯特拉特迈耶的作品。次年，几个
州的图书馆协会杂志重印了鲁特的书目，明尼苏达州的《图书馆新闻与报道》
（*Library News & Notes*）甚至将该书目称为对图书馆员的"警告"[45]。

124

　　一些书商表示反对。1929 年，当《威尔逊公告》（*Wilson Bulletin*）重印鲁
特的"不推荐流通书目"时，爱达荷州博伊西（Boise）的一位书店老板提出
了质疑："既然我们有图书馆员，为什么还要担心书籍审查？没错，这些可敬
的文学仲裁者决定着我们的精神食粮，他们虽不能因为某位作者违反了他们的
审美偏好就将他拖进法庭，但是他们可以对亲爱的民众应该或不应该读什么实
行最严格的审查，他们也确实会这样做。"图书馆员究竟是否有资格"告诉年
轻时曾爱读那些书的男人和女人们，他们的孩子不能读同样的书"[46]？

　　提出反对的还有年轻的读者们。1926 年，作为新移民，6 岁的艾萨克·阿
西莫夫（Isaac Asimov）得到了纽约公共图书馆的读者卡。他"在没有人指导
的前提下随手拿起任何一本书看"，但无法在图书馆找到自己想读的所有内
容。他经常光顾报摊，在那里读到了纽约公共图书馆拒绝收藏的科幻小说。

20世纪20年代初，在伊利诺伊州的迪克森（Dixon），年轻的罗纳德·里根（Ronald Reagan）每周去公共图书馆两次，大多数时候借出流行系列小说，坐在图书馆门前的台阶上阅读。当1922年纽约公共图书馆展出了他人捐赠的1300本廉价通俗小说（尽管这些书不对青少年流通时），全国各地报纸都报道了此事。《纽约公共图书馆公报》（*NYPL Bulletin*）指出："对这些先锋文学的趋之若鹜和如痴如醉现在已经完全看不到了，但它们对一代国民的思想、性格和思维习惯产生了深远的影响。"但是该公报对于两代专业图书馆员对这些大作的斥责只字未提[47]。

战后美国人成立新的公共图书馆的热情并未消退，只不过他们需要另辟蹊径为图书馆寻觅新的场所。1921年，在犹他州的亨廷顿，一所监狱被改建为公共图书馆。在宾厄姆（Bingham）附近，孩子们在镇上奔走，呼吁民众为图书馆捐赠图书，该图书馆所处的建筑曾是警察局。1929年，西北铁路公司向威斯康星州亚当斯（Adams）捐赠了一辆汽车，用作汽车图书馆。但人们新成立的图书馆仍然以传统的卡内基图书馆为模型。小说家海伦·桑特米尔（Helen Hooven Santmyer）在《俄亥俄城镇》（*Ohio Town*）中写道："在中西部任何一个城镇，总有一些建筑一眼就能认出。但所有的卡内基图书馆都如此相似，人们在记忆中除黄色砖墙……花岗岩台阶以外，还能联想到别的什么样式。"[48]

1926年，芝加哥的一名记者在参观伊利诺伊州的亚特兰大（当时的人口为1100人）时，注意到在这个村庄的绿地上，有"一座爬满常春藤的、有立柱的建筑，'公共图书馆'几个字深深地刻在柱廊上方的三角形楣饰上"。"这是社区的骨和肉"，他写道，"它已经渗透到小镇生活的方方面面。"1924年，当波士顿公共图书馆在午间向读者开放内部庭院时，数百人从嘈杂的城市涌入这个安静的场所。"他们带来了非常多元化的阅读口味，"图书馆员注意到，"他们本身就是多元化的群体。"有个记者看到"一位穿着蓝色连体服的工人……坐在静谧的环境中，平静而满足。一个黑人同样安静地坐在长椅的尽头，凝视着喷泉与鸽子；椅子上另一个人则不那么安静，他在给鸽子喂花生"[49]。

1925年，底特律公共图书馆馆长在审阅了各部门及分馆领导的年度报告后，表示他的机构是一所"公民的实验室"。一位图书馆员发现，居住在单身宿舍的劳工们晚上会来到图书馆，"与跟他同时享受阅读的人体会相互陪伴的温暖"。另一位图书馆员注意到，在这个城市沉闷的街道上，"被美丽的草坪

125

围绕的图书馆是唯一令人愉快的建筑，因此格外醒目"。1920 年，洛杉矶公共图书馆的管理人员指出，高中生在图书馆寻求安静的空间或老人在这里阅读报纸或许不会计入图书馆流通量，但他们承认公共图书馆是"社区活动及当地组织的中心，对他们服务的民众来说分馆除了提供图书这个重要职责以外，还有一个同样重要的职责"，从某种意义上甚至比提供图书还重要。1920 年，克利夫兰公共图书馆分馆的社团活动室举行了 2703 次活动，共有 43017 人参加；此外，共有 55213 名儿童参加了 1225 个小时的讲故事活动[50]。

对于遭受种族隔离的南方黑人而言，图书馆作为社区中心的作用格外重要。1927 年，路易斯维尔公共图书馆黑人分馆馆长托马斯·布卢在汉普顿学院发表讲话说，作为社区中心，黑人分馆"提供了不受政治和党派影响的公共集会场所，从而推动了和平……通过为代表不同教派的社会工作者提供一个没有教派偏见的自由聚会场所而促进了公共福利"；并且"通过给男孩和女孩们提供一个良好的休闲娱乐空间为社区造福，否则很多人可能无法享受这个特权"。黑人分馆还"为教师、医生、商人和妇女提供可接受的聚会场所，让他们在令人愉快且富有文化气息的环境中举办会议和讨论问题，从而促进了社区在教育、职业、商业以及社交生活上的进步"，因此"已经成为接触其他团体、培养新读者的重要途径"[51]。在此之后，尽管大部分出于对这一历史的无知，又有数十名白人图书馆员无意中重新提出了布卢提出过的"图书馆作为"每一代人的"社交中心"的概念。

一战期间及战后，美国南方的 600 万黑人中有许多迁居到北方城市。据 1917 年《克利夫兰倡导者报》（Cleveland Advocate）报道："很明显，人口在不断外流。"然而这些黑人大多不受欢迎，导致他们享受的公共图书馆服务逐渐局限于他们所在的社区。尽管如此，为他们服务的公共图书馆分馆经常给为了过上更好的生活而进行"大迁徙"（Great Migration）①的黑人提供必要的帮助。例如，在 1920 年，克利夫兰图书馆员们注意到"数百名黑人移民"涌入斯特灵市，这些人"挤在一起，在过度拥挤、条件恶劣和唯利是图的环境中苟且偷生"。1921 年，分馆图书馆员们发现，许多黑人"就像从国外来的未受过教育

---

① 大迁徙是指 1916 年到 1970 年间 600 万非洲裔美国人从美国南部农村向北部、中西部城市的迁移。——译者注

的人，反应迟钝，存在各种问题"。但是随着与黑人的接触增加，白人的态度开始改变，图书馆员向他们伸出援手。1925 年，图书馆员与"黑人福利协会卫生理事会"（Health Council of the Negro Welfare Association）合作，推动改善卫生条件。很多团体在公共图书馆的社团活动室召开会议，反响热烈。

　　1927 年，图书馆员设立了"从印刷物看黑人的进步"图书角。图书馆员指出，黑人读者"有兴趣了解有哪些黑人作家，他们都写了什么"。"这让他们重新获得了自尊，并加深了自我认知"。昆西分馆的馆员指出，虽然"歌颂黑人精神的作品一直在流通，黑人诗歌也始终处于外借状态"，但图书的借阅并不重要，黑人"更多地将分馆作为社交中心来使用"。"黑人的发展以及民族自豪感的提升越来越明显，"分馆馆员表示，"黑人分馆正在努力与这一进步齐头并进。"[52] 图书馆员不再用"反应迟钝"来形容黑人。南方的黑人分馆从创立之初便具有社交中心的功能，而在北方，经常光顾社区分馆的黑人移民也将这些分馆变成了社交中心，不仅帮助他们融入新的环境，还让白人图书馆员体验到了黑人移民带来的丰富的黑人文化。

　　匹兹堡怀利大街（Wylie Avenue）分馆有相同的经历。1920 年，该分馆的一位图书馆员表示："除了想要一本书，以及意识到自己还没有为在新的环境里生活做好准备外，这个阶层没有任何想法。"四年后，图书馆员注意到，这些新用户"在摆脱奴隶制六十三年后"意识到了图书馆是他们"获得教育、文化甚至娱乐的唯一机会……没有受过教育的成年人渴求拼写、语法、美国历史方面的图书以及浅显的读物……来上夜校的基本都是有色人种"。在该分馆，黑人女性成立了社交俱乐部，其中很多专门研讨黑人的成就。此外，黑人还成立了读书会。一个读书会组织阅读了杜波依斯的《黑人的灵魂》，另一个读书会读了切斯纳特（Chestnut）的《雪松背后的房子》（*The House Behind the Cedars*），还有一个阅读了邓巴的《生活与工作》（*Life and Work*）。一位图书馆员评价说："过去几年黑人作家的成长令人赞叹。"[53]

　　公共图书馆中主要给白人使用的一些空间也有了新的用途。例如，为了吸引更多男性读者，明尼苏达州比尔公共图书馆（Buhl Public Library）组织了一场"吸烟人士"活动。"所有会讲很多关于鹿的新故事的猎人都收到了邀请。"在明尼苏达州的奇瑟姆（Chisholm），美国退伍军人协会为当地图书馆的礼堂安装了椅子和摇椅，一个开伦台球桌，两个落袋台球桌，阅读写字桌（包括日报、周报和杂志），并提供了一台留声机，以及雪茄和糖果盒。1920 年，洛杉矶公共图书馆开放了一间男性阅览室以及为男性跳棋爱好者准备的下棋室，这里经常会举行一些比赛，吸引了一大群男性围观[54]。

全国各地公共图书馆对于仪表的规定也在不断变化。加利福尼亚州威尼斯公共图书馆允许男性用户在阅览室不穿外套，但是纽约公共图书馆不允许，在那里，《纽约时报》报道称，"无论什么温度"，穿外套的规定"都不得违反。如果一个读者脱掉外套，马上就会有一百个人效仿他"，这在图书馆员看来"有失庄重"。然而，在 1926 年一个炎热的夏日，有位读者违反了规定，穿着衬衫进入图书馆，"不可否认很整洁，但领口的扣子没有扣"。警卫拦住了他。这位读者表示抗议，于是警卫带他去了馆长办公室，让他知道这一悠久的规则不可更改[55]。

有时图书馆的公共空间允许用户一些可接受的公共行为，包括亲密行为。例如，在得克萨斯沃思堡公共图书馆，当地报纸在 1922 年报道称，"黄昏时分"，图书馆长椅"是恋人们最喜欢的场所，他们会坐在这里亲密交谈"。1926 年，《芝加哥论坛报》写道，很少有人注意到，"这个严肃的建筑是许多恋人相会的场所；在其高耸的屋檐下盛开着大量浪漫的花朵"。但是有时图书馆的公共空间也出现一些不可接受的公共行为。1925 年，为了劝离情侣们的"爱抚派对"，纽约公共图书馆会在晚上 10 点以后照亮"刚毅"与"坚忍"两头石狮之间的台阶与平台。《旧金山检察官报》（San Francisco Examiner）报道，1920 年，旧金山公共图书馆正在书架间工作的多位女性工作人员经历了惊险的一幕，"突然被抓住双手"，"几个陌生男子伴随着他们的骚扰行为随即消失在走廊尽头"[56]。

约束用户行为的规定有时也会无意中令人发笑。有一个阅览室的标语是"这里只允许低声交谈"①，还有一个是"请不要把喷嚏打到书上"。1926 年，圣路易斯公共图书馆阅览室在显眼的位置张贴了规定，其中一条是"请不要用脏手接触期刊"，为方便用户，图书馆提供了肥皂、毛巾和盥洗台。一位图书馆员说："盥洗台和滚筒毛巾②很容易管理，但是肥皂就没那么容易了，它太

---

① "低声交谈"原文为"low talk"，也可理解为"低俗谈话"。——译者注
② 滚筒毛巾（roller towel）指套在横木架或滚筒上供擦手用的毛巾。——译者注

小，很容易带走。最后，我们做了个小网兜把肥皂装进去，用一根结实的亚麻线系紧，再把这套装置用链条固定在盥洗台上。这个效果非常好，只不过偶尔肥皂、链条和其他东西会同时消失，只剩下盥洗台。"[57]

1924 年，美国国会通过了《国家起源法案》(*National Origins Act*)，将每年可进入美国的移民数量减至 16.4 万人；三年后，该法案禁止所有亚洲人入境，并将移民总数控制在 15 万人，同时将单个国家的移民数限制在 2% 以内。受其影响，美国移民数从 20 世纪 20 年代的 410 万人下降到了 30 年代的 52.8 万人。尽管如此，公共图书馆仍然是帮助第一代移民融入当地社会的场所。1922 年，《基督教箴言报》指出："公共图书馆在很大程度上承担了将外国人转变为忠诚与爱国的美国人的责任。"六年后，《纽约时报》写道："在为出生于国外的居民服务的众多机构中，公共图书馆是最不起眼但最有效的机构之一。"[58]

在圣路易斯，美国的归化入籍官员经常向申请移民的人发放介绍公共图书馆服务的卡片；图书馆也举办了由本国人组织的针对出生于国外的居民的"访问者之夜"活动。克利夫兰一位分馆馆员在 1921 年称："美国化（Americanization）课堂成为一项越来越频繁的社区活动。"罗瑞恩（Lorain）分馆为来自 15 个国家的 1465 人举行了 56 节美国化课程。对于那些认为移民威胁到了"我们父辈那个时代的美国"的人，一位分馆馆员坚持说，公共图书馆实际上帮助移民"接受那些我们在提到'我的国家'时只是模糊知道但又非常重要的道德和社会准则"[59]。

1929 年，丹佛公共图书馆与丹佛艺术博物馆联合在分馆举办了一系列反映当地移民文化特色的活动。这些活动覆盖范围广，体现出对当地移民文化很好的敏感度，让人印象深刻：

> 哥罗布维尔（Globeville）的人口包括波兰人、俄罗斯人、奥地利人、捷克斯洛伐克人以及来自其他国家的人，当地展出了色彩明亮、刺绣精美的围巾与夹克，还有一些黄铜制品。在迪金森（Dickinson）分馆，当地社区大部分都是犹太人，所以展览内容包括黄铜烛台、茶炊、铜锅和造型奇特的水壶。此外，还有来自巴尔干国家的帷幔，来自罗马尼亚的刺绣和来自西班牙的锻铁烛台……德克尔（Decker）分馆所在地有一个荷

兰人聚居区，因此主要展品包括旧银器、瓷器和一些木雕，以及来自荷兰的珍稀帽子和花边装饰。百老汇（Broadway）分馆专门展出了手工编织的床罩、被子和旧瓶子……帕克山（Park Hill）分馆展出了早期的美国家具和稀有的老式刺绣样本。伍德伯里（Woodbury）分馆展出了一个木箱子，用红色皮包边，镶嵌着从西伯利亚途径阿拉斯加运到美国的黄铜。这些展览的效果很显著：不仅引起了社区居民的兴趣，还让很多人第一次走进了图书馆分馆。[60]

在 20 世纪 20 年代，社会问题和自然灾害也对公共图书馆产生了影响。例如，美国最糟糕的社会工程实验——"禁酒令"（prohibition）从多方面对公共图书馆产生了影响，有些是积极的，有些则不是。在一些城镇，空置的小酒馆成为图书馆分馆。然而，当蒙大拿州比尤特（Butte）的小酒馆关闭后，男人们开始更频繁地造访公共图书馆，大多是为了上厕所。1920 年，加尔维斯顿公共图书馆（Galveston public library）为受灾难性飓风影响的人们提供了避难所。1927 年，路易斯安那州的弗米利恩（Vermillion）遭遇大洪灾，洪水涌到图书馆前廊。图书馆员拆除了台阶，使读者能够将船停靠在门口。不同群体的偏爱仍然影响着公共图书馆庆祝活动。1919 年，伊利诺伊州贝尔维尔和加利福尼亚州圣何塞的公共图书馆在林肯诞辰日当天闭馆，而佐治亚州哥伦布公共图书馆仍然开放，并举办"佐治亚日"（Georgia Day）① 庆祝活动。几个月后，哥伦布公共图书馆庆祝了罗伯特·李的诞辰，但是贝尔维尔和圣何塞的公共图书馆没有为此举办纪念活动[61]。

图书馆空间的用途与图书的选择一样存在争议。1919 年，女性基督徒节制联盟与"纯净联盟"（Purity League）成员反对纽约皇后区公共图书馆分馆墙上挂着的有裸体人物的文艺复兴时期画作，但没有任何效果。馆长指出："它们都是被认可的艺术，除非图书馆董事会下令把它们摘掉，不然这些画会一直挂在那儿。"奥马哈公共图书馆展出了一块人的头皮，没有遭到反对，但是图书馆展出的一幅丘比特"在女人的裸胸前扇动燃起了爱情的火苗"的画作

---

① 佐治亚是美国东南部一个州。1733 年 2 月 12 日，英国人詹姆斯·奥格尔索普（James Oglethorpe）率殖民者来到这里，在这里建立殖民地，并命名为"佐治亚"，2 月 12 日由此成为佐治亚日。另外，2 月 12 日也是林肯（1809—1865）生日。——译者注

引起了人们的不满。一位用户将这幅画用刀划坏了[62]。

这一时期，公共图书馆的讲故事活动已经普及开来。1920 年，一位图书馆员问一个波士顿男孩："你为什么来听故事？"男孩回答："跟去看电影的理由一样，为了开心。"然而，图书馆员有着其他目的。"通过享受讲故事的乐趣，孩子们可以找到更好的图书并以极大的兴趣阅读。他们的想象力得到激发，审美标准提高，且更富有同情心和幽默感。"小男孩提到，这种图书馆服务让他觉得很有趣；图书馆员则利用孩子们对讲故事活动的喜爱更好地来开展专业工作[63]。

讲故事活动确实激发了想象力，但并不一定按照讲故事的人所期待的方向发展。1926 年，在芝加哥公共图书馆一家分馆，有个 7 岁的孩子听了关于兰斯洛特（Lancelot）和伊莱恩（Elaine）①的故事，他后来回忆道："我把自己看成兰斯洛特，将图书馆员看成伊莱恩，我翻转了原来的浪漫的情节，我的单恋没有尽头，我愿为这个（给我讲故事的）高尚的图书馆员的爱而献身。"通常而言，孩子们对于讲故事活动感到满意。1919 年，一个男孩走出德卢斯公共图书馆时说："她的故事讲得真好。"他的同伴说："我希望每天都是星期六。"1923 年的一个夏日，匹兹堡的一位图书馆员在学校围栏上张贴告示，宣布即将举行一场即兴讲故事活动。不久后，70 个孩子兴奋地坐在学校台阶上听故事。该馆员说："妈妈们和孩子们一样激动，有位爸爸还说……'多好的事情呀'。"第二天那位父亲来到图书馆，想借几本书学英语。该馆员指出："整个夏天，讲故事活动在大街小巷开展，取得了显著的成果。"当年，该图书馆为 13 万儿童讲述了 3000 个小时的故事[64]。

在 1927 年的"儿童图书周"活动期间，"萨克拉门托篝火女孩"（Sacramento Camp Fire Girls）②制作了"睡美人"中的微观场景并在图书馆展出，她们将精心打扮的小娃娃放在王座上，王座旁边是致命的纺车。这一展览比图书馆以往开展的任何活动吸引的父母和孩子都要多。一个葡萄牙男孩（他是老师眼中的捣蛋鬼）受此启发，制作了火车头模型。"他用到了一些零零碎

---

① 兰斯洛特是亚瑟王传说中最著名的圆桌骑士之一，少女伊莱恩暗恋兰斯洛特，后来郁郁而终。——译者注

② "篝火女孩"（Camp Fire Girls）是美国第一个非宗教、多元文化的女孩组织，其强调为青少年提供露营和其他户外活动，后发展成男女青年都可参与的组织。——译者注

碎的小玩意儿，包括木质雪茄盒和线轴——最后将成品涂成黑色，并用银色来体现钢的颜色……这是他第一次对一件事表现出兴趣。"为了让孩子更多地了解自然，1928 年，密尔沃基公共图书馆将喂食器放在儿童阅览室窗外，方便他们观察迁徙的鸟类[65]。

▲1924 年，匹兹堡卡内基图书馆怀利大街分馆开展了户外讲故事活动。照片来源：《匹兹堡卡内基图书馆 1924 年年度报告》。

1921 年，佛罗里达州《德兰德每日新闻报》（*DeLand Daily News*）介绍了一次别开生面的公共图书馆讲故事活动。"图书馆大楼后院是一个小公园，里面生长着鲜花和一棵大树。"邮局人员在那里搭起了一个平台并放置了长椅，德兰德童子军装饰了地面。在平台上，孩子们在妈妈们的指导下表演了《三只小熊》《灰姑娘》和《红母鸡》的舞台剧。此外，孩子们还玩游戏、听故事、听当地一家药店捐赠的唱片机放唱片[66]。记者在这里见证了像家一样温馨的氛围，精心挑选的故事，当地的慈善捐助人士，社区中不同性别、不同年龄（但没有种族之分）成员的共同参与，以及多种媒体的结合，这些都反映了人们多年来喜欢公共图书馆这个独特场所的原因。

全国各地的公共图书馆都开始将当时的新媒体与自己的服务结合起来。所有图书馆都感受到了这些新媒体的影响；有些馆的反应速度更快一些。立体幻灯片仍然是孩子们的最爱。得梅因公共图书馆韦夫兰（Waveland）分馆每天都有孩子来借。到 20 世纪 20 年代中期，唱片已经成为公共图书馆的一项常规馆藏。图书馆收藏的唱片通常包括古典音乐（很少有流行音乐和民族音乐）、外语课程、戏剧、诗歌和演讲。1925 年，馆藏量在两万册或以上的美国公共图书馆有三分之二收藏了音乐唱片[67]。

1919 年，电影《荒野晴天》（*Riders of the Purple Sage*）的上映再次激发了公众对于赞恩·格雷的作品的兴趣。路易斯公共图书馆克鲁登分馆（Crunden Branch）的馆藏"满足不了读者（对于格雷小说的）需求"。改编自欧·亨利小说的电影同期上映，也造成了同样的情形。博伊西的一位图书馆员观察到："一旦新电影宣称……自己改编自某部小说，我发现几乎所有人都想要读原著。"布鲁克林一家分馆的馆员注意到，更多的年轻人在街角的影院看完电影后会来到图书馆。"悬疑小说越来越受欢迎，户外探险小说被冷落了，人们争相借阅改编成电影的惊悚侦探小说。"[68]

20 世纪 20 年代早期，人们对收音机的狂热令图书馆员感到担忧。洛杉矶公共图书馆的一位馆员担心收音机"使人们逐渐远离印刷文字"，因为成千上万的人"坐在舒服的椅子上，闭着眼睛听演讲、音乐会和娱乐新闻"。在加利福尼亚州的波莫纳（Pomona），公共图书馆中止了每周举行的唱片音乐会，因为家庭收音机使音乐会的听众越来越少。在威斯康星州的麦迪逊，公共图书馆出于同样的原因取消了系列讲座。然而，1921 年，犹他州无线电协会在盐湖城公共图书馆参加了一场跨洲无线接力比赛。一些公共图书馆开办了自己的电台节目，探讨图书馆服务以及新采购的书刊。辛辛那提公共图书馆每周播放半小时书评。图书馆员说："县内偏远地区的居民也会对此发表意见。"克利夫兰公共图书馆在三家以上本地电台播放晚间睡前故事[69]。

公共图书馆还以其他方式使用新媒体。在辛辛那提公共图书馆的礼堂，1919—1920 年间有 2400 人参加了 20 场讲座，均由外出旅行的当地人主讲，他们用幻灯片展示旅行的见闻。1928 年，克利夫兰的一些戏剧社团利用公共图书馆俱乐部活动室排练，随后，他们参加表演比赛。最终入围的三家戏剧社包括"东 79 街童话脚灯社"（East 79th Street Fairy Footlights）、"赖斯·金脚趾社"（Rice Twinkletoes）和"高级明亮灯光社"（Superior Bright Lights）。同年，在哥伦比亚特区公共图书馆的一家分馆，隶属于切维切斯地区卫理公会教会（Chevy Chase Methodist Episcopal Church）的伍德拜恩社团（Woodbine Circle）为 225 人举办了一场以"女性新款运动服、下午礼服、袜子和晨衣"为主题的"时尚舞台秀"。没有记录表明男性是否可以参加[70]。

1923 年，马萨诸塞州米尔顿公共图书馆（Milton Public Library）为当地艺术家举办了展览，后来成为一项年度活动。1925 年，得克萨斯州沃思堡市的几位艺术爱好者购买了汤姆·埃金斯（Thomas Eakins）的画作《泳池》（*The Swimming Hole*），送给公共图书馆，该画中有六个在裸泳的男人。《芝加哥论坛报》后来报道称："这幅画作影响了几代艺术家，也吸引了整个得克萨斯西部的人前来参观。成千上万的学生来到图书馆这块狭窄、安静的壁龛前，第一次欣赏'美术作品'。"1929 年，俄勒冈州艺术家协会开始像图书馆出借图书一样出借艺术印刷品。"图片出借……期限为一个月，可以续借一个月。"六个月内，一百个波特兰家庭借阅过艺术印刷品。在 20 世纪 20 年代，洛杉矶公共图书馆收集了 2.5 万张装裱过的图画和剪报，其中很多为了流通而加了画框。到 1929 年，大多数城市公共图书馆，以及超过一半的馆藏量在两万册以上的公共图书馆都拥有图片馆藏[71]。

统计数据表明，战后图书馆员对于新媒体的担忧毫无根据。1926 年，丹佛公共图书馆馆长指出："汽车、电影、收音机以及广泛发行的大众杂志等，这些新的娱乐消遣方式并没有减少读书的人数。恰恰相反，它们激发了人们对在旅途中、电视上和广播里的所见所闻的兴趣，从而创造了新的读者。"密苏里州堪萨斯城公共图书馆馆长指出，认为图书"走上了马车的老路，电影和汽车足以满足个人需求"的想法是愚蠢的；1922 年，堪萨斯城公共图书馆流通量相较于上一年增加了 14%，比 10 年前增加了 300%。这位馆长指出："新的兴趣、新的发明和进步不会使读者减少，只会增加。"[72]

1927 年，缅因州班戈公共图书馆（Bangor Public Library）馆长强调，公共图书馆的价值不仅体现在流通统计数字。"它更多地在无形中影响了社区及个人价值。图书馆是学校的补充，把学校教育延伸到生命全过程，并在学校教育结束后取代了学校的位置。图书馆是娱乐和灵感的中心，是满足公民各种需求的精神财富的储藏室。图书馆激发出高尚的兴趣和抱负，满足人们精神上的渴望，为普通人提供建议、信息、欢乐和舒适——通过这些方面，图书馆证明了它的价值。"圣路易斯公共图书馆馆长鲍士伟称这种现象为"图书馆的社会化"。他抱怨道，在美国图书馆协会每年要求他提供的 57 项数据中，"只有 7

134

项与人有关，而且是按比较宽松的理解。这或许可以有力地证明，我们的记录没有跟上我们实践的步伐"[73]。

1926 年，在美国图书馆协会成立五十周年之际，约翰·达纳列举了图书馆事业过去五十年的成就：卡片目录（"每天都在使用"）；分类法（"适用于多种用途，最底层的工人也可以掌握"）；建立起这样的信条即图书馆的图书为社区所有，民众可以自行决定如何使用，图书的价值在于阅读；公共图书馆建筑满足社区需求并且便于访问；儿童成为图书馆的读者（"三十年前才开始接受儿童读者，现在孩子们已经有了自己的阅览室"）；分馆（"一个城市的图书如果只存放在一个地方，就无法为这个城市的每一个人所用"）；公共图书馆为学校提供图书；最近学校里开始设立图书馆。虽然达纳从很多方面看到了进步，但是他对于图书馆提供太多小说的担忧却丝毫没有减少。1929 年，他提出，鉴于近年来小说书价降低，公共图书馆或许应主要采购"几百本公认的最优秀的小说"，并将剩下来的经费用于采购更多有价值的非小说作品[74]。

第6章 "避风港"：大萧条与第二次世界大战 （1929—1945）

1929 年到 1945 年这段时间对于很多美国人来说是非常艰难的，但是在公共图书馆，他们仍然可以感受到熟悉的环境、情感和声音。例如，1938 年，纽约的一位分馆馆员描述了平常一天的情景：

> 有位老太太一手抱着一条生病的狮子狗，另一手拿着利特尔医生撰写的关于狗的书；在登记处，一个犹如"万事通"的小男孩正在头头是道地指导两名德国难民；目录柜旁有一群人撑开胳膊肘相互推搡，与那些在梅西百货抢购减价商品的人自顾不暇的情形如出一辙；等待装有闭架图书卡车的读者们脸上则满是期待，他们的目光时喜时悲，宛如地里的拾穗者；孩子们在台阶上坐成一排，沉浸在"侦探小说与西部小说"的世界中，当小萨姆离开时，他甩开外套，做出夸张的姿势，宣称："没有私藏物品。"这些场景都可以抓拍下来，但需要有声电影才能还原那种高峰时期的奇妙气氛；城市水泥地上的脚步声，运送图书的卡车的隆隆声，人们的交谈声，偶尔下意识的笑声，目录抽屉掉到水泥地上的猛烈撞击声，电话铃声，拨电话的按键声——所有这些都构成了图书馆日常情景的一部分，会让已习惯做出"保持安静"示意手势的图书馆员晕倒过去。

这或许代表了公共图书馆中典型的一天，但是从历史来看，大萧条（Great Depression）对公共图书馆服务的影响在很多方面却不那么典型。1932年，美国 28% 的人口（3400 万男人、女士及儿童）完全没有收入。很多人对美国人生活方式的持续发展产生了质疑，也失去了对未来的希望。作家和知识分子组成了一个"文化阵线"，起了推波助澜的作用。他们批评自由市场、资本主义以及在很多人看来能力有限且毫不作为的政府。赫伯特·胡佛（Herbert Hoover）总统首当其冲受到了批评，在全国各地，收容流浪汉的棚户区被称为"胡佛村"，人们晚上盖着"胡佛毛毯"（旧报纸）取暖，并通过展示"胡佛旗帜"（裤子口袋向外翻）表明他们的经济地位。大萧条的影响深远而广泛。例如，图书销量猛跌。约翰·斯坦贝克（John Steinbeck）说："人们一旦破产，他们放弃的第一样东西就是书。"[2] 为了打发空闲时间，很多人来到公共图书馆，尽管图书馆的新书数量已有所减少，他们不仅在这里查阅文化阵线作家们宣传的坏消息，而且查阅令人振奋的内容，如戴尔·卡耐基（Dale Carnegie）的《如何赢得友谊并影响他人》（*How to Win Friends and Influence People*）① 和诺曼·文森特·皮尔（Norman Vincent Peale）的《你能赢》（*You Can Win*）。

对于匹兹堡的卡内基图书馆来说，1931 年 11 月，当图书预算削减了 26% 的消息传到图书馆员耳中时，他们知道大萧条开始了。1932 年，底特律公共图书馆的图书预算由 17.5 万美元降至 4 万美元，克利夫兰公共图书馆从 16 万美元降至 9.6 万美元。由于财政收入大幅下降，芝加哥公共图书馆于 1931 年停止采购新书。市政府宣称，图书馆"并非必不可少的市政项目"，因此无权动用紧急公共资金。为了创收，克利夫兰推出了"逾期周"项目，允许用户超期使用一周图书，但需缴纳 12 美分罚金。布鲁克林一位图书馆员建议其图书馆用"增值费"的说法代替"罚款"，即"为享受超期使用图书的特权而支付的"费用。纽约公共图书馆分馆的一位馆员注意到，许多家长不再允许孩子借书："他们不想（为超期罚款）负责任。"一些图书馆在"豁免周"免除了逾期图书罚款，以此方式收回那些很多人想要借阅的书。1932 年，波士顿公共图书馆通过这种方式免除了 12139 人的罚款 [3]。

1935 年，洛杉矶公共图书馆指出，人们对图书的需求量非常高，舍弃任何一本书都成为"一种奢侈行为"。纽约公共图书馆分馆馆员回忆道，书架上的书"与我以前所见过的完全不同。这些书经过长时间阅读和流通，书页变厚了，有的也破损了，颜色发灰，不是因为读者不够爱惜，而是因为经过了

---

① 该书中文版通常将原著作者姓氏译为"卡耐基"，故此处采用该译法。——译者注

太多人之手……的翻阅"。新泽西州东奥兰治公共图书馆（East Orange Public Library）1934 年的一份报告指出，待修补书架上有 4000 本书等待重新装订。在圣巴巴拉，公共图书馆对大量图书反复多次修补，工作人员被迫将缺失的书页用打字机打出来，手动补上才能保证图书继续流通。到了 1940 年，该馆拥有大量过度流通、书页卷边的脏兮兮的书，并焚毁了 8000 册——《洛杉矶时报》称之为"大萧条时期的一个可悲的故事"[4]。

公共图书馆通过报纸和广播发布通知，并在图书馆、商店、学校和公共交通工具上张贴海报，呼吁人们为图书馆捐款，努力弥补预算的缩减。例如，在 1933 年的"全国图书周"（National Book Week）活动期间，华盛顿州斯波坎市（Spokane）高中生们拿出家里的图书，与一家书店达成协议，用家里的七本《彼得兔》（Peter Rabbits）换了一本埃米丽·波斯特（Emily Post）的《礼仪》（Etiquette），用三本《泰山》（Tarzans）换了一本理查德·伯德（Richard Byrd）的《小美洲》（Little America）①。芝加哥公共图书馆发起了"捐一本书活动周"，一位管理者告诉《芝加哥论坛报》记者，如果每个孩子捐一本书，图书馆就会收到 50 万本。可是，图书馆实际只收到了一万本书，于是在 1934 年的一个星期六，数百名儿童游说邻居们为图书馆捐书，这次募集到两万本图书[5]。

尽管处境艰难，1930 年，美国各个社区仍然运营着 6000 家公共图书馆（是一战结束时的两倍以上），向 2000 万读者提供了 2.4 亿册图书。然而在 1932 年，仍然有 4500 万美国人无法获得公共图书馆服务；其中 88% 的人居住在乡村地区，有一半处于西南和东南地区。一位图书馆专家认为缺少"地方积极主动性"是造成这一情况的原因，并思考美国是否应该仿效欧洲实行"中央从上至下的规划，帮助把全国的图书馆机构建起来"[6]。虽然这位专家没有提及，但是在 1935 年，纳粹德国吹嘘他们有 15500 家公共图书馆，为 4560 万德国人提供服务——每 3000 人就有一家图书馆，是美国的 7 倍。然而与美国南部的黑人一样，德国的犹太人也很难享受到图书馆服务。

通过大萧条时期成立的很多"字母汤"机构②，联邦政府在 20 世纪 30 年代给予公共图书馆很大的帮助。例如，在 1936 年，公共图书馆通过全国青年

---

①　根据上下文，他们把换的书捐给了图书馆。——译者注
②　罗斯福新政期间以字母缩写来称呼的机构，比如下文中的 WPA 等。——译者注

总署（National Youth Administration）雇用了 9000 名劳动者担任图书馆职员，从事书籍修补和场地美化等工作。一些州使用联邦资金开展大多数服务。1935 年，北卡罗来纳州公共图书馆为州内 38% 的居民提供服务，1942 年增加到了 85%。该馆当时有三分之二的员工来自于公共事业振兴署（Works Progress Administration，WPA），该州 85% 的县拥有该署资助的流动图书车。WPA 还资助北卡罗来纳州各公共图书馆购买了 56408 册图书，但限制了经费的使用，规定每本书的复本不能超过 5 册。北卡罗来纳州图书馆委员会抱怨道："这条规则……对那些必须为白人和黑人分别提供服务的部门造成了困难。"[7]

1935 年至 1941 年间，WPA 共拨款 5100 万美元用于建造新馆、翻建 1500 所图书馆、修补 1 亿册图书以及资助 400 个县的馆外延伸服务项目。在这 400 个县中，该署为其中 150 个建有流动图书车的县采购了 25 万册图书，并雇用了 500 名流动图书车管理员和 200 名司机。丹佛公共图书馆使用 WPA 的资金为科罗拉多的报纸编制索引、成立一家户外图书馆、编纂报纸及作者索引、清洁儿童图书以及雇用归档和文书工作人员。布鲁克林公共图书馆也聘用了 WPA 的工人负责擦除读者在书中的字母"O"上留下的痕迹（有些人在"O"上画了张脸，有些人还加了耳朵），但擦除的速度赶不上读者涂写的速度。1937 年，圣路易斯公共图书馆的四名 WPA 女性雇员帮忙擦除了 10000 本书上的涂鸦。

堪萨斯州堪萨斯城公共图书馆利用 WPA 的资金聘用了 24 名女性为行动不便的人取书。她们早上从图书馆取书，然后通过步行、乘坐有轨电车或乘坐公共汽车的方式，用一天的时间上门送书或将书取回。除了书以外，她们还带回了很多故事——一个背部受伤的男孩在借来的书中学会了如何制作玩具飞机；一位老先生特意打扮整洁，剃好胡须，只为迎接他的"甜心书使"；有些老人乞求这些女士留下来陪陪他们，因为他们很孤单。《堪萨斯图书馆公报》（Kansas Library Bulletin）称："毫无疑问，这是图书馆提供的最好的社交方式。"[8]

爱达荷州博伊西公共图书馆使用联邦资金向埃尔克斯康复院（Elks Convalescent Home）和爱达荷州福利部的残疾儿童项目提供延伸服务。一位图书馆员称："将图书推车推进儿童病房，向他们展示介绍图画书，还给每个孩子留下图书让他们读，让人感到很欣慰。"1932 年，布法罗公共图书馆得到了一笔额外的公共资金，并用这笔钱聘用了 65 个人为住院的孩子制作剪贴簿，在学校教室悬挂图片，为图书馆打造书架和桌椅，清洁图书，修理房屋和设备。1934 年，加利福尼亚州圣莫尼卡公共图书馆（Santa Monica Public Library）使用公共工程管理局（Public Works Administration，PWA）提供的资金聘请当地艺术家在图书馆的墙壁上绘制壁画。代顿公共图书馆利用联邦经费雇用了 100 人从事木工、管道、泥瓦、钣金等工作，仅花费 550 美元便获得了价值 3 万美元的维修服务 [9]。

俄克拉何马州使用农村免费的邮递服务向农村居民邮寄图书。"九个朋友读了你最新寄给我的这本书，"一个俄克拉何马人写道，"谢谢你为小镇的女人们提供了阅读机会。"肯塔基州使用联邦紧急救援署（Federal Emergency Relief Administration，FERA）提供的资金雇用了四位年轻的女职员，通过骑马将公共图书馆的书送到莱斯利县（Leslie County）的 57 个山区学校和社区，这些地方非常偏远，几乎没有与外界联通的道路。为了把书送到当地居民手中，图书馆员要沿着河边骑马而行。四个人从"地狱溪"（Hell-Fer-Sartin Creek）出发，这是一条险峻蜿蜒的小溪，河床里乱石林立，两岸密林深深。到魔鬼崖支流（Devil's Jump Branch）后分开，各自朝着不同的方向行进。《基督教科学箴言报》报道："她们走进空旷的深山，看到山里的年轻人脸上的笑容时，便感觉一切都值了。"四年内，有 100 位接受联邦政府资助的"马背图书馆员"为肯塔基村庄的居民们送去了图书。《基督教科学箴言报》写道："有时图书馆员会将书留下，让孩子们读给不识字的父母听；有时图书馆员会亲自为一群人读书。"[10]

除了图书修复之外，流动图书车成为接受联邦资助最多的项目，使数百万人受益。"流动图书车来了！"在密苏里州拉斐特县（Lafayette County），当图书卡车在车站停下后，人们大喊道。女人们喜欢读以《飘》为代表的畅销书，以及礼仪、居家装饰和时尚等方面能"极大地提高生活质量的作品"。男人们则喜欢悬疑小说和西部小说。然而，有一件事令人感到意外。流动图书车管理员最近采购了关于土壤侵蚀和农场规划的书籍，但没有人借阅。"辛勤劳作了一整天之后，"管理员告诉记者，"到了晚上，人们坐下来，只想读一些与工作无关的东西。"孩子们是流动图书车最热情的支持者，在图书车还未完全停稳时便一拥而上。男孩们想要激动人心的故事（一个 11 岁的孩子说："给我拿一本跟爱情无关的书。"）；女孩们则喜欢那些追求独立和自由的女英雄角色，例如《苏·巴顿》(*Sue Barton*)、《护士》(*Nurse*)和《佩姬·卡福斯与伦敦》(*Peggy Covers London*)中的女主角。记者注意到,"即使在天寒地冻的环境下,"流动图书车管理员也会"看到人们站在车站和学校,热切地盼望着图书,他们通常要穿过几英里的雪地才能走到这儿"[11]。

▲1938 年,公共事业振兴署在肯塔基的女性职员骑在马背上,为"大声呼唤"的民众送书。照片来源:国家档案馆,馆藏编号:69-N-12782-C。

到了 1939 年,公共事业振兴署已在全国范围内资助了 140 个流动图书车。代顿公共图书馆的图书车停到路边,助理们支起上层两侧的盖板露出书架,然后将下层盖板放下变成柜台。人们能直接看到的有 600 册图书,车内还有另外 600 册图书。司机停车时经常将童书的书架放在靠人行道那侧,让成年人在当街的一侧找书。1939 年,芝加哥公共图书馆一家分馆的馆员用自己的汽车装载着儿童书及折叠桌开到了当地学校的操场,在那里搭起了户外图书馆。此举大获成功,图书馆专门提供了一辆拖车。一位母亲当众向图书馆表示感谢,她10 岁的孩子此前认为,在学校阅读"是必须完成的,但无法令人享受的事"。自从那位"图书馆女士"来到操场后,"鲍比开始期待这个暑假比别人读更多的书"[12]。

▲1938 年，一辆流动图书车在路易斯安那州的河口等待读者。照片来源：纽约海德公园富兰克林·罗斯福图书馆。

1935 年，《出版人周刊》估计，全国零售书店共设立了 5 万家自营的租赁图书馆。挪威图书馆员威廉·芒蒂（Wilhelm Munthe）指出："每家书店和药店都经营着租赁图书馆，雪茄商店、火车站和渡轮大厦中也都有。"芒蒂无法理解为什么美国公共图书馆没有把私营租赁图书馆挤出市场，其实答案很简单。很多推崇最佳读物的公共图书馆不会接受公众最喜欢读的小说，但租赁图书馆会。1935 年，匹兹堡的卡内基图书馆承认，想要阅读图书馆不再采购的通俗小说的读者都被商业化的租赁图书馆吸引过去了。面对 1935 年流通量的下降，纽约公共图书馆馆长分析了几点原因，其中一点是"商业化的租赁图书馆所发挥的影响"。馆长站在传统的职业要求的立场指出："许多商业图书馆逐渐开始提供廉价图书，这些书远远达不到公共图书馆的标准，这对于小孩和老人的品位及道德造成了毁灭性的影响。"[13]

尽管如此，许多公共图书馆仍然提供了馆藏租赁服务。报童会帮助用户将从纽约新罗谢尔公共图书馆（New Rochelle Public Library）租来的书送上门，每次的跑腿费是一角钱（由报童持有）。当一位州审计员质疑公共图书馆是否可以收费时，代顿公共图书馆便将租赁服务改为"一日读物"，用户可以从中借阅流行小说一天，可免费借一天，从第二天起每天要支付 2 美分。尽可能延长免费借期，人们会在周六晚上排队借书，这样可以周一再还。1934 年，代顿公共图书馆以这种方式流通了 4 万册图书。俄亥俄州的一些图书馆也采用了"代顿方案"[14]。

截至 1935 年，已有 44 个城市的公共图书馆提供阅读顾问服务，主要是图书馆员为不同的读者个人针对特定主题编制有评注内容的书目。1934 年，一位图书馆员解释道，他们的目标很明确——"教育读者远离劣质读物"。然而，这个 20 世纪 20 年代的创新成果在实践上逐渐无果而终。在 1936 年的美国图书馆协会年会期间，托莱多公共图书馆（Toledo Public Library）馆长对台下的听众开玩笑道，阅读顾问使"文化空气变得稀薄"，用户往往担心"图书馆员会偷偷走近他，猛然将他的头按入有文化内涵的读物当中，他甚至来不及反抗"。这种顾问服务遏制了芝加哥公共图书馆的发展势头——很多人抱怨道，在经济萧条时期，这种服务的成本太高。1938 年，美国图书馆协会出版的《帮助读者开展自我教育》（*Helping the Reader toward Self-Education*）并没有什么帮助。该书根据职业、种族、性别和性格特征将读者分为不同的类型，其中"性格特征"包括"胆小自卑的人"、"低俗的人"以及"有犯罪倾向的人"。50 年后，阅读顾问专家乔伊斯·萨里克斯（Joyce G. Saricks）和南希·布朗（Nancy Brown）对 30 年代阅读顾问的"说教式的语气"感到惊讶，他们表示："过去的图书馆员自负地以为他们的阅读建议可以帮助读者实现巨大的自我提升，这在今天的阅读顾问看来是令人震惊的。"[15]

大萧条时期，公共图书馆对于青少年的关注越来越多。1933 年，负责青年工作的图书馆员玛格丽特·爱德华兹（Margaret A. Edwards）在巴尔的摩伊诺克-普拉特免费图书馆发起了"青少年工作"项目。她相信通过阅读促进对世界公民身份的认同是青少年服务的核心价值所在，并利用精挑细选的小说帮助年轻人"适应这个国家的公民身份，并以世界为家"。其他一些公共图书馆为适合青少年而重新改造了图书馆空间。新泽西州东奥兰治公共图书馆的管理层允许青少年在一家分馆的地下室开设了"猴子扳手餐厅"（Monkey Wrench

Canteen）。这些年轻人重新粉刷了墙壁，购买了沙发等家具，并安装了可乐吧台。1940 年，明尼苏达州圣保罗公共图书馆将一间地下室装修成青少年休闲活动室，一位图书馆员称，年轻人聚集在这里"讨论各种各样的问题"[16]。

1945 年初，纽约公共图书馆阿吉拉尔（Aguilar）分馆三层开设了一间青年客厅，每周开放三个晚上。大部分规划工作都是由年轻人完成的。《纽约时报》写道："他们已经为书架选好了书，流行小说、侦探小说、西部小说、战争小说、笑话和智力游戏测试书，以及对于分馆来说倍感新奇的杂志，主题涵盖电影、广播、拳击和乐队等。他们还可以挑选自己喜欢的留声机唱片，策划展览和娱乐活动。"然而，并非所有人都赞同这样的创新。一位图书馆员回忆称，一些资深的分馆馆员由于不得不为聒噪的青少年服务而感到恼火，便像管理寄宿学校一样来管理图书馆[17]。这种经历产生的回忆无疑培育了"图书馆员马里奥"①的负面刻板形象。

1932 年，《华盛顿邮报》总结，虽然大萧条给经济造成了恶劣的影响，但"对于阅读行业是有利的"。每 3 人之中就有 1 人购买日报，每 8 人之中就有 1 人购买月刊或周刊，美国每年人均购买 2 本书、阅读 8 本书，其余 6 本大多是从公共图书馆借来的。其他媒介对于图书馆流通量几乎没有影响。在 1930 年至 1935 年间，收音机使用率增加了 170%（70% 的家庭拥有一台或多台收音机），9700 家影院每周接待数百万名观众，公共图书馆的流通量增加了 27%。针对 150 家不同规模的公共图书馆 1930 年至 1935 年间的数据分析显示，在 1932 年和 1933 年，图书馆支出大幅下降，1935 年稍有回升。在同一时期，馆藏规模、借阅人数和流通量都有所增加，在 1932 年和 1933 年达到顶峰。在成人读者的借阅中，非小说作品增长速度高于小说，但是随着越来越多的学校图书馆开放，导致青少年读物的流通量有所减少[18]。

许多读者继续在公共图书馆探索有用的知识。1934 年，《纽约时报》详细讲述了全国各地图书馆用户的成功事迹——一对老夫妇通过学习成了花艺师，并建立了一个花房；一位女士通过研读化学著作发明出一款改良版硬水软化器

① 马里奥是音乐舞台剧《音乐人》（The Music Man）中的女主角，《音乐人》后来改编为大型歌舞电影。该剧主要内容是：一个骗子假冒音乐教授来到爱荷华小镇，本想行骗，但是后来他的经历让他决定改头换面重新做人。他在这里与小镇上的女图书馆员马里奥产生了爱情。——译者注

（water softener）。1939 年，一位衣着体面的男士问马萨诸塞州布鲁克林的一位图书馆员："你记得去年冬季每天都来这里取暖的……一个穷困潦倒的人吗？我失去了房子、土地以及之前拥有的一切东西，图书馆是我唯一可以取暖的地方。"有一天，他翻看一本园艺杂志，上面介绍了一种有效的杀虫剂。"我通过阅读图书馆里面的书籍和杂志，研究出了一个公式，又得到了一个人的资助，现在已经开始大量生产这个东西了。"这名男子瞥了一眼阅览室，看到三个失业者正在打瞌睡。"我只是在想，我的故事或许可以激励图书馆继续接纳各种各样的人，并且不会让他们感到不自在。"[19]

有时，人们在公共图书馆探索有用的知识也会引发争议。1932 年，一位政府官员发现新泽西州卡姆登公共图书馆书架上摆着《调酒师指南》（*The Bartender's Guide*），他惊呼道："图书馆居然有这种书，真让人愤怒！"但是他的愤怒毫无效果。同一年，提前预料到宪法第十八条修正案将要取消的葡萄种植者欧内斯特与胡里奥·加洛兄弟（Ernest and Julio Gallo）① 决定成为酿酒师。为了学习如何酿酒，欧内斯特来到了加利福尼亚州莫德斯托公共图书馆（Modesto Public Library），他告诉了图书馆员他的想法，但图书馆员在馆藏中没有找到能帮助他的书。随后，这位馆员想起来地下室中的小册子，并对欧内斯特说："你要不要下去看看？"在地下室，欧内斯特找到了两种小册子，一种关于发酵，另一种关于葡萄酒的保存。他说："这正是我们需要的。"这也成为他学习商业酿酒知识的开端[20]。

其他有用的知识则没有什么争议。1933 年，19 岁的伍迪·格思里（Woody Guthrie）来到得克萨斯州普莱诺公共图书馆（Plano Public Library），"在图书中间艰难搜寻"。他抱回家"一摞各种主题的书。我想要……一些书……能让我变成那种全身心地为自己和他人工作的人"。有一天，他在图书馆看到了纪伯伦（Kahlil Gibran）的《先知》（*The Prophet*），这本书帮他构建了一种生活哲学，在他后来的音乐风格中得以体现。1941 年，在俄亥俄州洛雷恩公共图书馆（Lorain Public Library），一个 10 岁的黑人女孩"花了很长很长的时间阅读"。50 多年后，图书馆将这间阅览室命名为"托妮·莫里森② 阅览室"，向

---

① 这两兄弟后来创办了加洛酒庄（E. & J. Gallo Winery）。——译者注

② 托妮·莫里森（Toni Morrison，1931—2019），美国黑人女作家，主要作品有《最蓝的眼睛》《苏拉》《所罗门之歌》等。——译者注

她表示致敬。1995 年，在命名仪式上，莫里森说："我希望莫里森阅览室可以让人们走进来……坐在舒适的椅子上，在安静的氛围中花上……一到两个小时读一本书。"[21]

在亚特兰大公共图书馆奥本分馆（Atlanta Public Library's Auburn branch），馆长安妮·沃特斯（Annie Watters）为馆内的成人教育讨论小组采购了有关甘地的作品。当时，年轻的小马丁·路德·金（Martin Luther King Jr.）①每周都会来几次图书馆。沃特斯后来回忆道："他走到咨询台前，直视我的眼睛。""你好，马丁·路德，"沃特斯开口道，她习惯这么叫他，"你在想什么呢？""哦，没什么特别的。"对沃特斯来说，这暗示着小马丁·路德·金又学会了一个新的"生僻词"，打算在接下来的对话中反复使用。还有一个"游戏"与诗歌有关。另一次，小马丁·路德·金站在咨询台前，沃特斯问："马丁·路德，你在想什么呢？"他回答道："我沉浸入未来，看得如人类的眼睛所见般的远。"沃特斯一下子听出了这首诗，于是接上了后面的句子："我沉浸入未来，看得如人类的眼睛所见般的远；看得见世界的梦想，以及所有将发生的奇迹。"然而，当时的小马丁·路德·金还太年轻，无法借阅只提供给成年人读者的有关甘地的作品。为了解决这个问题，沃特斯给小马丁·路德·金的父亲办了一张借阅卡，并用这张卡借阅关于甘地的书。沃特斯后来回忆说："他读了馆里的每一本［与甘地相关的］作品。"[22]

公共图书馆经常通过图书改变读者的生活。1938 年，一家巴巴多斯移民的 9 岁女儿葆拉·马歇尔（Paule Marshall）在学校找不到为有色人种开设的课程，于是来到了布鲁克林公共图书馆分馆。在那里，她找到了一本保罗·劳伦斯·邓巴（Paul Lawrence Dunbar）的作品，并翻到了一首诗："眼中 / 闪耀着光芒的棕色皮肤宝宝 / 来到爸爸面前，坐在他的膝盖上。"马歇尔称，这首诗"说出了我和父亲之间特有的浓浓亲情，这是我之前从未读到过的"。另一首诗写道："昨夜，我看到心上人回家 / 快回来，亲爱的，快回来 / 他急切地呼唤着。"马歇尔后来接受采访时说，读到这里，她的呼吸开始加快。"它唤起了我心中各种美好的情感和希望"。这两首诗激起了马歇尔的兴趣，她开始向白人

① 小马丁·路德·金（1929—1968），原名小迈克·金（Michael King, Jr.）与其父亲同名，后来其父因为仰慕德国宗教改革运动领袖马丁·路德而将父子均改名为马丁·路德·金。小马丁·路德·金是美国黑人民权运动领袖，1963 年他发表了著名的演讲《我有一个梦想》。1968 年被种族主义分子暗杀。——译者注

图书馆员索要有关"种族"（"当时被归为这一类"）的小说和诗歌，尽管"我起初感到有些羞耻——在那个时代，当听到'黑鬼''有色人种'这些词时，我和很多人都能体会到这种羞耻"。多年后，马歇尔成为一名成就斐然的小说家，而据她所说，她的灵感来自于小时候在图书馆读到的内容[23]。

1933 年，11 岁的黄玉雪（Jade Snow Wong）① 每天从旧金山的学校走回位于她父亲的牛仔裤加工厂地下室的家。有四天时间，她"挤出时间为自己找了点乐趣"——她在旧金山北滩分馆归还了她之前借的四本书，然后又借走了四本。她在回忆录中写道："我每天如饥似渴地读书。图书是我的避风港，是平易近人、擅长不同文体的英语老师，是通往其他世界的窗口。"想要"往上走"（获得社会地位的委婉说法）的美国华裔青少年去图书馆分馆去得非常勤[24]。

20 世纪 30 年代，随着纳粹德国焚烧书籍的新闻出现在报纸上，以及中国图书馆员请求美国同行帮助抵制日本侵略者对图书杂志的审查，许多美国图书馆员意识到，他们有必要反抗审查制度、维护知识自由。1938 年，得梅因公共图书馆的福里斯特·斯波尔丁（Forrest Spaulding）推动图书馆董事会通过了一份图书馆权利法案。一年后，全国各地（包括许多公共图书馆）以语言下流、政治思想激进为由要求将约翰·斯坦贝克（John Steinbeck）的《愤怒的葡萄》（Grapes of Wrath）列为禁书，在此期间，美国图书馆协会通过了《图书馆权利法案》（Library's Bill of Rights）。法案规定，图书馆员有责任对抗审查，并将维护知识自由作为一项职业要求，至少是在抽象的民主意义上。图书的选择不应"受作者的种族、国籍、及其政治或宗教观点的影响"，各方意见"应该得到公平和充分的体现"，图书馆的会议室应该向所有开展有益的文化活动的团体开放。《图书馆权利法案》的名称虽有法律意味，但其中的语言缺少强制性，没有规定如何处罚违规行为。一年后，美国图书馆协会成立了知识自由委员会，专门监管美国图书馆界的审查事件[25]。

但是，《图书馆权利法案》中的语言也存在明显的漏洞，虽然很少有人提起。例如，一位图书馆员声称他的图书馆没有禁止《愤怒的葡萄》，"只是限制了采购"。同样，美国图书馆协会在拉尔夫·芒恩（Ralph Munn）担任主席

---

① 黄玉雪（1922—2006），美国华裔女作家，也是一位陶艺家。她的文学代表作是《华女阿五》。——译者注

期间通过了《图书馆权利法案》，但是芒恩在 20 世纪 30 年代末拒绝为自己任职的匹兹堡卡内基公共图书馆购买通俗小说。芒恩手下的第一副主席——来自路易斯安那州的艾斯·梅·卡尔弗（Essae Mae Culver）和第二副主席——来自得克萨斯州的唐纳德·科尼（Donald Coney）所在的州都因实行种族隔离和为黑人服务的资金不足而违反了《图书馆权利法案》。专业上冠冕堂皇的表述与图书馆现实之间的差距在其他地方也很明显。在位于第 135 大街的纽约公共图书馆哈勒姆分馆，儿童图书馆员奥古丝塔·贝克（Augusta Baker）将种族偏见作为筛选馆藏的标准，将《小黑人桑波》（*Little Black Sambo*）等作品撤掉了，她认为这些书是"对黑人的侮辱"，把他们描绘成了"卑鄙的小丑"。最后，贝克认为馆藏中只有 41 本书"可以接受"。在芝加哥的乔治·克利夫兰·霍尔（George Cleveland Hall）分馆，儿童图书馆员查理迈·希尔·罗林斯（Charlemae Hill Rollins）发现馆藏中只有 30 本书不存在种族成见，可以推荐给黑人儿童。公共图书馆在过去半个世纪向数百万儿童提供了图书，但贝克和罗林斯却只找到少数"可以接受"的书，这充分表明了种族主义思想在印刷品中根深蒂固的存在。一些图书馆员发布了一些"堪称不推荐的青少年读物"书目，1933—1944 年间，有三个州的图书馆杂志发表了玛丽·鲁特不断更新的不可接受的系列小说书目（这也违反了《图书馆权利法案》）[26]。

148

用户之间对于公共图书馆应该收藏哪些作品往往难以达成一致，因此图书馆采购仍然是图书馆员在公众需求、社区主要成员的意见以及外部压力（包括 1939 年之后的《图书馆权利法案》）之间寻找平衡的过程，这种过程有时是公开的，但大部分不是。有些争议源于政治意识形态。1939 年，纽约新海德公园公共图书馆的董事会以 13：2 的投票结果决定将安妮·莫罗·林德伯格（Anne Morrow Lindbergh）的《听！风》（*Listen! the Wind*）列为禁书，因为她的丈夫查尔斯接受了纳粹勋章，一位董事说："我认为纳税人不应该为林德伯格这样的人贡献版税。"1932 年，一位辛辛那提居民指控公共图书馆没有收藏西奥多·德雷泽的《美国悲剧》，理由是这本书"控诉了资本主义制度，这一制度导致数百万人挨饿，却放任少数寄生虫犯下类似路易十四统治下的罪行"。第二天，馆长解释道，图书馆没有收藏这本书的原因在于，它是"一部低劣的作品"。然而，在 1939 年，由于纽约公共图书馆的读者们对于《我的奋斗》（*Mein Kampf*）一书的需求太过强烈，每个分馆都收藏了 50 册以上的复本。布鲁克林公共图书馆馆长称之为"民主的示范"。在芝加哥，有 60 人在排队借阅图书馆收藏的 23 本《我的奋斗》[27]。

一些社区成员反对约翰·斯坦贝克的《人鼠之间》（*Of Mice and Men*）一书，韦恩堡公共图书馆销毁了馆藏的所有复本。该馆还拒绝采购《愤怒的葡萄》，并让有需要的读者求助于商业性的图书馆。一些读者对此表示抗议。有位图书馆员指出："当地文学社团、报纸社论、报刊评论、专业人士的书评和广播节目都在谈论这本书，而得知公共图书馆不会采购它，这简直是火上浇油。"虽然很不情愿，但图书馆显然处于公众辩论的中心。一些神职人员谴责公共图书馆的政策，也有些人表示赞许。到了年底，读者对这本书的需求减弱了，据一位图书馆员说。更准确地说，提出抗议的读者放弃了。这是公众反抗没有耗过官僚作风的一个例子，也是在美国图书馆协会批准《图书馆权利法案》不到一年以后的一个案例。但是在这一年内，韦恩堡公共图书馆推翻了之前的决定，购买了多本《愤怒的葡萄》；在 1940 年，该书成为该馆流通量最大的作品[28]。

在大萧条时期，阅读行为（无论是严肃作品还是休闲作品）深深融入了人们的社会生活。用户非常喜欢当地公共图书馆提供的通俗读物，这样的例子不胜枚举。1932 年，11 岁的波兰移民珍妮·查尔（Jeanne S. Chall）被一部通俗小说深深感动，该作品讲述了一个甜菜种植户的女儿（他家搬到了一个新的州）的故事。查尔后来回忆道："她遭受的痛苦与我一样，作为移民，我也在苦苦挣扎……适应新的世界——努力了解它，并融入其中。我在公共图书馆读到的书让我有机会了解这个新的世界——通过获得新知识，以及与其他奋斗者产生共鸣。"[29]

1932 年针对 614 家公共图书馆的一项调查显示，虽然财政拨款平均下降了 10%，但公共图书馆的应对方式因规模而有所不同。馆藏量少于一万册的图书馆（大多由没接受过系统培训的非专业人士管理）将"文学"小说〔调查对它的定义是，就像"高尔斯华绥（Galsworthy）、德雷泽等人的作品"〕的开支削减了 9%，"通俗"小说（包括"悬疑小说和探险小说"）的开支削减了 11%。馆藏量超过 20 万册的图书馆（主要由专业人士管理）将"文学"小说的开支削减了 14%，"通俗"小说开支削减了 50%。

类似情况较多，但并非全都如此。一方面，韦恩堡公共图书馆在 1931 年指出，用户对于《泰山》系列作品的需求"很强烈"，然而这也没有用，图书馆仍拒绝采购这些书。虽然在韦恩堡公共图书馆碰了壁，但这一系列作品入藏了纽约布朗克斯区的多个分馆，在那里，多克托罗（E. L. Doctorow）认真研读了伯勒斯（Burroughs）的探险小说。在 1944 年，脸上总是带着"友好的微笑"的露丝小姐允许 12 岁的约翰·阿普代克（John Updike）查看宾夕法尼亚州雷丁公共图书馆（Reading Public Library）的成人馆藏，并借阅他想看的任何书，包括厄尔·斯坦利·加德纳（Erle Stanley Gardner）、埃勒里·奎茵（Ellery Queen）和阿加莎·克里斯蒂（Agatha Christie）的作品——这些作家的作品在很多专业图书馆员看来会阻碍智力发育[30]。

1940 年，也就是辛克莱·刘易斯在《大街》中抨击小镇的价值 20 年以后，记者戴尔·克雷默（Dale Kramer）着手对美国小镇成功与否进行考察。克雷默没有回到刘易斯的出生地——明尼苏达州的索克中心（Sauk Centre），而是选择了有 2000 人口的艾奥瓦州西格里（Sigourney）。他的调查对象包括卡内基图书馆。克雷默写道，到了晚上，高中生仍然会聚在厚重的橡树桌旁，虽然"他们抱回家很多书……但是图书馆的存在并没有带来他们对当代文学的喜爱"。图书馆收藏了西奥多·德雷泽、舍伍德·安德森和欧内斯特·海明威的各一部作品（这三部都是这几个作者争议较少的作品），但是没有收藏厄斯金·考德威尔（Erskine Caldwell）、约翰·帕索斯（John Dos Passos）和威廉·福克纳（William Faulkner）的作品。图书馆中有较全的薇拉·凯瑟和辛克莱·刘易斯的作品，但没有凯瑟的《走失的女人》（*A Lost Lady*）和刘易斯的《孽海痴魂》（*Elmer Gantry*）。《愤怒的葡萄》"也没有收藏——理由很简单，因为图书馆已经花掉了半年的预算，董事会不考虑再购买新书"。图书馆中赞恩·格雷的书数量最多。其他受欢迎的作者包括吉恩·斯特拉顿-波特、艾德娜·费博（Edna Ferber）和范妮·赫斯特（Fannie Hurst）。克雷默称："如果图书馆馆长几年前没有突然决定不再订购威廉·伯勒斯的作品，他无疑也会是很受欢迎的。"[31]

由于很多图书馆拒绝购买读者喜欢的书，不少读者选择自己购买，如斯特拉特迈耶公司出版的"哈迪男孩"（*Hardy Boys*）和南希·德鲁（Nancy Drew）等大受欢迎的系列小说。到 1934 年，该公司卖出了 4500 万本书，是《圣经》销量的两倍。"一本'哈迪男孩'系列图书让我第一次有了非常棒的阅读体验，"小说家克里斯·赛诺维奇（Chris Zenowich）回忆道，"当时我一个人在家，很害怕，而不停地胡思乱想更加剧了我的恐惧……这本书改变了阅读对我的意义。"最高法院法官桑德拉·戴·奥康纳（Sandra Day O'Connor）和露丝·巴德·金斯伯格（Ruth Bader Ginsburg）、作家贝蒂·弗里丹（Betty Friedan）和格洛丽亚·斯泰纳姆（Gloria Steinem）在青少年时期都读过"南希·德鲁"系列小说。1936 年，还是布鲁克林的一个 12 岁少女（后来成为第一位当选美国国会议员的黑人女性）的雪莉·奇瑟姆（Shirley Chisholm）每隔一个星期六就会跟着母亲到公共图书馆借三本书（三本为上限）。虽然在图书馆没有找到"南希·德鲁"或"波波希双胞胎"系列童书，但她在生日和圣诞节的时候收到了这两套书作为礼物。全国妇女组织（National Organization of Women）主席卡伦·德克罗（Karen DeCrow）回忆她在 20 世纪 40 年代的阅读经历时说："我读过'南希·德鲁'系列中的每一个故事，她享受着我无法拥有的自由。她是一个独立而自信的年轻女性。"[32] 正如轰动小说作家索思沃思和玛丽·霍姆斯鼓励 19 世纪中期的女性读者选择自己的丈夫、控制自己的身体，"南希·德鲁"系列图书则向 20 世纪中期的青少年读者证明，在文化可以接受的范围内，他们能同时拥有独立、智慧和个性。但是"南希·德鲁"系列小说经常被列入玛丽·鲁特的"不推荐作品"书目。

[151] 斯特拉特迈耶公司收到的粉丝来信表明，读者会从不同的角度思考、评价这些故事，虽然在图书馆员眼里，只有严肃的小说才能实现这一点。有一些人在信中表示赞赏。在读完《食人岛海难》（*Shipwrecked on Cannibal Island*）一书后，有位弗吉尼亚州的读者来信询问是不是真的有这个岛，并表扬作者在书中对这一地区的地理特征描写到位。还有一些人则提出了批评，读完《神秘农庄的贝蒂·戈登》（*Betty Gordon at Mystery Farm*）后，两个女孩写信说："这部作品可以写得更好，好像是用十分钟草草写出来的。"书中的一个角色"非常吝啬，对他的妻子很苛刻……迪克叔叔对鲍比从未表现出任何感情，从没骂过贝蒂，也从不拒绝她的任何请求"，她们说，"来点新的创意吧"[33]。

对于唐·斯特迪（Don Sturdy）系列故事，一位纽约男孩表示自己"学到了很多关于动物、爬行动物和印度习俗的知识"，因此"我的地理课成绩提高了……从 70 分上升到了 95 分"。加利福尼亚州一个 8 岁女孩想要借更多"斯特迪"系列图书来"满足我对于惊险刺激的冒险故事的热爱"（她承认有些单词是姐姐帮她拼写的），但"坚定地"乞求作者不要"把莎莉·斯特迪夫人和露丝写得这么爱哭和软弱"。巴尔的摩的一位祖母说，她和孙子一口气读完了斯特迪系列故事，虽然她的孙子已经 9 岁，可以独立阅读了，但他"更喜欢我大声读给他听，我们会共同搜寻故事中提到的不同地点，一边读一边讨论每一章"。宾夕法尼亚州一名 12 岁的男孩写道，"我之前很少读书，直到我读了"一本斯特迪图书。"你们的书中有很多有关发明和地理的知识。"[34]

20 世纪 30 年代的这些粉丝来信大多证明了系列小说具有启发、激励、纽带、娱乐、社交、赋能以及教育的作用，但没有一个人提到公共图书馆。1937 年，在芝加哥公共图书馆大楼建成四十周年庆典期间，芝加哥市市长称该馆是"本市中将年轻人塑造成良好公民的最有价值的机构之一"。市长说，他年轻时每天都去图书馆，在那里阅读书架上所有的阿尔杰作品。"我在这些书中找到了自己的抱负。"但是馆长卡尔·罗登随后登上讲台，不得不承认道："30 年前，阿尔杰的书已经下架了。"[35]

面对一个不愿收藏他们想读的作品的图书馆，有些年轻人表现出了令人赞叹的创业精神。1935 年，俄克拉何马城一个 11 岁的孩子用她自己的 150 本书成立了图书俱乐部，向 20 位成员每人收取 25 美分的入会费，每天租书的费用为 3 美分。这个孩子的书大多为"南希·德鲁"、"朱迪·博尔顿"（Judy Bolton）、"飞行员女孩"（Girl Aviators）以及"小上校"（Little Colonel）系列图书。在芝加哥，一个 14 岁的女孩为"残疾儿童"开办了一所图书馆，她将报纸上刊载的连环画剪下来做成了剪贴簿，供他人借阅。她对一位记者说，这个想法是在与一个刚从医院出院的小女孩聊天后产生的，那个小女孩"对我说，当你躺在床上，没人来看你，没人跟你说话，没有东西可读，这真是太可怕了"。在自制的书中，她粘贴了大力水手、超人、蝙蝠侠和小安妮·鲁尼的漫画。白人和黑人小孩（"因为我们都是人"，她说）都可以从她的馆藏中借阅任何书，期限为两周，与公共图书馆一样[36]。芝加哥公共图书馆没有类似的服务，因为该馆没有采购漫画书。

然而，并非所有图书馆都像芝加哥的图书馆一样。在 1927 年到 1931 年间，代顿公共图书馆的流通量增长了 266%，因为该馆满足了大众阅读需求，特别是对于"侦探小说、西部小说和爱情故事"的需求。1940 年，圣路易斯公共图书馆馆长查尔斯·康普顿（Charles Compton）开展了一项"谁在读什么"（Who Reads What）的调查。一个六年级的学生称赞图书馆拥有《真实的漫画》（*True Comics*）杂志，它"讲述了战争和英雄的故事"。虽然大多数同行都拒绝收藏漫画，但是康普顿认为，漫画以孩子们"渴望的形式——用绚丽的颜色、简洁的文字、快速的进程"向他们讲述了历史和现实。上一年，康普顿的图书馆流通了 19 种漫画，共 257 本[37]。

有时，图书馆专家也会犯错。1945 年，著名的纽约公共图书馆儿童馆员安妮·卡罗尔·穆尔在读完怀特（E. B. White）的《精灵鼠小弟》（*Stuart Little*）的样张后写信给怀特。不要出版，她说。这本书"内容消极、结果不明确，不适合儿童，如果出版的话也会伤害作者"。怀特对穆尔的评论表示感谢，但还是决心出版。出版后，儿童图书馆员对该书的反应平平。然而，数百万读者爱上了这本书。怀特说："孩子们像小跳羚一样，可以轻松地跳过把真实世界与虚构世界分隔开的围栏。这道围栏可以绊倒图书馆员，但不会影响到儿童。"[38]

虽然在大萧条时期，用户和社区组织仍然将公共图书馆的空间用于多种目的，但是一些图书馆专家呼吁开展变革。1941 年，约瑟夫·惠勒（Joseph L. Wheele）与艾尔弗雷德·吉森斯（Alfred M. Githens）在合著的《美国公共图书馆建筑》（*The American Public Library Building*）一书中指出，卡内基图书馆大楼是在"炫耀和卖弄时期"建立起来的，而且由于大部分建筑都有一个用于开展社区活动的礼堂，图书馆员"痛苦地发现，这些无关紧要的活动干扰了正规的图书服务，而图书馆在正规服务上的预算始终少得可怜"。威廉·芒蒂对此表示同意。他在 1939 年写道："信息与知识最主要的传播是在阅览室里实现的。"图书馆礼堂举办的演讲、展览、音乐会、论坛和戏剧表演"在很多时候分散了图书馆的精力，因而削弱了图书馆的影响力"。与惠勒和吉森斯一样，芒蒂也倾向于有用的知识。像许多图书馆界领导者一样，芒蒂并没看到经常使用公共图书馆的用户表示图书馆建筑特色及社区空间意义重大，或者能改变生活[39]。

但是芒蒂、惠勒和吉森斯不能代表所有的图书馆员。加利福尼亚州帕萨迪纳公共图书馆馆长坚持认为，图书馆不应"成为谷仓一样的场所"，更应该是"像家一样……让人们愿意待在这里"，这个想法与 1893 年妇女图书馆的风格不谋而合。用户喜欢这种体验。1930 年，一位失业的克利夫兰公共图书馆用户写道："我来到图书馆的时候心情很糟糕，但是图书馆平和、宁静的气氛产生了一种魔力。我在不知不觉中与自己和世界和解了。"一位记者在1943年说："如果要问我为什么在进入［马萨诸塞州］康科德图书馆时感觉像回家一样，我会说这里宾至如归的气氛、自由的空气、难以言喻的善意与舒适。参与设计的人一定非常善于持家。"[40]

美国人仍然需要公共图书馆，这一点显而易见——在1930年到1940年间，美国新开了800多家图书馆，即使在最困难的时期也没有一家关闭。1936年，堪萨斯州比勒（Buhler）的一个女性社团在废弃的加油站开设了图书馆。她们从旁边的理发店借来拖把和热水，将屋子打扫干净，摆上了850册书，然后向一位社团成员支付了50美分，请她担任管理员，每周工作两个下午。据《基督教科学箴言报》报道，有时会有驾驶员"急匆匆地跑进图书馆，说要加五升汽油，然后张大了嘴，惊讶地看着自己见过的第一家摆满书的加油站"。内布拉斯加州格雷特纳（Gretna）的一个女性社团从当地募集的835美元也在加油站设立了图书馆。到了1938年，该图书馆已经成为社区的骄傲，每周开放两个下午和一个晚上，还可以用于召开社区会议。女性社团的成员担任义务馆员[41]。

在大萧条期间，用户对于公共图书馆空间的需求反映了他们的日常需要。1930年，圣路易斯公共图书馆某分馆的一位馆员称："这家分馆有时会成为托儿所、浴室（我们发现有一个小女孩每周六来给她的两个妹妹洗澡）、流浪汉的聚会场所以及失业者的避风港。"八年后她又写道："我们的公共图书馆继续发挥托儿所、养老院以及男孩和女孩俱乐部的功能。"1935年，当一位记者造访洛杉矶公共图书馆的分馆时，她注意到这些分馆为不同的用户服务，"来自好莱坞的年轻女子或许会骑着滑板车、穿着短裤来借书；而城市东边留着直短发的日本女孩们与年迈的俄罗斯人以及意第绪语哲学家同时出现"[42]。

与前几代人一样，这一代的图书馆员也给不同类型的用户起了外号。"哼哼者"是指那些"每天在日报上认真搜寻新闻，看到某些新闻便会哼出来，觉得很好玩"的人。在芝加哥公共图书馆外，年轻的索尔·贝娄（Saul Bellow）[①]

---

① 索尔·贝娄（1915—2005），美国作家。他生于加拿大，父母是来自俄国圣彼得堡的犹太移民。1924年全家迁往美国芝加哥定居。其代表作有《奥吉·马奇历险记》《洪堡的礼物》《拉维尔斯坦》等。——译者注

在欣赏"'事实和数据'泰勒"的表演，他是一位黑人"大师，向华盛顿公园里喧闹的群众背诵他"在图书馆"记下来的数据，逗大家乐一乐"。"有人想知道钢铁产业的出口数据吗？"他向路人喊道。"你来说吧，'事实和数据！'"人们回应道[43]。1935 年，东达拉斯分馆的一位馆员说，周围居民喜欢图书馆，不仅因为这里是妈妈带着孩子来听故事的地方，也不仅因为老人们在流通台会受到图书馆员热情的接待，还因为"我们总是关心人们的疾病痛楚、风流韵事，以及他们的婚姻与孩子。"他们把读者当作是"人"而不是"客户"，读者对此心存感激。1936 年，《基督教科学箴言报》指出："图书馆员给予人们的最好礼物就是'人情'。"[44]

纽约公共图书馆查塔姆广场（Chatham Square）分馆是最能体现美国作为大熔炉的特点的地方，该分馆附近有唐人街以及意大利、爱尔兰、希腊、波兰和捷克裔聚居区——1940 年的人口普查数据显示，该分馆服务范围内的居民有多达 40 种国籍。1941 年，《基督教科学箴言报》的一位记者问一个走向该分馆大门的中国女孩："里面有什么活动？"女孩搂着她的爱尔兰裔朋友回答说："现在是讲故事时间。"记者继续问，自己是否可以加入，"当然，"一个德裔男孩插嘴道，"阿莱西奥斯夫人希望人越多越好。"记者写道，艾莉森·阿莱西奥斯（Alison Alessios）是一个特别的人。图书馆周围有这么多不同国籍的人，她是如何应对的呢？阿莱西奥斯回答道，在入职查塔姆广场分馆后不久，她在周围闲逛，看到了给第二代中国移民儿童上课的两家中文学校。听了这里的课程后，她在馆内组织了一个华裔俱乐部。为了让中国孩子们与来自希腊、意大利和爱尔兰的孩子一起学习，阿莱西奥斯寄希望于讲故事活动，由于宣扬白人西方传统的教育体制导致孩子们的价值观与父辈逐渐偏离，阿莱西奥斯希望通过这些活动让他们重新获得文化自信。她说："在我看来，如果鼓励那些孩子和成年人保护和尊重本民族的艺术和传统，使他们有机会把本民族的艺术与传统融入美国民主的大熔炉，他们将来会形成一种认识真实的美国的视野，而在当下完全专注于我们本土文化与历史的教育体系中是缺少这样的视野的。"[45]

作为公共论坛，图书馆有时还会成为表达种族观点的场所。在巴尔的摩伊诺克-普拉特免费图书馆，由于白人不愿与黑人共用厕所，1934 年，图书馆单独设置了"有色男性"和"有色女性"洗手间。巴尔的摩的《非裔美国人报》（Afro-American）谴责"普拉特图书馆向《吉姆·克劳法案》屈服"。1939 年，五名黑人青年因为被弗吉尼亚州亚历山大公共图书馆拒绝服务而静坐示威。为了应对这一问题，市议会投票决定拨款 2500 美元成立一家有色人种分馆。20世纪 40 年代早期，在北卡罗来纳州格林斯伯勒（Greensboro）的黑人图书馆，黑人民众在这里开会策划让该市雇佣黑人警察，他们的努力最终取得了成功。1940 年，在北卡罗来纳州达勒姆市的黑人分馆开馆仪式上，与会者没有演唱美国国歌，而唱起了被誉为“黑人国歌”的《扬声高唱》（Lift Every Voice and Sing）[46]。

1935 年，一项联邦调查显示，美国南方 13 个州的 509 家公共图书馆中只有 94 家为黑人提供服务，其中有一半位于肯塔基州、西弗吉尼亚州、得克萨斯州和北卡罗来纳州（这些图书馆利用联邦资金增加了黑人服务）。在这些图书馆，黑人得到的服务差别也很大。例如，1940 年，新奥尔良的 329130 名白人可以使用公共图书馆的 273683 册藏书，而 129632 名黑人只能阅读一家向黑人开放的分馆里的 14697 册藏书。尽管如此，一些进步还是很明显的，只不过是利用外部资金实现的。在 1928 年至 1935 年间，芝加哥朱利叶斯·罗森沃尔德基金会（Julius Rosenwald Foundation）资助的示范项目将南方公共图书馆的服务拓展至 114237 名白人和 140459 名黑人，使得面向乡村民众的图书流通量增加了 592%，面向南方黑人的图书流通量增加了 579%。1938 年，在密西西比州的阿伯丁（Aberdeen），罗森沃尔德基金会帮助当地黑人成立了一家公共图书馆[47]。

南方的黑人分馆在数量上缓慢增加，而北方城市分馆不得不适应南方黑人大量涌入城市社区的现实。在一些城市，公共图书馆服务使白人和黑人走到了一起。康涅狄格州哈特福德公共图书馆对自己的跨种族服务非常自豪。1941年，该馆聘请了斯宾塞·肖（Spencer Shaw），据他的白人同事朱利亚·莫里亚蒂（Julia Moriarty）所说，肖采购的文献“没有嘲讽黑人的内容”，而且他精心策划的项目让黑人和白人都了解到了黑人对于美国历史、艺术、音乐和文学做出的独特贡献[48]。

然而，其他北方城市社区的格局决定了这些黑人分馆就是只有黑人的分馆。1932 年开放的芝加哥公共图书馆霍尔分馆很快成为这个新的美国黑人之都的社区与文化中心。黑人馆长薇薇安·哈什（Vivian Harsh）创办了一本书评半月刊，开设了论坛，并组建了杜沙博（DuSable）历史俱乐部；在十年内，该馆相继成立了 15 个类似的团体。在那个时期，理查德·赖特、兰斯顿·休斯（Langston Hughes）、佐拉·尼尔·赫斯顿（Zora Neale Hurston）、阿那·邦当（Arna Bontemps）、阿兰·洛克（Alain Locke）、凯瑟琳·邓纳姆（Katherine Dunham）和玛格丽特·沃克（Margaret Walker）都到馆发表过演讲。这些作家常驻馆内时，一个十几岁的女孩她小时候曾听查勒曼·罗林斯（Charlemae Rollins）朗读与黑人有关的诗歌和故事，总是不断拿出自己写的诗歌请来这些作家评判。1950 年，这个女孩——格温德琳·布鲁克斯（Gwendolyn Brooks）赢得了普利策诗歌奖[49]。

1942 年，纽约公共图书馆第 135 大街分馆准备启用哈勒姆区（Harlem）①的新馆舍，《基督教科学箴言报》的一位记者参观了那里。"新馆开放后，我们将度过非常棒的时光，"他无意中听到一个男孩对一个女孩说，"里面有个多功能房间，他们让你在里面做任何事。[欧内斯廷·]罗斯②小姐说过，那儿的空间一定要特别大才能装下黑人的历史，那真是大极了。"[50]20 世纪 30 年代，詹姆斯·鲍德温（James Baldwin）曾如饥似渴地在这家分馆读书。1939 年的一个星期六早上，小奥德丽·洛德（Audre Lorde）③"像一只愤怒的棕色小蟾蜍一样趴在儿童阅览室的地板上，尖叫着'杀人啦'"，因为她的母亲揪着她的耳朵让她保持安静。"突然，我抬起头，发现有一位女图书馆员站在我面前……从我躺在地上的角度看，[奥古丝塔·]贝克夫人④只不过是另一位高高在上的、想要惩罚我的人……'你想听故事吗，小姑娘？'"贝克将她抱到椅子上，为她读了《玛德琳》（Madeline）和《霍顿孵蛋》（Horton Hatches the Egg）。"贝克夫人读完后，我从她手中将书拿过来，用手指抚摸那些大大的黑色字母，再次翻看里面色彩斑斓的图画……我大声向所有在听的人说：'我想读书。'"[51]

在芝加哥的霍尔分馆、纽约公共图书馆第 135 大街分馆以及亚特兰大奥本

---

① 哈勒姆是一个黑人居住区。——译者注

② 欧内斯廷·罗斯（Ernestine Rose,1880—1961），哈莱姆区图书馆员,社会活动家。——译者注

③ 奥德丽·洛德（1934—1992），美国诗人,黑人女同性恋女权主义活动家。——译者注

④ 奥古丝塔·贝克（Augusta Baker,1911—1998），纽约公共图书馆第 135 大街分馆图书馆员,擅长给儿童讲故事。——译者注

分馆，黑人都能找到对他们友好的文献。《芝加哥论坛报》称，1944 年，霍尔分馆利用其馆藏在主馆举办了"黑人历史周"展览，该展览反映了"黑人在美国所有战争中表现出的英勇无畏和爱国主义精神"。1945 年，纽约公共图书馆利用第 135 大街分馆馆藏举办了一场主题为"人类的种族"的展览。《纽约阿姆斯特丹新闻报》（*New York Amsterdam News*）进行了报道，标题为"展览揭穿种族优越性的荒谬"。展板上有这样一些标题："没有最落后的种族""文化不是天生的""犹太人不是一个种族"。数千人参观了展览；该展览还到布鲁克林、里士满和华盛顿特区的公共图书馆以及南方的大学进行巡展[52]。图书馆馆藏告诉人们历史还有另一面。1944 年，纽约公共图书馆分馆的一位馆员称："不断增加的黑人民众让我们看到了很多权威名著存在不足之处。我们发现有些著名的黑人，如索乔纳·特鲁斯（Sojourner Truth）都没有被收录到《美国传记词典》中。"[53]不过，大多数公共图书馆仍然还是按照印刷作品中刻画的刻板形象来对待黑人。

用户继续利用图书馆讨论公共问题。1932 年，得梅因公共图书馆在周日不定期举行论坛，探讨时事，主办团体包括共产主义和社会主义组织。在芝加哥的约翰·托曼（John Toman）分馆，当地捷克裔美国人在 1931 年组织了一系列论坛，并成立了一个由 7 名成员组成的委员会（据一位图书馆员称，这 7 人包括 2 名"保守派"，2 名"激进分子"和 3 名"自由主义者"）负责论坛的运行，活动持续了十几年。论坛讨论的主题帮助社区成员从不同的意识形态视角探索作为"美国人"的意义。然而，并非每个人都对图书馆举办公共论坛感到满意。1938 年，馆长罗登向董事会表示："坦率地说，我从来都不认为图书馆是公开讨论争议话题的场所。"[54]

图书馆继续帮助人们确定什么是可接受的公共艺术。1941 年，在得梅因公共图书馆，一些用户对公共事业振兴署资助成立的儿童阅览室内的四幅壁画提出质疑。其中一幅画了一颗从橡子中长出的柠檬，观众认为它在抗议得梅因河上过度开发房地产的问题。图书馆董事会认为这是"对本州的一种毫无必要的诽谤"。第二幅描绘了宴会上的印第安人。"我们不了解这幅画的确切含义，"一位图书馆员对《芝加哥论坛报》的记者说，但一些孩子被"一个跪着的老太太的凝重表情"吓坏了。另一幅壁画展示了印第安人被士兵和殖民者赶出了家园。一位图书馆员观察到："孩子们通常很喜欢有关印第安人的画作，但是他们不喜欢这一幅。上面的印第安人形象是扭曲的，而且整幅画的场景有点恐怖。"最后一幅画也令她感到困惑。"它没有为孩子们描绘出祖先光辉的一面。"当这些壁画从诞生这个了《图书馆权利法案》的图书馆墙上撤下时，当地及全国的图书馆界没有做出任何表示[55]。这件事表明，图书馆的墙壁也是用于展示社区文化和艺术价值的公共空间。

1932 年夏天，在芝加哥的学校操场上，孩子们听到哨声后会围坐在"仙女圈"（Fairy Ring）① 周围，听图书馆员讲故事。据《基督教科学箴言报》称："所有的孩子都体会到了'发挥想象力'的乐趣。"在波士顿，图书馆聘请了三个经验丰富的人为贫困社区分馆的读者讲故事。每周五晚上都有数百人聚集于此。《基督教科学箴言报》的一位记者在 1936 年写道，"贫困的孩子们……整整一星期都在期待"他们的到来，"当孩子们开始与红十字骑士一道反抗恶龙，或者与莫吉尔一起爬进狼穴、与小猫一起航行、与苏珊和她的娃娃阿拉贝拉在荒野中探险时，缺乏生气的家、破烂的衣衫、愤怒的言语、难看的样貌、他人的忽视和饥饿感似乎都消失了"[56]。

其他媒体仍然影响着读者需求。人们不断要求肯塔基州的马背图书馆员带来《飘》以及其他畅销书"住在峡谷间的"居民们从收音机里听说过。1938年的一项调查显示，"好莱坞对读者阅读品位的影响巨大"。20 世纪 30 年代中期，当《大卫·科波菲尔》的电影首映时，克利夫兰图书馆在已有 375 册原著复本的基础上又订购了 125 册；电影放映一周后，所有复本都借出去了，"人们还纷纷抢着借阅狄更斯的其他作品"。图书馆还制作了书签，介绍最近流行的电影，并列出馆内与该电影有关的其他作品。一位记者指出："电影与图书馆之间的契合超出了任何人的想象。"[57]

1930 年，克利夫兰学院通过 WTAM 广播电台播放教育节目；教务人员定期在节目中推荐公共图书馆的相关藏书。任何对这个节目感兴趣、但没有收音机的人都可以在公共图书馆的讲堂收听。1938 年，俄亥俄州凯霍加县公共图书馆（Cuyahoga County Public Library）推出了每周一次的"图书大篷车"广播节目。每期节目中都有一个环节，两位女性探讨可以利用图书馆藏书解决

---

① 仙女圈是指在草坪或森林里其他地方自然生长的蘑菇圆环，是菌丝辐射生长的结果，中心的菌丝老去逐渐死亡，外围菌丝生长力强，所以看上去是蘑菇长成了一个大圆圈。这里指孩子们围成一圈而坐。——译者注

的个人问题。到了 1942 年，已有超过 200 家公共图书馆主办了这类广播节目。在 20 世纪 30 年代，纽约公共图书馆的多家分馆组织民众通过图书馆收音机收听大都会歌剧。在奥腾多佛（Ottendorfer）分馆，"一个房间布置得很吸引人，窗户上挂着窗帘，书架上摆着歌剧演员和歌剧场景的照片，一个台子上放着关于歌剧及作曲家的作品，每个桌子上都摆着几本音乐杂志"。这些活动的参加人数通常在 75 到 100 人之间[58]。

在阿肯色州小石城公共图书馆（Little Rock Public Library），"音乐圈"（Music Coterie）在礼堂举行音乐会，并用音乐会的收益购买了留声机和古典音乐专辑。内布拉斯加州福尔斯城公共图书馆（Falls City Public Library）设立了音乐部，成果斐然。1941 年，在一个有着 6000 居民的小镇，该部门通过捐赠获得的 400 张古典唱片向社团、教师、学生和普通读者出借了 2173 次。1940 年，马萨诸塞州的昆西公共图书馆（Quincy Public Library）利用公共事业振兴署提供的资金建造了一个新的大楼，专门用于存放音乐录音资料。歌手玛里昂·安德森（Marion Anderson），以及作曲家舒伯特（Schubert）、里姆斯基-科萨科夫（Rimsky-Korsakoff）和罗西尼（Rossini）的作品都收藏在这里（罗西尼的《威廉退尔序曲》还成为广播节目《独行侠》的主题曲，非常受儿童欢迎）。1943 年，一位读者批评风城（Windy City）①的音乐爱好者们对芝加哥公共图书馆在周六下午举行的唱片音乐会"视而不见"[59]。

二战以前，公共事业振兴署的工作人员将纽约公共图书馆多家分馆的礼堂改造成了"小型剧院"。华盛顿堡（Fort Washington）分馆利用联邦资金为"华盛顿堡表演艺术团"提供支持，这笔资金用完时，一个业余爱好者团体建造了一座永久的剧院，"用于发掘被埋没的人才"。虽然"这家剧院没有足够的设施可以展现百老汇那样壮观的场景"，一张节目单上写道，"但我们认为这一点……通过"演员和观众"热情营造的愉快人际氛围得到了弥补"。入场券上包含节目单，由图书馆员夹在读者借阅的书中的节目单，发给读者。其他业余团体也会使用这个剧院，到了 1941 年，该分馆已成为市内最佳的业余表演场所之一。用户从不需要缴纳入场费[60]。

在 20 世纪 30 年代中期，一些美国公共图书馆开始出借玩具。在纽瓦克，

---

① 芝加哥市的别称。——译者注

图书馆利用全国青年总署提供的资金成立了 13 个"玩具图书馆"站。在 1936 年上半年，洛杉矶公共图书馆购买了 7126 个旧玩具，这些玩具后来出借了 21610 次。一些玩具在经历了一段"试用期"之后被"收养"了。图书馆员问一个推着婴儿车的 8 岁女孩："罗莎莉今天早上还好吗？""她很好，谢谢你。"女孩回答道。"我来看看，你六星期的试用期要结束了，"图书馆员说，"罗莎莉看起来又干净又开心。她是你的了！""哇，谢谢，太感谢了，"女孩说，"她是我会拥有的第一个宝宝，我会对她非常好的。"[61] 对于一个来自贫困家庭的小姑娘来说，这是一节意义深远的公民责任课，而因为她的负责，获得了一个大大的回报。

"1941 年 12 月 7 日，我们在前台放了一台收音机，在 1 点 30 分收听总统宣布对德国和意大利宣战的消息，"纽约公共图书馆一家分馆的馆员说，"17 个人全神贯注地听着，随着国歌响起，他们也都站了起来……这种沉默一直持续到音乐结束，令人难忘；每个人都被这种肃穆打动。这 17 人代表了社会各阶层——老年人、年轻人、家庭主妇、十几岁的男孩和一对德国难民夫妇，对于他们而言，每当想起这一事件，图书馆里的场景就会历历在目。"

和其他公民机构一样，公共图书馆也受到了二战的巨大影响。国家卷入战争后，大部分联邦救助资金都取消了，但图书馆界仍然动员起来，服务国家的战时需求[62]。1000 万美国人应征入伍，留下来的人忙于为后方服务，导致公共图书馆阅览室的人数下降了 50%。然而在离开之前，很多人都向图书馆道别。一位即将上任的少尉向纽约公共图书馆查塔姆广场分馆的图书馆员说："无论走到哪里，无论在做什么，我都会记住这家图书馆，记住在这里学到的东西。"一个应征入伍的人说："图书馆与我的家人一样，很难割舍。"战争创造了很多工作岗位，许多留下来从事这些工作的人也不来公共图书馆了。对有些人来说，在大萧条时期使用公共图书馆意味着失业（因为失业所以有自由的时间）。一位分馆馆员称，"借阅卡像雪片一样……扔到服务台上"，卡片主人开心地宣布："给你，我不需要借阅卡了，我有工作了。"[63]

在珍珠港遭到侵袭的两周内，洛杉矶公共图书馆在一楼大厅设立了战时信息咨询台，平均每天处理 300 个问题以及 150 封信件的咨询。12 月 7 日，战时生产活动图书区前面的"国防专柜"标牌改成了"胜利书架"。到 12 月 14 日，芝加哥公共图书馆及其 46 家分馆中每一本关于日本的图书都被借出，且都有长长的等待借阅名单。在分馆的参考图书阅览室，读者仔细研读了关于空袭防御、军事战略和国际政治的文献。底特律民防办公室指定图书馆的"战争信息中心"为提供关于红十字会、美国妇女志愿服务协会（American Women's Voluntary Service）、联合服务组织（United Service Organizations）和探访护士协会（Visiting Nurses Association）信息的官方场所。马萨诸塞州温切斯特公共图书馆（Winchester Public Library）邀请了一位屠夫来到图书馆，向家庭主妇展示如何切肉才能保存更久。新泽西州东奥兰治公共图书馆展出了当地 125 名参战男子的照片。在底特律公共图书馆，女裁缝向用户展示了如何通过悬挂窗帘减弱夜晚的光线[64]。

在许多城市，公共图书馆为战时工厂提供午餐时间的流动图书车服务。卡拉马祖公共图书馆（Kalamazoo Public Library）为那些有成员入伍的家庭举办家庭之夜活动，放映关于入伍军人的驻扎地的电影。驻扎在波士顿附近的军人在波士顿公共图书馆的 250 种报纸中搜寻家乡的新闻。哥伦比亚特区公共图书馆设立了一间"家居兴趣"（Home Interests）室，向那些来华盛顿从事战争工作、居住在狭小空间里的女性介绍装饰技巧。佩特沃思（Petworth）分馆是单身女性最喜欢的活动场所，她们到了周日下午会聚在"燃烧着木头的大壁炉"前，欣赏"黑胶唱片机音乐会"。《华盛顿邮报》称，这项活动"很大程度上为在政府工作的女孩消除了寂寞"[65]。

20 世纪 30 年代晚期，随着欧洲的犹太难民逐渐抵达纽约，很多人出现在了纽约公共图书馆的各个分馆。1940 年，苏厄德公园（Seward Park）分馆的一位馆员无意中听到一个女孩向朋友谈起远在波兰的家人："我们再也收不到他们的消息了。"1945 年，在哈密尔顿鱼园（Hamilton Fish Park）分馆，"一位读者来到服务台前哭了起来"。"她刚得知，在波兰老家的 250 名村民中，只有 16 人幸存下来"，她所有的亲戚都去世了。"欧洲犹太人的悲惨经历深深地影响了这里的人，"一位馆员指出，"唤起了他们对于犹太民族历史及文化传统的兴趣。图书馆唯一不能宽容之事便是不宽容［这位馆员显然不是在代表所有公共图书馆讲话］，这一坚定的立场让图书馆在这个时候为社区意志消沉的人提供了必要的慰藉。"[66]

1943 年，布法罗公共图书馆为全国性的"胜利图书运动"（Victory Book Campaign）募集了 8.8 万本书，提供给军人阅读。该馆还设立了一个"战争信 162

息中心"，查找出本市所有战争机构，把这些机构的出版物提供给读者。由于战争相关行业的职位需要应征者提供出生证明，或者可以证明自己出生时父母为美国居民的材料，图书馆提供了老的城市居民信息簿（city directories）来帮助人们证实居民身份，总共帮助 3650 人就业。檀香山的公共图书馆为驻扎在当地的士兵提供房间和材料，方便他们给家人写信。纽约公共图书馆为帮助军人的妻子和爱人写信而编写了参考书目。"这正是我想要的，"有个妻子拿着一本伊丽莎白·巴雷特·勃朗宁（Elizabeth Barrett Browning）写给丈夫的情书集说，"你看，上面写着'我最亲密的爱人'。"1943 年底，图书馆员向正在服役的读者寄送了 3000 张圣诞贺卡。许多人收到贺卡时以为是逾期图书通知。"我火冒三丈，"有个人写道，"我还以为是……图书馆把催缴工作做过了头。"然而所有回信的人都对图书馆员的善意表达了感谢[67]。

与"一战"时期一样，一些图书馆员在"二战"期间也看到了"提升"读者品位的机会。到 1941 年时，美国公共图书馆已普遍遵循"每月一书俱乐部"和《读者文摘》等设定的"算不上文学巨著但通俗易懂"的文学品位标准，并通过《书目》《小说目录》等"过滤器"影响着图书馆所在社区的阅读品位。不过，很多图书馆员高兴地表示，阅读小说的人数下降了，而严肃读物的读者数量增加了。1943 年，新泽西州东奥兰治公共图书馆的馆员说："有记录以来，图书馆的悬疑小说第一次供大于求，这表明侦探专家们或忙于前线战事，或在后方忙于从事与战争有关的生产，过于辛苦，无暇阅读这类作品。"[68]

然而，由于联邦政府认为公共图书馆不属于必要的战时服务机构，战争期间对图书馆相对的不重视使一些图书馆实践受到了重创。流动图书车首当其冲。在洛杉矶公共图书馆，轮胎是一个很大的问题，政府强制从停用的车辆上将好的轮胎卸下，用于替换尚在使用的车辆上严重磨损的轮胎。用户写了上百封信表达得不到图书馆服务的焦虑，但是随着汽油补给政策的施行，情况变得更加糟糕。《纽约时报》在报道东布朗克斯（East Bronx）取消流动图书车时，称其为"战争的牺牲品"。巴尔的摩普拉特图书馆面对这些限制发挥了创造力。该馆购买了一辆马车，以继续提供流动图书车服务。馆长称，"孩子们非常喜欢"小马"贝蒂"。"他们小心翼翼地抚摸着她，经常因为她的性别而争吵。'小姐，她是女孩子吗？'孩子们经常问这种问题。"[69]

1943 年 5 月 11 日，1000 多人聚集在纽约公共图书馆门前的台阶上，纪念

1933 年纳粹在柏林焚毁 2.5 万本"非德国"书籍十周年。现场降半旗，演员拉尔夫·贝拉米（Ralph Bellamy）朗读了斯蒂芬·文森特·贝尼特（Stephen Vincent Benet）的戏剧《他们焚烧了书籍》（*They Burned the Books*），女演员海伦·海斯（Helen Hayes）呼吁现场公众为"胜利图书运动"捐赠更多图书。公共图书馆也成为表达政治立场的场所。在新罕布什尔州朴茨茅斯公共图书馆（Portsmouth Public Library），有人将卡片目录中记录德国文献的卡片撕碎。在托莱多，一个愤怒的 10 岁小孩将一本日本童话故事书扔在地板上并踩了几脚。在马萨诸塞州皮茨菲尔德（Pittsfield），一位用户有预谋地将带有日本图片或日文标题的书都偷走了[70]。

在战争期间，图书馆与读者体会着同样的情感起伏。从纽约公共图书馆斯塔滕岛（Staten Island）分馆，读者可以看到世界上最繁忙的海港。他们在那里看到舰队出航——"数千名士兵坐在经过伪装的运输车里经过图书馆奔赴海外"，馆长说。读者还可以看到舰船回港和卸运。"数百辆军用卡车、吉普车以及运送伤员的救护车源源不断地从图书馆窗前经过。"对于该分馆来说，"战争始终与我们在一起"。一位妇女（她的丈夫所坐的船被鱼雷击沉了）对纽约公共图书馆分馆的馆员说，图书馆的书籍给了她慰藉，帮助她"平复情绪……图书馆就是我的家"。1944 年，另一位年轻的女士告诉分馆馆员："我刚听说我的未婚夫在行动中牺牲了。我的思绪很混乱。我想读一些东西来帮助自己接受这个现实。"[71]

在西雅图公共图书馆，一位军人在出征海外之前忘了归还一本书，他带着逾期通知辗转到不同的驻扎地。最终当逾期通知回到图书馆时，上面盖了 7 个邮戳，外面还有一张手写的便条："此人在战场上失踪了，1943 年 11 月 17 日。"在圣迭戈公共图书馆，儿童图书馆员克拉拉·布里德（Clara Breed）伤心地看着日裔美籍儿童来馆归还借阅卡，他们随后要与家人坐船去往拘留营——"这真是可怕的不公平事件"。布里德将很多孩子送到火车站，将印有她的地址和贴好邮票的明信片送给他们，让他们写给自己。有些孩子真的寄来了明信片，向她倾诉自己的孤独和想家。布里德经常回信，并给他们寄书。有个人后来回想起仁慈的布里德时说："有本书——《伊丽莎白的家》（*Home for Elizabeth*）——对我而言有特殊的意义，因为我当时仅有的家是一个马厩。"[72]

战争结束后，纽约公共图书馆圣乔治（St. George）分馆的用户们看到装

163

满了退伍军人的舰船回港了。馆长称在报告中写道,舰船第一次不加伪装地航行,令人欣欣鼓舞,图书馆恢复了在大船经过时敲四下钟的古老习俗。不过,公共图书馆里还有些读者则不为所动,仍继续自己的探寻。圣安格斯(St. Agnes)分馆馆长注意到,在战后的"海军日"(Navy Day),尽管军舰上的枪声仍在河面上回荡,街道上汽车隆隆作响,飞机在头顶盘旋,救护车和巡逻车的警报声响彻整个城市,但"一些人仍然泰然自若地挑选着图书"[73]。这是他们生活的一部分,不管外面的世界如何,他们都不想放弃。

1945年,美国共有7400家公共图书馆(含分馆),年流通量3500万册次,注册用户2500万人。注册用户包括全国21岁以下人口的33%(流通的40%—45%为"青少年读物"),21岁以上人口的10%。在这些用户中,女性多于男性,接受过高等教育的人多于文化水平较低的人,中产阶级多于上层和底层阶级,单身人士多于已婚者,白人多于有色人种。小说仍然占总流通量的三分之二到四分之三[74]。

到1945年,已有两代人美国人体验过建在他们所在城镇的卡内基图书馆,作为公共场所,这里展示了社区文化价值,人们在这里建立人际关系,交流观点,学习和展示恰当的社会行为规范。人们在这些图书馆建筑中的所见、所闻和所感都是相似的,但每个人仍然能从受地点和时间限制的馆藏和服务中得到独特的收获。读者继续使用卡片目录和索引来挖掘公共图书馆收藏和组织的有用的知识,这一时期的读者仍然经常在图书馆搜寻小说——杜威十进分类法对小说未予重视,只是按作者姓氏字母顺序排列小说。然而,除了这些印刷作品之外,美国公共图书馆还通过讲故事活动、密纹唱片、广播节目、音乐活动、艺术展览、社团会议和礼堂演出与演讲等途径传播故事。所有这些都有助于巩固社区地位,使公共图书馆变成数百万美国人生活中不可或缺的一部分。

第 7 章 "赢得日常生活的战斗"（1945—1964）

　　毫无疑问，二战后美国图书馆界面临的最大问题就是审查。图书馆员通过《图书馆权利法案》来捍卫知识自由和抵制审查，却在很大程度上引来了审查。然而，行业制度与图书馆实践之间的差异很快通过各种分歧凸显了出来。例如，在 1948 年的美国图书馆协会年会上，一些图书馆员批评纽约、加利福尼亚和新泽西的几家公共图书馆以"反天主教"为由禁止提供《国家》（*The Nation*）杂志。纽约公共图书馆参考咨询部主任保罗·赖斯（Paul Rice）阐述了图书馆职业新的教条路线。"《国家》杂志应该从图书馆书架上撤掉吗？南方的图书馆应该因为当前的[①]一些书籍或小说主题涉及种族问题，甚至大多数南方人都反感就不收藏它们吗？应该让对所谓颠覆性书籍的政治迫害[②]驱使图书馆员不去收藏那些支持俄国或共产主义的图书吗？所有这些问题的答案必须是否定的。"

　　在此次年会上，美国图书馆协会还对《图书馆权利法案》的第三条原则进行了修订，修订后的内容为："针对持有某种道德或政治观念的任何人或试图强制推行美国主义观念的任何组织推动或开展的图书审查，图书馆必须（must）提出质疑，以维护其通过印刷品为公众提供信息和启蒙的责任。"与其他四条原则不同，这条原则中使用了"必须"（must），而不是"应

---

　　①　20世纪的前四五十年,美国黑人族群意识萌发,当时许多作品主题涉及种族平权问题,而由于历史和观念等原因,美国南部有相当数量的人认为上述作品是对他们的冒犯。——译者注

　　②　原文为witch hunts,原意为中世纪的猎巫行动,引申为政治迫害。——译者注

该"（should）。然而，美国图书馆协会拒绝规定违反第三条原则的惩罚措施。（1961 年的修订版中仍然使用"必须"，但在 1967 年的修订版中又改回"应该"，并一直沿用至今。）

在此次年会上有一个提案，建议图书馆界把参与审查的图书馆列入黑名单并且予以抵制，但无果而终。另一个提案建议成立一个委员会，保护拒绝审查的图书馆员，并把开除这些馆员的图书馆列入黑名单，但结局同样是无果而终。5 年后，《威尔逊图书馆公报》（*Wilson Library Bulletin*）发表了莱斯特·阿什海姆（Lester Asheim）的文章《不审查，只挑选》（Not Censorship, but Selection），文中阿什海姆建议图书馆员挑选有价值、力量和美德的文献，而不是挑选在道德或政治上具有攻击性的内容。这一标题很快成为图书馆的常用说法[1]。

但是《图书馆权利法案》的实施始终很混乱，有时甚至无法推进，而且在《图书馆权利法案》的范围之外，业内难以达成共识。和前几代人一样，二战后的美国公共图书馆仍然面临着关于性的内容审查问题。虽然在 1933 年，最高法院判定詹姆斯·乔伊斯（James Joyce）的《尤利西斯》（*Ulysses*）对于一般成年人来说不属于淫秽图书，但下级法院则较为保守。因此，在 20 世纪 40 年代，当马萨诸塞州一家法院认为莉莲·史密斯（Lillian Smith）的《奇异果》（*Strange Fruit*）中含有淫秽内容时，该州的图书馆员将这本书撤掉了。在纽约的一家法院判定埃德蒙·威尔逊（Edmund Wilson）的《赫卡特县回忆录》（*Memoirs of Hecate County*）为淫秽作品后，纽约公共图书馆向用户表示不会订购该书[2]。

1948 年末，一位研究人员访问了波士顿地区的 11 家公共图书馆，调查这些馆是否收藏了当时的两本畅销书——诺曼·梅勒（Norman Mailer）的《裸者与死者》（*The Naked and the Dead*）和艾尔弗雷德·金西（Alfred Kinsey）的《男性性行为》（*Sexual Behavior in the Human Male*）。调查结果显示，4 家图书馆拒绝收藏金西的上述作品，5 家图书馆拒绝收藏梅勒的上述作品。只有一家图书馆同时收藏了这两本书并开架供人借阅。大多数图书馆将它们存入了隔离室，一家图书馆规定只允许律师、牧师、教师、社工、警察和"其他出于专业需要的人"借阅金西的上述作品。6 年后，金西出版了同样出名的《女性性行为》（*Sexual Behavior in the Human Female*）。全国各地的公共图书馆在对待这本实用书籍的态度上又产生了分歧。有些图书馆将该书置于开放书架上，有些将其存入隔离室中，还有一些拒绝采购。有些图书馆针对类似的作品设置了"限制书架"，并延续了前几代馆员的做法，在相关主题目录的卡片上写道："需要性教育，找图书馆员。"（For Sex Education,See Librarian.）从那时起，图书馆员和用户看到这句话总会忍俊不禁，如今它已成为一个图书馆典故[3]。

1956 年，格蕾丝·梅塔利斯（Grace Metalious）的《冷暖人间》（*Peyton Place*）出版，这是一本情色小说，讲述了一个新英格兰小镇上的三个女人的性生活（两年内卖出了 600 万册）。韦恩堡公共图书馆拒绝采购这本书，馆长说："书评建议谨慎购买。"然而，在持续的压力下，图书馆向公众屈服了，采购了 20 册书，并且很快都被借走了。只有一个人对此表示不满，县检察官宣布该书为淫秽书籍，此后不久图书馆便下架了所有复本。一些用户要求重新上架，但遭到了图书馆的拒绝。韦恩堡公共图书馆在年报中介绍此事时，并未提及《图书馆权利法案》，但暗示随着时间的推移，争议将逐渐消失，正如《愤怒的葡萄》（*Grapes of wrath*）和理查德·赖特的《土生子》（*Native Son*）一样——尽管图书馆最初拒绝采购这两本书，它们现在都摆在开放书架上[4]。

1959 年，华盛顿机场书店停止出售《查泰莱夫人的情人》（*Lady Chatterley's Lover*）（美国邮政局长认定这本书不适宜通过邮件传播），《华盛顿邮报》进行了调查，发现华盛顿特区的公共图书馆只有一本该书的删节版保存在隔离室。在周边地区，马里兰州蒙哥马利（Montgomery）和乔治王子县（Prince Georges County）图书馆各有一本，但弗吉尼亚州费尔法克斯（Fairfax）、阿灵顿（Arlington）和亚历山德里亚（Alexandria）的公共图书馆都没有收藏。1961 年，蒙哥马利县的管理者禁止当地报摊出售亨利·米勒（Henry Miller）的《北回归线》（*Tropic of Cancer*），同时还命令公共图书馆将该书下架。盖瑟斯堡（Gaithersburg）中央图书馆有该书的 5 本复本，但是仅限于 21 岁以上的成年人借阅；当时所有复本已借出，25 人在排队等候。加利福尼亚州伯班克（Burbank）的一些居民要求公共图书馆将锁在柜子里的《北回归线》丢掉，馆长拒绝了，他说："公共图书馆有责任为社区每一位成员提供他们想要的书。"这本书留了下来——还锁在柜子里[5]。

有时宗教信仰也会引发关于审查的问题。在加利福尼亚州圣安娜

（Santa Ana），一位用户在流动图书车中借到了尼克斯·卡赞扎基斯（Nikos Kazantzakis）的小说《基督最后的诱惑》（*The Last Temptation of Christ*）（这本书在很多人看来亵渎了神灵），并续借了一次。她把书归还后，一个朋友立即借走了它，并同样续借了一次。图书馆员后来才知道，这些人属于一个团体，该团体决定不让这本书流传。在加利福尼亚州阿卡迪亚（Arcadia），30名神职人员要求图书馆撤掉这本书。一位牧师说，他们不希望该书"接受审查"，"我们集体要求将它下架，没得商量"。然而，图书馆董事会拒绝了，因为威尔逊公司出版的《小说目录》给了该小说两颗星的评价。类似的抗议在长滩（Long Beach）、帕萨迪纳（Pasadena）、富勒顿（Fullerton）和纽波特比奇（Newport Beach）都发生了。在圣迭戈（San Diego），一些民众抱怨《基督最后的诱惑》是本色情书，辱没了耶稣的形象，是"共产主义摧毁道德和宗教的一个阴谋"。图书馆董事会主席表示，在社区发起抗议之前，该书大部分还留在书架上。"现在，很多人排队等候借阅这本书，当地所有书店的这本书都卖光了。"在威斯康星州的阿什兰（Ashland），一位用户将这本书借出来交给牧师，牧师禁止他归还，并表示这将是一种道德犯罪。牧师说："我要把书交给馆长，亲眼看着它被焚毁。"馆长并未焚毁这本书，但将它下架了[6]。

《冷暖人间》、《北回归线》、《查泰莱夫人的情人》以及《基督最后的诱惑》等作品引发的争议为公众创造了机会，利用图书馆去调和社区中对一个合适的文学中心的不同看法，并尝试消除分歧。通过妥协达成的解决方案（由于每个社区通过当地的公共机构探索解决方案，所以不同社区的方案有所差异）无法让任何一方完全满意，包括图书馆，很多图书馆甚至在实际行动中违背了《图书馆权利法案》的原则。记录显示，大部分公共图书馆长久以来都默许隔离室的存在，它是图书下架与开放获取之间的一种妥协。形成这个妥协的过程虽然常常令人不快并且是不和谐的，但是没有引发冲突与对抗。"我的感觉是，多年来，我们生活的诸多方面都在经受审查，"阿卡迪亚的一位居民以无可挑剔的逻辑争辩道。"如果图书馆始终不采取审查措施，人们可能会走进来问色情书在哪里……试图在图书馆找到裸女杂志；这就是审查，它是必要的。"[7]

审查制度对图书馆还产生了另一种微妙的影响——不仅使20世纪中期图

书馆界开始流行的过于简单的"不审查，只挑选"更加复杂化，还展现出了公共图书馆在一个社区协商合适的文学界限时所起的作用。二战以后，为了最大化地提高销量，很多出版商开始推出带有诱惑性封面的平装书，美国十万个报摊都将这些书摆在架子上（封面朝外）来吸引顾客。由于这些书的封面带有暗示性，有些人坚称这种作品损害了国民道德，有些人指出它们将提高青少年犯罪率，有些人表示这些书是共产主义企图颠覆美国的阴谋，还有些人认为这三种观点都正确。一些团体就此事展开了讨论，包括"全国高雅文学组织"（National Organization for Decent Literature，NODL）。它成立于 1938 年，是具有天主教性质的团体，旨在开展"系统性的运动……以抵制出版和出售淫秽杂志和低俗文学作品"。20 世纪 50 年代初，该组织重点调查平装书和漫画书，并在月刊《牧师》（*The Priest*）中发表其反对流传的图书清单。

有人分析了 1952 年 1 月至 1953 年 1 月间出版的 11 期《牧师》杂志中罗列的 370 本非常流行但遭到"全国高雅文学组织"谴责的作品。这些书被拿来与《书目》（*Booklist*）杂志中的内容以及明尼苏达州索克中心（Sauk Centre）、密歇根州列克星敦（Lexington）、艾奥瓦州欧塞奇（Osage）、威斯康星州莱茵兰德（Rhinelander）和伊利诺伊州莫里斯（Morris）5 家中西部小镇公共图书馆的馆藏进行比较，揭示了这几家图书馆处理这些作品的方式[8]。半月刊的《书目》杂志每期介绍 25 本成人小说，一年介绍 600 本。在上文提及的《牧师》列举的令人反感的 370 本书出版的时间段内，《书目》杂志仅在第 47 卷（1950 年 9 月至 1951 年 8 月刊）中提到了其中 7 本。因此，如果这 5 家公共图书馆的馆员参考了《书目》杂志，那么"全国高雅文学组织"所反对的作品中只有不到 2% 位列其中。图书馆具有明显的选择倾向。遭到"全国高雅文学组织"谴责的作品的作者〔如约翰·奥哈拉（John O'Hara）、欧斯金·考德威尔（Erskine Caldwell）、约翰·斯坦贝克（John Steinbeck）以及威廉·福克纳（William Fanlkner）〕的其他作品在这几家公共图书馆的馆藏中占有相当比例。

这些数据表明，20 世纪中期美国中部地区公共图书馆馆藏的负责人要么与"全国高雅文学组织"在当地的委员会达成了一致，要么受其威胁，这些委员会监督着这 5 个小镇的报摊并向摊主施压，禁止在他们的社区销售上述流行的平装书（其中很多书的销量达数百万册）。每一家图书馆董事会中至少有一位天主教徒，因此他们之间更有可能达成了一致，而不是存在威胁。在个别存藏着"全国高雅文学组织"所反对的作品的图书馆中，图书馆在该组织抵制上述平装书之前就已经采购了其精装本。因此，这些图书馆后来拒绝买更廉价的平装版也不足为奇。图书馆行业与出版业的一部分人一样，相较于报摊与杂货店向工人阶级读者售卖的平装书，他们更偏爱精装书。这种偏好让公共图书馆员有了另一个理由强调："平装书不许上架。"[9]

　　此类挑战对图书馆行业来说并不陌生，但当时公共图书馆采取的捍卫知识自由的立场使其遭受二战后政治审查活动带来的普遍的质疑。当时，威斯康星州参议员约瑟夫·麦卡锡（Joseph McCarthy）试图渲染冷战中人们对于苏联支持的共产主义运动会严重威胁美国民主的恐惧。与此同时，很多图书馆员都将《图书馆权利法案》作为行业准则，结果他们发现此时自己正处于聚光灯下。麦卡锡指责许多民间机构传播共产主义，并着重批评了美国新闻署（United States Information Agency）在驻外使馆设立的图书馆。麦卡锡宣称这些图书馆拥有"三万册共产主义书籍"，他掀起的这场运动①波及了全国的图书馆界。

　　要么是为了保住自己的饭碗，要么出于对麦卡锡的认同，很多图书馆员都自发地将上述有争议的作品撤下了书架；另外一些图书馆则从未采购过这些书。在加利福尼亚图书馆协会的一项研究中，玛乔丽·菲斯克（Marjorie Fiske）发现虽然她采访过的图书馆员"明确地表达了阅读自由的信念"，但是其中近三分之二的人知道不采购争议图书的图书馆的例子，近五分之一的人"习惯性地避免采购任何有争议或者他们认为会引起争议的作品"。有证据清楚地表明其他州图书馆员的做法也没什么不同[10]。

　　当然，还是有图书馆员依据《图书馆权利法案》反对麦卡锡主义。当《波士顿先驱报》抨击波士顿公共图书馆收藏了该报宣称的宣扬共产主义的书籍时，大量民众和当地一家天主教报社与图书馆员一起进行了抗议，并达到了目的。1953 年，美国图书馆协会知识自由委员会参加了美国图书出版商理事会（American Book Publishers Council）的一场会议，并与该理事会联合发表题为

---

　　① 从20世纪40年代末到50年代初，美国出现了以"麦肯锡主义"为代表的反共、排外运动，涉及政治、教育和文化等领域的各个层面。——译者注

"阅读自由"（Freedom to Read）的声明，强调阅读自由是民主的必要条件，以此作为对其参议院委员会强迫其查禁"邪恶书籍"的回应。一个月后，艾森豪威尔总统恳求达特茅斯学院的毕业生不要"害怕走进图书馆阅读每一本书"①。当月底，美国图书馆协会主席在年会上宣读了总统鼓励图书馆员抵制"焚书者"的来信。

但是图书馆员偶尔的抵制并没有使审查活动停止。大多数公共图书馆自由地流通支持麦卡锡主义的阴谋论者的作品〔如伊丽莎白·迪林（Elizabeth Dilling）的《红网》（*Red Network*）〕，不过也有例外。例如，1950 年，当一位美国退伍军人协会会员提出要向布鲁克林马萨诸塞州公共图书馆捐赠《叛国种子》（*Seeds of Treason*）（该书从极端保守的角度分析了阿尔杰·希斯② 间谍案）时，图书馆员拒绝了。图书馆员告诉他该书"危险而片面"并引用了支持这一结论的书评。这位退伍军人此前曾发现该图书馆收藏了美国共产党主席威廉姆·福斯特（William Z. Foster）撰写的《从布赖恩到斯大林》（*From Bryan to Stalin*）。他对记者说："我越想越恼火。我们的孩子们正在朝鲜和共产党打仗……公共图书馆在禁止反共书籍的同时又收藏了这种东西。"他向该图书馆董事会提出抗议，但董事会没有理睬他[11]。

一位《芝加哥论坛报》的记者报道了这一事件，并要求布鲁克林公共图书馆董事会主席给个说法。主席回应道："我们不会迫于压力而采购和流通任何作品。"该报对这一回答提出抗议："前几代波士顿人有胆识，愿意审视自己的良心，直面令人感到不快的事实，并且勇敢地应对这些问题……这一代人软弱、谄媚，缺乏爱国主义，容易被他人操控……这充分表明社会正在迅速腐坏堕落。"面对这样的压力，董事会最终做出了让步，接受了《叛国种子》的捐赠。董事会主席温顺地表示"我们依据书评来挑选图书"[12]。

1951 年，加利福尼亚州伯班克公共图书馆董事会让反共期刊《警报》（*Alert*）的编辑训练图书馆员如何识别共产主义宣传。一位董事指出，这并非

---

① 这一时期，麦肯锡主义在美国泛滥，社会上出现针对所谓"颠覆性书籍"的焚书运动。艾森豪威尔在1953年达特茅斯学院的毕业典礼上发表关于麦肯锡主义的演讲，恳求学生们不要参与"焚书"。——译者注

② 阿尔杰·希斯（Alger Hiss，1904—1996），曾担任美国政府官员，1948年被指控为苏联间谍，1950年被指控做伪证，被判入狱五年。——译者注

政治迫害或焚书运动，仅仅是为了公民的利益。该图书馆董事会还鼓动加州城市联盟成立一个图书审查机构，帮助用户远离"颠覆性和邪念"的书籍。加州图书馆协会立即谴责这一行动，认为它违背了美国传统和"美国图书馆事业的目标"。该图书馆董事会回应道，他们不想撤掉这些书，只是想"鉴别"它们[13]。

1953 年，圣安东尼奥有位家庭主妇编制了一份包含 574 本图书的目录，目录中的图书都是在公共图书馆的书架上找到的，它们的作者被认为是共产党员或共产主义的支持者。市长建议"将图书馆中所有共产党人撰写的作品标注出来"，而市政执行官坚持认为"这些书应该被烧掉而不是贴上标签"。《纽约时报》指出，这个想法是"愚昧无知的"，"在民主的敌人中，不仅有反对它的人，还有那些让民主看起来荒谬无比的人。"从《圣安东尼奥新闻报》（*San Antonio News*）收到的信件来看，反对给书贴标签的人是赞同者的 10 倍。最终，该图书馆董事会也拒绝让步；这些书仍然留在书架上，没有贴标签。1953 年，哥伦比亚特区公共图书馆发行了题为"反共实例"（*The Case against Communism*）的书目。哥伦比亚特区的一位图书馆员说："一个图书馆既应该有支持共产主义的书，也应该有反对共产主义的书。但是我认为，作为一家美国机构，图书馆应该以积极的心态表达美国的理想及其与共产主义意识形态的冲突。"[14]

1951 年，美国图书馆协会将福特基金会的资金用于"美国遗产项目"（American Heritage Project），帮助公共图书馆员成立讨论团体，阅读有关民主的文献。纽约公共图书馆成年人服务部主任玛格丽特·门罗（Margaret Monroe）迅速筹划了一个项目，用以证明图书馆不仅是一个自由讨论观点的地方，更是通过文明的方式解决麦卡锡主义所造成紧张局势的渠道。但是"美国遗产项目"资助的活动在仍然充斥着种族歧视的南方各州的公共图书馆的开展方式却大不相同。例如，佐治亚州的馆员培训项目仍然实行种族隔离；密西西比州的讨论小组也是一样[15]。

许多公共图书馆员面对二战后的图书审查表现活跃。一项针对 1946 年至 1964 年间美国南部公共图书馆的种族融合情况的分析显示，在这一期间图书馆员大多保持沉默或置身事外。在 1954 年（美国最高法院在布朗诉托皮卡教

育局案 ① 中裁定"隔离但平等"的原则违法）到 1965 年（国会通过《选举权法案》Voting Rights Act）之间，南方公共图书馆屡次成为种族抗议活动的场所，其中大多是由黑人发起的，且在 1960 年以后，发起者主要是年轻的黑人。

有时，种族融合会潜移默化地实现。1951 年，在迈阿密公共图书馆新馆开放前，当地一位黑人牧师写信给图书馆董事会称："请不要逼我对这个非常美丽的图书馆申请法院禁令。"收到信后，董事会决定取消种族隔离措施。几个月后，这家种族融合的图书馆开放。在弗吉尼亚州纽波特纽斯（Newport News），一位黑人公民对公共图书馆提起诉讼。但是在 1952 年 7 月 19 日，纽波特纽斯公共图书馆成为弗吉尼亚州第一个取消种族隔离的公共图书馆，有传言称这一决定是为了压下上述诉讼。1957 年，一位黑人室内设计师进入弗吉尼亚州波赛尔维尔公共图书馆（Purcelleville Public Library），想借一本关于法国窗帘的书。图书馆员拒绝了他，董事会解释道，"借给他书有悖于图书馆创始人的精神"。这名设计师威胁要起诉图书馆。几天后，董事会以 7：5 的投票结果决定图书馆将面向波赛尔维尔的所有黑人开放，同时向他们提供流动图书车服务[16]。

在白人仍然对他们认为更重要的机构（如学校）的种族融合行为予以抵制时，公共图书馆偶尔采取的种族融合措施，只能算是当地公共场所迎合反种族歧视形势的小举措。有时，法院禁令会促使图书馆终止种族隔离措施，但是秉持种族隔离主义的图书馆董事会仍在抵制。例如，1962 年，亚拉巴马州塔拉迪加（Talladega）的法院要求当地公共图书馆取消种族隔离措施，但是图书馆

---

① 布朗诉托皮卡教育局案（Brown v. Board of Education of Topeka）是美国历史上一件具有历史意义的诉讼案。该案的背景是 20 世纪 50 年代早期，一位住在堪萨斯州托皮卡的学生琳达·布朗每天都要走一英里的距离到公车车站，然后搭车到距离家五英里之外的黑人学校蒙罗小学。琳达·布朗尝试取得离她家较近的萨姆纳小学的入学许可（该学校离她只有几个街区的距离），以免通勤之苦。托皮卡教育局却基于种族的因素驳回入学申请，原因是萨姆纳小学只接纳白人小孩。在托皮卡地区全国有色人种促进会的帮助下，当地和布朗有着相同遭遇的家长发起对当地教育局的诉讼。该案最终于 1954 年 5 月 17 日由美国最高法院做出决定，判决种族隔离本质上就是一种不平等，学童不得基于种族因素被拒绝入学。该案终止了美国社会中存在已久的白人和黑人必须分别就读于不同公立学校的种族隔离现象。该案宣判后"隔离但平等"（separate but equal）的法律原则被推翻，任何法律意义上的种族隔离行为都可能因违反宪法所保障的平等权而被判违宪；同时该案也开启了接下来数年美国废止各种有关种族隔离措施的序幕；美国的民权运动发展也因为该案迈进一大步。——译者注

董事会决定只允许那些登记在当地电话簿上可查到其住处的黑人进入图书馆，而在当时，大多数黑人的家里都没有电话[17]。

如若不能猛烈迅捷地取得成功，那么公共图书馆废止种族隔离的过程往往是异常艰难的。那些捍卫黑人享用公共图书馆的权利的南方白人付出了代价。在俄克拉何马州巴特尔斯维尔（Bartlesville），担任公共图书馆馆长长达 30 年的露丝·布朗（Ruth Brown）在 1950 年因为提供《国家》、《新共和》（New Republic）和《今日苏维埃》（Soviet Today）等"共产主义"报刊而被解雇。但这些指控只是借口，她被解雇的主要原因是她试图挑战当地的种族隔离制度，将公共图书馆与当地社群融合起来。20 世纪 50 年代中期，在亚拉巴马州蒙哥马利（Montgomery），白人参考咨询馆员朱丽叶·摩根（Julliette Morgan）向报纸写信，描述她在公交车上看到的种族歧视现象："一些公交车司机在对待黑人乘客时表现出对待牲口的语气和态度……我亲眼见过两次，有位年长的司机大声嚷着'黑猩猩'（Black ape）。"之后，当地的种族隔离主义者到图书馆和她的家中（她和母亲一起居住）找她。《匹兹堡邮报》（Pittsburgh Courier）的一位专栏记者报道称，"这些人威胁她、骚扰她，用低俗下流的语言侮辱她"，巨大的压力"使她无法入睡和进食"。不久后，她去世了，这位专栏记者称这是"明目张胆的谋杀"[18]。布朗和摩根的经历让南方其他地区赞成种族融合的白人图书馆员不再敢出声。

亚特兰大成为美国南部的先驱。为了废除图书馆体系中的种族隔离制度，1959 年，"亚特兰大黑人选民联盟"（利用奥本分馆作为组织活动和登记选民的场所）与奥本分馆的"图书馆之友"团体、美国退伍军人委员会（American Veterans Committee）、亚特兰大人际关系委员会（Atlanta Conncil on Human Relations）以及亚特兰大城市联盟（Atlanta Urban League）一道，威胁要起诉图书馆。亚特兰大市长威廉姆·哈茨斯菲尔德（William B. Hartsfield，年轻时曾在亚特兰大公共图书馆读书，且本市 3 万黑人选民给他投了票）敦促图书馆董事会废止种族隔离制度。由于找不到任何可以拒绝他们的要求的法律，图书馆妥协了[19]。

1959 年，就读于伊利诺伊大学的杰西·杰克逊（Jesse Jackson）在他大一的圣诞节假期来到位于家乡南卡罗来纳州格林维尔公共图书馆的黑人分馆。由于他找不到想要的书，馆员给他写了一张便条，让他去白人总馆里找。当杰克逊从后门进入时，几位警察正在和馆员交谈，这位图书馆员接过便条说："找到这些书至少需要六天。""六天？"杰克逊说道，"可不可以现在让我进去，我会躲在书架后面找……不会让任何人看到我。"馆员说："你现在拿不走，这是规定。"旁边的警察说道："你听到她说的了！"杰克逊从后门跑出去，走到图书馆正门，抬起头向上看。"我盯着'格林维尔公共图书馆'几个字，眼泪流了下来。我告诉我自己，'这里是**公共**图书馆，而我的父亲是位退伍军人，还按期纳税'。"愤怒与羞辱让杰克逊决定采取行动。在 7 月的一个周六下午，杰克逊和其他 8 名学生走进图书馆开始静坐。虽然所有人因为扰乱公共秩序被捕，他们被关押了 45 分钟后被保释，但他们的行动取得了一定的成果。1960 年 9 月 15 日，格林维尔公共图书馆成为废止种族隔离的公共机构[20]。

1961 年 3 月 27 日，全国有色人种促进会陶格鲁学院（Tougaloo College）分会的 9 名会员走进了密西西比州杰克逊市公共图书馆。10 分钟后，他们因为扰乱秩序被捕，32 小时后获得保释。当地的 NACCP 干事梅德杰·埃弗斯（Medgar Evers）声称，这 9 人的行动推进了该市废除种族隔离的进程。4 月21 日，该案件的听证会举行，这些学生进入法院时，100 多名黑人市民欢呼起来。埃弗斯描述道，"几位警官当即喝道：'把他们赶出去'，然后大批警员和两只恶狗开始攻击黑人"。一位牧师的手臂被咬伤，全国有色人种促进会的一名干事背部和头部分别被警棍和枪把击打，还有一位 81 岁的老人手腕骨折。这 9 名被告被判缓刑和 100 美元罚款[21]。

1962 年，一名黑人少年提起联邦诉讼，要求亚拉巴马州蒙哥马利公共图书馆废止种族隔离制度。当法院命令图书馆废止种族隔离制度时，图书馆董事会要求撤走阅览室的所有桌椅。《费城论坛报》（*Philadelphia Tribune*）嘲笑称，"蒙哥马利白人这种因噎废食的举动真是愚蠢"，但打趣道，一个意料之外的好处是"纠正了读者的阅读姿势，因为他们看书时没办法瘫坐在椅子上或趴在书上了"。当 1963 年佐治亚州奥尔巴尼市政府官员关闭了图书馆、公园和其他公共设施以抵制联邦法院废止种族隔离制度的命令时，《费城论坛报》不禁问道，当时刚建立的柏林墙是否真的比发生在美国南方黑人身上的情况"更不利于自由事业"。"或许谴责远方的共产主义比阻止家门口的法西斯主义更加安全，或者更加政治正确。"几个月后，奥尔巴尼市的政府官员废止了图书馆

175

的种族隔离制度[22]。在这些年里，美国图书馆协会从未在任何涉及公共图书馆废除种族隔离的联邦案件中作证（该协会却为《北回归线》的审查作过证，并援引了《图书馆权利法案》），而且在此期间还允许实施种族隔离的图书馆拥有正式会员身份。

在北方，黑人在使用种族融合的图书馆的服务时也遇到了障碍。在这里，地产公司与政府串通一气，导致黑人和白人的居住地出现明显的分化，像芝加哥霍尔图书馆和纽约公共图书馆第 135 大街分馆等，其服务对象基本都是黑人。黑人用户经常对这些分馆提供的儿童图书表示不满。1946 年，一位黑人母亲在给《华盛顿邮报》的信中写道："我几乎找不到适合黑人儿童阅读的书。"其他人也有着相同的看法。另一个人在介绍 20 世纪 50 年代自己在一家北方公共图书馆的阅读经历时表示，书中"有大量描绘完美生活的图片，孩子们住在整洁的农舍或小屋里，过着干净体面的生活，与现实中黑人的生活天差地别"。"没有一张图片中带有黑人或棕色皮肤的人，或体现黑人家里的温馨和快乐；没有传递出在烤箱里烘烤的面包的香甜，或者在盖着油布的桌子上友好而熟悉的气味；在春夏的夜晚，当我们跳着世代相传的舞蹈时，那种舞动的快感、语言的风趣和声音的抑扬顿挫，这些在书中完全看不到。"只有以查勒曼·希尔·罗林斯（Charlemae Hill Rollins）和奥古丝塔·贝克（Augusta Baker）为代表的个别儿童馆员会要求出版商出版更多描写黑人体验的作品，然而收效甚微[23]。

在美国北部，黑人利用公共图书馆也存在一些文化上的障碍。例如，在 1948 年，年轻的沃尔特·迪安·迈尔斯（Walter Dean Myers）——后来成为著名的童书作家——在从纽约公共图书馆分馆借书回家的途中经常遭到大一些的黑人男孩的骚扰。"他们说得很清楚，带书回家不是男孩所为……后来，我会带一个棕色的纸袋去图书馆，把借来的书装在袋子里带回家。"在密尔沃基，9 岁的奥普拉·温弗瑞读了很多书，导致她的母亲担心她会产生"自己比别的孩子更优秀"的想法。有一天，母亲在公寓大楼的走廊里发现奥普拉又在读书，便大叫道："你就只是个书呆子！滚出去……我不会再带你去图书馆了！"在《向苍天呼吁》（*Go Tell It on the Mountain*）一书中，詹姆斯·鲍德温让主角站在纽约公共图书馆门口。"他从未进去过，因为这座建筑太宏伟了……他会在里面迷路，永远也找不到自己想要的书。里面的所有白人就会发现，他并不习惯高大的建筑，不习惯这么多书，不习惯旁人怜悯地看着他。"[24]

1946 年到 1965 年间，图书审查的挑战和废除种族隔离制度的努力并没有让传统的图书馆实践发生重大变化。参考咨询台的服务模式已经延续了好几代人。1948 年，纽约公共图书馆某分馆的一位参考咨询馆员回忆道，"需要咨询服务的读者既有忧心忡忡的母亲"来搜寻有关唐氏综合征的信息，"也有兴高采烈的女童子军们带着一只被截成两瓣的神秘昆虫来到图书馆，想弄清楚它的品种"。有一天，"一位犹太母亲来图书馆，她的独生女将要与一位天主教徒结婚，她想找一些能帮助女儿保持虔诚的书"。两年后，一位父亲前来查询南卡罗来纳州的婚姻法，因为他十几岁的女儿未经他的同意结婚了。有些夫妻前来咨询收养孩子的问题；有位 54 岁的机械师怒气冲冲地跑来，想知道如何把他在找工作时因为年龄太大而遭受冷遇的经历发表出来[25]。

参考咨询部也有不少烦恼。1946 年，布鲁克林公共图书馆员因为经常有参加电台问答活动的人打电话来询问答案而大为光火，他们要求这些人亲自来馆查询。但是人们来到馆里也会产生新的问题。一位馆员说，一次电台问答活动结束后，"借阅室看起来就像是遭了蝗灾的麦田"。印第安纳州科科莫（Kokomo）的参考咨询馆员抱怨道，"无论是万事通、智多星还是所罗门① 本人都无法回答那些没完没了的折磨人的问题"。有时候，回答不了问题也会造成不好的结果。1958 年，在纽约公共图书馆大教堂分馆，一位 3 个孩子的父亲找图书馆员借一本有关"避孕方法"的书。图书馆员告诉他这本书丢失了，其他分馆也没有。"几个月过去了，这位男子每隔一段时间就要来问问情况。"然而有一天，他取消了预约，因为他的妻子怀孕了。在伊诺克·普拉特免费图书馆，一位馆员称："有个男人告诉我，他和妻子的性生活不和谐，于是我从锁着的书柜中给他找了一本书。"1961 年，在纽约公共图书馆第 96 大街分馆，一位用户对图书馆员说："我想知道如何灌肠。"馆员说由于他对药剂师的指导不满意，"他向我提出了许多详细的问题，直到没有什么可问了"才离开[26]。

---

① 所罗门（Solomon），传说是古代犹太王国的国王，《旧约·列王纪》称他有超人的智慧。——译者注

逾期罚款仍然是困扰着图书馆员和用户的一大问题。1961年，在新泽西州东奥兰治警方在午夜后突击逮捕了6名有逾期四个月或以上图书未还的读者，强制执行高达200美元的罚款。一名违法者告诉记者，警察在凌晨时分闯进他家，叫醒了他，虽然他拿出了书，但警察还是把他带到了警局。因为不能保释，他在监狱里度过了一夜。抓捕行动有立竿见影的效果。一位馆员称，还书量"是以往的三倍"。然而，大多数人对这一新政策非常不满；一些读者退回了借阅卡，并表示永远不会再来了。然而，一周后，图书馆表示逾期不还书的"顽固不化"的读者仅剩7人[27]。

东奥兰治的事传遍了全国。《基督教科学箴言报》嘲讽道，"借书不还，银铛入狱"①。《华盛顿邮报》让哥伦比亚特区公共图书馆有逾期未还行为的读者"不用惊慌，你们是不会在黎明时分被赶去监狱的"；该报社论还讽刺东奥兰治的行动"可真是收拾了一群歹毒和危险的坏人呀"。《华盛顿邮报》的一名记者调查当地图书馆后发现，乔治王子县（Prince Georges County）公共图书馆不收逾期罚款。用户经常对图书馆员说："我希望你们收罚款，那样我就不会有负罪感了。"在长岛，希克斯维尔公共图书馆（Hicksville Public Library）将数百名逾期不还书的读者告上了法庭，但当这些人把书还回来时，图书馆取消了指控。在附近的普莱恩维尤（Plainview），法院传票迫使95%的逾期图书回到了图书馆[28]。

东奥兰治事件引起了全国关注的同时，也提醒了各地的读者要履行公民责任。在佐治亚，一位气喘吁吁的男子跑进卡罗尔-赫德地区图书馆（Carroll-Heard Regional Library），把当天到期的书放下之后快速跑开了，边跑边喊："我妻子还在车里，她要生了，我现在赶着去医院，回头见！"在纽约公共图书馆一家分馆，有个女孩攥着一把硬币来替哥哥还书，并说："这些书是他很久以前借的，已经超期了。"[29]

公共图书馆仍然有图书租赁的业务，但是到了20世纪60年代，很多馆与订阅服务供应商签订合同，由供应商为该业务提供流行读物，主要是小说。例如，堪萨斯州温菲尔德公共图书馆（Winfield Public Library）同意了一项包含

---

① 指该报报道此事时采用了"Booked for Bookkeeping"（借书不还，银铛入狱）这个标题。此处译文感谢美国圣何塞州立大学信息学院罗丽丽教授斧正。——译者注

150 本书的订阅计划，每本书每天租金 5 分钱。"我们完全做好了读者反对提高租金的准备，"馆长写道，"但并没有人提出异议，这让我们感到很惊喜……这种做法的好处在于，我们不再需要采购小说，所有的经费都可以用来购买标准读物。"[30] "标准读物"是严肃读物的代名词。

二战后，社区在成立新的公共图书馆方面与前几代人一样创意十足。1947 年，佛蒙特州西丹维尔（West Danville）的居民将一个 10 英尺 × 17 英尺的加油站改造成了公共图书馆。在肯塔基州的温切斯特（Winchester），当地美术俱乐部举办了一场舞会，为设立图书馆筹集到 1661.71 美元；居民捐赠了 500 本书，州图书馆提供了相同数量的书。所有书都存放在法院的一间办公室，但很快就装不下了，因此一家建筑公司捐赠了一节旧的火车车厢，美术俱乐部将它重新改造一番。1956 年，馆长表示："如今，我们的图书馆已有 6000 册书。虽然还没有专门的场地，但我们开心地发现，过去几个月的流通量超过了 1.8 万册次。"[31]

公共图书馆也采用了新技术。1955 年，芝加哥公共图书馆购置了一台借书机，用来拍摄借阅记录，大大加快了借书流程。很多公共图书馆用户借书时再也听不到熟悉的盖章声，很多女性馆员别在头发上的嵌着印章的铅笔也逐渐退出历史舞台。20 世纪 50 年代后期，纽约公共图书馆采购了热敏传真（Thermofax）和静电（Xerox）复印机，尽管该馆的复印业务收费高达每页 30 美分，远高于大多数其他公共图书馆，用户还是排起了长队。1955 年，《洛杉矶时报》断言洛杉矶公共图书馆的复印机让人们再也不用"抄书抄到手抽筋了"[32]。

1956 年，艾森豪威尔总统签署了《图书馆服务法案》（*Library Services Act*），这是第一个专门针对图书馆服务拨款的联邦立法。该法案能出现在总统的办公桌上，最主要原因在于南方各州的图书馆员让这些州的众议员（其中很多人在起决定作用的委员会担任要职）相信，该法案不会削弱各州的权力，因为如何分配这些资金是由州内的图书馆机构决定的。（南方的图书馆员在游说立法者时，往往会暗示各州可以借此限制和约束对黑人的服务。）很多州利用联邦拨款购买了流动图书车，向之前很难获得图书馆服务的偏远地区提供服务。在法案刚通过的时候，有 2600 万美国人（大多数来自农村）都享受不到公共图书馆服务。8 年后，国会将该法案修订为《图书馆服务和建筑法》

（*Library Services and Construction Act*），废除了对乡村地区拨款的限制并使城市地区的拨款更加合理。

彼时，流动图书车已经赢得了城乡数百万民众的心。当乔治亚州西部的卡罗尔–赫德地区图书馆（Carroll-Heard Regional Library）的流动图书车驶入停靠点时，孩子们大喊道："看那儿，她来了！"有一次，一个 9 岁的孩子前来归还一本被他的狗撕碎的书，流动图书车管理员描述当时的场景说，这个"脸上淌满泪水"的孩子将书放在桌子上，告诉她："不会再发生这种事了，贝蒂小姐。"贝蒂小姐安慰他说，意外总是难免的，孩子的母亲赔偿了这本书，他仍可以借其他的书。直到孩子说"小狗不会再捣乱了，因为我妈妈开车撞到了它，它死了"，图书馆员才意识到他哭得如此伤心的原因。还有一次，一对兄弟声称他们借的书"救不回来了"，图书馆员问发生了什么。其中一个男孩解释道，有天早上他们在上学路过父亲用来装饲料的大木桶时，他兄弟靠得太近，书掉进去了。他们哀叹道："彻底毁掉了。"[33]

到 1960 年，有 200 辆流动图书车行驶在美国乡村的道路上，培养了 100 万新读者。当一辆流动图书车驶进一位堪萨斯州妇女的农场时，她向丈夫说："希拉姆，快点过来。好多书！好多书！"新墨西哥州一位护林员的妻子也承认："流动图书车是我们生活的一个亮点，我们时刻期盼着它的到来，我们需要阅读来保持理智。"路易斯安那州的一位用户说："对我们来说，这是继通天然气之后最好的事！"阿拉斯加州图书馆馆长指出，该州的流动图书车使用的是飞机和邮船。"通常飞行员可以降落，但是在恶劣天气下，他们也会把书直接从飞机上扔下去。"有一次，一箱书掉进了河里。等待的人群"将书捞起，并仔细地将每本书擦干……如果不是他们对此事表示道歉，我们永远不会知道这件事。"[34]

"二战"结束后，许多城市公共图书馆员加大力度吸引青少年。1945 年，加利福尼亚州圣莫尼卡公共图书馆将一家分馆的地下室改造为"青少年之家"（Young People's Room）。"青少年聚集在那里学习和玩游戏……收音机一直在播放节目，该房间由一位社工负责管理，而非图书馆员。"芝加哥公共图书馆的青少年阅览室配备了收音机和留声机。每个周六晚上，青少年都会挑选他们喜欢的音乐，从汤米·道尔西到比波普爵士乐，形式多样[35]。1949 年，布鲁克林贝德福德（Bedford）分馆联系了一个曾被撞见破坏社区财产的小帮派。

该帮派做出了回应，他们和图书馆员一起为年轻人创建了社区总部，提供比波普爵士乐、摇摆舞、"甜蜜音乐"唱片，还创办一份青年报以及一个每周三晚上聚会的戏剧社。一位政府官员说："这是最好的图书馆服务。"同年，纽约公共图书馆苏厄德公园分馆在一栋捐赠的房子里专门成立了"青年人的霍拉迪纪念图书馆"（Holladay Memorial Library for Young People）。除了"伟大的作品"（Great Books）课程外，该馆还组织了外交讨论小组和创意写作小组，后者将成员的作品编成了小册子并发表。这间"霍拉迪小屋"（当地人习惯这样叫它）成为当地年轻人的社交中心。一个学生理事会负责指导该图书馆的活动。1961 年，达拉斯公共图书馆组织了一个名叫"周一青年爵士之夜"的系列演出，观众多到大家只能站着看演出。"该项目对于图书馆是否有促进作用？"馆员说："在宣传方面，是的；在实现图书馆的人性化方面，是的；在促进图书流通的方面，是的；在吸引非图书馆用户走进图书馆方面，是的。"[36]

但是婴儿潮一代还造成了图书馆员常说的"学生入侵"。高中逐渐鼓励自主学习，却没有提供足够的学习材料，随着学生人数的激增，公共图书馆不得不弥补这种不足。例如，在 1960 年的圣诞假期，新泽西州纽瓦克（Newark）公共图书馆做了一项调查，结果显示该馆 64% 的用户都是忙于完成作业的高中生及大学生。1962 年，加利福尼亚州惠蒂尔（Whittier）的一项调查发现，每周六平均有 500 名高中生使用公共图书馆[37]。

这些数量众多的年轻人常常带来麻烦。20 世纪 60 年代初，在密歇根州的奥沃索市（Owosso），青少年男女越来越多地聚集在公共图书馆，干扰了图书馆的正常运行。图书馆董事会的解决方案是按照性别将他们分开。在学期中，女生在周一和周三的晚上使用公共图书馆，男生在周二和周四晚上使用。加利福尼亚州圣安娜（Santa Ana）公共图书馆要求学生在下午 6 点以后将借书证放在前台（如果有干扰图书馆秩序的事发生，图书馆可以确认涉事人员身份），并规定他们只能在使用参考资料时才能坐在资料室。1954 年，在马里兰州贝塞斯达公共图书馆（Bethesda Public Library），一个青年帮派大声喧哗，影响了其他读者，于是图书馆禁止他们再次入内。第二天晚上，帮派成员骑自行车冲进阅览室，接下来的几个晚上又向图书馆大门扔砖头。某天晚上，他们将一枚自制的炸弹扔进图书馆大楼，但没有爆炸。1957 年，布鲁克林公共图书馆布什维克（Bushwick）分馆成为大量街头犯罪的聚集地，导致它不得不关闭。"天黑以后，人们就不敢接近这片区域了。"到 1963 年，13% 的公共图书馆表示自己限制了面向高中生的服务。纽约格雷特内克公共图书馆（Great Neck Public Library）甚至取消了青少年服务部。20 世纪 50 年代，少数族裔群体迁入城市，白人青少年随家庭移居到郊区，许多拥有青少年服务部的城市图书馆却仍保持中产阶级的图书服务，大部分服务内容与此时城市中的少数族裔青年的日常文化生活相脱节[38]。

尽管如此，二战后的美国公共图书馆仍然继续激励、拯救、团结和教育年轻的读者们。在得克萨斯州的马歇尔（Marshall），公共图书馆"对我这样的贫困儿童来说简直是圣地"，比尔·莫耶斯（Bill Moyers）后来回忆道。"我从未忘记从书架上拿下的书里面的故事：我对探险家的冒险心生向往，钦佩英雄的丰功伟绩，并对恶人感到愤怒。"后来成为作家和图书馆员的南希·珀尔（Nancy Pearl）表示，为了逃离不和睦的家庭环境，自己在 20 世纪 50 年代的大部分童年时间都是在底特律公共图书馆分馆度过的。"毫不夸张地说……读书拯救了我的生活。"1959 年古巴革命以后，13 岁的玛西娅·德尔马（Marcia Del Mar）从古巴来到了迈阿密，成为迈阿密公共图书馆的常客。成为著名的电视女演员后，她回忆道："那里所有馆员都认识我，记得我姓什么。我如饥似渴地阅读。"在 6 个月内，"我就开始能和他人顺利地交流了"[39]。

然而，公共图书馆有时也会令用户感到失望。在 20 世纪 50 年代，一个年轻人在伊利诺伊州埃文斯顿公共图书馆（Evanston Public Library）的书架上仔细地搜寻，想找到一些信息来帮助自己接纳自己的性取向，并获得身份认同。但他找到的只有"可怕的精神病学案例研究——大多是一些当时盛行的片面的观点，它们将同性恋倾向定义为罪孽、疯狂或罪行"。他的经历很典型，但不普遍。在 20 世纪 60 年代初期，一位少女来到迈阿密公共图书馆，想研究困扰自己的性取向问题，她在开放书架上找到了关于同性恋的书。"我读到一些段落，描写留着寸头的'男子气'的女孩……我心想：'这不就是我吗！'"[40]

20 世纪中期，在匹兹堡公共图书馆馆长拉尔夫·芒恩眼中"除了娱乐消遣外几乎没有任何其他价值的"西部小说、悬疑小说和言情小说仍占公共图书馆流通量的 70%。1948 年，卡内基基金会资助开展"公共图书馆调查"（Public Library Inquiry）项目，旨在分析公共图书馆的目标，尤其是作为其基础的"图书馆信念"。该项目最终产生了 7 本著作和 5 份报告。这些出版物的作者建议公共图书馆应该着眼于满足更有影响力的少数群体的需求，包括严肃读者、社群领袖以及接受成人教育的学生，而不是向大部分人提供他们需要的流行读物。在《图书馆面向的公众》（*The Library's Public*）一书中，作者伯纳德·贝雷尔森（Bernard Berelson）无法理解读者为什么如此看重公共图书馆从 1854 年开始提供的流行读物[41]。

"公共图书馆调查"项目还忽略了阅读行为的差异。有位流动图书车司机从威斯康星州多尔–基沃尼县地区图书馆（Door-Kewaunee County Regional Library）1950 年到 1952 年间的一个示范项目中观察到了这一点。他发现，该地区最北和最南边的人阅读不同作家的流行作品。他还观察到，前来选书的读者经常会相互分享他们通过流动图书车获得的作品的作者。一位农妇回忆道："我们在那里能见到朋友，这是一个社交聚会。"[42]但是"公共图书馆调查"项目的研究人员认为，公共图书馆难以影响成年人的阅读品位，对于少年儿童就不一样了。贝雷尔森指出，调查显示儿童阅读的"高质量"作品中的 67% 是由公共图书馆提供的，而在"低质量"作品中这一比例仅为 43%。除去很多由非专业人员经营的小型公共图书馆以及有少数热心的儿童图书馆员任职的城市图书馆分馆外，公共图书馆通过《号角书》（*Horn Books*）和《儿童书目》（*Children's Catalog*）等指南向儿童推荐"高质量"图书，仍然回避系列小说。

青年图书馆员玛格丽特·斯科金（Margaret C. Scoggin）在 1947 年大胆地指出："成年人担心青少年阅读的一个原因是他们不允许青少年通过自己的阅读塑造价值观。"但并没有很多馆员公开表示同意她的看法。很多图书馆员也不同意儿童文学专家马克·泰勒（Mark Taylor）在 1963 年提出的观点："人们针对儿童图书制定的榜单以及提出的赞美和批判似乎完全基于成年人极具主观性的文学评价标准。"大多数图书馆员似乎对儿童图书馆先驱安妮·卡罗尔·穆尔（Anne Carroll Moore）及其后继者设定的文学标准并不买账，在纽约公共图书馆分馆的一位儿童馆员看来，穆尔"对于什么是'好书'的判断并不太适合纽约儿童"。[43]

儿童对于系列小说的看法与成人完全不同。1963 年，9 岁的索尼娅·索托马约尔（Sonia Sotomayor）在父亲去世几个月后在图书馆或者在与母亲和弟弟

184

同住的公寓〔位于布朗克斯（Bronx）〕里埋头读书。"南希·德鲁 ① 引导着我的想象力，"她后来回忆道。"每天晚上，我合上书上床睡觉时，都会想象自己是南希，继续想象着下面的情节，直到睡着。"索尼娅发现自己的思维方式与南希很像。"我是个敏锐的观察者和倾听者。我善于抓住线索，能按照逻辑将事情理顺，而且喜欢解谜。我很享受集中精力解决问题时身边一些烦恼都消失的那种感觉。"她后来承认，在那个夏天，阅读帮她度过了人生中这段困难的时期。但是这些以南希·德鲁为主人公的书籍是母亲给她的礼物，而她居住地的纽约公共图书馆分馆却没有收藏这些书 [44]。

有些人还记得约束自己童年阅读行为的图书馆员。有一个人回忆说："我记得自己为了一本书和图书馆员吵了一架。她说……三年级学生才能看这本书，而我不是。但我非常固执，坚持要读它。"还有一个人回忆道，图书馆员经常"行使自己的权威，禁止我阅读某些作品"，然而这不是什么问题，"我会找比我大的女生帮忙把这些书借出来"。1949 年，一位母亲向《芝加哥论坛报》抱怨道，她 8 岁的儿子痴迷于《绿野仙踪》的电影，想要阅读全套 14 本原著。但她吃惊地发现这部陪伴过几代人，常被上百万人阅读过的著作，芝加哥公共图书馆总分馆却没有收藏。很明显，芝加哥公共图书馆的馆员认为黄砖路（yellow brick road）应该绕过风城图书馆 ②。然而，在密歇根州的列克星敦（1950 年人口仅为 594 人），由一位在邮局工作了 40 多年的高中毕业生经营的公共图书馆的书架上摆着 54 本《绿野仙踪》。

除了南希·德鲁与哈迪男孩以外，许多图书馆员还对 20 世纪中期广受欢迎的漫画很反感。1948 年，芝加哥公共图书馆管理层参加了芝加哥娱乐委员会举办的会议，探讨如何"限制令人厌恶的漫画"。1951 年，北卡罗来纳州夏洛特图书馆的管理层向当地市民保证，该馆及其分馆中没有漫画书。在图书馆，孩子们将阅读"伟大的经典的基于事实讲述的'真实'作品"。1954 年，加利福尼亚州圣巴巴拉市民发起了一项公共图书馆筹款活动，旨在为儿童提供更好的作品，"以弥补令人生厌的漫画书造成的伤害" [45]。但是漫画书的读者并不赞同。20 世纪末"自主阅读"的倡导者（认为"自主阅读"是"最强大

————————

① 南希·德鲁是一个虚拟人物，最早出现于 20 世纪 30 年代的一系列推理小说中，她是一名业余侦探。——译者注

② 黄砖路是《绿野仙踪》中的重要元素；芝加哥终年多风，又被称为"风城"。——译者注

的语言教育工具"）、语言学教授斯蒂芬·克拉申（Stephen Krashen）说："阅读漫画书会引导我继续阅读其他书。"菲律宾裔美国人沙龙·赵（Sharon Cho）表示，漫画"打开了我的想象，也增加了我的词汇量"。"阅读漫画让我感觉自己与众不同。"[46]

和过去几代人一样，公共图书馆提供的空间再次将社区联结起来。例如，在 1959 年到 1967 年间，"人权协会"（Humane Society）、"非洲紫罗兰协会"（African Violet Society）、"花园俱乐部"（Garden Club）、一个投资俱乐部和一个兴趣社团等团体在威斯康星州拉辛公共图书馆举办了 2000 场会议，共计 5 万人参加。该馆还举办了每周午后电影放映、面向成年人与青少年的读书会以及"小说中的当代思想"与"家的艺术"等主题讲座。1963 年，《芝加哥论坛报》一篇题为"人民的图书馆"（The Library Is for People）的文章指出："数百万人……来到这里——有小孩、高管、女学生、家庭主妇、科学家和流浪汉……他们来这不只是为了获取图书或寻找事实……还为了获取能帮助自己过好每一天的宝贵建议。"[47]1957 年，在纽约公共图书馆的一家分馆，用户要求图书馆员"翻译"医生开的处方；在另一家分馆，一位母亲因为儿子用口香糖粘住了睫毛而给图书馆打电话，询问急救方法。1960 年的一份报告记载，有位图书馆员指出，她所在的分馆即使在"乔纳森在成年人阅览室被人打了屁股……莉莲的手腕被旋转门卡住"、一位女士"坚持从窗户走出去"以及"有个小老太太在参考阅览室洒了一地水"的情况下，仍然能给用户提供高效的服务[48]。

1952 年，童子军成员在 3 个小时内帮助锡达拉皮兹公共图书馆搬运了 1.2 万本书。1953 年，男女童子军帮助新泽西州罗塞尔公园公共图书馆（Roselle Park Public Library）为无法出门的读者送书。在马萨诸塞州菲奇堡（Fitchburg），一个青少年图书馆项目动员 7000 个孩子，为一个专为他们设计的少儿图书馆扩建项目募捐 10000 美元。《基督教科学箴言报》报道，年龄较小的孩子答应父母"记得把睡衣挂起来和刷牙"，以此从他们那里筹到了资金。还有人售卖种子、肥皂和鱼虫。年龄大一点的孩子通过举办时装秀和参加女童子军马戏团演出获得资金。还有一些孩子卖掉了自己制作的艺术品和手工艺品。四到十二年级的 18 个孩子组成了一个演讲团，向商业团体、家长教师组织、兄弟会和共济会地方分会游说募捐。"埃尔克斯慈善互助会"（The Elks）

在全市范围内开展报纸回收，并组织 50 个男生收集这些报纸。图书馆利用这些资金新建了一个用于放映电影并可以容纳 250 个人的礼堂。图书馆外面花园里矗立着的纪念碑刻着曾被纳粹焚毁书籍的欧洲城市名字。一位图书馆员告诉《基督教科学箴言报》的记者，该项目"让本市不同种族、宗教和文化背景的人联合起来，为未来打造更紧密的团结"[49]。

公共图书馆还通过多种方式帮助儿童培养正确的社会行为。在萨瓦那（Savannah）的黑人分馆，如果孩子们声音太大，看门人就会挥起鞭子。"二战"结束后不久，亚特兰大奥本分馆馆长安妮·迈克菲特斯（Annie McPheeters）看到年幼的梅纳德·杰克逊（Maynard Jackson）走了进来，"手上拿着一个大的棕色纸袋"。梅纳德在儿童阅览室转了一圈，挑选出自己想读的书，放在纸袋旁边的桌子上。过了一会儿，麦克菲特斯听到纸张沙沙作响，发现梅纳德正在吃装在纸袋里的午餐。她告诉梅纳德："我们不能在图书馆吃东西，尤其是在读书的时候。"梅纳德回答："好的，麦克菲特斯女士。"然后把纸袋合上。麦克菲特斯回忆道："后来，我又听到了纸袋打开的声音……梅纳德喜欢在读书的时候吃东西。"[50]父母往往认为公共图书馆是安全的场所，所以很多孩子都以去图书馆为借口去做别的事。"海滩男孩"（Beach Boy）乐队在 1964 年录制的一张唱片中唱道，一位女孩告诉她的爸爸自己要去图书馆，实际上却开着他的雷鸟汽车开心地在城里兜风。20 世纪 60 年代，我的妻子希尔还是个少年时就经常这样做；她的 3 位姐妹经常帮她打掩护。

但是，公共图书馆提供的僻静的公共场所也为一些不恰当的社会行为提供了可能。有些行为被发现了，有些人为此受到了处罚。1953 年，为了抓捕在图书馆洗手间发生性行为的男同性恋，亚特兰大警方在男洗手间装上了单向透明玻璃，8 天内逮捕了 20 人。这些人都被定罪，并且承诺"无论出于何种目的"都不再踏进公共图书馆。然而，有一些私密的行为一直没有被发现。20世纪 50 年代初，纽约少年弗兰克·康罗伊（Frank Conroy）在纽约公共图书馆分馆担任助理。有一天，他在将图书上架时听到有人走近。"是个女孩。我从脚步中能听出来。她没有看见我，径直走向下一个书架。我听到了挪椅子和翻书的声音。"康罗伊的荷尔蒙分泌开始上升。他先移开了几本书偷窥她，"从脖颈偷瞄到胸部，她穿着白色棉衣"。他又换了个位置偷看，这次看到"她的大腿拘谨地交叉在一起，但足以引起我的兴趣了"。康罗伊再次换位置，这次能看见她的脸。"她双眼紧闭，脸上挂满了泪水……她正在啜泣……轻轻地点着头。我向后退了一步，仿佛被针刺到了瞳孔"[51]。

与父辈一样，婴儿潮一代也将全国各地公共图书馆的讲故事活动当作他们的精神食粮——正如一个芝加哥人回忆自己在 20 世纪 50 年代的经历时所说："它就是我们生活的一部分。"然而，不同馆员讲故事的目的也不一样。1948年，得克萨斯州埃尔帕索公共图书馆（El Paso Public Library）的讲故事活动旨在"将来自不同背景的孩子团结起来"。有一次，黑人高中的学生为英国及西班牙裔儿童合唱了《格纹狗和花猫》（*The Gingham Dog and the Calico Cat*）。报道了这一活动的《基督教箴言报》的摄影师称，他"就是通过在芝加哥公园听图书馆员为孩子们讲故事"学会了英语[52]。

到了 20 世纪中期，许多靠近商业区的城市公共图书馆经常在午间举行免费的活动，包括图书评论与讨论会、作者访谈以及音乐独奏会。这些活动大多关注园艺、艺术品或者国际事务等主题。例如，波士顿公共图书馆发起了每周一次的"夹心图书"（Books Sandwiched In）活动，时间是中午 12:20 到12:45。1949 年，芝加哥公共图书馆每周三举办系列讲座，每周四中午举办读书会，每周五放映"你和你的世界"系列电影，每周六举行室内音乐会。1951年，布鲁克林公共图书馆将大厅给一位国际象棋专家使用，用于展示让他获得世界冠军的那几步棋。同样，1953 年，该馆的弗拉特布什（Flatbush）分馆开放了一间"老年活动室"，每周五下午举办的凯纳斯特纸牌和桥牌活动以及周二举办的读书会是主要活动。参与活动的读者年龄在 60 岁到 88 岁之间[53]。

二战后的第一代移民对于公共图书馆的体验与 19 世纪中期以后的几代移民相差不大。1962 年，马萨诸塞州剑桥公共图书馆（Cambridge Public Library）展出了立陶宛绘画、手工针织品、珠宝以及手工雕刻，为"立陶宛骑士团"（Knights of Lithuania）庆祝立陶宛独立日。骑士团成员穿着本民族的服装回答公众的问题。有一位每天与家人一起来到图书馆的新移民认为："我属于这里，这儿的人欢迎我。"她参加的图书馆活动"让我对城里的其他族裔更加尊重"。1946 年，纽约公共图书馆哈密尔顿鱼园分馆的馆员向从纳粹集中营被救出的难民表示欢迎，难民们讲起自己"痛苦的经历，并对公共图书馆惊奇不已"。苏厄德公园分馆的一位馆员回忆，曾有个男孩认出了在集中营里结交的一位士兵好友。"这次团聚令人动容。"[54]

二战以后，旧金山唐人街居民（他们世代居住在旧金山湾区）坚决要求改造他们的社区分馆。他们想要关于中国历史的书，更重要的是，希望拥有展览空间、聚会场所和以中国文化为主题的活动。1956 年，他们的愿望实现了，新馆在鲍威尔街（Powell Street）落成，其中一小部分中文馆藏由当地居民捐赠。在湾区的另一头，中学生本·冯–托里斯（Ben Fong-Torres）将奥克兰公共图书馆作为逃避他和父母以及 4 个兄弟姐妹挤在一起的狭小公寓的好去处。"我是在图书馆了解美国的。"本大概得到了 17 岁的拉美裔图书馆助理弗洛伊德·萨拉斯（Floyd Salas）的帮助，萨拉斯每天下班后，本会"躲进书架中间开始读书，从《黑人男孩》（*Black Boy*）读到《土生子》（*Native Son*），再到《我的爱人》（*This Is My Beloved*）……图书馆是我们能建造的最重要的公共设施"[55]。

正如公共图书馆应该提供何种读物的争议一样，关于图书馆应该陈列哪些艺术品的争议同样需要调解。但是解决方案多种多样。1960 年，爱达荷州博伊西（Boise）的一位居民反对公共图书馆展示一幅描绘赤裸上身的美人鱼的壁画，但图书馆董事会决定不做改变。为了尽量减少未来可能遭到的投诉，一位儿童馆员用粗麻布将美人鱼遮住了，但这一举动引发了更多反对。为了解决这个问题，一位读者建议放一盆植物进行遮挡。董事会看了之后同意了这个建议。接下来的几年，数百个血气方刚的男孩偷看过植物后面的内容[56]。

1955 年，达拉斯公共图书馆新馆开放，引起公众议论纷纷。新馆的流通台上方悬挂了一个由亨利·贝尔托亚（Henry Bertoia）设计的 10 英尺 ×24 英尺大的巨幕，由垂直的金属条组成。很多人都不喜欢它。市长称之为"一堆垃圾"；建筑师表示可以偿还图书馆 8500 美元，然后"把它扔进河里"。图书馆将它撤走之后，报纸专栏作家们予以了嘲讽，其中一人写道："贝尔托亚的壁画终于不再碍眼了。"最终，达拉斯的几位显要人士共同出资买下了它，然后将其捐赠给图书馆，而图书馆又将它挂到了流通台上方。不出意料，这场争论吸引更多人来到图书馆，只为看一眼它[57]。一年后，图书馆展出了一幅毕加索的画作。有人对这种"共产主义的艺术"提出反对，图书馆便将其取下。一位图书馆员工后来解释道，虽然馆长不愿意向这种审查行为屈服，但是他需要董事会的支持来为员工加薪。然而，该馆的另一件艺术品得以幸免，因为关于它的协商是在公众视线之外进行的。图书馆管理层定制了一座雕塑放在草坪上，艺术家承诺将描绘"上帝之手支撑年轻人以文献为媒介学习"的形象。但设计草案上展示了一个裸体年轻人，几位董事会成员非常震惊，"投票让雕塑穿上了裤子"。6 个月后，当这座重达 880 磅的雕塑亮相时，这个年轻人确实穿上了裤子[58]。

随着新兴媒体的发展，公共图书馆也开始转型。在二战后的美国，电视尤其让图书馆员担心。1948 年，17.2 万个家庭拥有电视；12 年后，90% 的美国家庭至少拥有一台电视。这种新技术从不同的方面对公共图书馆产生了影响。1951 年，一位纽约公共图书馆用户抗议一笔逾期罚款，并抱怨道："那天我不可能借书，我已经有电视了。"但与此同时，电视也经常成为图书馆服务的一部分。例如，在 1953 年，当时拥有电视的家庭数量相对较少，100 人在马萨诸塞州布鲁克林公共图书馆通过电视观看了艾森豪威尔的就职典礼；图书馆还展出了图书、小册子以及其他展品来纪念这一时刻。1951 年 10 月 2 日，康涅狄格州斯坦福德公共图书馆（Stamford Public Library）用电视播放巨人队（Giants）对阵道奇队（Dodgers）的美国职业棒球大联盟季后赛，到第四局时，图书馆里"座无虚席"。当博比·汤普森（Bobby Thompson）打出制胜本垒打并跑回本垒后，巨人队球迷们站起来热烈欢呼[59]。

与往年相比，新兴媒体对于公共图书馆服务的种类影响并不大。皇后区公共图书馆发现，当人们习惯于电视以后，图书馆的流通量有所上升，于是在 1951 年，该馆得出结论："尽管有预言称电视将取代书籍，但是阅读并未消亡。"同年，宾夕法尼亚州伊利公共图书馆（Erie Public Library）馆长说："显然，电视不再对图书和图书馆的使用产生威胁，甚至并不算是真正的竞争者。"《纽约时报》断言，调查结果反驳了"青少年读者将会沉迷于电视的假设。绝大多数公共图书馆的报告显示，儿童的阅读量不但没有减少，反而增加了"[60]。

作为公共场所，公共图书馆为努力奋斗的各类艺术家提供了多种机会。例如，纽约公共图书馆第 135 大街分馆在地下室设立了"美国黑人剧院"，接待詹姆斯·厄尔·琼斯（James Earl Jones）这样正在打拼的年轻演员。1955 年，辛辛那提公共图书馆开放了一间琴房，第一批造访者包括乔·布希金（"Big Joe" Buskin），这位著名的蓝调钢琴家经常进入钢琴房，关上门，大声地演奏

190

布基伍基钢琴乐曲（Boogie woogie）。房间外面的读者听着音乐，用脚打着拍子。预定琴房必须登记预约，1955年6月7日，12岁的"吉米·莱文"（Jimmy Levine）用铅笔在登记簿上写下了他的名字，在接下来的18个月内的至少8次来访中，他将签名改成了"J. 莱文"，最后又改为"詹姆斯·莱文"（James Levine）。1957年，他在辛辛那提公共图书馆儿童阅览室为150名儿童举办音乐会，在此之前他已经作为独奏钢琴家为辛辛那提交响乐团演出。多年后，他成为纽约大都会歌剧院的音乐总监[61]。

1951年，宾夕法尼亚州伊利（Erie）公共图书馆的艺术馆重新装修后开放，图书馆馆长骄傲地表示，该艺术馆"在本市的展览机构中是无与伦比的"。当地艺术家经常在这里举办展览，伊利艺术家联合会每年也会在此举办比赛。1951年，圣莫尼卡（Santa Monica）公共图书馆艺术馆举办了第五届年度艺术展，展出了400位退伍军人的作品，包括800多件绘画、雕塑、素描、插画、摄影及工艺品。1957年，《芝加哥论坛报》的艺术评论家问公众："有没有去图书馆观看过艺术展？"他提到的展览每月轮换一次展品，只展览芝加哥人的作品。1953年，哥伦比亚特区公共图书馆一家分馆展出了参与酗酒康复项目的患者的画作[62]。

1949年，当洛杉矶一位艺术课老师向五年级和六年级的学生询问是否愿意创作一幅壁画作为课堂作业时，所有人都同意了。这位老师又问："放在图书馆怎么样？"学生们认为这是个好主意，并选择了《爱丽丝梦游仙境》作为主题。"学生们跪在空旷的广场上……每个人都专注于自己面前的空间，"一位记者观察到，"他们手中拿着画笔，下笔之前要认真看上好长时间。一些人往后退了几步用画笔比着正确的视角，然后再退后观察。"学生们完成的两幅壁画挂在了威尔希尔（Wilshire）分馆的儿童阅览室墙上。引以为傲的父母、年轻的艺术家和市政府官员参加了这两幅壁画的捐赠仪式，期间一位学生说："下次我希望能在桌子上创作，因为跪着膝盖很酸。"[63]

公共图书馆的电影服务也有所增加，部分原因在于1947年卡内基基金会提供了资助。它的效果也很明显。俄勒冈州波特兰公共图书馆在1949年购买了100部不同题材的电影。教堂借出了《巴勒斯坦的生活》，在小组活动中放映；家长教师联谊会借出了关于抚养和教育儿童的电影；美国大学妇女联合会（American Association of University Women）借出了讲述种族和宗教偏见的电影。一位读者称，社区团体通过放映电影让孩子们不在街头闲晃。1951 年，布鲁克林公共图书馆在分馆礼堂放映了《生存模式》（*Pattern for Survival*）和《你可以打败核武器》（*You Can Beat the A-Bomb*），两部影片共放映了 339 次，吸引了 21540 人前来观看。1952 年的一项调查显示，上一年度 114 家美国公共图书馆共放映 4.8 万场电影，观看人数达 370 万人次[64]。

1946 年到 1964 年之间，美国公共图书馆员在"以最低的成本为最多数人提供最佳读物"方面比前几代人更为成功。作为专业领域的工作人员，这一时期的图书馆员还承担起倡导知识自由与抵制审查的责任，但是他们对于取消南方公共图书馆的种族隔离措施表现出的不温不火也表明他们所承担的责任也在很大程度上受到限制。传统的桎梏仍在。由于图书馆具有公民机构的属性，读者在很大程度可以自己判断什么是"最佳读物"，并强迫图书馆根据他们的意愿提供或雪藏某些书籍。读者有时也会与图书馆一道调解关于公共艺术的可接受性的争议。这一时期，图书馆员接纳并采用了新技术和新兴媒体。公共图书馆仍然以各种潜移默化的方式为数百万用户提供服务。

1963 年，全美公共图书馆数量达到 9517 家（包括 3376 家分馆），为全国 73% 的人口提供服务（比 1945 年增加 30%）。1945 年到 1963 年之间的流通量几乎翻了一番，达到了 65770.5 万册次，其中青少年读物占 50%[65]。不过在很多方面，美国公共图书馆的变化越多，它们的发展就越趋同。1963 年 11 月 22 日，现在属于南卡罗来纳州格林维尔地区的一个十年级学生在公共图书馆看到一位样貌普通的女士走向图书馆流通台，大声说："总统遇刺了！""我到现在都清楚地记得，"他后来回忆道，"图书馆员立刻对她说：'嘘！'"[66]

第8章 "对于每一位读者的个人意义"（1964—1980）

1963 年，约翰·肯尼迪遇刺后，林登·约翰逊（Lyndon Johnson）接替他成为总统，并迅速大力推动了一系列社会立法，促进了"伟大社会"（Great Society）[①]的形成。除了医疗保险，国会还通过立法资助图书馆及图书馆事业，并将《图书馆服务法案》修订为《图书馆服务与建筑法》，将公共图书馆建筑纳入联邦资助范围。此外，"向贫困宣战"（War on Poverty）计划的部分资金也用于资助城市公共图书馆开展延伸服务。很多人将这一时期看作是美国公共图书馆发展的第二个黄金时代，这是有依据的。1964 年，美国全国共有 9517 家公共图书馆（包括 3376 家分馆）。16 年后，全国共有 14653 家公共图书馆（包括 5936 家分馆），公共图书馆服务人数从全国总人口的 73% 增加至 96%，图书流通量从 6.577 亿册增加到近 10 亿册。然而，"伟大社会"立法带来的资金支持，催生了大量学校图书馆，公共图书馆青少年读物流通量占比从 50% 下降到了 31%[1]。

在美国图书馆事业创立之初，图书馆界的专业词汇就已经体现了不断发展的资本主义民主所偏爱的各种信息类型。本杰明·富兰克林提出的"有用的知识"（useful knowledge）概念在近一个半世纪的时间里效果显著，梅尔维尔·杜威的"最佳读物"（best reading）在接下来的一个世纪继续发挥作用。然而到了 20 世纪中期，随着计算机的出现，"最佳读物"被"信息"所替

---

① "伟大社会"是美国历史上一个专有名词，是指 20 世纪 60 年代约翰逊继任总统以后美国推出的一系列政策、法案，这些政策法案促进了美国社会的发展，提高了美国人民的生活质量。该词最早源于约翰逊 1964 年的一次演说："美国不仅有机会走向一个富裕和强大的社会，而且有机会走向一个伟大的社会。"——译者注

代——尽管在图书馆员看来，"信息"在很大程度上指的是他们在过去 250 年中一直搜寻和整理的有用的知识，只不过新技术的出现让存储和检索工作变得更加快捷高效。在 1965 年出版的《未来的图书馆》（*Libraries of the Future*）一书中，作者 J. R. 利克莱德（J. R. Licklider）预测，自动化"预知系统"（precognitive systems）将利用计算机中"以用户为导向"（user-oriented）的语言帮助用户查找和检索特定的信息。1970 年，阿尔文·托夫勒（Alvin Toffler）发表了《未来的冲击》（*Future Shock*），宣称近年来计算机以惊人的速度改变了社会；10 年后，他出版了《第三次浪潮》（*The Third Wave*），书中猜测随着信息经济的发展，美国的政治与社会机构将逐渐变得陈旧过时。在这两本书之间，丹尼尔·贝尔（Daniel Bell）于 1973 年发表了《后工业社会的来临》（*The Coming of Post-Industrial Society*），阐述了经济发展从商品生产转向高度依赖信息和知识的服务产业。

全国各地的图书馆领导者时常援引利克莱德、托夫勒以及贝尔等未来学家的观点来让同行相信，采用新的信息技术对于图书馆事业未来发展和图书馆形象的提升至关重要。许多人开始将图书馆事业称为一种"信息职业"（information profession）（有些人甚至将两者完全等同），并将图书馆实践的研究当成是"信息科学"（information science）。但是，与利克莱德、托夫勒、贝尔以及富兰克林和杜威一样，他们鼓吹的"信息科学"在很大程度上忽略了图书馆作为公共场所的价值，而且几乎没有分析大众阅读。尽管如此，许多公共图书馆员仍然追随了这股潮流。1980 年，一位预言家坚称："我们所了解的公共图书馆已经死了，只是还没有完全消失罢了。"他表示，图书馆的未来与计算机信息技术革命密不可分[2]。

这股浪潮催生了"信息与推荐"（Information and Referral，I&R）服务。1974 年，布鲁克林图书馆利用 450 万美元联邦拨款在 55 家分馆设立"信息中心"，提供城市、州、联邦以及民间机构层面的社区服务信息。该项目主管表示："自从有了电视和平装书，人们就不再来图书馆借书了。"但是他没有提供数据来支撑其有关图书流通的说法。其他加入"信息与推荐"运动的机构包括亚特兰大、休斯敦和克利夫兰的公共图书馆。底特律公共图书馆将自己的"信息与推荐"服务称为"信息场所"（The Information Place，TIP）。馆长对公共图书馆在帮助移民融入当地社会的历史进程中所发挥的社区中心作用表示认同，但是她同意布鲁克林同行的观点，认为平装书革命让图书馆失去了"传统的以娱乐为目的的读者，我们不能再将通俗读物作为面向成年人的主要服务内容"[3]。

但是与 20 世纪图书馆员发起的其他旨在提升有用的知识服务的倡议一样，"信息与推荐"的成果也有好有坏。纽约公共图书馆分馆的一位馆员注意到，当地报纸对该馆社区信息文献服务的报道只是短暂地吸引了公众的兴趣。一些图书馆员感叹道，"信息与推荐"服务倡导者低估了图书馆的其他服务。洛杉矶公共图书馆一位管理者在 1980 年指出："我们的图书馆员访问学校，组织木偶剧和讲故事活动，帮助孩子完成家庭作业，为出行困难的人选择读物，解答各种问题，为不同类型的用户提供各种馆藏。技术能帮助一个人理解和满足其他人的复杂需求，但它仅仅是一种工具。"数据也表明，很多以"信息与推荐"为优先的人是错误的。1976 年，美国图书馆协会执行主席报告称，公共图书馆流通量在过去一年上涨了 10%，自 1968 年以来增加了 40%。他说："人们的阅读不仅没有减少，反而增加了。"[4]

和前几代人一样，这一时期的图书馆员也采用新的技术来保障图书馆效率及安全。许多图书馆采用自动扫描设备读取借阅卡上的条形码并保存借阅记录。用户将书归还时，系统会取消借阅记录。如出现逾期，系统会自动生成通知。到了 1964 年，许多图书馆还在图书和期刊中粘贴磁条，读者如果试图带着未登记的书刊离开就会触发警报器。然而，在密歇根州弗林特公共图书馆（Flint Public Library），婴儿车比违规者更频繁地触发警报装置。在印第安纳州的加里（Gary），图书馆员为防止男孩们将报杆偷去玩耍而在上面安置磁条；在新泽西的莱维敦（Levittown），图书馆为男洗手间的钥匙安置磁条来杜绝丢失的情况[5]。

在芝加哥，公共图书馆员注意到，随着婴儿潮一代的学生涌入各个分馆，越来越多的参考资料遭到损坏。在纽约公共图书馆多纳（Donnell）分馆，一本残缺的参考书中有一条匿名留言："12/1/73……不得不撕掉这几页。所有的复印机都坏了，图书馆也要闭馆了，而我的考试分数完全取决于这些内容……请原谅我好吗？"随着图书馆购置了更多复印机和降低了复印费，撕书和盗窃的情况减少了，但图书馆安保人员并未消失。1970 年，洛杉矶公共图书馆追回了价值 7.6 万美元的被盗及逾期的图书馆资料。一位记者称："大多数案例都

没什么特别的，但图书馆保安偶尔也会碰上真正的神偷，堪比图书馆世界里的
'鼓上蚤'时迁①。"有个小偷从不同的分馆各偷一本《大英百科全书》，直到 196
将一整套凑齐。《洛杉矶时报》报道，"图书馆警察"②中最厉害的是绰号"超
级侦探"的杰斯·辛普金斯（Jess Simpkins），他曾表示其"职业上的主要障
碍是一丝不挂地来应门的含情脉脉的女人"[6]。

一些图书馆制定了新的规则来规范人们的行为。1965 年，韦恩堡公共图
书馆坚持要求学生在青少年阅览室穿上鞋和袜子。1969 年，芝加哥公共图书
馆禁止读者在读书时暴露脚趾，一位管理人员说："不能让馆里随处都能看见
脚趾。"另一位管理人员也表示："裸露的脚趾会打扰到其他人。"但是加利福
尼亚拉古纳海滩（Laguna Beach）公共图书馆与芝加哥公共图书馆形成了鲜明
对比，前者的很多读者都光着脚走路。作为人人平等的退休天堂、艺术聚集地
和嬉皮士的总部，拉古纳海滩为图书馆提供了独一无二的读者基础。一位读者
在复印机上复印了自己的掌纹"去做分析"。似乎没有人在意脚趾头是否露在
外面[7]。

二战时期阅读平装书的退伍军人、习惯在当地报摊和杂货店购买平装书的
婴儿潮一代以及从精装书过渡到精平装混合的出版商都迫使图书馆员改变对平
装书的态度。许多图书馆员认识到必须为读者提供他们想要的装帧版本。1970
年，旧金山公共图书馆设立了一个包含 5000 本平装书的"通俗读物图书馆"，
其馆藏占总馆馆藏的 19%。公共图书馆继续提供租赁流行小说的服务，不过人
们对此仍有异议。畅销书《满洲候选人》（*The Manchurian Candidate*）和《无
限的镜子》（*An Infinity of Mirrors*）的作者理查德·康登（Richard Condon）就
对这一做法嗤之以鼻。他说，他的书每卖掉一本，他就能赚 90 美分；而如果
图书馆出借这些书，为什么没有将租赁收入的三分之一拿来补偿作者？对于这
一点，新泽西东奥兰治公共图书馆的一位馆员回应道："他有没有想过……向
他经常使用的图书馆设施支付一些费用？"[8]

在 20 世纪 60 年代早期，婴儿潮一代大多已经上了高中，他们造成的"学
生入侵"困扰着许多图书馆员。加利福尼亚州惠蒂尔（Whittier）公共图书馆

---

① 原文为 "a willie sutton in the world of the Dewey Decimal"。直译为："杜威十进制世
界里的威利·萨顿。"威利·萨顿是美国历史上著名的银行大盗。——译者注

② 此处指负责追回失窃图书或逾期图书的安保人员。——译者注

馆长列举了学生正在压垮公共图书馆的几点原因："目前的启发式教学方法不再像以前那样仅仅依靠课本中的单一信息，而是要求学生在图书、期刊、小册子和政府文件等类型的文献中独自开展调研；后斯普特尼克（post-Sputnik）时代① 强调学术研究；学校图书馆的缺失以及培训和家长监督的不足；以及二战以后的婴儿潮，这些都是导致公共图书馆每晚挤满了青少年的原因。"[9]

图书馆宣传材料的编辑收到的文章和信件中时常提及年轻人聚集在公共图书馆造成的问题。许多图书馆员抱怨道，他们的公共图书馆已经成为学校的附属，而且他们对于放学后蜂拥而至的"这群野兽"心生畏惧。为解决这一问题，很多图书馆拒绝采购教科书。另有一些图书馆拒绝向青少年开放，或者只允许他们使用监管严格的参考阅览室。由于初中学生将图书馆作为聚会场所、在图书馆过道上玩书车、大声交谈、挤在大门口，甚至打开窗将朋友放进来，1979 年，新泽西州卢瑟福公共图书馆（Rutherford Public Library）要求十年级以下的学生在下午 5 点以后没有父母陪同不得进入图书馆。馆长说："我们不能任由学生破坏……这个在那些热爱读书的人眼中宁静而美丽的避风港。"

在少数城市公共图书馆的分馆，学生行为日益恶劣，唯一的解决办法就是闭馆。1969 年，纽约公共图书馆亨特角（Hunt's Point）分馆馆长记录了当地帮派的活动。在一天的不同时间，总有一群青少年将图书馆的桌子拼在一起，一直大声说话，人数从 15 至 65 人不等。他们无视禁止吸烟、饮食和饮酒的标志，并把它们撕下来。他们把书架上的书都丢到地上，踩在上面，并乱扔鸡骨头、汽水瓶和烟头等。许多人将免费的图书带出图书馆，却把书丢进了室外的排水沟。馆长称："渐渐就在图书馆员的眼皮底下，图书馆成为活跃的毒品交易中心……他们公开地交易。吸了大麻的人走进图书馆，展示并吹嘘自己的文身……一个脸色略显苍白的小男孩……经常在吸毒后踉跄地走进图书馆睡觉。"1969 年，纽约公共图书馆以装修改造为由关闭了这家分馆。几个月后，这家分馆重新开放，帮派再次干扰到了图书馆服务，不过有所收敛。在接下来的 10 年中，随着社区中产阶级人数的增加，帮派活动逐渐消失[10]。

在"伟大社会"经费的支持下，中小学图书馆的数量大大增加，20 世纪

---

① 后斯普特尼克时代指 1957 年到 1980 年这一段时间，源于苏联 1957 年 10 月 4 日发射了斯普特尼克号卫星，该卫星的发射震惊了美国，此前美国认为其在数学、科学领域一直处于全球领先，但苏联卫星的发射使得美国开始对学校课程进行改革。——译者注

70 年代，公共图书馆不再重视青少年服务，很多馆甚至彻底取消了这项服务。虽然青少年仍然大量使用公共图书馆服务（尤其是在学校不上课的周六和周日），但是馆长们越来越倾向于不再雇用新的专为青少年服务的馆员。到了 1980 年，公共图书馆的大多数青少年读者发现，为他们服务的都是普通的专业馆员[11]。

然而，公众仍然热爱流动图书车。得益于"伟大社会"的资助，流动图书车的数量增加了，服务范围也进一步扩展。洛杉矶公共图书馆系统利用《图书馆服务与建筑法》规定的资金将流动图书车在洛杉矶中南部以及东部的服务站扩展至 13 个。图书馆雇员本·托马斯（Ben Thomas）每周将 8 吨重的车子开进瓦特（Watts）南部一个拥有 2000 人口的地区，停在一片晾衣绳中间的草地上，打开折叠桌，掀起书车两侧的铁板，向人们展示书架上的小说和平装书。车内还有另外 3000 册图书。附近学校的学生很快跑过来，在车上翻找市中心图书馆拒绝利用常规经费采购的漫画，并与被他们称为"小哥哥"的托马斯交谈。不一会儿，一群青少年围拢过来，要求"小哥哥"播放音乐，于是托马斯从车中拿出一台留声机，设置好扬声器，人们很快纷纷起舞，草坪热闹了起来。一位记者写道："洛杉矶最喧闹的图书馆又响起了迷人的歌声，年轻的人们跳起舞来，令人忍不住加入。"一个年轻人在书车中借了一本体育传记，并申请了自己的第一张借阅卡。记者总结道："这是一场喧嚣的胜利，在曾经贴满了保持安静标志的地方传播思想的声音。"[12]

1968 年，加利福尼亚州的弗雷斯诺县（Fresno County）将《图书馆服务与建筑法》规定的资金用于为圣华金河谷（San Joaquin Valley）的墨西哥裔美国农场工人服务的流动图书车。读者习惯用西班牙语"La Biblioteca Ambulante"称呼它，图书馆配备了讲西班牙语的管理员。1968 年，当一辆流动图书车在芝加哥西部的卡尔洪北方学校（Calhoun North School）操场停下时，随着音乐透过扬声器响起，孩子们迅速围拢过来。一位黑人管理员走出来，开始向一年级的学生以及参加暑期学校"开端教育"① 项目的学生们讲故事。一个 7 岁大的孩子在书车里转悠，惊叹道："这里有好多书啊！"然后"在童话、棒球、动

---

① "开端教育"（Head Start）是美国卫生与公众服务部的一项计划，为低收入儿童及其家庭提供全面的幼儿教育、卫生、营养和家长参与服务。该计划的服务和资源旨在促进稳定的家庭关系，增强儿童的身心健康，并建立一个提高认知技能的环境。——译者注

物和牛仔的世界中开始徜徉"。他问图书馆员："我需要付钱吗？我家里一本书也没有。"1972 年，旧金山公共图书馆启动了"移动媒体"（mediamobile）服务。两年后，由于耗尽了联邦拨款，该馆取消了这项服务，低收入社区中受到影响的数百名老年人提出抗议[13]。

199

1973 年，加利福尼亚州奥兰治县的圣地亚哥图书馆总分馆为流动图书车配备了 3000 册关于社会保障和生育控制的西班牙语和英语的平装书以及小册子，并配备了一名双语混血管理员。该流动图书车定期造访黑人和墨西哥裔美国人社区以及移民劳工的露营地，还有社区娱乐中心、免费诊所、职业培训办公室和其他人们会驻留的地方。该馆黑人馆长表示，对于在文化上受到孤立的少数族裔来说，公共图书馆被视为"白人的庇护所"，他们认为"图书馆会拖延和欺骗少数族裔"，以为图书是令人恐惧的东西，而装满了书的图书馆更是让人不敢接近"。馆长对于馆内的讲故事活动感到自豪，该服务吸引了数千名西班牙语社区的儿童[14]。

1971 年，马里兰州威斯敏斯特（Westminster）公共图书馆发起了一个项目，由 16 位志愿者为 6 个地区养老院中的 700 名老人送书；其中 40% 的老人没有家人探望。项目主管说："志愿者们非常棒，他们发自内心地照顾这些老人，带老人去自己家里，或者去外面的各种地方。志愿者还给老人送生日和圣诞贺卡，因为不会有其他人给他们送礼物了。"志愿者同样也从项目中受益。一位志愿者说："有人表示走进疗养院令人沮丧，但是当你看到自己给这些老人的生活带来欢乐时，就不会有这种感觉了。"联邦政府拨款 2.5 万美元后，项目志愿者人数增加到了 125 人，到 1980 年，该项目增加了上门送餐和送书服务。在 20 世纪 60 年代后期，堪萨斯中南部图书馆总分馆利用《图书馆服务与建筑法》资金发起了"招手即停"（Operation Whistle Stop）项目。图书馆用粗麻布将 20 英尺长的卡车围起来，并在车内配备了木偶舞台、电影放映机、两名学生暑期工和一位司机，每周到访 34 个乡镇。车一停下，孩子和妈妈们就会围过来。一位家长说："我们开 15 英里的车才能到图书馆。现在图书馆对我们来说触手可及，这太好了。"[15]

许多社区利用"向贫困宣战"基金将图书馆的服务延伸至此前无法享受服务的人群。1969 年，旧金山公共图书馆宣布利用联邦基金与当地的"新职业""社区青少年组织"和"社区工作培训计划"等机构开展合作项目。在

"社区艺术项目"的帮助下，旧金山公共图书馆举办了更多讲座、研讨会、电影、戏剧和音乐剧等活动。在很多活动期间，图书馆会发放平装书来鼓励民众阅读。旧金山公共图书馆庆祝"黑人历史周"，并采购了有关少数族裔——尤其是民权运动的作品，以及西班牙语、菲律宾语和中文文献[16]。

▲1965 年纽约皇后区公共图书馆开展的"向贫困宣战"开端教育项目，照片来源：纽约皇后区公共图书馆档案中的皇后区公共图书馆照片。

　　1977 年，洛杉矶市和县的图书馆总分馆系统在东洛杉矶地区成立了奇卡诺人①资源中心（Chicano Resource Center），配有双语工作人员。该中心在功能上是一个信息中心，提供有关奇卡诺历史与文化的文献。蒙特贝洛（Montebello）、诺沃克（Norwalk）和康普顿（Compton）县的图书馆设立了"参与双语教育图书馆"（Libraries Involved in Bilingual Education Reading）中心，旨在提高人们的英语阅读和语言技能。一年后，有 1500 人申请了辅导课程，其中包括一位想要

---

① 即墨西哥裔美国人或在美国的讲西班牙语的拉丁美洲人后裔。——译者注

读懂菜单的年轻的东南亚战争新娘①，一位想在美国找到新工作的墨西哥土木工程师，一个发现自己的蹩脚英语影响成绩的墨西哥裔高中生移民，以及哥斯达黎加的一位老奶奶。她对家人说："你们都上过学，现在该轮到我了。"[17]

▲1965 纽约皇后区公共图书馆科罗纳分馆开展的"向贫困宣战"开端教育项目，照片来源：纽约皇后区公共图书馆档案中的皇后区公共图书馆照片。

在图书馆专业词汇中，作为社区中心的城市公共图书馆通常被称为"行动图书馆"（action libraries）。随着白人迁移至郊区，留在原地的分馆开始适应新的人口结构。《基督教科学箴言报》刊发了一篇文章，作者卡罗琳·拉芬（Carolyn Ruffin）联系了巴尔的摩、波士顿、达拉斯、底特律、纽约和洛杉矶的图书馆，发现它们大多与城区内的其他机构合作。拉芬写道："与城区内的图书馆员访谈结果表明，图书馆……正在推出越来越多的活动、研讨、电影放映和展览等。在住宅区内用面包车放映电影，到巴尔的摩观看金莺棒球队比赛，用西班牙语诵读斯坦利·加德纳（Erle Stanley Gardner）的作品，这些活

---

① 美国海外驻军与当地女子结婚,这种女子称为战争新娘。很多战争新娘后来移民美国。

动构成城区内社区图书馆的形象。"[18]

洛杉矶公共图书馆瓦特分馆在1968年的骚乱①以前曾是"当权者的代表"，当非裔美国人芭芭拉·克拉克（Barbara Clark）就任馆长后，她利用联邦资金将该馆改造成了社区中心。她坚持认为，对于穷人而言，公共图书馆要做的不仅仅是流通图书。她发起的一系列项目印证了她的观点。青少年将分馆用作自习室，而学龄前儿童坐在图书馆的彩色电视机前收看《芝麻街》（Sesame Street）和《电力公司》（Electric Company）。为了让图书馆服务更加多样化，克拉克还为学龄前儿童举办了三轮车比赛，在图书馆停车场举行摇滚乐队表演，为老奶奶们提供针织课程。她说："我们在与孩子们互动的过程中发现，有些在课堂上一言不发的孩子也会朗读给我们听。"[19]

西班牙裔社区的公共图书馆有着类似的经历。在洛杉矶县的一家公共图书馆，有位墨西哥裔艺术家画了一幅20英尺高的壁画，上面描绘了一位挣脱束缚的棕色皮肤男子。附近另一家公共图书馆所在社区没有电影院，图书馆便每个月举办一次电影之夜活动，并邀请儿童参演木偶剧。一边大声播放音乐一边驶入站点的流动图书车把与墨西哥文化有关的资料带进了这些社区；有位会说西班牙语的管理员组织了一次"西语节"活动，吸引了2000人参加。还有一位管理员聘请了一个小丑在社区免费发放书籍，像"贫民窟的魔笛手"一样将孩子们带进了图书馆。图书馆馆长说："这只是让贫困儿童走进图书馆的众多举措之一，在此之前，馆内只有年长的中产阶级的白人，只要有人大声说话就会被他们喝止。在旧的盎格鲁-清教徒传统中，孩子如果弄坏一本书，就面临着严厉的处罚。而对于少数族裔儿童来说，如果环境充满敌意，他们就不会再使用图书馆设施。"[20]

《图书馆服务与建筑法》还提供资金，让校车开到芝加哥道格拉斯分馆。一位馆员在1969年指出，对于很少离开社区的孩子而言，这趟旅行不仅带来了新的体验，而且驳斥了有关"道格拉斯城区的孩子对图书不感兴趣，他们拒绝阅读，老师和家长也不在意"的旧有观念。她发现："这个项目不仅让孩子们近距离接触到了图书，还让他们熟悉周边环境，找到共同话题，包括借哪些书、如何获得借阅卡以及应承担的责任（取书、还书、保管好借阅卡）。"中

---

① 1968年4月9日,小马丁·路德·金的死引发芝加哥、巴尔的摩、华盛顿和辛辛那提四座大城市的黑人运动。——译者注

学生经常前来借阅关于黑人历史、麻醉品（特别是大麻）、护理职业、生育控制和性病的书[21]。

1970 年，道格拉斯分馆开始举办"聆听时间"（listening hours）活动，青少年特别要求播放黑人艺术家的音乐。学生参加了分馆组织的午餐时间歌唱活动。该分馆还为赴美国南部演出的青年舞蹈团提供练习场地，并为当地青少年歌唱团以及专门解决儿童精神健康问题的小马丁·路德·金精神健康中心提供场所。由"模范城市项目"（Model Cities Program）赞助的一个母亲团体在图书馆设立了日托中心；另一个项目将书刊资料带到学校，使得该分馆流通率增加了近两倍。一位分馆馆员称："只有我们走到面前，他们才对图书馆产生一点兴趣。"1970 年，图书馆管理层同意将分馆名字由"斯蒂芬·道格拉斯分馆"（纪念 19 世纪中期一位反对林肯并且对奴隶制的态度模棱两可的白人政治家）改为"弗雷德里克·道格拉斯分馆"（纪念 19 世纪晚期一位主张废除奴隶制的黑人）。然而，在 20 世纪 70 年代早期，联邦不再提供流动图书车的资金。6 年后进行的一项研究显示，在芝加哥白人比黑人和拉丁裔享受到更多、更好的图书馆服务，这在很大程度上是由于图书馆系统仍然使用带有文化偏见的流通量、参考服务、借阅卡发放数量等传统统计数据来决定资源分配[22]。

图书馆员对于扩展服务范围的讨论反映了他们对于本专业领域的认知。例如，1966 年，哥伦比亚特区的一个社区组织建议公共图书馆系统使用"向贫困宣战"资金开展面向贫困群体的项目。图书馆管理层反对这些项目，认为它们是"噱头……是带有娱乐性质的，违背了图书馆的'真正'使命"。馆长说图书馆要专注于开展符合公共图书馆基本服务的活动。《华盛顿邮报》的一位记者写道，图书馆与社区组织"说的不是同一种语言，无法开展联合项目"。然而，5 年后，哥伦比亚特区公共图书馆系统利用联邦资金开设了 3 家街边图书馆，其中不仅有彩电，还有拼图、游戏、唱片、艺术印刷品、立体三维魔景机和海报[23]。

其他一些图书馆则比较果断。据《纽约时报》报道，1964 年，康涅狄格州纽黑文公共图书馆将一个废弃的超市改造成"图书馆邻里中心"，"让在经济与文化上处于弱势地位的黑人与白人一起参与活动，至少现在相较于读书这能更有效地提高社区品质"。几个月内，1100 名用户（大多为黑人）参加了 66 个团体活动。不同种族的社区代表组成委员会，为中心主任提供建议。

1980 年，圣迭戈公共图书馆赞助了一项展览，展出了刚从老挝抵达的苗族妇女制作的刺绣艺术品。这些苗族妇女都不会说英语，便通过翻译告诉记者，她们非常感激图书馆能提供展示她们作品的空间。对于她们所有人来说，这是第一次踏入美国公共图书馆[24]。

1969 年，皇后区公共图书馆在科罗纳开设了"兰斯顿·修斯社区图书馆与文化中心"（Langston Hughes Community Library and Cultural Center）。当地活动家让图书馆用木板盖了一个店面，并推动项目进行。图书馆聘请了一位专业图书馆员负责管理，其余工作人员来自当地社区。该馆拥有 14000 本平装书和 400 张唱片，但没有卡片目录，也不收取逾期罚款。该馆提供英语和西班牙语为儿童讲故事活动，组织空手道课、诗歌阅读和斯瓦希里语课程，成立了编制社区报纸的新闻工作室，开展了健康、教育和福利推荐项目，设立招聘公告板并提供公务员考试复习用书。该中心从"社区青少年组织"雇用了 15 人，充当"人力图书车"，负责将图书送到社区公园、美容院、理发店和公寓门廊，这些人有发放图书馆借阅卡并出借随身携带的图书的权限[25]。

美国公共图书馆员从前几代人那里继承的文化传统往往限制他们为"最多的人"提供服务的能力，但图书馆有时候能够克服这些限制。例如，很多亚洲移民只将图书馆看作是储藏图书的地方。这类文化障碍也许可以解释为什么洛杉矶公共图书馆直到 1977 年才开设唐人街分馆。一位华裔美国馆员说："共享图书对于中国人来说是一个新的概念，他们习惯自己买书和报纸。"但是当唐人街分馆开放的那天，"图书馆之友"的成员们按照中国传统在门口燃放鞭炮以驱除邪祟，馆内所有书都被借走了[26]。

然而有时候图书馆难以克服文化障碍。20 世纪 60 年代末，针对 600 位加利福尼亚墨西哥裔美国人的采访结果显示，这些人对于公共图书馆服务普遍表现出漠不关心的态度。其原因不难理解。在一家分馆，墨西哥裔青少年预约了一间会议室用于开展政治讨论，但当图书馆管理层发现他们邀请了一位有争议的墨西哥裔演讲者时，便取消了预约。在另一家分馆，青少年要求借阅某些墨西哥报纸和期刊，也遭到了拒绝。他们后来得知是某些社区领袖反对，因为在他们看来，这些报纸和期刊包含污言秽语，甚至批判美国政府和倡导政治分裂。另一场访谈招致了进一步批评。青少年质问："图书馆为什么不能购买和墨西哥人有关的书？"菲尼克斯一位墨西哥裔年轻人注意到："图书馆员不会

205

购买任何墨西哥或萨尔萨音乐专辑。"一个只会说西班牙语的得克萨斯妇女说："我无法与图书馆员交谈，他们听不懂我说的话。"另一个人补充道："我英语说得不好，我很害怕去图书馆，更多是因为羞耻，而不是恐惧或无知。"[27]

当联邦资金在20世纪70年代用光时，许多图书馆试图挽救延伸服务项目，但结果不尽相同。大多数图书馆仍然以流通数据为依据分配资金。1975年，皇后区公共图书馆的预算被削减8%，馆长决定关闭流通量最少的11家分馆，而8家属于黑人社区，这并非巧合。这一决定引发了社区的强烈抗议，全国有色人种促进会也发起了关于种族歧视的诉讼。据《纽约时报》报道："很多居民……相信流通数据没有社区服务重要。"一位分馆馆长指出："这些分馆已经成为公民和青年团体理想的聚会场所，当你关闭了这里的一家分馆，就等于关闭了一个社区。"[28]

然而，即使没有《图书馆服务与建筑法》的资助，公共图书馆仍然以各种途径、出于各种目的将民众聚集在一起。1978年，南达科他州弗米利恩公共图书馆（Vermillion Public Library）从卡内基式旧建筑搬入新馆，当地的一位农民将传送带借给了图书馆，所有书都打包装箱后，数十名志愿者冒着暴风雪在两地间来回奔跑，徒手将书搬到了新馆[29]。1979年，宾夕法尼亚州斯维士代尔公共图书馆（Swissdale Public Library）举办了一场钢铁女工大会，会议持续了一整天，探讨为女工专门制定满足她们诉求（由男性主导的工会忽略了这些诉求）的合同条款。1976年，加利福尼亚州阿卡迪亚公共图书馆（Arcadia Public Library）与青年女性团体合作放映了电影《如何对强奸犯说不》（*How to Say No to a Rapist*）。1980年，奥兰治县的几个分馆举办了"郊区强奸案"讨论会，旨在为强奸受害者提供咨询，鼓励受害者举报袭击事件，并向居民和警察部门宣传解决这一问题的办法[30]。

206 1969年，费城一位22岁的摄影师在当地分馆看着自己举办的"来到美国索尔斯维尔"（Come On Down to Soulsville, U.S.A）主题展，说道："黑色很美，我想将它表现出来。"1973年，丹佛公共图书馆举办了一系列多元文化活动，包括"黑人的觉醒"（3735人参加）、"墨西哥万岁"（3207人参加）、"多彩的科罗拉多"（1912人参加）、"二元文化主义问题"（1325人参加）、"现代绘画的先驱"（1267人参加）和当地学者詹姆斯·米切纳作品展（350人参加）等。参加米切纳作品展的人数最低，展现出丹佛公共图书馆在为边缘化群体提供服务方面的卓越成果[31]。

人们有时会聚集在公共图书馆反对图书馆的行动。1970 年，当旧金山公共图书馆唐人街分馆缩短了开放时间时，华裔教师和社区成员提出强烈的抗议，图书馆管理层最终同意多开放一个晚上，并将楼下的一个房间重新装修，供学生自习使用。在华人定居旧金山超过一个世纪以后，旧金山公共图书馆第一次任命了会说中文的专业馆员谭碧芳（Judy Yung）负责中文馆藏建设。在接下来的三年时间里，谭碧芳在居民咨询委员会的帮助下建设中文馆藏，开展社区外联服务，针对老年人及非英语人群制订服务计划。1973 年，谭碧芳离职后，该分馆使用社区街道发展基金雇用了大量双语工作人员，并在图书馆后面建了一个社区花园，还翻修了社区活动室，用于举行社区会议及文化活动。其他图书馆借鉴了旧金山的经验[32]。

在其他地方，人们将公共图书馆作为发表各种声明的场所。1965 年，为了对当时取消田纳西州克林顿市高中种族隔离制度的判决表达不满，一名种族主义者在同样实施种族融合的公共图书馆的台阶上撒尿。地方当局将这个人赶出了城。此前实施隔离制度的一些公共图书馆开始成为种族和解的场所。例如，1970 年，在"黑人历史周"活动期间，已经废除种族隔离制度的亚特兰大公共图书馆主馆举办了两场活动，一场是布克·华盛顿高中（Booker T. Washington High School）的现代舞表演，另一场是当地黑人艺术家的表演。活动周的主题是"宪法第十五修正案[①]和美国的黑人，1870—1970"。该馆同时还展出了奥本分馆实行隔离制度期间收集的各种资料。黑人和白人都出席了这些活动并参观了展览[33]。

在许多社区，公共图书馆空间为当地艺术家提供了更多机会。在纽约州南亨廷顿公共图书馆（South Huntington Public Library）新建的两层楼高的大阅览室，书架和阅览桌下面装上了可上锁的脚轮，以便于图书馆员快速清理空间，也可以将 16 英尺 ×16 英尺的照明网降下来，从而将阅览室改造成一个剧院，为"长岛竞技场玩家等旅游公司提供场所"。1972 年，该馆的一位馆员说"这家图书馆是用纳税人的钱成立起来的，这些人喜欢丰富的活动，而非借阅

---

① 美国宪法第十五条修正案内容为：禁止联邦政府和每个州以公民的"种族、肤色或以前的奴役条件"为由剥夺其投票权。——译者注

卡"；公共图书馆也对"不想从书本中了解信息的人"负责。菲尼克斯电影公司的一位副总裁在 1968 年指出，美国公共图书馆是"独立电影制作人可以展示其作品的为数不多的场所之一"。另一位电影制作人也称："我必须要表达我的观点，不一定被所有的图书馆员所认可——对于电影文化发展而言，公共图书馆是这个大陆上最重要的资源之一。"[34]

新泽西州的李堡（Fort Lee）曾经是无声电影行业的中心，在 20 世纪 70 年代后期，当地公共图书馆每年放映两次馆藏的默片。图书馆长说："很多老人都参加了，他们看到了熟悉的街道名字，并讨论自己的回忆。他们自己或亲属中的许多人曾经在默片中担任临时演员。"在纽约公共图书馆多尼尔（Donnell）分馆的唱片部，一位几近失明的 80 岁老人听完马勒的第六交响曲，在归还唱片时说："即使对于我这把年纪，这张专辑还是让我心情很好。"一位青少年找到了由一位西班牙流行音乐艺术家制作的唱片后问："还有更多的吗？这人来自多米尼加——我的祖国，他很出色！"[35]

1969 年 8 月 20 日下午 3 点到 4 点之间，人们经过芝加哥公共图书馆华盛顿街入口时，听到了帕克高中学生的清唱表演，还有爵士乐、灵魂乐和摇滚乐的演奏。3 年前，印第安纳州加里公共图书馆在当地举行了一场才艺大赛，一个后来取名为"杰克逊五人组"（Jackson Five）的团体参加了比赛，尽管他们没有获胜，但小迈克①却成为观众最喜爱的一位选手。20 世纪 70 年代末，马里兰州索尔兹伯里地区的一支高中乐队在东岸图书馆（Eastern Shore Area Library）停车场举行了一场演出；在"五月五日节"，一支墨西哥流浪乐队在加利福尼亚州威尼斯公共图书馆演出。1968 年，在洛杉矶公共图书馆西尔玛分馆，图书馆员们将桌椅推到一边，在地上铺上垫子，举办了柔道和空手道的展示。一位图书馆员表示："展示过后，书架上关于自卫的图书流通量非常高。"

[208] 一位父亲对他的孩子说："我们到市中心时，在图书馆停一下，借几只鸟。"他不是在开玩笑。新罕布什尔州康科德公共图书馆接受了 400 只鸟类标本的捐赠，并刚刚开始出借。为了开展以"大草原上的野生动物"为主题的夏日阅读活动，堪萨斯州亨德森公共图书馆（Henderson Public Library）借用了

---

① 迈克尔·杰克逊（Michael Jackson，1958—2009），美国著名的流行音乐歌手。——译者注

当地动物园的动物，包括蛇"布雷克"和乌龟"耶特雷"，它们都不喜欢图书馆的空调，也不愿意见到想要拍拍它们的孩子。鹌鹑"罗伯特"和"罗伯塔"也不爱与人接触，可能是想保护它们的两个孩子。另一方面，小鹿"斑比"与乌鸦"吉米"却喜欢人们的关注，也享受被抚摸。每次有人进入房间时，乌鸦都会打招呼。这一个夏天，该馆流通量较之去年有所上升[36]。

与过去几代一样，公共图书馆墙上展出的艺术作品有时也会引起争议。1965 年，当芝加哥公共图书馆馆长审阅了一位艺术家为美术室创作的 8 幅抽象画后，要求将它们撤掉。她说："这与审查无关，而是品位的问题……我们认为这些画会招致嘲笑或误解。"艺术家回应道："如果这还不算审查，那什么才算呢？"馆长继续说："请理解，我们认可并捍卫艺术家按照自己的意愿描绘任何事物的权利……但是这种画作不适合我们的受众。他们是一群单纯的人。"馆长的这番话不仅冒犯了艺术家，还侮辱了图书馆的用户[37]。

公共图书馆将人们聚集在一起，但并不一定是出于合作目的。1964 年，当加州伯班克市的人际关系理事会（Human Relations Council）使用公共图书馆礼堂为一项住房法案寻求支持时，当地居民表示反对，认为这种党派政治活动不应该在公共建筑中举行。该馆馆长援引城市条例进行了回应，禁止人际关系理事会继续使用图书馆礼堂。具有讽刺意味的是，馆长本人还是加州图书馆协会知识自由委员会的主席。他向记者坦白道："简直是如履薄冰。"该馆长和记者都没有提及《图书馆权利法案》。后来，美国公民自由联盟挑战这条规定，请求使用图书馆礼堂，被馆长否决了。遭到否决的还有美国大学女性协会、屋主协会和美国战地服务团当地分会。人际关系理事会和屋主协会没有上诉，但是美国大学女性协会和美国战地服务团上诉了。伯班克市行政长官否决了大学女性协会的要求，但同意了战地服务团的要求。1965 年，市检察官推翻了战地服务团的裁决，也否决了美国公民自由联盟和人际关系理事会的复议请求。那时，该馆馆长已加入"高雅出版物委员会"（Committee for Decent Publications），据《纽约时报》报道，该委员会的主要目标是争取报摊老板的自愿合作，不向未成年人出售可疑读物。馆长称赞该委员会用温和的手段防止"色情读物落入青少年之手"。但他还是没有提及反对审查制度的《图书馆权利法案》。最终，伯班克公共图书馆撤销了针对政治与宗教活动的禁令，但重新限制了礼堂的用途，即只能为图书馆或由市政府赞助的团体使用。美国公民自由联盟仍然不符合条件[38]。

伯班克公共图书馆馆长发现自己处于进退两难的境地，这在很大程度上是受图书馆行业反对审查的强烈诉求所驱使。1967 年，美国图书馆协会成立了知识自由办公室。从该办公室成立之初，主任朱迪思·克鲁格（Judith Krug）就决定通过实施积极的出版、教育和公共关系计划，在业界推行《图书馆权利法案》。通过约束图书馆界针对审查的讨论内容，她定下了这场辩论的基调。1980 年，面对美国图书馆协会根深蒂固的官僚主义，她断言："图书馆是唯一真正符合美国宪法第一修正案 ① 的机构。"尽管她不必承担对公共图书馆行业的责任，也没有保护图书馆机构和全社会免受伤害的义务；但她依然塑造了一种图书馆人的专业形象，使肩负职业责任的馆员自觉同她站在一起。但她没有权力将自己的意愿强加于人——违反道德规范的律师和医生可能会被禁止从业，但图书馆员不会。因此，克鲁格专注于与图书馆界以外的政府机构和组织就审查工作进行接触，而对于图书馆行业，她所领导的知识自由办公室只能提供意见和未经证实的声明。

无论如何对于一个渴望提升自己的社会形象的职业来说，克鲁格的言论很有说服力。美国图书馆协会一位主席在 1978 年指出："杰斐逊主义原则（Jeffersonian principle）② 证实了公共图书馆的合理性，即一个自由、民主的社会想要生存必须有知情的公民。图书馆通过提供各方面信息和保持中立实现了这一目标。图书馆具有政治中立性和社会公正性，到目前为止向所有人免费开放。"这位主席在写给《洛杉矶时报》的信中说："《图书馆权利法案》以及《自由阅读声明》……确保人们在公共图书馆能获得关于一个问题所有方面的信息，每个人有权阅读图书馆中的任何内容。"[39]

但这种说法掩盖了过去和现在的事实，公共图书馆的实践也表明，审查行为与图书馆的信仰相悖。例如，在 20 世纪 70 年代后期，一位研究人员在对

---

① 美国宪法第一修正案包括禁止美国国会制定任何法律以确立国教，妨碍宗教自由，剥夺言论自由，侵犯新闻自由与集会自由，干扰或禁止向政府请愿的权利。该修正案于 1791 年 12 月 15 日获得通过，是美国权利法案中的一部分，该修正案使美国成为首个在宪法中明文规定不设国教，并保障宗教自由和言论自由的国家。——译者注

② 杰斐逊主义原则是以美国第三任总统托马斯·杰斐逊命名的一系列政治原则和思想，包括天赋人权、自由、民主和平等。——译者注

《书目》杂志等图书馆采购指南的分析中发现，图书馆很少会采购代表主流文化以外的观点的文献。1971 年，知识自由办公室为几本有争议的性题材图书的收藏情况走访了中西部地区的公共图书馆员，61% 的受访者表示，想阅读《江湖豪客》（*The Carpetbaggers*）等"色情小说"的读者"应自行购买，不要寄希望能在公共图书馆找到这些书"。同一年，当被问及 20 世纪 60 年代《图书馆权利法案》是否要求公共图书馆提供色情内容以吸引广大用户时，克鲁格回应道，用户"也许能在图书馆获得这类资料"，但是"他们会感到尴尬或害怕，不敢向图书馆员索取"。1973 年，《洛杉矶时报》报道了一则关于公共图书馆审查的故事，其中援引了《图书馆权利法案》第二条原则，即公共图书馆应呈现出"关于当代各种问题的所有观点"。《洛杉矶时报》一位专栏作家质问道："据此，图书馆难道不应该收藏精装的色情书和极左、极右文学吗？"但是他发现，大多数图书馆都没有收藏。他又问道："这是否因为图书馆想避免冲突，或者认为其他的书能更好地服务社区？"他没有给出答案[40]。

美国最高法院于 1973 年对米勒诉加利福尼亚州案① 做出裁决，承认当地社区应有权自行判断淫秽和色情内容。克鲁格抱怨道："这一决定击中了我们的要害。"到底什么是社区——是一个国家，一个城市，还是一个居民区？芝加哥公共图书馆馆长也不同意这个结果，他说："文学不是地方事务，而是整个国家乃至全球的活动，缩小它的范围是错误的。"[41]他们二人都没有意识到，尽管最高法院没有提及图书馆，但它的判决只不过是强调了一个事实，即公共图书馆过去一直作为社区用来定义文学和文化价值的重要平台。公共图书馆不收藏色情书刊，至于哪些是色情书刊，却由社区自己决定。虽然这个过程不完美且毫无章法，但公共图书馆在过去几代始终在扮演这一角色。

尽管知识自由办公室发布了公告，但在地方层面，公共图书馆对于审查的应对方式仍然多种多样。1965 年，洛杉矶公共图书馆举办了名为"书是四

---

① 米勒诉加利福尼亚州案是美国最高法院具有里程碑意义的一个案例，其中法院将"淫秽"从"完全没有社会救赎价值"重新定义为缺乏"严肃的文学、艺术、政治或科学价值"。该案背景是1971年，加利福尼亚州一位经营色情电影和书刊的商人马文·米勒（Marvin Miller）将有男女性爱图案的宣传册向外邮寄，一位餐馆店主及其母亲在收到宣传册后报警。米勒被逮捕并指控违反加州法案，最后被加州法院判决有罪，米勒当庭向最高法院上诉，最终于1973年胜诉。——译者注

个字母的单词"的展览，其中展出了莎士比亚、刘易斯·卡罗尔、马克·吐温和安徒生等作家曾被禁的作品，这些作家在 20 世纪中期都被奉为经典文学大师。然而，公共图书馆在过去十年间封禁的亨利·米勒（Henry Miller）、尼克斯·卡赞扎基斯（Nicholas Kazantzakis）和塞林格（J. D. Salinger）等人的作品却缺席了展览，而这些作品在文学专家眼中都是上等的。虽然，图书馆藏有这些作品，但是每一本都被贴上了"限制借阅"的标签，书袋上印有一条红线，提醒图书馆员只能将它们借给成年人。一位图书馆员告诉《洛杉矶时报》的记者："这些书的封面看起来很成熟，描述段落非常具体，或许与性有关。"1971 年，另一位记者注意到，县公共图书馆的性教育图书都没有出现在常规书架上，有需要的用户必须到流通台申请。接受采访的管理人员表示，图书馆员工"非常了解社区道德标准及其他阅读标准"。在伊诺克-普拉特免费图书馆，图书馆员为有争议的图书贴上了"待封存"的标签[42]。

1967 年，艾奥瓦州芒特普莱森特公共图书馆（Mount Pleasant Public Library）董事会严厉地指出伊利亚·卡赞的畅销书《安排》（*The Arrangement*）存在不可接受的内容，所以将其退回给了出版商。出版商意识到这是一个好的宣传机会，于是向芒特普莱森特所有居民免费赠送这本书；800 位居民接受了赠书，这件事登上了约翰尼·卡森（Johnny Carson）的"今夜秀"（*Tonight Show*）节目。图书馆馆员称，桥牌俱乐部的成员读了其中一部分内容："一位在旁边等候上场的牌手读了这本小说，只见她剧烈地喘着气说：'我从没见过这么露骨的内容。'"但是图书馆董事会仍然拒绝让步，一位董事的女儿后来回忆道："他们一直坚持自己的立场，直到这次风波平息了，人们忘记了这件事。"[43]

另一种关于审查的决议发生于弗吉尼亚州弗吉尼亚海滩公共图书馆（Virginia Beach Public Library），几位牧师、市议员和数十名市民抗议图书馆开放书架上有同性恋报纸《我们自己》（*Our Own*），供人们自由取阅。作为回应，图书馆将该报纸放到了柜台后面，美国公民自由联盟对此发起了诉讼。要求图书馆彻底清除该报的压力持续存在。1980 年，里根赢得大选并入主白宫，弗吉尼亚海滩的居民以 48217∶13694 的投票结果反对公共图书馆收藏任何描述或提倡同性恋行为的刊物。公共图书馆迅速将该报纸从柜台后面撤走。1973 年，一项针对美国人的调查结果显示，45% 的人支持禁止当地公共图书馆提供关于同性恋的书籍。公共图书馆对于同性恋的敌视也通过其他方式表现了出来。1978 年，警方在波士顿公共图书馆逮捕了 105 名同性恋男性。全国很多图书馆员将同性恋者与流浪汉和精神病患者一道归为"问题用户"[44]。

　　《花花公子》（*Playboy*）杂志也遭到大量质疑。图书馆不收藏该杂志的理由各异。加利福尼亚州阿卡迪亚公共图书馆馆长说，该杂志里面的照片经常被偷走。另一位馆长表示，里面的内容无法编制索引。帕萨迪纳公共图书馆馆长表示，该馆虽然没有收藏《花花公子》，但是可以通过馆际互借的方式获得，他说："我们必须严格筛选。"加州北岭（Northridge）的一位青少年对此提出抗议。1964 年，他给《洛杉矶时报》写信说道："我非常反感图书馆针对 18 岁以下读者的审查，要求能借什么不能借什么。这只不过是一个以保护我们和其他读者为借口的可笑行为，实际上使我们远离了生活的真相。"[45]1967年，洛杉矶公共图书馆拒绝购买小说《娃娃谷》（*Valley of the Dolls*），"不是因为其中涉及酗酒、性、暴力和毒品等话题，"馆长解释道，而是因为"写得不好"。至于诺曼·梅勒（Norman Mailer）的《我们为什么在越南》（*Why We Are in Vietnam*），尽管它的评分很高，但是马里兰州蒙哥马利县公共图书馆拒绝购买，一名员工说："这是一本很差的书，我不想让它对读者造成伤害。"虽然附近的乔治王子县的民众可以在当地公共图书馆找到这本书，但是巴尔的摩、费尔法克斯、阿灵顿和亚历山大以及哥伦比亚特区的公共图书馆都没有收藏[46]。

　　1970 年末，当新泽西州的克利夫顿（Clifton）学校的性教育引发争议时，公共图书馆也没能逃避审查。当地一位市议员表示，他对《性感的女人》（*The Sensuous Woman*）一书中的内容"感到恶心"，并批评公共图书馆董事会使用纳税人的钱将这种书上架。董事会以 5:4 的投票结果决定将该书从馆内清除。当地一位居民提出捐赠一本，但董事会拒绝接受，并表示："这本书在任何情况下都不应向群众提供。"在新泽西州图书馆协会的压力下，一年后，图书馆董事会决定允许用户通过馆际互借的方式借阅这本书。但新泽西州图书馆协会坚持要求解散由民众选举产生的图书馆董事会，并将图书采编权交给专业馆员。克利夫顿公共图书馆拒绝了这一要求，因此图书馆协会谴责了董事会成员，但无济于事。董事会"为没有屈服而感到骄傲"，主席说，"我们有种感觉，他们强行开展审查是因为我们了解这个城市以及纳税人的感受。"主席还为拒绝了馆员订购《女士》(*Ms.*)杂志的请求而骄傲，市长称该杂志为"淫秽的垃圾"[47]。在克利夫顿，调解过程进展得并不顺利，也不平静。

1965 年，《星期六书评》(*Saturday Review of Books*)刊登了一篇题为"白人统领的童书世界"的文章。世界阅读协会(International Reading Association)前主席南希·拉里克(Nancy Larrick)在文中统计了 1962 年至 1964 年间 63 家出版商出版的 5206 种童书，发现只有 6.7% 的书中有一名或多名黑人。她总结道："种族融合或许已经立法，但是孩子们看到的大多数书中都只有白人。"她的文章震惊了儿童文学界，其中也包括一群对构建这一白人世界负有主要责任的儿童图书馆专家，过去几代公共图书馆员一直负责筛选工作。不过，并非所有人都感到意外。纽约公共图书馆儿童馆员奥古丝塔·贝克在两年后指出，描绘黑人的积极形象的"真正的好书"仍然很稀缺[48]。

1972 年，在《红书》(*Redbook*)杂志的一篇文章中，黑人作者莉兹·甘特(Liz Gant)感叹自己小时候找不到能代表非白人的作品。她写道，父母、老师和图书馆员不仅有责任让孩子得到平等地代表黑人的图书，还要确保书中再也没有"小黑人桑波"这样的角色[49]。虽然波士顿公共图书馆从未清除《小黑人桑波》(一位管理者称，该馆不审查文学作品)，但是该馆"停止借阅"该书复本，并且不再补充。1973 年，哥伦比亚特区公共图书馆也将这本书下架。很多黑人用户都有过被班上的白人同学称作"黑桑波"的经历。1976 年，芝加哥公共图书馆也因《小黑人桑波》一书存在对黑人的歧视而将该书下架，并用删减版取代了原版，《杜立德医生》(*Dr. Dolittle*)也遭到了同样的待遇。底特律公共图书馆承诺不会购买含有种族歧视内容的童书，但是该馆拒绝将包含诗歌《十个小黑鬼》的《牛津童谣》(*The Oxford Book of Nursery Rhymes*)下架[50]。

20 世纪 60 年代的民权运动使童书中的种族问题引起了人们的关注，女权运动也引起了人们对性别问题的关注。琳达·格林伯格(Linda Greenburg)是一位全职妈妈，她读到 1971 年《妇女节》(*Woman's Day*)杂志上的一篇题为"马菲特小姐必须离开：一位母亲的反击"的文章后，也开始参与到女权运动中；该文章认为儿童文学中的"女性形象"充斥着大量"刻板特征，且跟不上时代……并将这些强加给刚刚形成独立的思想和价值观的小女孩"。《基督教科学箴言报》1974 年报道，格林伯格探访了波士顿地区的 3 家公共图书馆，发现很多作品将女孩作为中心人物，但都没能脱离父权文化。于是，她向图书馆员求助。一位馆员说："这有一本书，讲的是一个女孩赢得棒球比赛的故事。"格林伯格发现，书中的主角被错当作男孩，因为她穿着哥哥的棒球装备，她打出本垒打后被发现是女生，便被安排成为"球队经理"，为男生管理球棒和给他们端茶倒水。在总馆，格林伯格拿到了一本书，讲述一位拥有 15 个孩子、自诩为知识分子的公爵夫人的经历。然而，她在烤蛋糕时，放了太多酵母，结果面团不断膨胀，场面一度失控，最后公爵夫人摇摇欲坠地坐在面团上面。格林伯格总结说："儿童在很小的时候就了解了性别角色，我们无法准确地判断我们给他们读的书在多大程度上潜移默化地影响着他们。"格林伯格恳求她的读者不仅要让儿童图书馆员了解馆藏内容，还要将儿童不宜的作品清除掉。有些读者听从了她的建议。20 世纪 70 年代末，一些读者建议波士顿公共图书馆撤掉"彼得兔"系列图书，因为书中所有的雌性兔子——如福罗塞（Flopsy）、莫普塞（Mopsy）和科腾泰尔（Cottontail）——与聪明好奇的彼得相比表现得太过温顺。不过，图书馆并未理睬这一要求 [51]。

图书馆员在对拉里克和格林伯格所揭示的问题的回应中，没有提及前几代儿童馆员对"不审查，只挑选"的坚守，而且在他们看来，他们挑选的最佳读物中包含的种族主义和父权制观念是一种自然法则。但图书馆员懂得审时度势。到 1975 年，他们向不同年龄的孩子提供精挑细选的作品，例如《走出厨房的灰姑娘》（*Cinderella Comes Out of the Kitchen*）和《玛丽不再作对了》（*Mary Is Not Contrary Anymore*）。然而，对于儿童阅览室的专业图书馆员而言，局面并没有缓解。

1975 年，《洛杉矶时报》一位记者就书架上无性别歧视的儿童文学问题采访了帕萨迪纳的儿童馆员。这位馆员表示："许多女权主义作品很有自知之明，它们明确表示自己不是好的文学作品，所以我们拒绝采购这些书。"她还指出，虽然经典作品存在缺陷，但是图书馆有必要收藏它们。她说："我们没有迫切地清理掉馆内的所有性别歧视作品……我们会继续收藏《杜立德医生》，即使其中存在种族歧视的内容，但它是经典著作。我们只是不会采购带有种族歧视色彩的当代作品。"这是一种权衡。馆员表示："在选购书籍时，我们很难做到完全客观，但我们确实有义务收藏优秀的文学作品。我们靠公共税收支持，所以必须尊重民众的意愿。"这位馆员还承认，对于很多孩子来说，有权挑选图书也提升了图书馆在他们心目中的地位。她说："你可以让孩子们知道哪些书更适合他们，但是不能强行塞到他们手里。图书馆员尽量……不强迫孩子做决定，但要让他们在允许的范围内读他们想读的书。"[52]

与《图书馆权利法案》和美国图书馆学会的知识自由办公室一样，跨种族童书理事会（Council on Interracial Books for Children，1965 年成立的非营利性机构，在每年出版 8 期的《公告》中列出不含种族歧视与性别歧视内容的文学作品）也成为加入图书馆员关于最佳读物的讨论的一股外部力量。该理事会向人们保证，他们不审查，只想提高人们的意识。它为童书作家和出版商设立了工作室，并聘请了顾问及领域专家帮助人们注意潜藏在童书中的种族歧视与性别歧视。20 世纪 70 年代末，当跨种族童书理事会宣布《欢乐满人间》（*Mary Poppins*）一书中带有种族歧视时，旧金山公共图书馆的一些分馆将这本书撤下了。当一位家长发现它不见了之后，儿童图书馆员解释道："这本书是基于老派的英国人视角写的，书中'白人主宰一切'的观念冒犯了少数族裔和其他人。"这位馆员表示，这一行动不是审查，"是委员会经过深思熟虑之后做出的决定"。在她看来，只要委员会认真考虑过，这种行为就是挑选，算不上审查。跨种族童书理事会的一名官员在为旧金山公共图书馆进行辩护时表示，图书馆员"有做出专业判断和不购买这种书的自由，为选购不带偏见的作品制定的标准和指南不是审查。美国人……应该共同为建立没有种族歧视和性别歧视的民主社会而奋斗。"[53]

20 世纪 60、70 年代，关于儿童文学中的性内容的讨论并未减少。不同社区的公共图书馆对于这个问题的处理方式也各不相同。纽约和克利夫兰的青少年图书馆员制定了一套守则，如果作品叙述中包含"插曲"（episode）或"事件"（incident）等词（它们都是代表"性场景"的暗号），图书馆员就要提高警惕了。《洛杉矶时报》在 1972 年指出："现在性已经开放了，至少在公共图书馆是这样，在过去，脸红的青少年和害羞的父母只能向图书馆员提出申请才能读到这一主题的书。"另一方面，在 1972 年，路易斯安那州和宾夕法尼亚州的几家公共图书馆担心用户对莫里斯·森达克（Maurice Sendak）的《午夜厨房》（*In the Night Kitchen*）里的插图产生反感，于是将其中的粉色裸体部分涂白了[54]。对于这些社区来说，图书馆的做法也许是正确的。

在 20 世纪 70 年代后期，韦恩堡公共图书馆将所有包含性内容的童书或青少年作品贴上了"Q"的标签（即 Questionable 的首字母，意为"有问题"）。该馆效仿了《科克斯评论》（*Kirkus Reviews*）的做法，该期刊将有问题的作品标注为"Q"。但图书馆的一位员工解释道，图书馆更有鉴别能力，因为"韦恩堡的人不能接受关于手淫或口交的作品……我们会根据社区的道德观、意见和感受来判断'Q'类作品……而且结果也是不断调整的"。虽然这一做法违背了《图书馆权利法案》，但它是有效的。后来，当图书馆取消对于同性恋主题的青少年非小说类图书的限制，只有一个人表示反对。1976 年，伊利诺伊州奈尔斯公共图书馆（Niles Public Library）将朱迪·布卢姆（Judy Blume）的《永远》（*Forever*）转移到成年人图书区，并且拒绝购买威廉·伯勒斯（William Burroughs）的畅销书《裸体午餐》（*Naked Lunch*），一位图书馆员表示："我认为我们不需要这本书。"图书馆发言人指出："图书馆员在选购图书时不是依据个人喜好，而是基于社区居民的需求，所有分馆或许不会都收藏同一本书。"[55]

其他一些书也困扰着图书馆员。一些图书馆对于《驴小弟变石头》（*Sylvester and the Magic Pebble*，书中的猪代表警察）、《妈妈、狼人和我》（*Mom, the Wolf Man, and Me*，该书从一个女孩的角度讲述自己的妈妈从不结婚，男友偶尔来过夜）以及《城里的鹅妈妈》（*Inner City Mother Goose*，包括这样的童谣诗句："杰克小子，灵敏无比，杰克小子，脚下生风，弹出刀片抢钱包。"）等书同样感到为难。这些书引发了全国性的抗议；各地图书馆员都以在他们看来当地社区可以接受的方式处理这些书。有些图书馆不采购这它们；有些图书馆虽然采购了，但限制阅览；还有一些图书馆则将它们摆在开放书架上[56]。

图书馆员对通俗小说的态度从反对逐渐转为接受。20 世纪 70 年代，很多人都会在汽车上贴着"图书馆员热爱小说"的贴纸，试图提升他们的形象——这句话也许会冒犯到上一代的某些图书馆员。但情况确实发生了转变。1979 年，当印第安纳州罗阿诺克公共图书馆的新馆长上任时，她将杰奎琳·苏珊（Jacqueline Susann）、菲利普·罗斯（Philip Roth）、弗拉基米尔·纳博科夫（Vladimir Nabokov）以及其他标记为"X"〔指的是包含"见鬼"（hell）或"该死"（damn）的作品〕的小说从闭架转移到开架。她说："有意思的是，这些书开放借阅后，反而没有人借了。"另一方面，馆长对"这些滑稽的浪漫情节"感到恼火，她说，用户"走进图书馆借十本这种书，下周又来借十本"。

[217] 但是纽约公共图书馆华盛顿堡分馆认为自己"很幸运,有人……每过三到四个月就推着满满一购物车的言情小说捐给图书馆。这既让读者感到高兴,又节约了我们的经费"[57]。

　　"不审查,只挑选"的说法掩盖了图书馆行业中其他关于文化与文学的传统偏见。尽管美国图书馆协会在 1967 年修改《图书馆权利法案》时考虑到了"年龄"的因素,确保不同年龄的读者都有权获取公共图书馆全部馆藏,但是很多儿童和青少年图书馆员仍然认为应杜绝系列小说。那些不排斥系列小说的图书馆有时会为此付出代价。20 世纪 70 年代中期,刚刚担任威斯康星州莱茵兰德公共图书馆儿童馆员的克里斯·文特(Kris Wendt)在第一次采购中购买了三套完整的"南希·德鲁""哈迪男孩""波波希双胞胎"系列。关于她越界的言论迅速传开了。几个月后,一位强势的同行"怒气冲冲地指责莱茵兰德图书馆因为采购这些'垃圾'而违反了行规……在地区儿童服务工作组的一次活动中,她在厕所找到我,双臂交叉在丰满的胸前,眼里冒着火,仿佛要把我的内脏扯出来",她"把我逼到水槽边,用银币落地一样的声音说:'你拉低了整个威斯康星山谷的儿童文学标准!'"温德特依旧坚持自己的立场,"南希·德鲁"系列继续留在书架上,这让莱茵兰德的小读者们非常开心[58]。

　　温德特的立场越来越多地得到了其他地区同行的支持。1976 年,当芝加哥的几名分馆馆员要求购买"南希·德鲁"系列图书时,总馆的青少年专家拒绝了。这一系列不在推荐作品名单上,部分原因在于书中对于东印度人、非裔美国人、美洲原住民、犹太人、门卫以及管家的描写存在偏见。但这位专家只是表达了自己的看法,不能代表图书馆。几天后,图书馆馆长写信给《芝加哥论坛报》称:"我始终支持……公共图书馆收藏'南希·德鲁'和'哈迪男孩'系列图书,我本人小时候读过所有这些书。"他表示,"不会限制"芝加哥的图书馆员们"订购'南希·德鲁'和'哈迪男孩'系列图书"。前一年,纽约公共图书馆也改变了过去 60 年来对于系列小说的看法,开始采购"南希·德鲁""哈迪男孩""波波希双胞胎"系列。到那个时候,这三个系列已经分别售出了 6000 万套、5000 万套和 3000 万套,1975 年一年平均就售出了 500万套[59]。

[218] 　　其他不太显眼但强烈渴求某些有用的知识的少数族裔群体悄悄地探索着公共图书馆馆藏。和前几代用户一样,他们所谓的"有用"也是从自己生活的角

度出发，而且他们发现公共图书馆的馆藏并不总能满足他们的信息需求。例如，20 世纪 70 年代早期，在旧金山公共图书馆，一位年轻的城市规划师发现了一部关于同性恋生活的小说——《夜之城》（*City of Night*）。起初，他对于读到的内容感到非常紧张，"我立即把它放回书架，"他回忆道，"但是我又返回来，利用午餐时间返回读完了所有章节。这本书存在于图书馆书架上……让我知道同性恋是真实存在的。"其他人的经历则没有这么美好。一位女性读者因为相信"图书馆是我们可以隐秘地深入探索未知领域的场所，我 15 岁的时候来到图书馆，想了解作为女同性恋对我来说意味着什么"。然而，她所看到的"与我以往经历并不一致。那些书把我吓坏了，让我相信自己不是同性恋，而是有其他的问题"。探索行为本身就令她感到痛苦。直到 1972 年，美国国会图书馆才将"同性恋"和"女同性恋"类参见"性变态"（sexual perversion）类的表述删除。4 年后，美国国会图书馆在分类法的主题款目中引入了"女同性恋""男同性恋"，这是他们第一次被当作一类人进行划分[60]。

但是，满足同性恋这一少数群体的信息需求并不是美国公共图书馆领导者的核心任务；1980 年美国白宫举行的"图书馆情报机构大会"（Conference on Library and Information Services）提案明确表达了这一点。这次会议的与会者呼吁联邦提供更多资金用于新的扫盲项目；将残疾人、弱势群体和贫困的少数族裔吸纳为项目服务对象；在美国教育部设立新的助理部长职位，专管图书馆情报机构。《华尔街日报》对这些建议感到忧虑，其登载的社论指出，这些建议"将经费集中在一起，强行规定使用方向"，因此极大地威胁到了公共图书馆更加依赖的地方支持[61]。《华尔街日报》与参会代表都没有问这些项目为什么没有成为当地的重点工作，尽管公共图书馆提供哪些服务是由当地居民决定的。由于公共图书馆继承的传统偏爱各种有用的知识（如今称为信息），以及他们低估或忽视了大众阅读以及图书馆空间对于用户的重要性，图书馆领导者一直将不属于图书馆传统领域的项目称为延伸服务，需要外部资金支持。

1964 年到 1980 年间，美国公共图书馆持续发展并经历了转型。整个国家都意识到了这一点。《华尔街日报》的一位记者在 1975 年写道："图书馆过去只不过是存储图书的仓库，但是在 20 世纪 60 年代，图书馆员开始相信，他们应该为更多人提供服务，而不仅限于前来借书或者为了省报纸钱的少数人。"这位记者还引用了《亚特兰大宪章报》专栏作家关于图书馆的话，"你不会了解这个地方，它不论白天黑夜都是人来人往，周六和周日更是热闹非凡"。1980 年，《美国新闻和世界报告》（*U.S. News & World Report*）杂志写道，"美国有 1.4 万家公共图书馆，曾经以借书为主"，现在提供一系列"新"服务，从而"成为知识与信息的超市"[62]。

　　虽然公共图书馆数量与日俱增以及服务不断扩展吸引了全国媒体的关注，但是对于大多数用户而言，公共图书馆对他们个人的贡献才是最重要的——例如小说家菲利普·罗斯（Philip Roth）。1969 年，当新泽西州的纽瓦克为节约经费而打算关闭图书馆时，罗斯向《纽约时报》提出抗议。他在信中写道，自己从年轻时起就一直使用图书馆，并列举了他喜欢图书馆的理由。"最重要的在于……这是所有人的共同财产，可以满足集体利益。我为什么要爱护我借阅的图书，要毫发无损地将它及时归还，因为它不是我个人的财产，它属于每一个人。这种想法的产生与我从图书馆馆藏中获得的教导有很大关系。"罗斯还指出了公共图书馆教给人们的其他东西——"克制……独处、隐私、安静、自我约束"，以及更重要的对秩序的理解。"公共图书馆激发了信任……人们可以自行查找目录卡片，并在走廊和台阶之间穿梭，走到书架中间。"罗斯尤其喜欢图书带来的社区集体感——"书中记录着当地历史，纽瓦克的读者们能在本地家谱中添加自己的名字"。罗斯只是数千名抗议者之一。在"所有人——黑人、白人、富人、穷人"共同提出抗议后，市政府让步了[63]。

　　公共图书馆对个人的贡献在其他人的话语中也有所体现。1968 年，纽约公共图书馆分馆的一位馆员说："公共图书馆对于每位读者而言都有独特的个人意义。"另一位馆员在 1974 年写道："今年最令我印象深刻的是一个男孩，他虽然略显迟钝，但非常努力。他经常来图书馆，非常执着，绝不接受别人拒绝他的借阅请求……有一天，他对我说：'你知道吗，你和我之间不像是图书馆员和读者的关系，我们更像是一对合作伙伴。'"[64]

第 9 章 "图书馆是一种重要的社会黏合剂"（1981—2000）

1993 年的一天，一位 70 多岁的老妇人来到加利福尼亚棕榈泉公共图书馆（Palm Springs Public Library）馆长亨利·韦斯（Henry Weiss）面前，自我介绍说她叫玛吉·菲尔普斯（Maggie Phelps）。她告诉韦斯，作为该馆多年的用户，图书馆在她看来是唯一的"圣地"。由于她已经身患绝症，她想知道自己的葬礼能否在"圣地"举行。在那儿韦斯不仅答应了菲尔普斯的请求，还去临终关怀医院拜访了她。在那儿，菲尔普斯将自己最珍视的财产的编号清单交给韦斯。"排第一号的……是她的棕榈泉公共图书馆借阅卡。"几天以后，菲尔普斯便去世了。葬礼在一个星期天举行。韦斯说：玛吉"如果知道，图书馆自 1979 年以来首次为了她在周日短暂开放，她一定会非常骄傲"[1]。

玛吉·菲尔普斯对公共图书馆的热爱反映了几代数百万公共图书馆用户的情感，这在 20 世纪最后 20 年中得到了明显的体现。虽然美国人口在 1941 年至 1982 年间增长了 70%，但公共图书馆的流通量在同期增长了 160%，超过了 10 亿册（件）。1994 年的一项调查显示，3 到 8 岁的儿童中有 74% 在前一年里至少去过一次公共图书馆，40 年前这一比例不到 50%。由于有这样的数字支撑，所以下面的情形也就不足为奇了：当 1991 年纽约公共图书馆面临预算削减时，市政大厅被 2.5 万名用户的抗议信所淹没，是其他面临预算困境的部门的三倍[2]。

公共图书馆的数量持续增加，从 1980 年的 14653 家增长到 2000 年的 16298 家。为了能拥有一家图书馆，一些人采用了很有创意的方法。1982 年，在只有600人的犹他州埃尔西诺（Elsinore），12岁的贾森·哈德曼（Jason Hardman）每晚给市长打电话，"直到我快把他逼疯了。最终，由于对我持续不断的骚扰感到绝望，他让步了。而出于对市长的同情，市议会也让步了"。在只有350人的伊利诺伊州新荷兰（New Holland），在戴夫·蒂布斯（Dave Tibbs）的带领下，镇监狱被改为图书馆。支持者们将监狱中的牢房改造成阅读室（有一个手指弯曲图案的牌子指引读者到达儿童阅览室），同时在诚信制度下保持图书馆7天×24小时×365天每天全天候开放。志愿者会时不时地对目录进行整理排架。用户用线圈笔记本登记借阅情况。蒂布斯笑道："安排是不是很细致？"儿童可以用自己稚嫩的笔迹在上面登记，并宣告"图书已归还"[3]。

很多社区开始重建、改造或者替换掉那些已经无法满足社区不断增长的多元化群体需求的旧图书馆。1996年，当旧金山新的图书馆大楼开放时，《纽约时报》列出了为这个耗费了9400万美元的图书馆筹集资金的旧金山社区名单。建筑师说："这个图书馆不是某一种文化的中心，而是多元文化的中心。"美国桂冠诗人罗伯特·哈斯（Robert Hass）称该图书馆内部"令人啧啧称奇……如此美丽，会让你完全忘记之前对图书馆的印象"。馆内包括：一个小餐馆；一个紧挨着儿童阅览室的花园，人们可以在花园吃午饭，图书馆员也可以在这儿给孩子们讲故事；关于同性恋、华裔、菲律宾裔和非裔美国人以及城市历史等不同主题的阅读和研究中心；一间美术馆；一间由旧金山拉丁裔社区出资建造的会议室；一个音乐艺术中心；一个大礼堂。海思总结道："我们做了一件正确的事情，这个图书馆将成为民众（特别是家庭）乐意到访并探索的地方。"[4]

对于娱乐和信息产业创造的新的沟通形式，美国公共图书馆界也积极响应。1990年，图书馆不仅提供图书和期刊、电影和唱片，而且还提供录影带、光盘和有声书，有时甚至还会提供"读者"读取这些新型载体内容所需的播放设备；面对不断增加的多元群体，图书馆提供了多语种服务。1991年，洛杉矶县图书馆推出了"音频快递"项目，其中包括1500种有声书。一位用户表示："收音机不能消除通勤的痛苦，但书可以。"巴尔的摩的一位出租车司机（同时也是伊诺克-普拉特免费图书馆的用户）在1997年告诉记者："我喜欢用磁带听书，因为我不喜欢阅读。我读一本书所需的时间是听的五倍。我从1988年开始听你们所谓的经典著作，但从来没有读过它们。"[5]

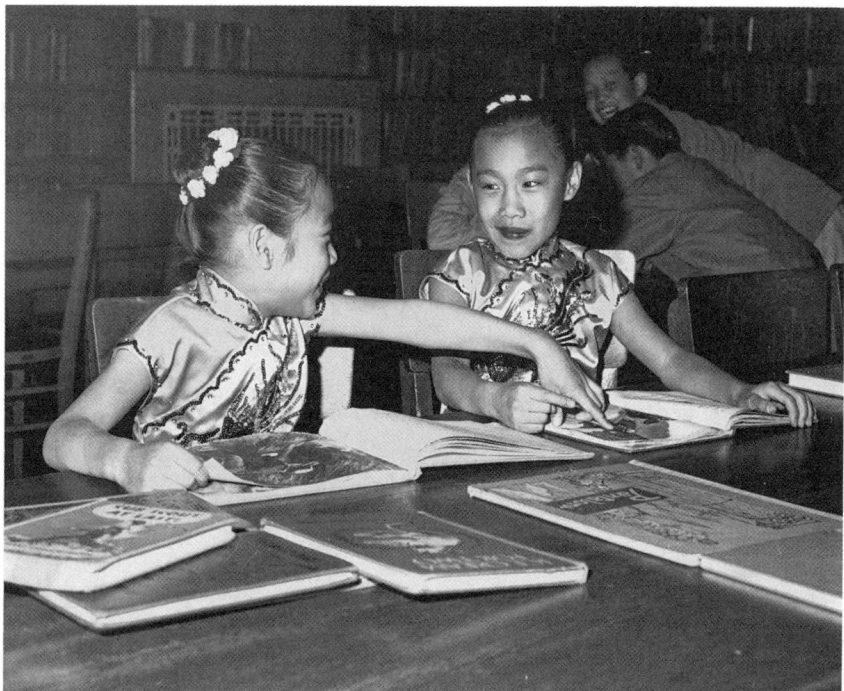

▲ 露丝和罗斯·侯，一对九岁的双胞胎姐妹，于 1992 年在旧金山公共图书馆唐人街分馆阅读图画书。照片收藏于旧金山公共图书馆旧金山历史中心。

　　一些公共图书馆发起了一些项目，来对抗现代通信技术带来的不良影响，受到人们欢迎。1992 年，路易斯安那州东巴吞鲁日市教区图书馆（East Baton Rouge Parish Library）发起了"电视节目黄金时间"家庭阅读项目，每年举行两次，每次召集 50 位祖父母、父母和孩子，参加项目的人自愿接受每周有一个晚上不看电视，专门用来讨论指定的阅读内容。虽然这个项目针对的是"高危家庭"，但很多其他人也被吸引进来，"从获得博士学位的人到连高中都没毕业的人"。在某些情况下，孩子们会看到成年人也有不足之处，并提供帮助。该馆馆长说："他们为彼此感到骄傲，这个很了不起。"针对参加项目的"高危家庭"的后续分析显示，一半家庭不再看电视，没有一个孩子成绩不及格。馆长表示："我们不能抢走全部的功劳，但我认为我们对此是有贡献的。"[6]

　　与此同时，一些图书馆利用有线电视提供的新机遇来开发自己的项目。在加利福尼亚贝弗利山公共图书馆（Beverly Hills Public Library），馆长迈克尔·卡特（Michael Cart）在当地有线电视台主持一档每周一次的"印刷中的

224

新书"节目,在节目中采访洛杉矶的知名作家来宣传图书。到 1986 年,卡特的节目已经在 20 个城市的 50 家电视台播出。卡特说,该节目的宗旨是"鼓励[观众]远离电视,把更多的精力放在读书上"。但是,并非所有人都赞同公共图书馆应该拥抱非印刷型媒体。《理查蒙德时代电讯报》(*Richmond Times-Dispatch*)在 1990 年发表的社论中指出:"有一种思想流派认为……流行电视节目就像含糖的垃圾食品,能吸引用户阅读,从中获取朴素的知识营养,这纯属无稽之谈……图书馆员应该抵制'以媒体为中心'的哗众取宠的蠢话,回归到以图书为本。"[7]

其他技术也提升了图书馆的服务。1980 年后,联机目录检索系统(OPAC)发展出了多项功能,不仅能让用户阅读馆藏书目信息,还能看到书是否已被借出。在 10 年内,电话检索系统也使得图书馆用户可以远程了解一本书的流通状态,通过电子邮件申请借阅,预约尚未归还的文献。计算机使读者能够访问数十种新的数据库和已实现自动化的多个联机目录检索系统,查看全国图书馆的收藏情况,并通过馆际互借的方式借阅图书。事实证明,流通系统实现了低成本高效益。加利福尼亚奥兰治县图书馆在 1982 年安装新系统之前,曾雇佣 40 人打印借阅超期通知。新系统启用后,它不仅可以用条形码和光笔实现图书的借还,还可以生成超期通知。"砰——砰——砰——"盖日期戳的声音和推拉卡片目录抽屉的声音已经彻底消失了,取而代之的是快速敲键盘的声音和打印机的嗡嗡声。

公共图书馆也提供新的服务。1982 年,伊利诺伊州布拉夫湖公共图书馆(Lake Bluff Public Library)用户可以借用消防部门捐赠的便携式烟雾报警器。北卡罗来纳州罗金厄姆公共图书馆(Rockingham Public Library)向老年人提供助步车,方便他们浏览书架。1999 年,康涅狄格州罗克维尔公共图书馆(Rockville Public Library)为视力障碍者购买了手持式照明放大镜。然而,有些服务却是独一无二的。在加利福尼亚州的西尔维拉多峡谷(Silverado Canyon),坐落着奥兰治县规模最小的一个图书馆,馆员会在一只经常到访的小狗的颈圈上贴张便条,通知它的主人她想要书已经到了[8]。

网络革命对参考咨询工作产生了深远影响。参考咨询馆员虽然仍在为"充满奇思怪想、行为乖张的人"解答"这世上极其愚蠢的问题",但正如加里森·凯勒(Garrison Keillor)1997 年向《牧场之家好作伴》(*Prairie Home*

Companion）节目的听众讲述他虚构的乌比冈湖公共图书馆（Lake Wobegon Public Library）时所说，在一些图书馆中，数据库馆员为读者做预约咨询，主要帮助他们定制系统能处理的检索词。一些信息与推荐服务由于缺乏资金而被迫取消；其他服务从人工转成机器可读的数据库，但也并不尽如人意。然而，参考咨询服务的传统仍在持续。1982 年，在接受《波士顿环球时报》的采访时，波士顿图书馆的一位参考咨询馆员就用户咨询高尔夫球面凹槽数量等无意义的问题表示失望。他说，他和他的同事们很高兴为用户解答问题，但是他们很少碰到认真做研究的人。相反，"我们大多数时间都在与高中生和普通民众打交道。"[9]

20 世纪 90 年代初，美国经济出现衰退，预算缩减对贫穷的黑人社区图书馆的影响远远超过了富裕的白人社区。例如，1991 年，奥马哈公共图书馆（Omaha Public Library）决定关闭一家黑人社区分馆，因为该分馆的流通量是该馆十个分馆中最低的。一个每天来馆看书的 16 岁的少年说："我真的很伤心。"一位老妇人说："这就像埋葬了一位家庭成员。"一名安保人员也表示："孩子们需要一个地方让他们不会变成街头混混。"当巴尔的摩伊诺克·普拉特图书馆打算在 1999 年关闭一家黑人社区分馆时，一个"图书馆之友"（Friend of the Library）小组抱怨道："这个城市只看数字……却没有看到图书馆对一个社区的真正意义。"[10]

1990 年，当佛罗里达州圣彼得堡公共图书馆（St. Petersburg Public Library）决定关闭位于黑人社区的詹姆斯·韦尔登·约翰逊分馆时，用户们提出强烈抗议。分馆馆长告诉记者："有些孩子来到图书馆是为了躲避街上的坏孩子。"市民们集体写请愿书，希望图书馆继续开放。曾经担任该馆馆长长达 34 年、现已退休的海伦·爱德华兹（Helen Edwards）说："我曾经是这些孩子的母亲，是他们的老师，我照顾他们，辅导他们完成家庭作业，看他们的成绩单，晚上甚至送他们回家。"发起请愿的用户们表示，爱德华兹的继任者玛米·布朗（Mamie Brown）也成为"很多孩子的代理母亲"。然而，为了证明关闭分馆的合理性，图书馆代馆长使用了测量图书馆影响力这一常规方法。她说："该分馆员工最少、流通量最低、访问人数最少、财政拨款也最少……我理解有必要为孩子们提供一个合理的去处，但这个去处不一定是一个提供全套服务的图书馆。"[11]

在经济衰退时期，政治因素同样影响着资源的分配。1992年，《纽约时报》的一位记者分析了芝加哥的两个工人阶级社区：一个是拥有1.9万人，主要为白人的格林伍德山（Mount Greenwood）社区；另一个是拥有5.6万人，主要为黑人的罗斯兰德（Roseland）社区。分析的一个切入点就是两个社区的分馆。格林伍德山社区的白人为当地的新图书馆感到骄傲，新馆配有打字间、计算机和光盘，在"有权势的官员的支持下"于去年开馆。但是罗斯兰德社区的黑人并没有这些条件。在罗斯兰德，记者看到孩子们靠着油漆已经剥落的墙壁阅读，洗手间没有厕纸或隔板门，只有两名图书馆员负责管理整个图书馆。用户每星期都会要求图书馆像其他分馆一样提供电脑和录像带。该馆馆员说："他们提出这些要求的原因是，他们家里没有这些设备。"[12]

预算削减也威胁到了流动图书车服务。1989年，当一位用户获悉宾夕法尼亚州上达比镇（Upper Darby）官员决定取消这项服务后说："我觉得我失去了一位朋友。"同一年，当圣迭戈公共图书馆因预算削减而计划取消流动图书车时，一位老年公寓的住户高喊道："天啊！不要让他们关闭流动图书车，当我沉浸在阅读中时，我便忘记了所有烦恼。"一位幼儿园老师为小朋友们感到担心，她说："我从流动图书车得到的书帮助我把这些孩子带入了一个全新的世界。"然而，仍有许多图书馆坚持提供流动图书车。1995年，在威斯康星州的达科达小城（Dacada），人们每个月仍然有两次能在流动图书车周围聚集。图书馆馆长说："人们会在这里欢聚一堂，讨论家庭事务和分享食谱。"[13]

一些图书馆通过重新分配资源来启动新服务或为新来人口完善原有服务。1986年，亚特兰大公共图书馆在地铁站开设了一间图书馆亭。同年，堪萨斯州威奇托公共图书馆（Wichita Public Library）在当地一家杂货店开设了分馆，一年后，该分馆的流通量上升至威奇托图书馆九家分馆的第二位。1987年，加利福尼亚州圣安娜公共图书馆开始推出"西班牙裔儿童流动图书车"服务，并配备了西班牙语和英语读物。1989年，明尼苏达州圣保罗公共图书馆流动图书车的儿童用户中65%是亚裔移民。一个有六个孩子的母亲会定期陪孩子从图书车上借阅内容浅显的图书，图书车管理员猜想她和她的丈夫也从中受益[14]。

1984年，加利福尼亚州圣菲斯普林斯公共图书馆（Santa Fe Springs Public Library）举办了一场拉丁裔谱牒研讨会。一位与会者说："我不知道是谁、我们做过什么，但我很有必要了解这些。"另一位说："我想知道我来自哪里，这样就可以讲给我的孙辈们。"想到驻扎在彭德尔顿营附近的年轻海军陆战队妻子们可能需要育儿信息，加利福尼亚州欧申赛德（Oceanside）的图书馆员在基督教青年会的基地开展了一个新的项目。一位图书馆员说，"很多海军陆战队妻子都非常年轻"，她们大多来自小城镇，"在那里镇上的每个人都认识，但在这个大的基地，在这个大城市里，她们不认识任何人……她们害怕死亡。"她们的丈夫经常要参加为期六个月的集训。一位母亲告诉记者，当她怀有第三个孩子时，四岁的老大和两岁的老二经常打架，"这让我感到十分疲惫。"该图书馆育儿项目提供的 一本书"让我真正了解到这两个孩子正在经历什么，我不想让我的孩子们像我一样有个不堪的童年" [15] 。

1983 年，全 国 卓 越 教 育 委 员 会（National Commission on Excellence in Education）出版了《危机中的国家》（*A Nation at Risk*）一书，该书几乎没有提到公共图书馆。图书馆员对此颇为不满。教育部发布了《卓越联盟：图书馆员对〈危机中的国家〉的回应》（*Alliance for Excellence: Librarians Respond to 'A Nation at Risk'*），试图解决这一问题，但许多图书馆员仍然抱怨道："内容还是太少，而且为时已晚。"尽管如此，图书馆界还是从未来学家所预测的计算机能够存储和检索有用的信息（几代图书馆人都围绕"有用的知识"在工作）中看到了图书馆行业新的可能。1980 年，托夫勒的《第三次浪潮》（书中提到美国正在从工业时代向信息时代过渡）登上了畅销书榜。当时，托夫勒于 1970 年发表的《未来的冲击》（使"信息过载"一词变成了流行语）已经出版了 50 种语言，销量高达 700 万册。图书馆界密切关注这些动向。在 1978 年出版的《走向无纸化信息系统》（*Toward Paperless Information Systems*）一书中，兰卡斯特（F. Wilfrid Lancaster）——他自诩拥有雄厚的知识储备，与几个世纪前本杰明·富兰克林希望他的费城图书馆公司提供的知识类型相同——他预言图书作为图书馆服务的一项基本特征将消失——他预计传统图书馆将在 2000 年"解体"。

228 |

其他一些图书馆专业人士认为信息技术将大范围普及的预言很有说服力，很快组织一支图书情报领域的学者小分队，重点研究"信息"。许多人预测美国公共图书馆即将消亡。一位专家表示，"图书馆学必须脱离图书馆这一实体机构"，将专业教育聚焦于新的信息环境带来的以新的方式组织信息的系统和技术。还有一位专家坚持认为，专业教育必须融合"信息科学"，从而扩展其基础。1995 年，一位专家宣称："我们所熟知的图书馆正走向死亡，我们将迎来没有大厅、墙壁以及书架的图书馆。"随着这些预测在社会上广为流传，政客们也看到了一些机会。例如，在 1986 年圣迭戈市长竞选中，一位候选人表示该市不需要新的图书馆建筑，因为它收藏的信息都会存储在光盘上，用户可以坐在家里通过电脑获取[16]。

虽然有的图书馆人预测公共图书馆仍将发挥社区中心的功能，但大多数忽视了大众阅读的重要性，即使是在由成千上万个读书俱乐部共同发起的全国性阅读复兴运动中，也没有意识到这一点。这些活动很多是在全国各地的图书馆举办的。1996 年，南康涅狄格州图书馆理事会使用"国家人文基金"（National Endowment for the Humanities）资助了 140 家公共图书馆的图书俱乐部。一位记者发现，这些俱乐部"不是以娱乐为目的，而是为了倾听他人的想法，帮助人们开阔眼界"。对公共图书馆图书俱乐部影响最大的还是奥普拉·温弗瑞。她说："我想让全国人民再次爱上阅读。"她定期推出电视节目"奥普拉读书俱乐部"。只要她选定了一本要推荐的书，观众就会蜂拥到当地书店和公共图书馆购买和借阅，这个现象也被称为"奥普拉效应"[17]。

作为回应，很多图书馆员开始公开倡导大众阅读。巴尔的摩县公共图书馆委员会编写的《给他们想要的！》（Give 'Em What They Want!）在 1992 年由美国图书馆协会出版，馆长查尔斯·鲁滨逊（Charles W. Robinson）在序言中写道："我们总是被那些低估或者误判公众阅读品位的图书馆员弄得晕头转向。我们的用户与那些成为图书馆员的人是有很大差异的，随意评判他人的兴趣和阅读习惯必然是对图书馆员所珍视的知识自由的一种侵犯。"[18]

以言情小说为例。在伊利诺伊州韦斯特维尔公共图书馆（Westville Public Library），言情小说占图书馆 8268 册馆藏的近一半，馆长称，大部分言情小说都是当地一位读者捐赠的，这位读者每月都会买这方面的书，读完后全部捐给图书馆。由于杜威十进分类法中不设言情小说类，读者们便自行设计出一种组织方法——"言情小说根据出版商或作者排架，并且按出版日期做互见索引。一些书目会根据流行趋势以及书中性爱内容的占比进行分类"。在林肯径（Lincoln Trail）图书馆系统中，韦斯特维尔图书馆成为言情小说馆际互借的来源馆。一位管理人员称："统计数据显示，就图书馆的流通量以及社区使用程度而言, 韦斯特维尔排名非常高。"这种藏书"可能会引发嘲笑, 但事实上它帮助完善了馆藏"[19]。

在全国各地, 用户对言情小说的需求给公共图书馆馆藏造成了相似的压力。1981 年, 言情小说占全部平装书销量 45%。10 年后, 出版商每月为 4500 万读者发行 150 种言情小说, 年销售额接近 10 亿美元。对于言情小说从 19 世纪初以来遭到的抨击, 女性逐渐予以回击。例如, 1996 年, 当《奥马哈世界先驱报》的一位专栏作家质疑言情小说的价值时, 读者们进行了反击。一位读者说: "我喜欢言情小说, 我可以与里面的女主角产生共情, 这是女性杂志或女性电影里面的角色无法做到的。"另一位读者表示: "言情小说令人感到强大且振奋……它让我们更像女人, 而且对男人有更多的期待。哎哟, 我是不是说出了一个它遭到诋毁的原因。"还有一位读者表示: "到目前为止, 我们更应该思考的问题是, 为什么在所有商业小说的读者中, 只有言情小说的读者常常遭到那些捍卫自己偏好的人的质疑?"[20]

《芝加哥论坛报》的一位记者在 1998 年写道: "历史上, 图书馆员向来不愿意采购言情小说, 经常将这些翻旧的'愚蠢'的平装本不加编目地扔到单独的架子或捐赠书架上。但是现在图书馆采购人员已经被迫向公众对言情小说的强烈渴望屈服。"很多现在图书馆增加了言情小说的采购量, 有些图书馆还支持言情小说读书俱乐部, 图书馆的宣传推广资料"现在经常关注这一曾遭嫌弃的题材", 一位图书馆员表示, "我们已经改变了基调……我们曾经以为 [言情小说的读者] 只有家庭主妇, 但现在发现很多女企业家也会阅读它们, 以及从老奶奶到年轻母亲的各类人。"[21]

面向青少年的系列小说在有些图书馆仍然遭到强烈的反对。1982 年,《学校图书馆杂志》(*School Library Journal*) 编辑抱怨道, 图书馆"对待垃圾过于草率", 并表示"平装书出版商专门为女孩出版看似无害、可交换的言情小说的热潮"令人感到很不安, 于是她列出了"十大垃圾小说", 试图劝阻图书馆采购"漫画、'南希·德鲁'系列 (及该公司出版的其他作品) ……以及最新的没有结局的言情故事"。1985 年, 童书编辑在《书目》杂志上指出, 20 世纪 80 年代儿童文学的"最大威胁可能是系列小说"。科罗拉多博尔德 (Boulder) 地区一位儿童馆员认为系列小说带有"种族歧视和性别歧视", 纯属"垃圾食品"[22]。

230

然而，与对待言情小说一样，图书馆员逐渐向大众需求低头。1996 年，旧金山公共图书馆新馆开放时，9 岁的西娅·博塞尔曼（Thea Bosselmann）写信给《旧金山纪事报》（*San Francisco Chronicle*）说，她在图书馆找不到"南希·德鲁"系列。"这是关于一个女侦探的悬疑故事……她勇敢、聪明、永不放弃……我妈妈和很多其他人小时候都读过它。"当西娅向图书馆员申请借阅"南希·德鲁"时，图书馆员告诉她，旧金山公共图书馆没有收藏这套书，"他们认为这不是好的文学作品"。当《旧金山纪事报》问起这件事时，儿童服务负责人回复说："我们的经费已经用于采购其他能够满足儿童信息需求、扩展他们的多文化意识和体验、具有更高文学质量的作品。"这一回复引发了大量抗议，抗议者大多为母亲。一个人说："我遇到过一个不怕危险、不需要被青蛙王子营救的女孩，这让我非常开心。"另一个人说："我们想告诉图书馆员：敞开心扉、开放思想，采购'南希·德鲁'系列，把那位勇敢的女侦探带回来吧，她是无所畏惧的斗士，是所有被白马王子和印第安纳·琼斯①甩在一旁的女孩的楷模"。不久之后，旧金山公共图书馆终于采购了这个系列。但是到 1996 年时，这种情况就不多见了。丹佛公共图书馆多年来一直收藏"南希·德鲁"系列，该馆的一位儿童馆员说："我们的想法是给孩子一本书，看看接下来会发生什么。"路易斯维尔公共图书馆也收藏了这套书。"我们希望孩子能来图书馆读书，我们不应该指手画脚。"[23]

由于这些态度的转变，很多公共图书馆员更愿意采购 20 世纪末数百万年轻人喜欢阅读的新系列小说，如《俏奶妈俱乐部》（*Baby-Sitters Club*，讲述的是康涅狄格州一群中学生从事保姆生意的故事）、《鸡皮疙瘩》（*Goosebumps*，面向青少年的系列恐怖小说）和《甜蜜高谷》（*Sweet Valley High*，关于加利福尼亚州一对双胞胎高中女生和朋友们的故事）。蕾娜·格兰德（Reyna Grande）来自一个破碎的家庭，刚刚从墨西哥移民到美国，20 世纪 80 年代末，她在从洛杉矶公共图书馆分馆借阅的《甜蜜高谷》中获得了慰藉，她自己后来也成了获奖小说家。她回忆道："书中没有酗酒的父亲，没有一次次离开的母亲，也没有对恐遭驱逐出境的担忧。"[24]

①　印第安纳·琼斯是《夺宝奇兵》系列电影的男主角。这里泛指浪漫的男性英雄。——译者注

有时候，忽视了用户对阅读的重视的图书馆未来学家会付出巨大的代价。例如，1996 年，旧金山公共图书馆馆长失去了工作，部分原因在于他把"旧的主馆"中保存的数万本书当垃圾填埋了，因为这些书不适宜收藏到为信息化时代专门设计的新楼中。这一行为引起了负面报道。一位用户抱怨道："新馆背叛了图书馆的主要功能。"图书馆急于采用新技术，却"将灵魂丢在了后面"[25]。

虽然新的信息学者们试图忽略用户仍然大量使用的图书馆重点服务，很多在一线工作的图书馆员发现，用户以他们自己的方式从图书馆提供的馆藏和空间中受益。与前几代公共图书馆的用户一样，移民仍然是光辉的榜样。在为移民服务的图书馆员中，比较有代表性的是埃丝特尔·弗里德曼（Estelle Friedman），对于涌入社区的大量移民（包括俄罗斯人、中国人、阿拉伯人、多米尼加人和希腊人），她欢迎他们走进纽约公共图书馆第 125 大街分馆。在馆内，她为这些人提供移民及公民身份材料，开展多项活动来帮助他们了解和分享多元文化，并开设了读书识字课，帮助这些新移民学习英语[26]。

在 1981 年至 2000 年间踏上美国土地的新移民大多发现公共图书馆是一个舒适的场所，不仅可以帮助他们融入新的环境，还尊重他们所代表的民族文化。1990 年，佛罗里达州布劳沃德县公共图书馆（Broward County Public Library）为菲律宾移民举行纪念活动，包括竹竿舞、艺术展和关于菲律宾裔美国人的贡献的讲座等。《印度时事》（*India Currents*）杂志的一位作者在 1992 年发表的关于公共图书馆的文章中写道："你不得不佩服这一系统，它用极低的成本创造出如此大的集体利益。"1997 年，明尼苏达州圣保罗公共图书馆分馆举办了题为"社区纺织品"的展览，展出了中国苗族的刺绣、非裔美国人的被子以及拉脱维亚人的手套。该图书馆从每一个社区收集不同的布料，然后将这些布缝成一床社区拼布被，在各个分馆巡回展览[27]。

1997 年，已经开展 20 年的纽约皇后区公共图书馆"新美国人项目"开设了大量课程。在其中一门课上，中国老师向 15 位移民介绍，美国青少年开始约会的年龄比其他国家要小。其他课程包括讲解印度文化、向土耳其移民介绍国内暴乱形势、帮助利比里亚裔美国人读书识字等。一位移民官员表示："图书馆是将移民联系在一起的强力磁铁。"1998 年，一位刚从中国台湾移民而来的母亲，带着两个分别为 10 岁和 13 岁的儿子，每周两次长途跋涉来到图书馆。她要求儿子们只能挑选英语书籍，并随身带着一本英语—粤语词典，检查书中是否有"不好的"词汇。她说:"如果他们不喜欢书,我会再带他们来图书馆,再借更多书。"这位母亲每周四都要上英语课。她说:"如果我不了解美国文化……我就无法与他们交流。"1981 年,费利克斯·洛佩斯(Felix Lopez)提及纽约公共图书馆第 110 大街分馆时说:"感谢上帝……让我拥有这家珍贵的图书馆和热情的工作人员。我能从贫民窟走到耶鲁法学院,这虽然不全是图书馆的功劳,但是它肯定起了很大的作用。"[28]

然而,受历史的影响,有时候公共图书馆在向外拓展服务中遇到困难。例如,在加利福尼亚州科罗纳公共图书馆,为即将到来的建城百年纪念活动,图书馆员想要记录当地拉美文化(1996 年,西班牙裔已达到城市总人口的30%),但是遇到了抵制。一位图书馆员说,这些拉美裔美国人一生的大部分时间在使用图书馆这个公民机构时遭到隔离对待,因此"他们不觉得自己是这里的一员"。另一方面,罗伯特·冈萨雷斯(Robert Gonzalez)在 1997 年发现,加利福尼亚州雷德兰兹公共图书馆(Redlands Public Library)关于柑橘产业的历史文献中记载着拥有柑橘林并经营包装厂的人,却忽略了在这一领域负责装箱的上万名墨西哥裔美国人,于是他开始收集相关物件、照片和剪报,并进行采访。他指出:"直到现在都没有人积极收集采摘柑橘和装箱的工人的历史资料。"该图书馆打算把冈萨雷斯搜集到的资料加入其馆藏。一位 71 岁的受访者表示:"这将唤醒老一辈人的回忆,并启发年轻的一代。这很重要。"[29]

1999 年,加利福尼亚州阿纳海姆公共图书馆(Anaheim Public Library)利用一万美元拨款开展了一个名为"阿纳海姆的影子"的项目,旨在记录当地多元化社区的日常生活。一位退休的焊工带来了他父母在墨西哥革命期间逃到美国后领的结婚证,以及他在阿纳海姆就读的实行隔离政策的学校的照片。他说:"我们都是骄傲的美国公民。不是西班牙人,不是拉美人——是拥有美国梦的美国人。"一对日裔夫妇带来了家庭相册,妻子说:"我想这些照片或许展示了日裔美国人多年前……给阿纳海姆带来的东西。"然而,当被问到"二战"期间遭受的拘禁,以及后来寻找住房期间遭到的白眼时,那位丈夫"看着地上摇了摇头"[30]。

在洛杉矶公共图书馆的一家分馆,一个来自中国台湾的移民经常过来翻阅中文资料。虽然她的英语很流利,但她告诉记者:"当我沉浸在中文书刊区,读到关于家乡的内容时,我的思乡之情也就得到了缓解。"但是融入当地文化并不总是很顺利。在亚裔占当地人口一半的加利福尼亚州蒙特利公园（Monterey Park），一些上了年纪的欧洲移民感到担忧。1988 年，市长解雇了三名主张采购外语书籍的图书馆董事。他对《洛杉矶时报》的记者说："我们就要失去这个国家了。他们正在把西方文化赶出去，并用东方文化或拉丁文化取而代之……如果他们的语言站稳了脚跟，一切都将化为乌有。"[31]

美洲原住民经常将公共图书馆视为白人的去处。加利福尼亚州的一位原住民说："我不使用图书馆，因为我觉得我们不属于那里。"然而，1987 年，加利福尼亚州圣迭戈县图书馆利用两年的拨款专门为原住民成立了 9 家保留地图书馆。由于大多数馆员都是原住民，这些图书馆很受原住民用户的欢迎。用户们告诉馆员，图书馆使孩子出现了明显的变化，他们在学校表现得更好了。图书馆员观察到，在这些图书馆中，成年人喜欢阅读报纸，从上面剪下优惠券，并浏览各种减价品广告。原住民喜欢言情小说以及入门指南类作品。图书馆员们还帮助孩子筛掉那些对原住民有偏见的书。馆长表示："我们不是动物，不是家具。也不是没有生命的物品。"她扔掉了迪士尼的一本 ABC 字母的图书，因为书中画了一个形象刻板的印第安人代表字母"I"。很快，这些保留地图书馆成为原住民的社区中心，人们可以在这里随意聊天、喝咖啡、以正常的音调交谈[32]。

对于非裔美国人，此前很多拒绝为他们服务的公共图书馆也变成了和解的场所。1984 年，佛罗里达州黑斯廷斯公共图书馆（Hastings Public Library）馆长邀请了一个黑人儿童《圣经》学习小组在该馆举行活动，一位黑人牧师称，该馆成了当地社区唯一一处"实现种族和谐的绿洲"，各个族裔在这里都会受到欢迎。同年，亚拉巴马州伯明翰公共图书馆新建了民权档案并对外开放，其中包含已故的尤金·康纳（Eugene Connor）的文件，他曾任该市的警察局长，20 世纪 60 年代使用警犬和消防水管对抗示威者，是支持种族隔离政策的代表人物。在开放档案仪式上，黑人市长称，这些档案记录了"我们已经跨过去"的一段历史[33]。

由于许多公共图书馆开始大量收藏青少年渴求的各种文本格式的故事，青少年沉迷于公共图书馆提供的电脑，以及很多馆员开始为青年人打造亲切友好的空间，20 世纪后期的新一代年轻人发现公共图书馆是一个舒适的场所。在许多城市，公共图书馆成立了青少年咨询委员会，为公共图书馆空间的重新设计、馆藏选购以及相关项目的开展提供建议。1982 年，韦恩堡公共图书馆推出了一系列活动，包括学校艺术展、音乐会、手工活动、诗歌比赛、"龙与地下城"游戏日以及学期论文研讨小组等。1991 年，《洛杉矶时报》的记者发现，在洛杉矶公共图书馆新近开放的青少年休闲室，一个 13 岁的孩子正全神贯注地玩着"真人快打"电脑游戏，一个 17 岁的孩子在阅读日本连载动漫《龙珠》，一个 18 岁的孩子在翻阅《疯狂》（MAD）杂志，一个高年级的中学生在阅读雷·布拉德伯里（Ray Bradbury）的小说《华氏 451 度》（Fahrenheit 451）。阅读《疯狂》杂志的那个孩子说："我很喜欢这儿的氛围，这仿佛是专门为我们青少年设计的图书馆。"在过去的一年里，机房使用量增加了 26%，流通量增加了 36%[34]。

[235] 美国诸多城市及社区日益增加的文化多样性也改变了美国公共图书馆的服务重点。《圣安东尼奥新闻报》（San Antonio News-Record）的一位记者参加 1991 年在一家公共图书馆举行的主题为"墨西哥：三十个世纪的辉煌"的系列讲座，这些讲座座无虚席，还有很多听众站着听讲。记者发出了感叹："人们非常渴望和需要这类活动。"他还总结道，这一系列讲座的成功不仅"让每一个参与者大吃一惊，并反映出图书馆准备得不充分"，还凸显了公共图书馆开展的成年人服务项目对于当地社区的重要性。1996 年，《匹兹堡邮报》（Pittsburgh Post-Gazette）呼吁读者们走进布拉多克公共图书馆（Braddock Public Library），作为第一座卡内基公共图书馆，它如今仍然将各个种族的人聚集在一起参与共同感兴趣的活动。在那里，成年黑人和白人共同帮助所有肤 [236] 色的有学业下滑危险的儿童培养阅读兴趣，他们相信阅读可以为孩子们创造更好的未来[35]。

为满足那些在放学后和父母下班回家前的一段时间泡在图书馆的"钥匙儿童"①的需求，一些图书馆推出了创意活动。1989 年，洛杉矶公共图书馆几家分馆发起了"祖父母与书"项目，500 多位老年人自愿为放学后的孩子们读书。一个为华裔孩子读书的 69 岁的唐人街志愿者说："我回家的时候感觉非常好。我重新体会到了中国文化。"1993 年，洛杉矶公共图书馆在 6 个低收入社区的

---

① "钥匙儿童"（latchkey children）指的是父母不在家，脖子上经常挂着钥匙的儿童。——译者注

▲1995 年，由墨西哥建筑师里卡多·李格瑞塔（Ricardo Legorreta）设计的得克萨斯州圣安东尼公共图书馆新馆开放。在美国公共图书馆的发展历史上，图书馆建筑一直让社区感到骄傲。照片由圣安东尼奥公共图书馆提供。

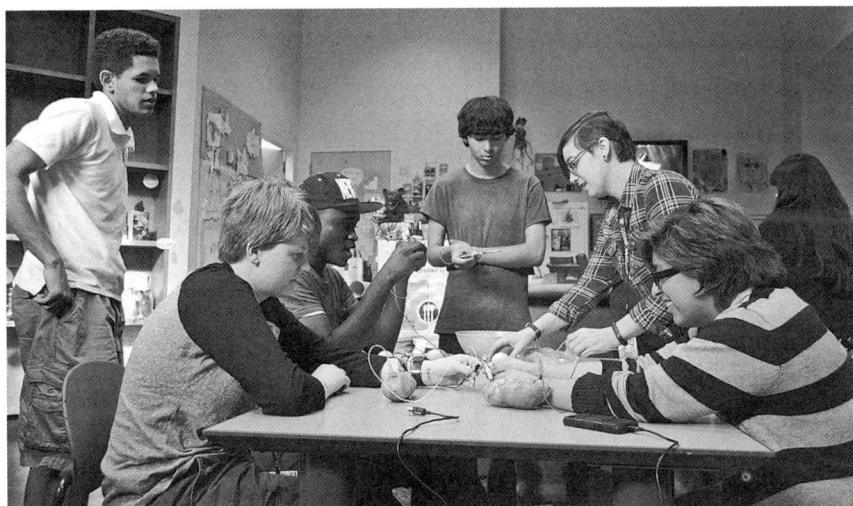

▲ 在圣安东尼奥公共图书馆，青少年在图书馆的常规活动"技术星期二"中用土豆制作简单的电路。照片由圣安东尼奥公共图书馆提供。

分馆设立了"家庭作业中心",帮助"钥匙儿童"提升学习技能。一个 12 岁的拉美裔孩子说:"我的父母一直在工作,家里没人能辅导我。"在给这些孩子辅导的志愿者老师中,还有高年级的高中生。一位志愿者表示:"我帮助他们的时候感觉很好,因为我曾经和他们一样。"一位图书馆员称,"钥匙儿童""知道图书馆有属于他们的空间,图书馆也关心他们的需求。这让他们有归属感"[36]。

但作为公共场所,图书馆对于"钥匙儿童"来说也存在危险,许多图书馆员对此表示担忧。1988 年,在普罗维登斯的两个孩子被杀害、波塔基特的一个孩子失踪后,罗得岛州坎伯兰公共图书馆(Cumberland Public Library)要求父母不得将 12 岁以下的孩子独自留在图书馆。在纽约长滩,7 岁以下无人监管的孩子会被警车送回家。在波士顿,一些男子跟着"钥匙儿童"进入图书馆分馆,并试图诱骗他们。有些"钥匙儿童"在图书馆目睹了不堪甚至暴力的行为。1989 年,在哥伦比亚特区公共图书馆一家分馆的洗手间,有个孩子看到一个昏迷的女人,手臂上有一个针头;还有一个男子向少女们暴露自己的私处。1998 年,一名男子在纽瓦克公共图书馆卫生间强奸了一个 15 岁的女孩;4 周后,另一名男子在书库强奸了一个 16 岁的女孩[37]。面对这些问题,图书馆加强了安保。

图书馆里的流浪汉仍然造成了很多问题,不同图书馆解决这一问题的方法各异。1984 年,密歇根州安娜堡公共图书馆禁止人们在图书馆睡觉超过 10 分钟,并且禁止"个人卫生极差"的用户入馆。1993 年,有个流浪汉在伊利诺伊州布卢明顿公共图书馆(Bloomington Public Library)猥亵了一个 9 岁智障女孩。"忍无可忍!"馆长说。他要求部门领导节省开支,用于聘用安保人员。但是在 1991 年,联邦法院裁定新泽西州莫里斯顿公共图书馆(Morristown Public Library)无权禁止当地的流浪汉入馆。法官表示:"如果我们不想让流浪汉污染我们的眼睛和耳朵,那么我们应该消除他们糟糕的生活境况,而不是取消他们的借阅卡。"[38]

国内外的政治事件,以及在 20 世纪最后 20 年得到广泛讨论的社会、文化和健康问题同样影响着图书馆的活动。1992 年,在伊利诺伊州布卢明顿公共图书馆,美国计划生育协会举办了一场关于堕胎权的镇民大会。两年后,一个不孕症支持团体也在该馆举行活动。同一年,在纽约布朗克斯的梅尔罗斯(Melrose)分馆,"纽约黑人妇女健康项目"举办了一系列研讨会,主题包括"爱、亲密行为和性健康"(旨在预防艾滋病)、"甜蜜的感受"(旨在倡导安全的性行为和健康的两性关系）和"压力预防"等。1991年，弗吉尼亚州里士满公共图书馆发起了一个名为"女权与人权侵犯"的项目，国际特赦组织和基督教女青年会的"女性宣传计划"为此提供支持。1991年，美国参议院就安妮塔·希尔（Anita Hill）指控最高法院法官克拉伦斯·托马斯（Clarence Thomas）举行听证会①。由于不满参议院对安妮塔·希尔的对待，马萨诸塞州辛汉姆地区的妇女组织在辛汉姆公共图书馆组建了全国妇女组织的分会，目的是"提高对女性的意识……为女性提供倾诉自己在社会或职场遇到的问题的场所"。1992年，"团结会"（Unity，一个旨在帮助受到虐待的妇女及其子女的非营利性组织）在巴尔的摩公共图书馆集会，全国其他地区的团结会分会也开展了类似的活动。1999年，佛罗里达州奥兰多公共图书馆举办了一个主题为"勇气画像"（Portraits of Courage）的展览，展示了当地乳腺癌幸存者的故事[39]。

1980年，"反酒驾母亲联盟"（Mothers against Drunk Driving）成立；三年后，加利福尼亚州圣安娜的母亲们在公共图书馆建立了当地分会。在伊利诺伊州布卢明顿，患有厌食症和贪食症的患者在图书馆成立了一个互助小组。1992年，布鲁克林各公共图书馆通过木偶剧教育孩子们要正确对待残障人士。一个10岁的小孩说："我学会了不要取笑残疾人。"另一个12岁的孩子表示："嘲笑智障人士并不好笑。"[40]1990年，加利福尼亚州唐尼市公共图书馆（Downey City Public Library）成为国家人文基金资助的"谈谈越南"全国性系列活动的主办地之一。《洛杉矶时报》报道称："公共图书馆是讨论战争及其影响的最佳场所。"1991年，在美国袭击巴格达后不久，加州普拉森舍公共图书馆（Placentia Public Library）发起了名为"海湾阿拉伯国家：不只是骆驼、石油和沙丘"的系列活动。该馆馆长表示："这是一场文化展示，旨在反映该地区的文化遗产与社会生活。"[41]

公共图书馆还参与了一场全国性讨论，重新审视了联邦政府在二战期间对待日裔美国公民的方式。1991年，明尼阿波利斯公共图书馆举办了主题为"第

① 1991年，美国总统布什提名克拉伦斯·托马斯为最高法院大法官。安妮塔·希尔在参议会任命听证会上作证，指控说她在教育部和平等就业委员会工作期间，托马斯作为她的顶头上司对她进行性骚扰。托马斯否认指控，希尔还遭到来自参议院司法委员会清一色男性议员的刨根问底和人身攻击。最终参议院以52:48票通过了托马斯的任命。——译者注

二代日裔女性的记忆：对日裔美国人的疏散和拘禁"的活动。1999年，盐湖城公共图书馆举办了主题为"建设更加完美的联邦：日裔美国人与美国宪法"的展览，该展还在国内其他19个地方巡回展览。在六个星期的展期内，用户们观看了照片、档案和视频，了解到了二战期间被剥夺了财产，关押在拘留营的12万日裔美国人的经历。一年之后，西雅图公共图书馆策划了"搬出拘留营：小组讨论"的活动，参加讨论的成员包括当年参与囚禁日裔美国人的一位联邦官员和几个曾被关在拘留营的人[42]。

新一代的当地艺术家发现，公共图书馆是展示他们作品的理想场所。佛罗里达州科勒尔斯普林斯（Coral Springs）"本月推荐艺术家"项目的创始人利维娅·伯里（Livia Bury）认为："艺术应在公共场所展示。"1986年，她在种植园（Plantation）和劳德代尔堡（Fort Lauderdale）公共图书馆举办了展览，担任布劳沃德公共图书馆基金会（Broward Public Library Foundation）艺术品收购工作组主席，同时还担任马盖特公共图书馆（Margate Public Library）的艺术顾问。一位艺术家表示："伯里将我们的作品推向公众，这靠我们自己的力量是无法实现的。"在康涅狄格州纽因顿（Newington），一位当地艺术家（同时在退伍军人管理医疗中心兼任厨师）每三年就会在公共图书馆举办一次水彩画展览。在这里，他不用担心作品遭到损坏，不用和其他艺术家竞争，或为自己的作品明码标价。他知道，"图书馆的很多用户都会注意到"这些作品。1990年，内布拉斯加州哥伦布公共图书馆展出了一位退休农民的20幅画作，这些画作"帮助我度过了务农过程的挫折时光"。作品第一次被展出时，这位农民说："我真有点不知所措。"1999年，在被封禁了一个多世纪之后，名为"酒神女祭司与婴儿"（*Bacchante and the Infant Faun*）的雕塑终于回到了波士顿公共图书馆。这件雕塑不再被视为"酗酒的象征"，它的回归也表明了波士顿对于可接受的公共艺术的认知发生了转变[43]。

1992年，耐德出版社（Naiad Press）创始人芭芭拉·格里尔（Barbara Grier）向旧金山公共图书馆詹姆斯·霍梅尔同性恋中心（James C. Hormel Gay & Lesbian Center，旨在开展关于同性恋的学术研究）赠送了记录女同性恋历史的图书、期刊和纪念品。一位专家说，格里尔捐赠的材料包含世界上规模最大的女同性恋信件收藏。图书馆基金会试图为该中心筹集160万美元的捐款，但实际开放时，它得到了280万美元。中心执行主任（同时也是女同性恋者）说：

239

"我们渴望了解过去、开拓未来，在为了生存而战斗之后，还要用我们的精力做一些积极的、有创造性的事情。"[44]

▲1996 年开放的旧金山公共图书馆詹姆斯·霍梅尔同性恋中心，照片由本书作者拍摄

　　然而，并非所有公共图书馆为适应新的信息需求而推出的新服务都是成功的。当圣卢克医院（St. Luke's Hospital）艾滋病科的一位护士联系纽约公共图书馆分馆馆员迪安·希恩（Dean Sheehan），想为她的病人借一些书时，医院图书馆的志愿者表示拒绝经手艾滋病患者可能碰过的任何书。希恩问道，是否可以从分馆送来一部分图书并存放在医院？护士认为这是一个不错的主意，于是希恩走访了医院的艾滋病科并与病人交谈。希恩还和其他馆员一起收集了同性恋作家撰写的适合成人阅读的小说。几周后，那位护士一直没有和希恩联系。当希恩终于联系到她时，她同意与希恩见面并转送图书。然而，希恩抵达医院时却被告知这位护士正在度假，而且由于希恩不得进入大楼，他也无法将这些书留下。这些书始终未能送到圣卢克医院。其他地方有一些成功的案例。1989 年，在当地一位感染了艾滋病的活动家的倡导下，加利福尼亚州西好莱坞社区图书馆（West Hollywood Community Library）开放了全国第一家艾

240

滋病信息中心。同年，内布拉斯加州的"同性恋亲友会"（Parents & Friends of Lesbians and Gays）通过内布拉斯加州图书馆委员会向 68 家公共图书馆各捐赠了 8 本关于艾滋病和同性恋的书。该亲友会主席告诉《奥马哈世界先驱报》的记者："准确的信息对于克服偏见至关重要。"[45]

然而在 1990 年，艾奥瓦州马斯卡廷（Muscatine）的两位男子对于当地公共图书馆收藏同性恋书籍表示不满。其中一个人说："我认为纳税人不应该为这类图书买单，它既违背了道德，也不符合自然规律。"《男性夫妻同居指南》（*The Male Couple's Guide to Living Together*）（这是遭到反对的同性恋图书之一）一书的作者埃里克·马库斯（Eric Marcus）表示，如果有人反对用税收采购这本书，他愿意免费捐赠。马库斯说："像他们这种人一直将同性恋看成是令人厌恶的变态。即使我在书中探讨……关于负责任的、互相支持的、对双方有利的关系，同样会遭到抨击。"馆长对《奥马哈世界先驱报》的记者说，这两个人可以向图书馆董事会申诉，但表示董事会相信"用户有权决定自己借阅什么书"，在这个问题上，图书馆"得到了来自社区的极大信任和支持"[46]。

1982 年，美国图书馆协会知识自由办公室发起了"禁书周"（Banned Books Week）活动，使上述这类因公众压力而审查图书馆文献的情况引起全国的关注。美国各地公共图书馆展出了过去某一时期在某地遭到禁止的图书。然而，有人对此提出了质疑。1985 年，一位记者在罗得岛州普罗维登斯公共图书馆的禁书展览上关注到一个当地事件。公众要求图书馆将某一本书放到限制书架上。他坚持认为，这不是审查，而是家长在行使言论自由的权利；这本书没有被禁止借阅。他说，这次展览很失败，因为它"让大家觉得社区只要参与图书馆采购决策就是在审查"。伊利诺伊州布卢明顿的一位公民问道："公共图书馆是否靠税收支持？如果是，那么纳税人对采购的内容发表意见有什么问题吗？"这位公民指出，每年有数千本书出版，"无论是谁负责采购，他在选择哪些书值得阅读时就是在进行审查。"[47]

这类分歧在其他地方也浮现出来，民众试图通过各种手段影响公共图书馆的文献采购与流通。1991 年，在加利福尼亚州约巴林达公共图书馆（Yorba Linda Public Library），一位图书馆员称，有个用户将书名中带有"魔鬼"一词的所有书都借走了，目的是不让这些书继续流通，"即使是那些与魔鬼一点关系都没有的书"。1994 年，在伊利诺伊州科基尔公共图书馆（Coquille

Public Library)，有人用白色修正液将他认为具有攻击性的内容全部涂掉，并在上面写上省略号。1998 年，一位浸信会牧师将《希瑟有两个妈妈》(*Heather Has Two Mommies*) 和《爸爸的室友》(*Daddy's Roommate*) 两本书从得克萨斯州威奇托福尔斯公共图书馆 (Wichita Falls Public Library) 借出，并给图书馆员一张 54 美元的支票，告诉对方自己永远不会归还这两本书。当地报纸报道了这个故事后，用户要求图书馆重新采购这两本书。表示支持的图书爱好者们特地捐赠了 15 本 [48]。

1984 年，有个右手拿着一本《圣经》、左手拿着三期《花花公子》的男子告诉佛罗里达州劳德代尔堡一位公共图书馆员："我以拿撒勒耶稣基督的名义将它们带出图书馆。"之后，警方便逮捕了这名男子，并将其中一本《花花公子》当作证据，另外两本还给了图书馆。然而，这位男子获释后再次来到图书馆，把那两本《花花公子》带走了，不过这次他不仅再次被逮捕了，而且还被判了刑。马萨诸塞州韦尔斯利公共图书馆以不同的方式应对人们对《花花公子》的抵制。1995 年，一位家长向图书馆投诉，称他 9 岁的儿子申请借阅《花花公子》并得到了许可，于是图书馆董事会投票决定是否保留这一杂志，结果决定保留。然而，一年后，两位反对这一决定的人赢得了董事会席位，结果图书馆停止了订购该杂志。"我们决定取消订购某些作品可能有很多原因，"馆长称，她否认自己是迫于压力。"如果有些书刊经常被偷，我们或许不会再补充；如果读者失去了兴趣，或许出现了能够更好地服务社区的替代品，我们也不会继续采购。"不过这位馆长告诉记者，"《花花公子》可以通过馆际互借的方式借阅"[49]。

公共图书馆对待这类问题有不同的方式。1990 年，南卡罗来纳州斯巴达堡 (Spartanburg) 有几位家长抱怨公共图书馆儿童阅览室中的《阿潘米那达斯和他的阿姨》(*Epaminondas and His Auntie*) 一书贬低了黑人，图书馆便将这本书转移到了成人区 (不太可能再找到这本书了)。1996 年，有人反对伊利诺伊州奥克朗公共图书馆 (Oak Lawn Public Library) 收藏赫尔加·弗莱肖尔-哈尔特 (Helga Fleischauer-Hardt) 的《给我看看》(*Show Me！*) 一书 (该书为性教育读物，其中包含了很多用亮光纸印刷的快要进入青春期的孩子的裸体照片，有人认为它是儿童色情书)，图书馆便将它存入了隔离室。此后，由于借阅人数过多，导致"馆内唯一的一本散架了"。然而，1992 年，在犹他州邦蒂富尔公共图书馆 (Bountiful Public Library)，一位母亲在找一本讲述婴儿出生过程的图书，从而向 6 岁的女儿解释这一过程。图书馆员说："跟我来"，然后将她带到收藏这些书的储藏室。这位母亲问道："这些书为什么没有放在书架上？都 1992 年了，图书馆还在实行信息压制，是不是有点落后了？"[50] 这本书一直留在隔离室。

1992 年，麦当娜（Madonna）出版了《性》（*Sex*）写真集，其中大多为裸体照片，封面和封底的金属装订也很粗糙。但在几周之内，它成了畅销作品。美国图书馆协会知识自由办公室主任朱迪思·克鲁格表示，"虽然这本书是低俗的垃圾"，但是"每一家中型图书馆都应该收藏"。尽管，克鲁格用了"应该"一词，但是各地公共图书馆必须寻找当地社区能接受的解决方案而不是美国图书馆协会接受的。有些图书馆拒绝采购，原因包括价格太高或装订太差，一位图书馆员担心它的封面会割伤读者。科罗拉多州斯普林斯图书馆馆长（他开创了为新馆建设发行债券的先例）面对公众对该写真集的强烈反对，表示这是一本"色情书"，所以不能接受。密苏里州圣约瑟夫图书馆（St. Joseph Library）举行了几次公众会议，之后决定购买一本。与很多其他图书馆一样，圣迭戈公共图书馆购买了一本，但是将该书存入了隔离室。韦恩堡公共图书馆订购了两本，但都放在了读者需要提出申请的珍稀图书阅览室。该馆馆长说，"我认为这偏离了我们关于图书获取的一贯立场"，而且"与美国图书该协会的教条背道而驰"。当地报纸用一幅漫画进行了嘲讽，画中，图书馆员对用户说："是的，我们馆有《性》这本书……但是除非你能证明自己以学术研究为目的而没有变态的想法，不然它将继续锁在珍稀图书室，明白了吗？"[51]

但是在有些社区，即使图书馆已经对一些书进行了限制借阅处理，社区还是无法接受。1992 年，奥兰治县的 27 家图书馆中只有一家收藏了《爸爸的室友》，一位记者说："图书馆员表示，本地区没有这本书可能有多种原因。有些图书馆声称自己有相同主题的其他童书。有些则表示由于预算限制，他们无法大量采购喜欢的图书。但所有图书馆都表示，他们不会仅仅因为主题有争议而拒绝一本童书。"另一方面，1993 年，俄亥俄州代顿和蒙哥马利县公共图书馆委员会以 7∶0 的投票结果决定保留《爸爸的室友》和《希瑟有两个妈妈》——该馆有 8 种关于父母为同性恋的儿童的图书，这两本位列其中。在一次公开的图书馆董事会会议上，一位抗议者大喊："上帝会审判你！"有位女士打电话对图书馆表示了支持，她说自己在一个同性恋家庭长大，希望公共图书馆收藏这类图书，这样她的孩子就能理解他们的同性恋祖母。1995 年，俄亥俄州克莱蒙特县公共图书馆（Cleremont County Public Library）召开会议，150 名参会者讨论了对于同性恋杂志《拥护者》（The Advocate）的处理方式，4000 名公民签署了请愿书，要求图书馆禁止该杂志。安德烈亚·布兰克迈耶（Andrea Blankenmeyer）缓慢地走上讲台。面对台下人的注视，她激动地说："我 19 岁，是同性恋。我真希望小的时候能有机会读到《拥护者》这类杂志，那样我生活就能轻松一些了。"最终，图书馆决定将《拥护者》留在开放书架上[52]。

1992 年，旧金山公共图书馆重申，即使面对当地宗教团体的抗议，图书馆仍有权在其一个分馆挂起代表同性恋的彩虹旗。然而在同一年，当 60 个人抗议北美男性爱情协会（North American Man-Boy Love Association）分会使用波特雷罗（Potrero）分馆的馆舍举办活动时，社区的忍耐度达到了极限。抗议者指出，该分会很多成员曾因骚扰儿童被捕。协会则表示："这纯属无中生有。我们是一个开放的公共组织，没有什么可隐瞒的。"图书馆管理层援引《图书馆权利法案》，表示他们无法"公然违背对宪法赋予的言论自由的保障"。但社区持续施压，一个月后，协会妥协了。这样一来，把图书馆作为场所使用的忧心忡忡的公民就迫使图书馆采取了违背《图书馆权利法案》的行动。

人们对男女同性恋者的态度因社区而异，这也表明了公共图书馆面对本地挑战有不同的应对方式。有时，公共图书馆会举行论坛。1990 年，同性恋作家会在纽约公共图书馆曼哈顿中城（Mid-Manhattan）分馆阅读自己的作品。1998 年，佛罗里达州布劳沃德县公共图书馆（Broward County Public Library）举办了主题为"爱造就家庭：生活在同性恋家庭中"的展览，展出的 20 张照片（均标注出了采访主题）展示了"拥有同性恋父母、祖父母或青少年的家庭"[53]。

而另一方面，1995 年，弗吉尼亚州费尔法克斯县公共图书馆打破了过去十一年的传统，禁止举行"同性恋历史月"展览；批评者表示展品内容"有失偏颇"。对此，有人提出了抗议，但无济于事。1996 年，宾夕法尼亚州兰卡斯特公共图书馆董事会迫于县委会的压力取消了当地"粉红三角联盟"筹划举办的展览——原计划展出著名的男女同性恋和双性恋艺术家和作家的作品。支持和反对的信件很快出现在了当地报纸上。一位作家说："当我们转身远离一群可能遭到一些人（也可能是很多人）排斥的人时，相当于关闭了接受信息的大脑。这不是图书馆应该做的事。"即使一位董事通过辞职来表示抗议，但董事会拒绝重新考虑这一决定[54]。

但是审查的对象并不总是裸体、性问题（同性恋或异性恋）。1992年，佛罗里达州棕榈滩县（Palm Beach County）的公共图书馆拒绝采购当地的全国社会主义白人工人党索要的两份新纳粹出版物。一位图书馆管理人员说："我不认为公共图书馆有义务…在社区中宣扬和传播恐惧、仇恨与暴力。"在得克萨斯州利文斯顿，图书馆拒绝接受当地一位牧师捐赠的宣称摩门教举行崇拜撒旦仪式的《造神者》（*The God-Makers*）一书，这位牧师高喊这是"审查行为"。图书馆员则表示，该书不符合采购标准。最终，图书馆接受了捐赠，但把这本书与另一本与它的结论完全相反的书放在一起。对于这个结果，牧师没有提出异议，但沃思堡宣扬传统家庭价值论坛（Fort Worth Pro-Family Forum）的一位管理人员表示，这一事件凸显了图书馆常规选书流程的缺陷，"当我们介入选书流程时，图书馆员大叫着这是审查，但是他们在父母不知情的时候已经挥舞着斧头大行干预了……我认为，图书馆员的这种态度——'你已经把孩子和钱给我们了，现在把手拿开'——是完全不对的。"[55]

位于芝加哥的美国图书馆协会知识自由办公室始终关注着这些事件，并时常发表评论。1980年，弗吉尼亚一位牧师要求得到哈罗德·罗宾斯（Harold Robbins）、菲利普·罗斯和西德尼·谢尔登（Sidney Sheldon）作品的借阅者名单，克鲁格对此提出了批评。她说："这将极大地妨碍我们行使自己的职责。"但是社区自己做得很好。当这位牧师要求召开社区会议时，200人挤进会议室"谴责审查行为"。虽然克鲁格对结果表示满意，但是知识自由办公室在六年后却对印第安纳州黎巴嫩公共图书馆（Lebanon Public Library）却表现出了不同的态度。黎巴嫩公共图书馆在当地报纸上公布了超期借阅者的姓名以及所借图书，包括《两个男人注意到了我及其他不可思议的故事》（*Two Guys Notice Me… and Other Miracles*）、《只有妈妈会讲给你听的有关生孩子的故事》（*What Only a Mother Can Tell You about Having a Baby*）以及《我本该想到兔子会死》（*I Should Have Seen It Coming When the Rabbit Died*）。名单一经公布，很快在社区引发了争议，一位记者要求克鲁格就此事发表评论，她说："隐私保护不适用于逾期不还的人。"公布名单"并非图书馆的本意……图书馆只想收回图书"[56]。

关于童书中的种族歧视和性别歧视持续了几十年的争论仍旧没有停止。20世纪 80 年代初，旧金山公共图书馆撤掉了 1933 年出版的《小鸭子历险记》（*The Story about Ping*），因为书中描绘了中国人的刻板形象。新闻媒体就当地公共图书馆的审查事件联系克鲁格，请她发表评论。克鲁格表示，"这是可怕的"。"每个人都想保护孩子，但问题在于，"她夸大其词地说，"这样被保护起来的孩子到了 2000 年不会有生存能力。"跨种族童书理事会的一位主任表示反对。他说："作者有写作种族歧视和性别歧视图书的自由，出版商也有出版它们的自由，但是图书馆员……有发挥其专业判断力不购买这些书的自由。"对此，有读者写信给《洛杉矶时报》评论道："这个逻辑令人费解。"另一个人表示："审查换个名字也还是审查！"[57]

1982 年，旧金山、密尔沃基和芝加哥的公共图书馆拒绝采购《杰克和甜心去了天堂》（*Jake and Honeybunch Go to Heaven*）一书（它的作者曾获"凯迪克奖"①），其中讲述了一名黑人劳工和他的骡子被货运列车撞死后的故事。芝加哥公共图书馆的儿童馆员说，有关黑人天堂的描述"会冒犯很多人"；书中也"强化了多种刻板印象"。出版商提出了抗议。"图书馆员以道德之名故意将一位重要的作家兼艺术家广受好评的作品下架。"旧金山公共图书馆馆长表示："下架只是临时的，五十年后，这件事将只是历史上轻描淡写的一笔。"对此，出版商回应道："五十年后，旧金山公共图书馆馆长可能会成为历史上轻描淡写的一笔，但这本书将在美国大多数公共图书馆长长久久地保存。"[58]然而，他猜错了，仅在 30 年后的 2013 年初，WorldCat 数据库显示，只有 391 个公共图书馆总分馆系统收藏了《杰克和甜心去了天堂》一书，还不到全美公共图书馆总数的 5%。

在 20 世纪最后几年，对图书馆影响最大的审查争议是互联网过滤（Internet filtering）。美国图书该协会知识自由办公室坚决反对这种做法。一些图书馆员规规矩矩地听从知识自由办公室的指导，大多数摇摆不定，还有一些表示反对。加利福尼亚州康特拉科斯塔（Contra Costa）县的一位图书馆员表示："互联网为我们呈现了一个独特的环境。从历史上看，馆藏中的每一本书之所以还在那里，只是因为图书馆员选择了它们……我们显然没有选择互联网上的全部内容。"

246

---

① "凯迪克奖"（Caldecott Award）是美国图书馆协会颁发的儿童绘本大奖。该奖项于 1938 年创立，为纪念 19 世纪英国的绘本画家兰道夫·凯迪克而得名。凯迪克奖每年都会在当年度出版的绘本作品里，挑选出一个金奖及一到五个荣誉奖。——译者注

图书馆界外部的很多人士迅速对知识自由办公室的立场发起挑战。华盛顿特区家庭研究理事会（Family Research Council）的一位律师要求图书馆员像筛选传统的印刷资料一样过滤网络信息。他坚持认为："不管是在网上还是印在纸上，色情内容都不适合儿童。"《芝加哥论坛报》的一位专栏作家写道："我们要面对现实。多年来，孩子们都是独自去图书馆。正是因为这一点，图书馆需要承担起保护未成年人的责任。"丹佛《落基山新闻报》（Rocky Mountain News）指出，浏览色情内容的权利"在家里也许没问题"，"但图书馆不是任何人的家。它是儿童经常出入的公共场所，文明的社区不应该让儿童接触到成年人想看的一些东西。"旧金山一位家长表示："我无法理解这一点，特别是现在已经有软件可以拦截这些东西。"[59]

尽管有知识自由办公室的命令，但是美国各地的公共图书馆纷纷安装了过滤软件。圣迭戈公共图书馆的一项政策指出："有些信息不适合在公共场所浏览，当这类信息出现时，图书馆员有权关闭网络。"波士顿公共图书馆提供了两种上网途径，一种是在未安装过滤软件的成人阅览室，另一种是安装了过滤软件的儿童阅览室。佛罗里达州奥克兰公园公共图书馆采取了同样的措施，但不同的是成年人使用的电脑放在流通台的视线范围之内。如果弹出令人不适的内容，图书馆员会要求用户清空界面。得克萨斯州奥斯汀公共图书馆做了"有限的妥协"，他们在每个分馆配备了一台没有过滤软件的计算机，但是将它们放在特制的嵌入式桌子上，并且只允许18岁以上的用户使用。丹佛公共图书馆在图书馆儿童与成人的计算机中安装了搜索引擎，除了G级①网站，其他信息都会被过滤屏蔽了，但是在成人使用的计算机中，用户可以选择退出过滤器。当加利福尼亚州奥兰治县的公共图书馆的电脑安装了一个类似的过滤器时，当地的一位专栏作家欢呼道："这对每个人来说都是好消息……因为它在保护父母及其子女权利的同时没有侵犯大多数人的权利。这就是我们面对第一条修正案所能做到的最大妥协。"[60]

但是明尼阿波利斯的情况很特殊。2000年2月，47位公共图书馆员工向当地一家报纸介绍自己的工作——他们负责监控50台计算机终端。一位员工表示，在过去三年里，沉迷性爱网站的男性用户霸占着这些电脑，当馆员提醒

①　G级是指其内容是老幼皆宜的。——译者注

他们 30 分钟的时限已到时（馆员约束他们行为的唯一权限），他们经常以下流的言语或恶劣的态度回应。馆员走近时，发现有些人在自慰。在女权主义杂志《放开我》（*Off Our Backs*）上发表的一篇文章中，参考咨询馆员温迪·亚当森（Wendy Adamson）用图像详细描述了图书馆员在这些男性用户经常访问的网站上看到的令人作呕的画面，包括性虐待。但是亚当森表示，当馆员向管理层反映这件事时，管理层会告诉他们，"图书馆支持用户自由地访问信息，如果他们是'合格的图书馆员'，就应该遵守这个政策"。虽然员工多次投诉，但这个状况没有改变。

然而，三个月之后，由于认识到图书馆管理层的强硬态度以及美国图书馆协会知识自由办公室的政策实际上是在把普通用户从图书馆赶走，正如亚当森说："我们看着用户反复被这些图片所吓倒……由于恐惧而向后退，有时甚至冲出图书馆"，于是有 12 个图书馆工作人员向平等就业委员会（Equal Employment Opportunity Commission）投诉称遭到了性骚扰。这几个馆员说，容忍这种环境只能表明"我们屈服于没有任何人能接受的性骚扰……低效的图书馆官方规定往往否认、掩饰、忽视或仓促地解决这个问题，而另一方面又大力称赞互联网上的丰富信息，并强调人们在使用这些信息时有必要做出明智判断"。这些馆员的投诉招致了严厉的批评，凸显了《图书馆权利法案》经过过去几十年的打磨，其言论已经深入人心。在图书馆专业文献中，这些馆员被描绘成审查人员和行业叛徒。然而，全国各地有过类似经历的图书馆员纷纷表示支持——尽管大多是私下里表达的。

在提交投诉后的第二天，管理层做出了让步，并制定了一项新政策。每台电脑都贴上了标签，指出浏览被明尼苏达州法律界定为淫秽内容的信息是违法的，并授权安保人员强制执行。亚当森称，"一周之内"，大多数访问淫秽网站的"用户都离开了图书馆，再也没人见到过他们……在明尼阿波利斯公共图书馆，我们成功地将问题公之于众"。但亚当森也承认，每一个公共图书馆都必须找到自己的解决方法。图书馆员"有责任参与更大范围的对话，寻求各种答案，而不应该将头钻进沙子里，也不应该顽固地坚持弊大于利的理论原则"[61]。

就像 19 世纪的隔离室，以及 20 世纪初图书馆对图书的检查一样，20 世纪末的互联网过滤软件为社区提供了一个可接受的解决方案。这些软件使公共图书馆能够约束用户访问有争议的信息，既为当地用户处理了敏感问题，也解决了关于公共图书馆提供的哪些信息可接受的争论。2000 年 12 月 21 日，比尔·克林顿总统签署了《儿童互联网保护法》（*Children's Internet Protection Act*），要求接受联邦资助的所有图书馆和学校过滤掉"对未成年人有害的信息"。2002 年，平等就业委员会做出初步裁决：明尼阿波利斯公共图书馆员工暴露在色情网站面前导致其"工作环境恶劣"；一年后，图书馆用 43.5 万美元了结了这起民事诉讼[62]。

随着 21 世纪的临近，很多图书馆员开始反思最近的工作。有人说，"伟大社会"立法帮助公共图书馆开发了计算机应用，提供了采购必要设备的资金，帮助社区改造公共图书馆建筑以容纳新的硬件，达成了有助于电子信息资源共享的合作协议，并培养了操作和维护计算机系统的人员。联邦基金虽然仅占全部经费的一小部分，但对于图书馆开发计算机应用程序来说是必不可少的[63]。

从他的角度来看，他说得没错。在 20 世纪的最后 20 年，从全国各地公共图书馆来说，就在流通台和参考咨询台后面的图书馆员关注最多的就是上面这些。然而对于站在他们前面的数百万美国人来说，图书馆依然是通过服务和馆藏改变和丰富他们日常生活的场所。《洛杉矶时报书评》（*Los Angeles Times Book Review*）的编辑在 1983 年写道："图书馆是一种重要的社会黏合剂。"1988 年，纽约人力资源管理局的一位工作人员告诉纽约华盛顿堡分馆的图书馆员，图书馆对他所服务的家庭来说，是这些家庭的"稳定元素"之一，在团结家庭成员方面具有重要作用。与麦吉·菲尔普斯以及此前的众多公共图书馆用户一样，1999 年，一位忠实用户对她经常到访的皇后区公共图书馆分馆表达了自己的感受："它是我生活中如此重要的一部分。"[64]

第10章 信息、阅读与场所（2001—现在）

如今，公共图书馆的卡片目录几乎已经消失，取而代之的是用户可以通过家庭电脑、iPad 和手机访问的联机目录。大多数公共图书馆流通系统使用机读条形码记录馆藏流通情况，计算机成为大多数公共图书馆的基本配置。如今，基本上所有公共图书馆都提供互联网接入，计算机将用户与庞大的数据库关联起来，这些数据库中的信息曾经散布于大量的参考书、报纸和期刊中。用户在数据库中找到所需信息后，可以通过打印机打印出来。密纹唱片也已经基本消失，虽然有些人在开着 90 年代生产的老式汽车上下班时还用盒式磁带听故事，但这些故事（还包括音乐和电影）现在更多地存储于 CD 和 DVD 等新媒介中。

在很多公共图书馆，青少年戴着耳机，另一端与电脑相连。通过馆际互借，用户可以获取国内各个图书馆的海量藏书。有些图书馆还提供装载有电子书（一种新的文本类型）的 Kindle 阅读器。许多图书馆设置了汽车服务窗口，用户可以开车至窗口归还各种物品，也可以取走在网上预约的物品。30 年前，很多专家曾预测计算机将导致公共图书馆的衰亡，但如今看来，计算机提高了图书馆服务的便利性。对于流通台后的图书馆员而言，计算机似乎确实与图书馆的各项工作息息相关。

但是，公共图书馆的许多传统也延续了下来。对于周日开放的公共图书馆来说，图书馆周日仍然是大多数公共图书馆一周内最忙碌的一天。20 世纪初期的用户所熟悉的声音——例如儿童在去听故事路上的嬉笑打闹，陪在身边的成年人要求他们压低声音——仍然令喜欢安静的用户们烦躁不安。很多味道也保留了下来。书架上那些封面素雅的旧书散发的香气依旧在空气中飘荡。与从前一样，在一些公共图书馆，仍然有旧衣服与没有洗澡的身体散发的味道的混合味，与从前一样，图书馆员称之为"社会汤上的蒸汽"[1]。

　　与 19 世纪一样，阅览室中翻阅报纸和期刊的沙沙声仍然存在，诸多熟悉的声音——如书本掉落或滑过借阅台时的声音，以及图书存放处（depository station）外大门的咣当声——依然是这里的背景音。用户仍然在公共图书馆读书，不过相较以前，他们现在坐在更为舒适的椅子上，面朝壁炉，还时不时呷一口从图书馆咖啡厅买来的卡布奇诺。阅览室仍然有靠背椅，位于结实的橡木桌下，不少椅子上出现了有年代感的锈迹，有些底部还粘着多年前的口香糖。用户仍然担心超期罚款的问题。2009 年 1 月，切斯利·萨利·萨伦伯格（Chesley Sully Sullenberger）机长驾驶的全美航空 1549 次航班因事故在纽约哈德逊河上迫降，之后他最关心的事之一便是飞机上有一本他从康特拉科斯塔公共图书馆借的书。他告诉图书馆，这本书可能要晚点才能还了，可能还被水泡坏了。

252　　很多当权者仍然对公共图书馆的价值存在疑虑。大多数问题源于对公共图书馆为社区所做的贡献的盲目思考，这种思考的依据是传统的公共图书馆统计数据分析，比如读者向馆员咨询的问题数量。结果表明，过去一个半世纪公共图书馆的参考咨询服务重点关注的有用的知识到了 21 世纪的前 10 年有所减少。1999 年到 2008 年间，图书馆参考咨询服务下降了 9%；按照实际到馆人数计算，参考咨询服务下降了 24%。大多数人——尤其是公共图书馆用户——开始在家里通过互联网搜索信息[2]。

　　这些情况也迎合了想要削减公共图书馆预算的政客。2002 年，华盛顿塔科马（Tacoma）《新闻论坛报》（News Tribune）记者报道，一位市议员想要关闭当地的所有公共图书馆，因为他觉得这些机构就是"用大量砖块和砂浆堆积起来的……过时的庞然大物"。市议会的其他成员纷纷赞赏他的想法"很有创意"。然而，这位记者参观了塔科马公共图书馆后，对市议员的观点产生了异议。他反驳道："我们暂时还不能太有创意，因为社区就生活在这些砖块和砂浆堆砌起来的空间里。塔科马的十家公共图书馆是这十个社区的客厅。图书馆是'钥匙儿童'在放学后的安全去处，是家里没有上网条件的居民可以上网的场所，是父母送给孩子阅读礼物送给孩子的地方。"[3]

　　2010 年，芝加哥福克斯新闻频道旗下一个机构在一档节目中提出这样的问题："图书馆是必不可少的，还是对税收的浪费？""公共图书馆每年会耗费掉辛勤工作的人们缴纳的数百万税款……有了互联网和电子书，我们真的还需要"公共图书馆吗？芝加哥公共图书馆馆长玛丽·登普西（Mary Dempsey）第一时间回答了这个问题：她所处的公共图书馆每天通过 74 个服务点为 1200 万用户提供服务。2009 年，芝加哥公共图书馆流通了 1000 万册（件）书刊，为读者提供了 380 万次一小时免费上网，并为成千上万的芝加哥儿童提供了安全场所和家庭作业辅导（当地的公立学校每天的上学时间是全国最短的）。

罗伯特·帕特南（Robert D. Putnam）被广泛引用的作品《独自打保龄：美国社区的衰落与复兴》（*Bowling Alone: The Collapse and Revival of American Community*）没有分析美国的公共图书馆。不过数年后，登普西邀请帕特南参观芝加哥公共图书馆总分馆系统，帕特南有了一个顿悟，他发现，"在嘈杂的世界中，公共图书馆不再是被动的书籍和信息储存库，也不再是文化的前哨站，在嘈杂的世界中它提供安静而得体的场所；现在的公共图书馆是社区积极、活跃的组成部分，是变革的推动者。"帕特南这样写道，仿佛这些都是最近才发生的，他还补充道："互联网看似威胁着公共图书馆存在的理由，但结果证明，互联网是让人们走进图书馆的原因之一。"[4]

经济学家们试图测算公共图书馆的经济价值，来证明纳税人的投资得到了怎样的回报。一项研究显示，每投入 1 美元税收，印第安纳州公共图书馆就会产生 2.38 美元的效益，威斯康星州 4 美元，佛蒙特州 5 美元，佛罗里达州 6.54 美元。宾夕法尼亚大学曾做过一项研究，分析了费城免费图书馆 2010 年的经济效能。结果发现，分馆四分之一英里范围内的住宅平均房价比范围外的要高近 1 万美元，这一范围内的全部住宅价值加起来增加了 7 亿美元，因此政府收到的房产税就增加了 1900 万美元，这比该图书馆 3300 万美元年度预算的一半还要多。加上图书馆每年流通 650 万册（件）图书，价值为 1 亿美元，因此我们很容易看出，公共图书馆对于城市投资的回报是非常大的。这还不包括费城公共图书馆每年回答 320 万个咨询问题，费城人每年使用 120 万次图书馆电脑，还有该馆提供的免费计算机素养课程、为"钥匙儿童"提供的课后辅导、帮助母语为非英语的新移民学习英语以及其他"难以量化的无形资产——安全温暖的避风港、音乐会、讲座、社交"所产生的经济价值。那位记者写道："即使最为吝啬的保守派也会赞同，费城应增加而不是减少对公共图书馆的投入。"[5]

也许由于图书馆的阅读和场所价值太难计算，费城的研究中不包含这两项内容。但是，如果阅读的对象不仅包含图书（包括纸质书与有声书），还有存储在 CD 和 DVD 中的音乐、艺术、电影和电视节目等，那么在 21 世纪的头 10 年，从全国范围来看，通过全国公共图书馆的流通量统计可以看出，阅读量增加了，虽然在 1999 年至 2008 年间，到馆人员的人均流通量下降了 5%，但流通总量从 1999 年的 16.9 亿册（件）上涨到 2008 年的 22.8 亿册（件），增长了近 35%[6]。

2012 年，皮尤研究中心网络与美国生活项目针对全国 16 岁以上的读者进行调查，结果显示，在过去的一年，78% 的受访者读过一本书，58% 的受访者有图书馆借阅卡，69% 的受访者表示公共图书馆对于他们及家人很重要。虽然调查人员没有超越传统思维去询问"为什么读书这么重要"之类的问题，但这些数据已经可以证明，公共图书馆的使用量在增加。在"阅读的目的"调查表中，皮尤研究中心设计了四个答案，包括"工作或学习"（54% 的受访者选择这一项）、"紧跟时事"（77% 的受访者选择）、"研究感兴趣的课题"（74% 的受访者选择）、"娱乐"（79% 的受访者选择）。在上述四个选项中，前三个明显倾向于有用的知识，但没有给受访者说出"娱乐"的具体方式的机会。然而，选择"娱乐"的人数是最多的[7]。

在美国公共图书馆，不仅阅读量在增加，使用图书馆空间的数量也在增加。虽然多年来，图书馆员一直坚持统计馆内每年举办活动的参与人数并写入年报中，但是直到 2004 年，才出现全国性的这类报告。结果显示，图书馆使用人数持续增长。2008 年，平均每一位美国公民访问当地公共图书馆的次数为 5 次（共计 150 万次）；1999 年，这个数据是 4.3 次。从参与图书馆活动整体情况看，2004 年，平均每千人中有 237.6 人参加公共图书馆的活动，2008 年增加到 279.4 人。虽然大多数人主要参加图书馆的讲故事活动（仍然是公共图书馆的重点活动），但儿童活动占图书馆所有活动的比例由 2004 年的 81% 下降到 2008 年的 74%。由此看来，在 21 世纪的头 10 年，公共图书馆为更多成年人组织了公共文化活动，这些人越来越多地来到图书馆参加活动，使用图书馆的空间。在 2013 年皮尤研究中心的一项研究中，85% 的受访者认为公共图书馆提供的聚会场所"重要"或"非常重要"，93% 的受访者对公共图书馆组织的免费项目活动表示认可，95% 的受访者喜欢公共图书馆为儿童及成年人提供的安静的学习空间，95% 的受访者喜欢公共图书馆为儿童及青少年举办的活动及课程[8]。

但是，这些数据没有体现用户使用公共图书馆空间的方式。以 2001 年 9 月 11 日堪萨斯州约翰逊县图书馆（Johnson County Library）的场景为例。参考咨询馆员斯图尔特·海因兹（Stuart Hinds）回忆说："读者出奇地安静，馆内唯一持续不停的声音就是电视节目中，CNN 小声的播报……在阅览室播放了一整天。"一位老年读者问起双子塔的位置。"我找到一本纽约市的旅行指南，在地图上指出了双子塔的位置。"两个人都没有说话，认真看着地图。"面对这一可怕的事件，我们都沉默了，知道地图上这两座楼（和里面的人）已不复存在。那位老者看着我的眼睛，握了握我的手，向我表达谢意之后，离开了图书馆。"图书馆这个场所里发生的事情的价值评估很难以合适的方式计入那些主要反映图书馆使用情况的分类统计数据中，但上面这种轶事表明，公共图书馆可以从多种途径帮助构建社区共同体[9]。

其他例子比比皆是。2007 年的一天早上，在艾奥瓦州蒙蒂塞洛公共图书馆（Monticello Public Library），当时总统候选人巴拉克·奥巴马的妻子、两个女儿的母亲米歇尔·奥巴马给坐在她脚边的孩子们阅读《奥利维亚与失踪的玩具》（*Olivia and the Missing Toy*），"听众反响热烈"。读完后，米歇尔问孩子们是否有问题要问。一位记者写道："孩子们摇了摇头，但恳切地看着这位新朋友，想听到更多内容。"米歇尔又接到了两本书，一个是《我们的国歌》（*Our National Anthem*）（记者说，"是琳恩·切尼 ① 会写的那种爱国主义作品，正在努力成为美国第一夫人的人应该读的书"）；第二本是《无敌小剑侠跳跳周》（*Skippyjon Johns*），讲述了一只带有西班牙口音的小暹罗猫的故事。米歇尔选择了第二本。"Yip Yippee Yippito！ It's the end of Alfredo Buzzito！"米歇尔努力用有趣的腔调读出这些词。"孩子们开心极了，笑得从豆袋椅上滚了下来。"米歇尔也"放声大笑"，但继续读着，"开心地大声喊道：'我的天啊！'"孩子们并不关心她是谁，也没有注意到周围的政治喧嚣，他们只在乎这个故事，并且喜欢所听到的故事[10]。

---

① 琳恩·切尼（Lynne Cheney）是美国前副总统迪克·切尼的妻子，2001 年至 2009 年以美国第二夫人的身份服务民众。她是一位小说家与保守主义学者，曾经担任谈话节目主持人。——译者注

虽然参考咨询统计数据在 1999 年至 2008 年间有所下降，用户仍然将公共图书馆看作是一个蕴藏着有用的知识的蜂巢，不过每个人对于有用的知识有其自己的定义。这样的例子也有很多。2003 年，明尼阿波利斯市的埃米·史密斯（Amy Smith）在第一个孩子早产后不久患上了产后抑郁症。医生给她开了抗抑郁药，但是她担心哺乳期间不适合服用。为了寻求答案，"我求助于我信赖的信息来源——本地的图书馆"。史密斯在图书馆通过互联网查到，不服用抗抑郁药的风险大大超过了哺乳期服用药物的风险。而更重要的是，她读到了布鲁克·希尔兹（Brooke Shields）的《下雨了》（*Down Came the Rain*）。史密斯表示，这本书"完全改变了我对抑郁症的看法和生活态度……作者坦诚地讲述了自己患上抑郁症时的无助和绝望，让我觉得我的那些感受是完全正常的。如果布鲁克·希尔兹……可以克服与我一样的产后心理问题，并因此变得更强大，我也可以"[11]。史密斯通过阅读希尔兹的故事以及从公共图书馆检索到的信息获得了力量。

1995 年以来，美国公共图书馆流传最广的"故事"或许就是 J. K. 罗琳的"哈利·波特"系列。这一系列作品在全国各地图书馆掀起的热潮充分显示了图书馆在提供阅读服务和作为场所方面发挥的作用。为什么"哈利·波特"这个系列如此成功？梅利莎·艾妮莉（Melissa Anelli）在《哈利，一段历史》（*Harry, a History*）一书中写道，该系列作品没有高人一等的态度，而是平等地尊重青少年读者。艾妮莉发现，许多"哈利·波特"的读者利用互联网建立社交网络，撰写粉丝小说，并通过绘制书中的人物和场景不断提高艺术技巧。由于他们在网上分享的粉丝小说和艺术作品经常收到回复和评论，他们也学会了提出建设性批评建议。媒体学者亨利·詹金斯（Henry Jenkins）认为，"哈利·波特"系列小说是"融合文化"的一个典型范例，孩子们在围绕故事开展对话的过程中，不仅利用新技术满足了内心对于社交的渴望，还在教室以外，不受成人约束地开展了一场阅读之旅，并相互提供指导。"哈利·波特"的书迷包括成人和儿童，因此它推动了代际沟通，其中成人从孩子身上学到了很多东西[12]。

在全国各地，公共图书馆为哈利所培植的融合文化提供了场所，公共图书馆举办的一系列活动也激发了用户的学习行为（尽管是非正式的）。2000 年，19 名儿童参加了加利福尼亚奥兰治县塔夫脱分馆举办的哈利·波特俱乐部第二次聚会活动。他们向图书馆员耳边小声说出暗号"蛇佬腔"（parselmouth），图书馆员为他们阅读了最新的"哈利·波特"小说，并画出了他们最喜欢的小说场景。在拉斯维京斯（Las Virgenes）分馆，孩子们观看了"哈利·波特魔法表演"。魔术师提出了几个与哈利·波特有关的小问题，"孩子们纷纷举起手，有 9 岁的孩子，还有 7 岁的孩子，"分馆馆长说，"他们都知道答案。"康涅狄格州新不列颠公共图书馆（New Britain Public Library）举办了"哈利·波特之夜活动第二场——霍格沃茨的第一年"，并鼓励四到八年级的学生穿着巫师长袍来参加活动。2007 年 7 月 21 日，为庆祝《哈利·波特与死亡圣器》的出版，路易斯维尔免费公共图书馆（Louisville Free Public Library）举办了一场哈利·波特招待会，共有 1500 人参加。据当地媒体报道，图书馆这次聚会在参与人员方面较之其他大多数城市举办的同类活动更加多样化[13]。

▲ 2007 年在托莱多 – 卢卡斯县公共图书馆（Toledo-Lucas County Public Library）举办的哈利·波特主题活动吸引了不同性别、种族和年龄的人相聚图书馆。照片由托莱多 – 卢卡斯县公共图书馆提供。

不过，并不是所有人都喜欢公共图书馆举办的哈利·波特主题活动。2000 年，当一位家长反对图书馆让她的孩子接触巫术时，佛罗里达州杰克逊维尔公共图书馆（Jacksonville Public Library）停止发放霍格沃茨魔法学校结业证书。此举引发了更多反应。一位三个孩子的母亲读过"哈利·波特"系列的所有作品，虽然她

257

没有反对图书馆的决定，但是与那位提出控诉的家长理论起来。在她看来，她的孩子们从哈利的故事中学到了关于勇气和道德的有益的内容。她说："你可以吹毛求疵地指摘其中的负面信息，但总的来说，它给孩子们传递了非常积极的信息。即使是《圣经》，里面很多主题对于孩子来说也很具有挑战性，但这并不意味着我们不能让孩子接触《圣经》。"2001 年，堪萨斯州奥斯卡卢萨公共图书馆（Oskaloosa Public Library）取消了一项为想当巫师的小朋友们举办的"霍格沃茨魔法课程"，因为有家长认为这项活动鼓励对于邪魔外道的崇拜[14]。

公共图书馆还利用其他方式将人们聚集在一起，由此产生的价值几乎无法通过传统的统计和计算方法来评估。例如，2005 年《华盛顿邮报》发表了埃里克·维（Eric Wee）撰写的一篇关于华盛顿特区最贫穷社区的一家分馆的文章。维写道，每周二晚上，一位名叫小康拉德·奇克（Conrad Cheek Jr.）的流浪汉都会走进图书馆，在儿童阅览室的一张桌上摆上他的棋盘。维立刻发现了一些变化。"没有人忽略他的请求，或者避免与他视线接触。在接下来的一个小时里，人们会看着他的眼睛，认真听他说话。在这个最基层的图书馆，他是老师。"他的学生中有一个名叫阿里·奥斯曼（Ali Osman）的 9 岁儿童。当维观看他们下棋时，阿里的母亲说，与康拉德一起下完棋后，阿里的信心开始飙升，他向朋友们吹嘘自己是一名国际象棋选手。阿里的母亲说："这一切都要归功于康拉德先生，我们都爱他。"维指出，在图书馆内，"人们都尊称他为'康拉德先生'"。

同样经常光顾这个图书馆的还有简（Jane）和道格·阿尔斯帕奇（Doug Alspach），17 年前他们带着刚出生的女儿萨拉（Sarah）逃离高档社区，从亚历山大搬到了华盛顿。道格说，遗憾的是，他们现在的社区与之前逃离的社区越来越相似。他说，能同时接纳不同种族、阶级和背景的人的地方很少，而图书馆是其中一个。"图书馆是为数不多的能将不同的人群聚集起来的地方，是萨拉和富裕家庭的孩子以及那些贫寒之家的孩子一起阅读的地方，是她们在假期办聚会的地方，是她们每周与邻居一起听故事的地方。每个人都在图书馆留下了印记。"维还讲述了 69 岁的读者凯瑟琳·斯坦西尔（Catherine Stancil）的故事。凯瑟琳是个功能性文盲 ①，她每周六都会到图书馆与一位叫作卡伦·迪

① 与传统的不识字的文盲相区别，功能性文盲指不具备阅读实用文章（如报纸、菜单、商品介绍、招聘广告等）能力的成年人。——译者注

斯（Karen Dees）的志愿者见面。迪斯是一位 30 岁的律师，她一直担心自己做得不够好，但凯瑟琳认为她很出色。维在文章中写道："凯瑟琳觉得自己发生了变化，她不再感到羞愧了。"她骄傲地告诉维："现在我觉得自己跟你一样优秀。"[15]

2008 年夏天，为了评估"图书馆作为场所"的价值，我访问了蒙大拿州的三家图书馆。在比灵斯公共图书馆（Billings Public Library），我与图书馆工作人员和用户见面，聊起最近举办的一些活动，其中有：一年一度的活动，名为"思想盛宴：深度对话之夜"，该活动旨在鼓励社区成员聚在一起自由交流想法（每桌都有一位特定领域的专家负责主持）；"汹涌的洪水：比灵斯最狂躁的夜晚"（以 1937 年摧毁该镇的一场洪水为主题的展览）；"我们可以聊一聊吗？——社区对话"（蒙大拿州人文项目的一场活动，旨在促进公民对话）；"关心流浪汉项目"，这是一项每年举办的为期一天的活动，旨在为比灵斯的流浪汉和几乎无家可归的人提供帮助，告诉他们到哪里可以获得"伸手拉一把，帮助走出贫困"的资源。

在博兹曼公共图书馆（Bozeman Public Library），我发现大门里边有一个较大的社区活动室，该馆工作人员告诉我，该活动室有多种用途。我在馆内的时间里，看到大约 20 个幼儿在听父母读书。我朝里面瞥了一眼，看到了 83 岁的志愿者雷·比奎特（Ray Bequet），他说自己几乎每天都为孩子们阅读，他也很享受孩子们的陪伴。他说："不知道为什么，我的笑容对孩子们很有吸引力。"不过，令我特别感兴趣的是用于装饰图书馆大楼的雕塑和艺术品。在图书馆正门，首先映入眼帘的是一座由当地艺术家创作的八英尺高的青铜雕塑，描绘了一个年轻人手里拿着一本书，骑在长有翅膀的马上。进入大门，我抬头仰望高耸的屋顶，看到了云彩形状的悬浮雕塑，它出自当地另一位艺术家之手，由"图书馆之友"组织捐赠。一条长廊的墙壁上挂着镶嵌着画框的大海报，画上的内容是几十年前的联合太平洋铁路（Union Pacific Railroad），这条铁路对博兹曼地区产生了深远的影响。我朝儿童阅览室的墙壁望去，看到上面挂着孩子们创作的艺术作品。博兹曼图书馆与蒙大拿州国际访客中心（Montana Center for International Visitors）合作推出了孟加拉面料和蒙古生态旅游等项目，以及在"9·11"事件发生后不久举行了一场主题为"了解伊斯兰"的活动，因此博兹曼公共图书馆在 2003 年赢得了博物馆和图书馆服务局

（Institute of Museum and Library Services）颁发的全国图书馆服务奖（National Award for Library Service）。

在卡利斯佩尔（Kalispell）的弗拉特黑德县图书馆（Flathead County Library），我了解到有一个名为"公民对话原则：将陌生人变成邻居"的公民项目，该项目旨在提供安全的空间，让人们可以在相互尊重的基础上讨论不同的意见，而不是大吵大闹。该项目会议在图书馆举行——图书馆自该项目实施以来始终是积极的合作伙伴。然而，最令我感兴趣的是当年早些时候发生的一系列事件。图书馆馆长金·克劳利（Kim Crowley）告诉我，由于图书馆的会议室向社区所有人开放，她毫不犹豫地允许当地一个名为"卡利斯佩尔基督社"（Kalispell Christian Fellowship）的白人至上组织使用图书馆会议室，他们在会议室放了两部电影：《史诗：武装党卫队的故事》（*Epic: The Story of the Waffen SS*，对纳粹战争机器给予了积极评价）和《奥斯威辛集中营大门背后的真相》（*The Truth behind the Gates of Auschwitz*，否认大屠杀）。可以预见的是，当地的反对者群情激愤。在第一部电影放映时，数百位反对者举着"反对新纳粹分子"和"我的后院没有仇恨"等标语。放映第二部电影时，同样出现了数百个类似的标牌，有些宣传和平，有些谴责仇恨。当地一位犹太学者的标语是"我只讨厌西兰花"①。我问金对这些事件有什么感受，她说："尽管这两个群体持不同意见（有时甚至愤怒地大声谴责对方），但也一直都有对话……在放映第二部电影时，我很惊喜地看到有 300 人来图书馆参加一场活动！很高兴看到所有人能公开表达意见。"有趣的是，她表示，"双方都来感谢我提供了表达意见的机会"[16]。

在 21 世纪的头 10 年，公共图书馆作为场所的价值以多种形式表现出来。一位母亲曾表示，对于她在家上学②的儿子而言，在华盛顿州卡马诺岛公共图书馆（Camano Island Public Library），"他可以爬进一个充气的天文馆'仰望星空'……用可回收材料制作模型雕塑，欣赏有趣的木偶表演，而且在我们研究昆虫后不久，他死死地盯着一位给小学生油炸、烹饪和烘烤虫子的'虫子厨师'（但拒绝参与）"，这位母亲说，"从来没有一堂科学课如此令人难

---

① 经与作者威甘德教授沟通，威甘德教授认为，这位犹太教师想要表达的是他不讨厌任何人，但他确实讨厌一种具体的蔬菜，他试图将幽默带入激烈的抗争环境。——译者注

② 是指不在学校接受义务教育，而由家长在家教育。——译者注

忘！……图书馆使只有一份工资收入的家庭完全实现了在家上学"。"重要的不仅是图书馆提供的资料本身"，当得克萨斯州埃尔帕索（El Paso）一个在家上学的孩子的母亲就西班牙语照片漫画①（fotonovelas）中一些奔放辣眼的图画是否足够清楚与图书馆员理论时，图书馆员忽然明白了图书馆的意义。真正重要的在于图书馆中"不同文化（宗教、种族或其他）相互碰撞时产生的张力"。2005 年，当一些团体抗议丹佛公共图书馆收藏西班牙语小说时，《丹佛邮报》（Denver Post）的一位专栏作家预测"公共图书馆将对这些书的内容进行检查，并找到适合社区的平衡点"[17]。

作为重要的社区场所，公共图书馆继续帮助移民融入当地。2010 年，穆萨（Musa）一家从巴格达抵达美国八个月后，开始参加康涅狄格州哈特福德公共图书馆的英语和公民课程，这些课程在该馆已经持续开展了 10 年，旨在帮助移民。每年有 2500 位移民参加。穆萨一家每周二到周四都会从简陋的公寓步行半英里到哈特福德公共图书馆。最小的三个孩子（分别为 13 岁、14 岁和 16 岁）在公立学校就读，19 岁的孩子则与母亲一起参加初级课程，而父亲已经开始学习中级课程了，他说："我想学好英语然后找工作。"每周二，在图书馆的另一个房间，来自索马里、斯里兰卡、缅甸、伊朗、伊拉克和波斯尼亚的移民妇女共同参加缝纫小组，三年前，该小组在图书馆组织了一场主题为"战争编织品"（Weavings of War）的展览。该项目负责人表示，起初，很多人都表现出了战争幸存者的创伤后应激反应，"我第一次接触到她们时，她们非常伤心"。但随着她们开始相互了解，"这种感觉逐渐消失，至少会持续几个小时"。一位斯里兰卡移民看到一位伊朗妇女教一位伊拉克妇女如何织出复杂的针法时说："每个人都在说着相互鼓励的话。"这三名妇女用支离破碎的英语进行交流，不断练习英语技能。斯里兰卡人表示："我非常期待星期二！"[18]

公共图书馆仍然是和解的场所。2006 年，迈克尔·施韦纳〔Michael Schwerner，民权工作者，1964 年与两位同事詹姆斯·切尼（James Cheney）和安德鲁·古德曼（Andrew Goodman）被密西西比州费城的三 K 党成员杀害〕的遗孀向密西西比州尼肖巴县公共图书馆（Neshoba County Public Library）的

---

①　照片漫画是一种连续的故事，使用照片而不是插画作为图片，通常包含文字气泡框，主要流行于意大利与拉丁美洲。——译者注

科利尔-马斯民权特藏（Collier-Mars Civil Rights Collection）捐赠了一笔酬谢资金。科利尔-马斯民权特藏是几年前由一个费城的多种族联盟成立的，该联盟努力推动当年参与策划谋杀施韦纳三人的三K党成员埃德加·雷·基伦（Edgar Ray Killen）受到审判并于2005年定罪。该特藏的名称来源于一位在切尼墓地勇敢地致悼词的黑人牧师和一位因谴责这些谋杀而失去营生的当地白人妇女。40年前，密西西比州的公共图书馆曾是种族分裂的场所，而如今，在费城，公共图书馆将不同的种族聚集在一起[19]。

21世纪初期，公共图书馆仍然充当调解针对色情内容的公共纷争的场所。2009年，肯塔基州贾斯明县公共图书馆（Jessamine County Public Library）的一名员工指着书架上艾伦·穆尔（Alan Moore）的漫画小说《非凡绅士联盟：黑色档案》（*League of Extraordinary Gentlemen: Black Dossier*）向另一位同事说："看看这本书，内容太下流了，但一个11岁的女孩想要看这本书，在排队预约呢。"同事回答："那我们让她约不上吧。"于是这两个人反复借这本书，成功地使这本书无法被他人借阅。管理层发现这事后，解雇了他们。几天后媒体报道了此事，后续发展也体现了图书馆在社区中的调解功能。当地的基督教团体发起抗议，并通过当地媒体表达了观点。请愿书四处流传，一家电视台采访了被解雇的员工，图书馆管理层也收到大量公开和私下的批评。最终，董事会召开会议，100多位社区居民与会，每位有两分钟的发言时间。会上，支持者与反对者旗鼓相当。对于贾斯明县公共图书馆而言，解决方案是可预测的。管理层表示："在研究了其他图书馆对于漫画小说的处理方法，并经认真审议后，图书馆管理层决定将漫画小说转移到成人区和非小说类作品区。"对于最后的结果，许多坚守《图书馆权利法案》的绝对论者将其看作是"审查"；而在当地图书馆员看来，它不仅是解决问题的方法，更是平衡各方利益的一种协商结果[20]。

²⁶² 然而，随着公共图书馆空间向所有人开放，图书馆也迎来了很多不受欢迎甚至可怕的行为。2004年，连环杀手丹尼斯·雷德（Dennis Rader）——他曾给警方留下纸条嘲笑他们，上面记录了他在1974年至1991年期间杀死的十个人，并自称BTK〔捆绑（Bind）、折磨（Torture）、杀害（Kill）〕杀手——使用堪萨斯州帕克城社区图书馆（Park City Community Library）的公共电脑查资料，撰写一系列谩骂性材料，发给当地警方。2011年，在北卡罗来纳州夏

洛特梅克伦堡公共图书馆（Charlotte Mecklenburg Public Library），一对夫妇被撞见在儿童区发生性行为；幸运的是，当时周围没有孩子[21]。

　　虽然图书馆员努力摆脱流传了几个世纪的诸多文化偏见，但有一些仍然保留了下来，如困扰大多数西方文化机构的种族歧视问题。温纳贝戈部落（Winnebago tribal）①成员、加州亨廷登公园公共图书馆（Huntington Park Public Library）馆长迈克尔·麦克劳林（Michael McLaughlin）在 2005 年《美国原住民时报》（*Native American Times*）上发表的一篇文章中指出："图书馆只是讲述故事的地方。社区决定着故事的内容和讲述方式。"在麦克劳林看来，美国图书馆实践使得美国原住民在公共图书馆所讲述的他们的"故事"中处于明显的劣势。例如，美国国会图书馆分类法和杜威十进制分类都没有"充分考虑美国印第安人的历史及现状"。没有为"部落主权"设一个类，使它能与其他政府机构享有同等地位。同样，虽然毕加索和莫奈的画被划分到"艺术"类，但印第安人的沙画、陶器和篮筐则被认为是"工艺品"或"原始艺术"；新教和天主教都在"宗教"类下有合适的位置，但印第安人的唯心论被归类为"神话""民间传说"或"其他宗教"。麦克劳林总结道："简而言之，根据这些分类系统，美国印第安人的所有观点、成就、文化信仰、实践或物质产品都是下位类或下级类。"[22]

　　社区对于同性恋的偏见在图书馆实践中体现得更为明显。2008 年，在俄克拉何马州塔勒阔公共图书馆（Tahlequah Public Library），有人复印了《朗达书评》②（*Lambda Book Report*）上"年轻人书评"中的一页塞进了意见箱，复印件的背后写着："我不是唯一想要读这些书的人，想读它们的人比你们想象得要多很多，我们需要这些书！"由于担心遭到社区反对，塔勒阔图书馆员仍然选择不购买这些书。2007 年，科罗拉多州道格拉斯县公共图书馆（Douglas County Public Library）馆员詹姆斯·拉吕（James La Rue）遭遇了人们对同性恋图书的质疑，他倾听了双方的意见。他写道："在我看来，最感人的故事来自男同性恋者，他们中的很多人都试图在图书馆中找到关于这一群体的图书，在发现图书馆没有这些书的时候，他们感觉受到了排挤。"与意识到馆藏和服

___
① 美国的一个原住民部落。——译者注
② 《朗达书评》刊登同性恋相关图书的书评。——译者注

务中存在种族与性别偏见，但拒绝承认这一点的前几代专业馆员不同，拉吕表示："在我看来，图书馆对这一话题的沉默给人们的生活造成了伤害。"[23]

针对威斯康星州男同性恋图书俱乐部的一项研究证实了拉吕的结论。接受采访的 37 名成员都表示，他们不信任公共图书馆，不愿意在图书馆举行俱乐部活动。一位成员说："公共图书馆的项目大部分都面向儿童、家庭和老年人，没有一个与我有关。"另一位成员表示："我认为目前已有的（同性恋阅读）团体希望继续自行选择读哪些书，而不会依赖图书馆员基于其馆藏开列的图书目录表。你认为麦迪逊公共图书馆会为一个同性恋阅读小组订购同性恋图书吗？"该论文作者约翰·普鲁伊特（John Pruitt）发现图书馆提供了很多针对图书俱乐部的书目和活动包，关注应对了种族和民族问题，但没有一个关注了性取向的问题。麦迪逊公共图书馆（Madison Public Library）举办过"美国印第安遗产月"和"非裔美国人历史月"活动，但没有举办过类似于"同性恋尊严月"的活动。普鲁伊特总结道，令他们感到更加焦虑的一个因素是"如果公共图书馆来决定对于更大范围的社区而言哪个群体的哪些知识最有价值，后果堪忧"。"公共图书馆在使命宣言中宣称要提倡包容、反对文化二元对立论，但实际上它将某些言论边缘化的同时维护其他言论，这是有悖于其使命的。"[24]普鲁伊特了解图书馆使命宣言的内容，但他的研究也表明，那些宣言文字并不总是贴合每个人所面对的现实。

启　示

美国公共图书馆经费的增加并不一定能培养出更有见识的公民。我对图书馆行业以此为据为这个遍布各地的公民机构争取支持的那套说辞的基石表示质疑。21 世纪初，传播学学者迈克尔·德利·卡皮尼（Michael X. Delli Carpini）和斯科特·基特（Scott Keeter）指出，美国人的平均知识水平与 50 年前大致相同。1950 年，只有不到一半（有些研究的数据是不到四分之一）的美国民众能够定义诸如"自由""保守"或"初选"等关键概念，了解宪法保障的个人或集体权利，能够叫出除总统和本州州长以外的公众人物的名字，清楚候选人及政党对于当前政治问题的立场，知道全国或地方的失业率、贫困人口或没有健康保险人口数量，能够说出联邦政府在国防、对外援助或社会福利方面的开销。半个世纪后，两人发现，尽管互联网的使用越来越多，这些数字并未增加。2013 年，最高法院前法官桑德拉·戴·奥康纳（Sandra Day O'Connor）告诉艾奥瓦州的听众："我读到的越多、听到的越多，越能发现民众的无知程度高得惊人。"[25]

如果美国人想要变得更有见识，全国 17219 家公共图书馆（相较于 1980 年增加了近 15%）能够免费提供这类信息。美国公共图书馆的历史也见证着很多用户的成功，例如托马斯·爱迪生、哈姆林·加兰、理查德·赖特、小马丁·路德·金、奥普拉·温弗瑞、托尼·莫里森和索尼娅·索托马约尔，他们确实从图书馆获得了知识。他们的故事很有说服力。然而，如果那个关于大多数美国民众的见识如何匮乏的调查结果是准确的，我们可能会怀疑图书馆声称自己是必要的民主机构的言论与事实相悖。没错，在 2.1 亿美国人中，有些人每年都会去图书馆，探寻本杰明·富兰克林所看重的有用的知识。但是，更多人使用以及热爱公共图书馆显然是出于其他目的。为了找出他们喜爱的原因，我们必须将视线移至信息领域之外，关注公众的文化思维，分析公共图书馆提供的阅读和作为公共场所的作用。

人们并非必须使用公共图书馆，但是用户想要什么（用他们的话来说，他们需要什么）促使他们走进图书馆，因为用户在其他大多数公民机构不被允许做的事情在图书馆却可以做，这也迫使公共图书馆努力在社区不同需求中找到平衡。公共图书馆的功能（我在本书中努力描绘的内容）反映了这些妥协。自 19 世纪中期以来，公共图书馆始终是美国一种必不可少的公共机构，为数百万美国人提供了多种不算正式但意义重大的学习经历。图书馆员和董事会通过提供人性化的空间和服务，使用户产生了对于图书馆的美好记忆和忠实情感。当图书馆员针对用户采用 20 世纪中期的青少年服务馆员玛格丽特·爱德华兹（Margaret Edwards）所谓的"有限权威专制"（tyranny of petty authority），并决定工作的优先顺序时，又创造了另一种记忆和情感[26]。多种多样的记忆和情感体现在名人、坏人和普通人（本书将他们的声音列为研究材料）的记忆中；所有人都是根据自己有限的体验来评判公共图书馆。这可以解释为什么有些人对"新"图书馆不够安静而感到失望（自 1854 年以来每一代用户都会抱怨的内容），另一些人则不会。尽管如此，我发现绝大多数用户都表达了对公共图书馆的热爱和忠诚。

本书表明，随着时间的推移，美国公共图书馆数量成倍增加，不仅生存下来，还发展得欣欣向荣，这些在很大程度上是因为它们在实践中根据用户需求不断调整。图书馆一直是展示用户道德进步与成就的公共场所。从"用户生活中的图书馆"的角度来看，公共图书馆提供了参与文化活动的机会。它提供了坚实的公共场所，人们可以在里面通过多种方式讨论自己关心的问题。公共图书馆产生了向心力，在不同的人群中建立社区意识（包括地方、州和国家层面），并提升多元文化之间的相互信任。它通过提供阅读服务和场所，在构建群体认同感方面发挥了关键作用。它推动邻里对话，欢迎新的社区成员加入进来，给社区带来安全感。公共图书馆也促进了所在社区的社会和谐，并在图书馆展示这种和谐。对于各种文化上的少数群体，公共图书馆帮助他们打破了自我隔离的束缚。有些图书馆在接纳新事物，接受大众阅读方面比其他图书馆更快；有些图书馆比其他图书馆开拓了更多的社区空间。然而，本书列举的例子展示了很多公共图书馆取得的成就，从而展示了迄今为止几乎没有人发现、因而在图书馆领域的记忆或研究中不太认可的传统。此外，本书的研究还表明，公共图书馆的几代用户对于图书馆的贡献都有直观的感受和个人记忆。

调解始终是公共图书馆的核心传统，多年来，公共图书馆一直在帮助确定所在社区可接受的文化价值标准。公共图书馆始终通过馆藏、服务、装饰和建筑表达自己的政治立场，但这些都是在当地社区可接受的范围内。有时，调解过程会公开进行。如果公共图书馆越界——如波士顿公共图书馆1895年展示酒神女祭司雕塑，1940年采购《愤怒的葡萄》，20世纪90年代拒绝使用过滤软件屏蔽互联网色情网站——社区成员就会强迫公共图书馆与之对话并做出妥协。对于各个时期解决方法的分析也体现了社区公共文化中心的转变。如今，酒神女祭司雕塑堂堂正正地立在波士顿公共图书馆内的花园里，大多数公共图书馆都收藏了《愤怒的葡萄》，而几乎所有的公共图书馆都在儿童使用的电脑上安装了过滤软件。

因为美国公共图书馆充当着裁决当地文化及文学价值的公共调解平台，所以图书馆员不能完全遵守《图书馆权利法案》（规定图书馆员"应该"做什么，而不是"必须"做什么的一套指导方针）。认为图书馆必须绝对遵守《图书馆权利法案》的人给馆员施加了巨大的压力，同时也使图书馆面临着法律风险，特别是有关性骚扰的诉讼。例如，在 2012 年，亚拉巴马州伯明翰公共图书馆达成了一项 15 万美元的庭外和解协议，起因是一名馆员此前指控图书馆强迫自己在性敌对的环境中工作。图书馆宣传材料——为这个提供免费信息的行业服务的——没有报道对这一事件的处理，表明这种意识形态对图书馆事业具有根深蒂固的影响[27]。

公共图书馆员应该服从行业的教条路线，冒着排斥大部分社区成员的风险坚持遵守《图书馆权利法案》，还是应该为了社区利益调解公共文化纷争？我并不是建议图书馆行业放弃对审查制度的抵制，只是认为那种做法改变了图书馆在履行传统的公共职责中的立场。在社区制定决策的过程中，如果图书馆员遵循《图书馆权利法案》的指导，他们尽职地把职业的指导性声音让社区听到就好了。在这种情况下，《图书馆权利法案》中的"应该"就是正确的说法，不需要专业人员进一步争取。如果社区最后做出的决策与法案的要求不符，图书馆员也不应该被贴上失败的标签。在调解当地纷争方面，图书馆员遵循的公共图书馆传统远早于《图书馆权利法案》的制定。

通过提供公共空间，公共图书馆已经成为提升用户幸福感的各类社会关系的孵化器。公共图书馆让人们意识到，他们是相互依赖和相互联系的。通过展示与尊重社区的多样性，公共图书馆激发了多元社区的活力，同时也提升了那些将自己视为外来者的人的归属感。人们有多种多样的、相互联系的文化与传统，由于公共图书馆在公共文化中拥有独特的位置，因此它们在民众创造这种多样化的文化与传统中占有一席之地。作为公共机构，美国公共图书馆通过馆藏与服务将用户与（本地、州、国家和国际层面的）更大的社区关联起来；一个世纪以前，这种关联主要是通过印刷品实现的，现在则是通过网络和媒介等信息系统。不过与此同时，公共图书馆无法强迫用户接受某种意识形态，因此它也允许个人拥有非主流的价值观和观点。

公共图书馆通过故事、歌曲、电影和视频，为用户提供了日常生活中适用的社会知识和道德行为规范。立体幻灯机等工具已经消失，但是其中承载的故事仍然在公共图书馆流通，只不过呈现了新的载体和文化形式。美国公共图书馆还允许用户表现出反映个人道德和自我约束的文化品位，而且提供了充足的空间，让大多数人能够选择自己喜欢的故事及文化形式。并非所有的公共图书

▲ "思想盛宴：深度对话之夜"是蒙大拿州比灵斯公共图书馆开展的一年一度的活动。上图中，参加活动的人包括图书馆基金会董事希瑟·芬克（Heather Fink）、比灵斯市市长汤姆·汉尼（Tom Hanel）和地方教育官员特里·鲍赫（Terry Bauch）。照片由简·皮尔斯（Jan Pierce）和比灵斯公共图书馆基金会提供。

馆用户都能像索尼娅·索托马约尔那样成功，但会像她一样体验到通过阅读、倾听、观看所带来的各种情感，从而提升生活品质以及渡过艰难时期。

美国公共图书馆处于独特的位置，不仅满足多种团体的个性需求，还以多种方式帮助个人理解周围的世界。虽然公共图书馆不可能满足所有人的所有需求，但是本书所展示的历史表明，它们为更多人提供了更多服务，远远超过大多数文化权威（包括很多图书馆员）所认识到的。本书以自下而上的视角按时间顺序叙述完之后，使我对公共图书馆这一公民机构产生了新的理解，因为它积累了极为丰富的馆藏，为人们提供服务（人们以很多不同的方式使用），因此理应得到更多的称赞（应该比它迄今为止得到的称赞还要多）——虽然用户经常就公共图书馆的服务、馆藏和空间向其施压，并且经常对图书馆员所反对的事予以抵制（有些是含蓄温和的，有些则不那么含蓄温和）。

我在研究的过程中没有找到证据证明公共图书馆促成了载入史册的那些大型社会运动。事实上，公共图书馆经常成为这些运动的阻力（例如，提供有种族歧视和性别歧视内容的儿童文学作品，直到20世纪60年代遭到反对才改变；

在馆藏的建设中体现出普遍的对同性恋者的厌恶与恐惧，至本书完成时仍然在遭受质疑），因为这些社会运动威胁到了社区偏好体现在图书馆系统及服务中的霸权主义。然而，我的研究证明，美国公共图书馆给个人带来的变化使它与用户之间建立了最紧密的联结。因此，讲述图书馆用户的故事，并从他们的视角观察图书馆是非常重要的。

美国公共图书馆还成为少数抵制集权化趋势（在过去的 100 年里这是一大特点）的公民机构之一。虽然它也会申请并接受联邦资金（且使用相当合理），但它抵制联邦政府的控制。由于公共图书馆 85% 的拨款来自于地方税收，它是一种地方有机体，生活在当地社区创造的社会及文化环境中。不管美国图书馆协会知识自由办公室如何严厉地反对其所谓的审查行为，美国公共图书馆仍然在地方层面制定决策。在这个层面上，公共图书馆成为调和对本地公共文化范围的不同意见的平台，以便让大多数人满意，这个过程大多数时候较为平和，有时也会产生冲突。在人们看来，他们的公共图书馆不是大政府的附属物，这或许是美国人热爱图书馆的另一个原因。

从 20 世纪早期开始，每一代经历过预算压力的图书馆员都预测美国公共图书馆将面临灾难，近几年甚至有人预言图书馆将衰亡。然而，本书明确表明，这些预测几乎毫无历史依据。除非公共图书馆违背了多年以来经与用户协商定下的一套社区标准，否则它很难失去社区的支持。只有在经济困难时期，公共图书馆才会失去大量的财政支持，而大部分公共机构都会受到类似影响。但是在经济不景气时期，公共图书馆的使用量却不断增加。因此，公共图书馆是帮助社区解决问题的一种渠道，而非问题的制造者。但是，这并不会妨碍图书馆员在每一个预算周期继续唱衰图书馆——他们不断重复同样的说法，强化了一种刻板的历史，却忽略了几代用户对于公共图书馆这一公民机构的主要体验。在许多情况下，图书馆员对于其自身历史缺乏了解可以从以下说法中体现出来："公共图书馆不再仅仅是书库了。"——好像"书库"曾经是图书馆的唯一功能一样！为了通过对比产生轰动效果，记者经常利用人们的刻板印象和他们自己有限的公共图书馆体验来歪曲和强化这种错误的说法。如果我在研究过程中每发现一处类似的说法就能得到一美元的话，最后的收入可能比本书的版税还要多。

将书稿交给出版社后，我读完了苏珊·平克（Susan Pinker）的《村落效

269

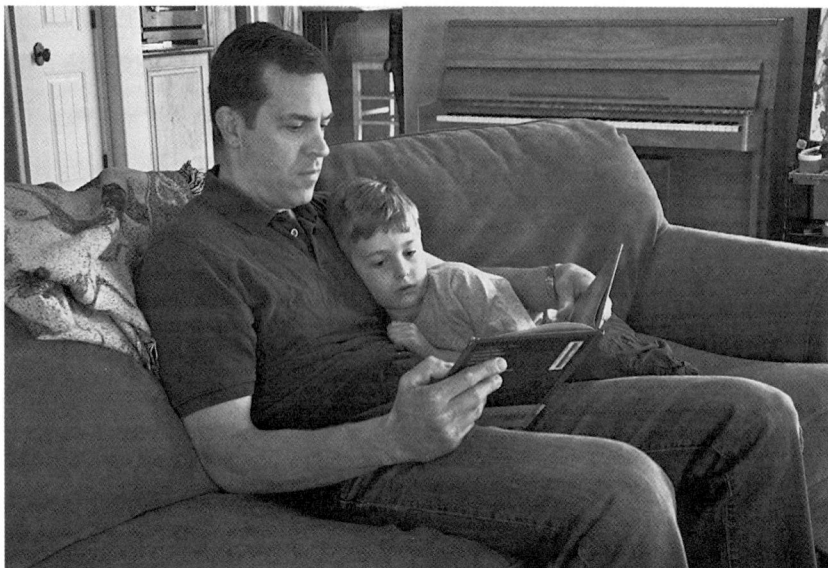

▲ 2015 年，我的儿子安迪（Andy）正在为他的儿子蒂格（Teague）读书。蒂格挑选了这本从图书馆借的书，因为他和父亲都对体育感兴趣。蒂格完全有能力读这本书，但他更喜欢让父亲给他读。照片由珍妮尔·韦林（Jenelle Welling）拍摄。

应：面对面接触如何让我们更健康、更快乐、更聪明》（*The Village Effect: How Face-to-Face Contact Can Make Us Healthier, Happier, and Smarter*）。通过移植迅速发展的社会神经科学领域的研究，平克发现高层次面对面接触的经历可以让人受益良多，包括更大的词汇量、更强的共情能力、更深层次的归属感，最重要的是——更长的寿命[28]。我在研究她的结论时，不禁思考美国公共图书馆用户是否比不使用公共图书馆的人更长寿、更幸福、更健康；如果是，原因是什么？回答这个问题需要图书馆界扩大视野，从传统的专注于信息整理，扩展到探索公共图书馆通过场所对营造社区共同体的贡献以及在通过阅读提升人们的社会性方面做出的贡献。

|270| 　　保罗·约翰逊（Paul Johnson）在其里程碑式的著作《美国人民史》（*History of the American People*）中指出，美国历史要解决三个根本性问题。首先，美国能否克服其诞生以来便存在的不公正现象（如奴隶制），并随着时间推移而做出修正？其次，美国人能否解决个人志趣、个人获得权力和财富的意愿与想要建立一个模范社区的集体愿望的冲突，从而构建一个充满活力的社会？第三，美国人民所建立的这个希望成为其他国家榜样的共和政体能否与其

大胆自信所宣称的一样名副其实[29]？作者指出，第三个问题还没有一个明确的答案，但前两个问题的答案是肯定的。正如本书研究所示，美国公共图书馆在给前两个问题创造肯定的答案方面做出了突出贡献（尽管很多人尚未发现这一点）。而且从用户的视角来看，美国公共图书馆在第三个问题上也有积极的表现。根据这三个问题来判断，美国公共图书馆在"根植于人民"方面不逊于其他任何公共机构。从每年人均42美元（以现在的货币计算）的成本来看，这个属于"我们生活的一部分"的文化机构着实创造了不凡的价值。

致　谢

我要向以下机构或人员表示感谢：

美国文物学会（American Antiquarian Society），于 2010 年 5 月为本研究提供了一份资助，并让我有两周的时间研究其丰富的藏品；同时要感谢在我查找资料的过程中给予了慷慨帮助的图书馆员，特别是伊丽莎白·蒲柏（Elizabeth Pope）；

纽约公共图书馆，于 2011 年 10 月提供了一项短期研究馆员资助（Short Term fellowship），特别感谢该馆特藏阅览室的托马斯·兰农（Thomas Lannon），他帮助我在三个星期内获得了我需要的所有分馆资料；

埃默里大学手稿、档案与善本图书馆（Emory University's Manuscript, Archives and Rare Book Library），于 2012 年 10 月提供了一项短期研究馆员资助，特别感谢兰德尔·伯克特（Randall Burkett）帮助我在一周的查资料期间内获益良多；

国家人文基金会（National Endowment for the Humanities，NEH）给予我"2008—2009 年度大学教师奖学金"（八个作为"根植于人民"项目获得国家人文基金会项目的教师之一）；

佛罗里达州立大学传播与信息学院（Florida State University's College of Communication and Information Studies）院长拉里·丹尼斯（Larry Dennis）为我提供与 NEH 教师奖金相匹配的同等资助，使我有一整年的时间潜心研究，而不用从事其他工作；

威斯康星大学麦迪逊分校（University of Wisconsin-Madison）的图书馆员，

特别感谢图书馆与信息学院（School of Library and Information Studies）的迈克尔·贝赞特（Michele Besant），我在那里检索了其收藏的数千份公共图书馆年报；

佛罗里达州立大学的图书馆员，尤其是信息学院戈德斯坦图书馆（School of Information's Goldstein Library）馆长帕玛拉·多菲克（Pamala Doffek）及她的工作团队，他们在诸多方面为本项研究做出了贡献；

美国国会图书馆（我在那里花费数周时间检索报纸数据库，并在手稿阅览室用几天时间查阅了全国有色人种促进会的文件）的图书馆员和档案馆员、伊利诺伊大学（University of Illinois）（我在那里查阅了美国图书馆协会档案）以及旧金山公共图书馆和芝加哥公共图书馆（我在那里查阅了未出版的分馆报告）；

佐治亚州亚特兰大市奥本大道非裔美国文化研究图书馆（Auburn Avenue Research Library on African American Culture）的馆员，他们热情地为我复印并邮寄了安妮·沃特斯·迈克菲特斯（Annie Watters McPheeters，曾多年担任亚特兰大黑人公共图书馆馆长）的"口述历史采访"记录；

克里斯蒂娜·波利（Christine Pawley），他认真地读完了本书的初稿，并给出了非常合理的建议，在很大程度上完善了本书；

莱纳德·柯尼福（Leonard Kniffel），他阅读了本书初稿的前几章；

查理·西维（Charley Seavey），他将多年来搜集到的关于美国图书馆史的几箱资料给了我，为本书提供了大量细节；

克里斯·道奇（Chris Dodge），他为本书编制了索引；

本书"注释"部分列出的出版物和出版商，感谢他们允许我"再次利用"已出版文献中的部分内容；

牛津大学出版社，为出版社认真审阅书稿的人士，特别是我的编辑南希·托夫（Nancy Toff），她对我这样一个有时比较挑剔的作者表现出了极大耐心，她进一步完善了这本书；

我与之前的学生和同事们共同探讨书中的一些想法和结论，特别是道格·兹威兹格（Doug Zweizig），他最早提出了"图书馆活动中的用户"与"用户生活中的图书馆"这两种说法，让我想到从"人民的历史"这一角度研究美国公共图书馆；

最后，还要感谢我的妻子希尔，她用一贯的批判视角认真阅读了整部书稿；2015 年 6 月 19 日，我们将庆祝结婚 50 周年。

注　释

　　我尽可能采用原始资料来让美国公共图书馆用户用他们自己的语言讲述自己的故事。由于这些资料很多都出现在图书馆年报或当地报纸上，下面的缩写列表只包括引用最多的资料来源。注释中引用年报（Annual reports）时著录为：AR（年），图书馆，页码。

缩写
图书馆与档案收藏单位
AAS　American Antiquarian Society
ALA　American Library Association
DCPL　District of Columbia Public Library
LAPL　Los Angeles Public Library
NYPL　New York Public Library
SFPL　San Francisco Public Library
SLPL　St. Louis Public Library

报纸与期刊
CSM　*Christian Science Monitor*
CT　*Chicago Tribune*
LAT　*Los Angeles Times*
LJ　*Library Journal*
NYT　*New York Times*
WP　*Washington Post*

手稿

Bostwick Papers: Arthur Elmore Bostwick Papers, Humanities and Social Sciences Library, Manuscripts and Archives Division, New York Public Library

CPL Archives: Chicago Public Library Branch Reports, Douglass, 1957–1979, Special Collections, Chicago Public Library

McPheeters, Annie Watters. Transcript, Oral History Interview with Annie Watters McPheeters, Collection No. aarlohe 92-001, Auburn Avenue Research Library on African American Culture, Atlanta, GA

NAACP Papers: Papers of the National Association for the Advancement of Colored People, Manuscripts Reading Room, Library of Congress, Washington, DC

Newark Librariana, Letters: Box S, Newark Public Library Archives; New Jersey Room, Newark Public Library, Newark, New Jersey

NYPL Branch Archives: New York Public Library Archives, Record Group 8: Office of Branch Libraries, Branch Annual Reports, 1941–1985, including 125th Street, Chatham Square, Countee Cullen, Donnell, Fort Washington, Hamilton Fish Park, Harlem, Hunt's Point, Melrose, Muhlenberg, and Webster branches, Humanities and Social Sciences Library, Manuscripts and Archives Division, New York Public Library

Paschall Papers: Eliza Paschall Papers, Emory University, Manuscripts, Archives and Rare Books Library, Atlanta, GA

Stratemeyer Papers: Stratemeyer Syndicate Records, 1832–1984, Boxes 2 (Incoming, 1905), 3 (A-B, 1906), 20 (Outgoing, 1905), 56 & 57 (Fan Mail), and 276 (Tom Swift Fan Mail), Humanities and Social Sciences Library, Manuscripts and Archives Division, New York Public Library

查阅的公共书馆年报与出版物

Atlanta Carnegie Library, Atlanta, GA, 1899–1916
Atlanta *Carnegie Library Bulletin*, Atlanta, GA, 1902–1922
Bangor Public Library, Bangor Maine, 1898–1932
Boston Public Library, 1877–1939
Boston Public Library *Monthly Bulletin*, 1871–1908
Boston Public Library Quarterly 1949–1960
Braddock (PA) Carnegie Public Library, 1909–1918
Bradford (PA) Public Library, 1902–1928
Brockton (MA) Public Library, 1894–1935
Brookline (MA) Public Library, 1870–1970
Public Library of Brookline Bulletin (1894–1898)
Brooklyn Public Library, 1881–1995
Buffalo (NY) Public Library, 1887–1971
Bulletin of the Salem [MA] *Public Library* (1891–1895)
Carnegie Library of Pittsburgh, 1897–1989
Cedar Rapids (IA) Public Library, 1896–1950
Charlotte Mecklenberg (NC) Public Library, 1948–1975
Cincinnati and Hamilton County Public Library, 1867–1971
Cleveland Public Library, 1884–2006
Clinton (IA) Public Library, 1905–1929
Council Bluffs (IA) Public Library, 1895–1936
Davenport (IA) Public Library, 1904–1958
Dayton Public Library, 1878–1949
Denver Public Library, 1895–1979
Des Moines Public Library, 1901–1927
Detroit Public Library, 1886–1930
District of Columbia Public Library, 1901–1970
Dover (NH) Public Library, 1888–1922
Dubuque (IA) Public Library, 1903–1921
East Chicago (IN) Public Library, 1925–1954
East Orange (NJ) Public Library, 1903–1965
Erie (PA) Public Library, 1899–1952
Fitchburg (MA) Public Library, *Bulletin of the Fitchburg Public Library* (1896)

Fort Wayne (IN) Public Library, 1907–1958
Galesburg (IL) Public Library, 1903–1922
Galveston (TX) Rosenberg Library, 1910–1919
Gloversville (NY) Public Library, 1882–1909
Hammond (IN) Public Library, 1929–1954
Hartford (CT) Public Library, 1839–1971
Indianapolis Public Library, 1874–1936
Jones Library (Amherst, MA), 1921–1954
Kansas City (MO) Public Library, 1904–1954
Lexington (KY) Public Library, 1905–1931
Lincoln (NE) Public Library, 1904–1965
Los Angeles Public Library, 1897–1973
Louisville Free Public Library, 1905–1931
Milwaukee Public Library, 1879–2007
Monthly Bulletin of the Providence [RI] *Public Library* (1895–1899)
Monthly Bulletin of the Free Public Library, New Bedford, Mass (1909)
New York Public Library, 1897–1977
Bulletin of the New York Public Library
Osterhout Free Library Newsletter (Wilkes-Barre, PA), 1891–1902
Queens Borough Library, 1902–1995
Rockford (IL) Public Library, 1904–1953
St. Joseph (MO) Public Library, 1890–1922
St. Louis Public Library, 1873–1938
San Francisco Public Library, 1881–1968
Scranton (PA) Public Library, 1891–1923
Sedalia (MO) Public Library, 1896–1923
Tacoma (WA) Public Library, 1908–1952
Taunton (MA) Public Library, 1867–1908
Worcester [MA] *Library Bulletin* (1899–1903)
Worcester [MA Public Library] *Monthly Bulletin* (1899)

数 据 库

APS Online, 1740–1940
America's Historical Newspapers, 1690–1922, Series 1–5
Alexander Street Press databases, including *Oral History Online; Manuscript Women's Letters and Diaries, 1750–1950; North American Immigrant Letters, Diaries, and Oral Histories; Black Thought and Culture; Social and Cultural History: Letters and Diaries*
Ethnic Newswatch to 2009
HarpWeek, 1857–1912
Library of Congress: *Online Accessible Archives*
Library of Congress: *19th Century Newspapers*
Proquest Historical African American Newspapers (including *Chicago Defender* [1905–1975], *New York Amsterdam News* [1922–1993], *Baltimore Afro-American* [1893–1998], *Cleveland Call & Post* [1934–1991], *Los Angeles Sentinel* [1934–2005], *Atlanta Daily World* [1931–2003], *Norfolk Journal and Guide* [1921–2003], *Philadelphia Tribune* [1912–2001], and *Pittsburgh Courier* [1911–2002])
Proquest Historical Newspapers and Periodicals, 1850–2000
Readex Early American Newspapers, Series 1, 1690–1876

Readex U.S. Congressional Serial Set, 1817–1980

Bits and pieces of the narrative have appeared in previous publications, including the following:

"'I Only Hate Broccoli': The Library as Place in 21st Century America," *Proceedings of the International Conference Commemorating the 40th Anniversary of the Korean Society for Library and Information Science* (Seoul, South Korea: Korean Society for Library and Information Science, 2010): 203–212.

"Library as Place," *North Carolina Libraries*, 63 (Fall/Winter, 2005): 76–81.

"Out of Sight, Out of Mind: Why Don't We Have Any Schools of Library and Reading Studies?" *Journal of Education for Library and Information Science* 38 (Fall, 1997): 314–326.

Main Street Public Library: Community Places and Reading Spaces in the Rural Heartland, 1865–1956 (Iowa City, IA: University of Iowa Press, 2011).

"Tunnel Vision and Blind Spots: What the Past Tells Us about the Present: Reflections on the 20th Century History of American Librarianship," *Library Quarterly* 69 (January, 1999): 1–37.

引言

[1] Herbert Hadad, "Helping a Library Celebrate," *NYT*, March 27, 1994; Danna Sue Walker, "Helmerich Award Author Lauds Libraries," *Tulsa World*, December 11, 1995; Kurt Vonnegut, *A Man without a Country* (New York: Seven Stories Press, 2005), p. 103.

[2] "Library Services in the Digital Age," Pew Internet & American Life Project, January 22, 2013, http://libraries.pewinternet.org/2013/01/22/Librar-services/; "Pew Study: Parents Love Libraries," *American Libraries* 44 (2013): 11.

[3] "Public Libraries in the United States Survey: Fiscal Year 2011" (Washington: Institute for Museum and Library Services, June 2014), 6–8; http://www.ala.org/research/sites/ala.org.research/files/content/initiatives/pilftas/2011_20; "Public Libraries in the United States Survey: Fiscal Year 2012" (Washington: Institute for Museum and Library Services, December, 2014), 5-14. http://www.ala.org/research/sites/ala.org.research/files/content/initiatives/pilftas/2011_2012%20PLFTAS%20Key%20Findings.pdf; David Vinjamuri,"Why Public Libraries Matter: And How They Can Do More," http://www.forbes.com/sites/davidvinjamuri/2013/01/16/why-public-libraries-matter-and-how-they-can-do-more/.

[4] Redmond Kathleen Molz and Phyllis Dain, *Civic Space/Cyberspace: The American Public Library in the Information Age* (Cambridge, MA: MIT Press, 1999), pp. ix, 122.

[5] Andrew Piper, *Book Was There: Reading in Electronic Times* (Chicago: University of Chicago Press, 2012), p. 132. See also Howard Zinn, *A People's History of the United States* (New York: Harper & Row, 1980).

[6] "Seeger's Heavy Reading," *NYT*, February 9, 2014. The book Seeger mentioned is Ernest Thompson Seton, *Rolf in the Woods: The Adventures of a Boy Scout with Indian Quonab and Little Dog Skookum* (Garden City, NY: Doubleday, Page, 1911).

[7] "Oprah on 'the Fire for Reading' at the AAP," *Publishers Weekly*, 250 (2003): 16; Marilyn Johnson, "A Life in Books," *Life* (September, 1997): 44.

[8] "Annual Report, Epiphany Branch, 1982," Box 4, NYPL Branch Archives.

第1章

[1] Margaret Barton Korty, "Benjamin Franklin and Eighteenth-Century American Libraries," *Transactions of the American Philosophical Society* 55 (1965): 8.

[2] Jesse Shera, *Foundations of the Public Library: The Origins of the Public Library Movement in New England, 1629–1855* (Chicago: University of Chicago Press, 1949), pp. 11, 39, 50.

[3] James Green, "Subscription Libraries and Commercial Circulating Libraries in Colonial Philadelphia and New York," in Thomas Augst and Kenneth Carpenter (eds.), *Institutions of Reading: The Social Life of Libraries in the United States* (Amherst: University of Massachusetts Press, 2007), p. 54; Shera, *Foundations*, p. 31.

[4] John Bigelow (ed.), *The Complete Works of Benjamin Franklin*, Vol. 1 (New York: G. P. Putnam's Sons, 1887), p. 167. See also Jonathan Lyons, *The Society for Useful Knowledge: How Benjamin Franklin and Friends Brought the Enlightenment to America* (New York: Bloomsbury Press, 2013).

[5] Shera, *Foundations*, p. 32; Cotton Mather, "A Father's Resolutions," http://www.spurgeon. org/-phil/mather/resolvd.htm.

[6] Wilmarth S. Lewis, "Preface," in Marcus A. McCorrison (ed.), *The 1764 Catalogue of the Redwood Library Company at Newport, Rhode Island* (New Haven, CT: Yale University Press, 1965), pp. ix–xi.

[7] Shera, *Foundations*, p. 119.

[8] David Hall, "Books and Reading in Eighteenth-Century America," in Cary Carson, Ronald Hoffman, and Peter J. Albert (eds.), *Of Consuming Interests: The Style of Life in the Eighteenth Century* (Charlottesville: University Press of Virginia, 1994), p. 371.

[9] James D. Hart, *The Popular Book: A History of America's Literary Taste* (New York: Oxford University Press, 1950), p. 54.

[10] Elizabeth Carroll Reilly and David D. Hall, "Part Four. Modalities of Reading," in Hugh Amory and David D. Hall (eds.), *A History of the Book in America, Volume 1: The Colonial Book in the Atlantic World* (Cambridge: Cambridge University Press, 2000), p. 410 (volume hereafter cited as *HBA 1*).

[11] Ross W. Beales and James M. Green, "Libraries and Their Users," in *HBA 1*, p. 402.

[12] *Public Libraries in the United States of America: Part I: 1876 Report* (Washington, DC: Government Printing Office, 1876), p. xvi (hereafter cited as *1876 Report*).

[13] James Raven, "Social Libraries and Library Societies in Eighteenth-Century America," in Augst and Carpenter (eds.), *Institutions of Reading*, pp. 24–52; Shera, *Foundations*, p. 119.

[14] Richard R. John, "Expanding the Realm of Communication," in Robert A. Gross and Mary Kelley (eds.), *A History of the Book in America, Volume 2: An Extensive Republic: Print, Culture, and Society in the New Nation, 1790–1840* (Chapel Hill: University of North Carolina Press, 2010), p. 213 (volume hereafter cited as *HBA 2*). See also Robert A. Gross, "Reading for An Extensive Republic," in *HBA 2*, p. 518.

[15] Haynes McMullen, "The Founding of Social and Public Libraries in Ohio, Indiana, and Illinois through 1850," *University of Illinois Library School Occasional Papers* 51 (1958): 3–4; Kenneth E. Carpenter, "Libraries," in *HBA 2*, pp. 274, 279; Paul Johnson, *A History of the American People* (New York: HarperCollins, 1998), p. 406.

[16] Shera, *Foundations*, pp. 70–71. See also Thaddeus Mason Harris, *A Selected Catalogue of Some of the Most Esteemed Publications in the English Language to Form a Society Library, with an Introduction upon the Choice of Books* (Boston: I. Thomas & E.T. Andrews, 1793).

[17] Shera, *Foundations*, p. 61; Horace Scudder, "Public Libraries a Hundred Years Ago," *1876 Report*, p. 10.

[18] Royall Tyler, *The Algerine Captive; or, The Life and Adventurers of Doctor Updike Underhill* (Walpole, NH: 1797), pp. 4–7, quoted in Thomas Augst, "Faith in Reading: Public Libraries, Liberalism, and the Civil Religion," in Augst and Carpenter (eds.), *Institutions of Reading*, pp. 156–157.

[19] Shera, *Foundations*, pp. 121–122; 127; Hart, *The Popular Book*, p. 66; David Kaser, *A Book for a Sixpence: The Circulating Library in America* (Pittsburgh: Beta Phi Mu, 1980), p. 118; and Elisabeth B. Nichols, "Female Readers and Printed Authority in the Early Republic," in Barbara Ryan and Amy M. Thomas (eds.), *Reading Acts: U.S. Readers' Interactions with Literature, 1800–1950* (Knoxville, TN: University of Tennessee Press, 2002), p. 13.

[20] Gross, "Reading for An Extensive Republic," in *HBA 2*, pp. 536–537; and Nichols, "Female Readers and Printed Authority in the Early Republic," pp. 4, 8, 16; Hart, *The Popular Book*, p. 91.

[21] Kaser, *A Book for a Sixpence*, pp. 67, 118; Shera, *Foundations*, p. 139.

[22] Timothy Jacobson, *Knowledge for Generations: Wiley and the Global Publishing Industry, 1807–2007* (Hoboken, NJ: John Wiley, 2007), p. 25; Gross, "Reading for an Extensive Republic," *HBA 2*, p. 532; William J. Gilmore, *Reading Becomes a Necessity of Life: Material and Cultural Life in Rural New England, 1780–1835* (Knoxville, TN: University of Tennessee Press, 1989).

[23] S. B. Cutler, "The Coonskin Library," *Publications of Ohio State Archives and Historical Society* 26 (1917): 58–77.

[24] Tom Glynn, "Books for a Reformed Republic: The Apprentices' Library of New York City, 1820–1865," *Libraries & Culture* 34 (1999): 353–354; Katherine Wolff, *Culture Club: The Curious History of the Boston Athenaeum* (Boston: University of Massachusetts Press, 2009), pp. 53, 87, 89; Carpenter, "Libraries," *HBA 2*, p. 277.

[25] Shera, *Foundations*, pp. 158–165.

[26] Thomas Jefferson, *The Writings*, Vol. 15 (Washington, DC: Thomas Jefferson Memorial Association, 1903), p. 166; Gillian Silverman, *Bodies and Books: Reading and the Fantasy of Communion in Nineteenth Century America* (Philadelphia: University of Pennsylvania Press, 2012), p. 27; Edwin Hubbell Chapin, *Duties of Young Women* (1848; repr. Boston: G. P. Putnam's Sons, 1856), pp. 81, 83; Hart, *The Popular Book*, p. 104.

[27] Silverman, *Bodies and Books*, p. 33.

[28] Elizabeth Barnes, "Novels," *HBA 2*, p. 444.

[29] Thomas Augst, *The Clerk's Tale: Young Men and Moral Life in Nineteenth-Century America* (Chicago: University of Chicago Press, 2003), p. 170; Wolff, *Culture Club*, p. 49.

[30] "Mercantile Library Association of St. Louis," *Western Journal of Agriculture, Manufacturers, Mechanic Arts, and Internal Improvements* 5 (1850): 6; Adam Arenson, "Libraries in Public before the Age of Public Libraries: Interpreting the Furnishings and Design of Athenaeums and Other 'Social Libraries,' 1800–1860," in John E. Buschman and Gloria J. Leckie (eds.), *The Library as Place: History, Community, Culture* (Westport, CT: Libraries Unlimited, 2007), pp. 41–60.

[31] "Lectures and Lecturing," *New York Evangelist*, March 20, 1856; Carpenter, "Libraries," *HBA 2*, p. 283; Lloyd Pratt, "Speech, Print, and Reform on Nantucket," in Scott E. Casper, Jeffrey D. Groves, Stephen W. Nissenbaum, and Michael Winship (eds.), *A History of the Book in America, Volume 3: The Industrial Book, 1840–1880* (Chapel Hill: University of North Carolina Press, 2007), pp. 392–393.

[32] "The Athenaeum," *Boston News Letter & City Record*, February 26, 1826.

[33] George Ticknor, *Life, Letters, and Journals*, Vol. I (Boston: Houghton Mifflin, 1909), p. 371; Wolff, *Culture Club*, pp. 98, 106, 112.

[34] Roger W. Moss, "The Athenaeum of Philadelphia," in Richard Wendorf (ed.), *America's Membership Libraries* (New Castle, DE: Oak Knoll Press, 2007), p. 135; Inez Shor Cohen, "The Mechanics' Institute of San Francisco," in Wendorf (ed.), *America's Membership Libraries*, pp. 265–266; Austin Baxter Keep, *The History of the New York Society Library* (New York: New York Society Library, 1908), pp. 401, 420–421.

[35] Augst, *Clerk's Tale*, p. 203; Shera, *Foundations*, pp. 109, 239; Keep, *The History of the New York Society Library*, p. 188.

[36] Nina Baym, *Novels, Readers, and Reviewers: Responses to Fiction in Antebellum America* (Ithaca, NY: Cornell University Press, 1984), pp. 47–54; 194; Randy F. Nelson (ed.), *An Almanac of American Letters* (Los Altos, CA: William Kaufmann, 1981), p. 146; James L. Machor, *Reading Fiction in Antebellum America: Informed Response and Reception Histories, 1820–1865* (Baltimore: Johns Hopkins University Press, 2011), p. 171.

[37] Barbara Sicherman, *Well-Read Lives: How Books Inspired a Generation of American Women* (Chapel Hill: University of North Carolina Press, 2010), p. 2; Jane Tompkins, *Sensational Designs: The Cultural Work of American Fiction, 1790–1860* (New York: Oxford University Press, 1985), p. 124.

[38] Mary Kelley, "Reading Women/Women Reading: The Making of Learned Women in Antebellum America," in Ryan and Thomas (eds.), *Reading Acts*, pp. 54–55, pp. 61–62, 64.

[39] Frank Luther Mott, *Golden Multitudes: The Story of Best Sellers in the United States* (New York: Macmillan, 1947), pp. 63, 98; Hart, *The Popular Book*, pp. 49–50; Scott Casper, "Biography," in *HBA 2*, p. 458.

[40] Gross, "Reading for An Extensive Republic," in *HBA 2*, p. 527; Kelley, "Reading Women/Women Reading," *Reading Acts*, p. 70.

[41] Dorothy B. Parker, "The Organized Educational Activities of Negro Literary Societies, 1828–1846," *Journal of Negro Education* 5 (October, 1936): 561.

[42] Elizabeth McHenry, "'An Association of Kindred Spirits': Black Readers and Their Reading Rooms," in Augst and Carpenter (eds.), *Institutions of Reading*, pp. 102, 105, 107, 116, 118.

[43] F. B. Perkins, "Young Men's Mercantile Libraries," *1876 Report*, pp. 379, 381–382, 383–385.

[44] Quoted in David Paul Nord, "Benevolent Books: Printing, Religion, and Reform," in *HBA 2*, pp. 235–236.

[45] "Free Town Libraries," *Common School Journal* 13 (1852): 302.

[46] C. C. Jewett, "Libraries of the United States," *Stryker's American Register and Magazine* (1851): 388.

[47] Christopher Gray, "Streetscapes: The Old Astor Library," *NYT*, February 10, 2002.

[48] Michael H. Harris, "Ticknor, George (1791–1871)," in Bohdan S. Wynar (ed.), *Dictionary of American Library Biography* (Littleton, CO: Libraries Unlimited, 1978), p. 515.

[49] City Document No. 37 is extensively quoted in Walter M. Whitehill, *Boston Public Library: A Centennial History* (Cambridge, MA: Harvard University Press, 1956), pp. 27–34.

[50] Whitehill, *Boston Public Library*, p. 35.

[51] George Ticknor, *Life, Letters, and Journals*, Vol. II (Boston: Houghton Mifflin, 1909), p. 303.

第 2 章

[1] Walter M. Whitehill, *Boston Public Library: A Centennial History* (Cambridge, MA: Harvard University Press, 1956), Chapter 3.

[2] "The Public Library," *Boston Evening Transcript*, March 18, 1854; "Public Library," *Boston Evening Transcript*, March 21, 1854; "The Public Library," *Boston Evening Transcript*, May 3, 1854; "The Public Library," *Independent* 6 (1854): 280; "The Boston Public Library," *Gleason's Pictorial Drawing-Room Companion* 7 (1854): 157; "The City Library," *Christian Watchman and Reflector* 35 (1854): 202.

[3] "The Public Library," *Boston Evening Transcript*, April 25, 1855; "The Public Library," *Boston Evening Transcript*, June 8, 1855; "The Ceremonies at the Public Library," *Boston Evening Transcript*, January 2, 1858; "Cornerstone of the Public Library Building," *Boston Evening Transcript*, September 17, 1855; "The Dedication," *Boston Post*, January 2, 1858; "Dedication of Public Library Building," *Boston Saturday Evening Gazette*, January 9, 1858; "New Public Library, Boston," *Ballou's Pictorial Drawing-Room Companion* 9 (1855): 252; "The Public Library of Boston," *The American Journal of Education* 7 (1859): 252–267; "The Experiment of Free Libraries," *The Round Table: A Saturday Review of Politics, Finance, Literature, Society* 6 (1867): 392; Horace G. Wadlin, *The Public Library of the City of Boston: A History* (Boston: Boston Public Library, 1911), p. 67.

[4] Whitehill, *Boston Public Library*, p. 70.

[5] "A Model Library," *The Round Table: A Saturday Review of Politics, Finance, Literature and Society* 3 (1866): 377; Whitehill, *Boston Public Library*, pp. 72–73.

[6] "The Boston Public Library," *Appletons' Journal of Literature, Science and Art* 6 (1871): 629; "Boston Public Library," in *Public Libraries in the United States of America: Part I: 1876 Report* (Washington, DC: Government Printing Office, 1876), p. 868. Hereafter cited as *1876 Report*.

[7] "The Boston Public Library," *Appletons' Journal of Literature, Science and Art*, 6 (1871): 629.

[8] Wadlin, *The Public Library of the City of Boston*, p. 109; "Increased Use of the Library," *Bulletin of the Public Library of the City of Boston* No. 15 (1870): 276; "Increased Use of the

Library,"

No. 29 (April, 1874): 246; "The *Literary World* notes . . .," [San Francisco] *Daily Evening Bulletin*, July 17, 1871.

[9] "The Public Library," *Boston Daily Advertiser*, November 12, 1869; "Strolls About Town," *Boston Saturday Evening Gazette*, June 5, 1858; "Public Library," *Boston Saturday Evening Gazette*, September 4, 1858; "An Offensive Class of Writers," *American Publishers' Circular and Literary Gazette* 4 (1858): 609.

[10] "Letters to the Editor," *Boston Advertiser*, October 2, 1866; Frank B. Woodford, *Parnassus on Main Street: A History of the Detroit Public Library* (Detroit: Wayne State University Press, 1965), p. 32.

[11] "The Boston Public Library," *Appletons' Journal of Literature, Science and Art* 6 (1871): 629.

[12] "A Bad Spell," *Pomeroy's Democrat*, September 29, 1872.

[13] Barbara Sicherman, "Reading and Middle Class Identity in Victorian America," in Barbara Ryan and Amy M. Thomas (eds.), *Reading Acts: U.S. Readers' Interactions with Literature, 1800-1950* (Knoxville, TN: University of Tennessee Press, 2002), p. 149; Paul Israel, *Edison: A Life of Invention* (New York: John Wiley, 1998), p. 37; "A Night with Edison," *Scribner's Monthly* 17 (1878): 88.

[14] "The Public Library," *CT*, December 31, 1872; "The Library Dedication To-Day," *CT*, January 1, 1873; Annual Report (AR) (1873), Cincinnati Public Library, p. 21.

[15] Barbara Sicherman, "Ideologies and Practices of Reading," in Scott E. Casper, Jeffrey D. Groves, Stephen W. Nissenbaum, & Michael Winship (eds.), *A History of the Book in America, Volume 3: The Industrial Book, 1840–1880* (Chapel Hill: University of North Carolina Press, 2007), pp. 283–288. Volume hereafter cited as *HBA 3*.

[16] Janice Radway, "Interpretive Communities and Variable Literacies: The Function of Romance Reading," *Daedelus* 113 (Summer, 1984): 54; Jane Greer, "'Ornaments, Tools, or Friends': Literary Reading at the Bryn Mawr Summer School for Women Workers, 1921–1938," in *Reading Acts*, p. 18; Thomas Augst, "Introduction," in Thomas Augst and Kenneth Carpenter (eds.), *Institutions of Reading: The Social Life of Libraries in the United States* (Amherst, MA: University of Massachusetts Press, 2007), pp. 4–5; and Thomas Augst, "Faith in Reading," in *Institutions of Reading*, p. 53.

[17] AR (1874), St. Louis Public School Library, pp. 12–15.

[18] Henry Ward Beecher, "The Strange Woman," in *Lectures to Young Men, on Various Important Subjects* (New York: Derby & Jackson, 1857), pp. 210–211; Silverman, *Bodies and Books*, p. 31.

[19] *Bulletin of the Public Library of the City of Boston* 1 (1867), front cover.

[20] Winsor quote in Whitehill, *Boston Public Library*, p. 84.

[21] "A Word about Public Libraries," *Springfield* [MA] *Weekly Republican*, August 22, 1863; Whitehill, *Boston Public Library*, p. 84.

[22] "An article in the Nation . . .," *Galveston* [TX] *Tri-Weekly News*, July 22, 1872; "Latest News Items," *San Francisco Bulletin*, July 22, 1872; "The Public Library," *Cincinnati Daily Gazette*, July 31, 1872.

[23] AR (1873), Cincinnati Public Library, p. 20; "City News," *Cincinnati Daily Gazette*, April 15, 1868; "The Public Library," *Cincinnati Daily Gazette*, December 9, 1870; "Home News," *Cincinnati Daily Gazette*, March 15, 1871; "Germanism and the Library," *Cincinnati Daily Gazette*, June 29, 1871; "We Learn through the Catholic Telegraph . . .," *Cincinnati Daily Gazette*, May 15, 1873; "The Catholics and the Rev. Vickers," *Cincinnati Daily Gazette*, December 4, 1873.

[24] "What the People Read," *The Literary World* 4 (1874): 153; "Public Libraries and Fiction," *The Literary World* 4 (1874): 169.

[25] "Public Libraries and Fiction," *The Literary World* 6 (1875): 48; "An Open Letter . . .," *Boston Globe*, June 5, 1874.

[26] "Editor's Table," *Appletons' Journal of Literature, Science and Art* 12 (1874): 121.

[27] "A Good Example," *Friends' Review: A Religious and Miscellaneous Journal* 27 (1874): 599; Mary T. Shumway, *The Groton Public Library* (pamphlet found in AAS collections), p. 5; "Cranium Cultivators," [Chicago] *Sunday Times*, October 4, 1874; "The Chicago Public Library," *CT*, October 21, 1874; "Local Letters," *CT*, December 23, 1875.

[28] "Public Library: A List of New Books," *Indianapolis Sentinel*, March 27, 1875; "The Mission of the Public Library," *Indianapolis Sentinel*, May 1, 1873; AR (1874), Indianapolis Public Library, pp. 10, 13, 14, 17.

[29] "A Bad Book," [San Francisco] *Daily Evening Bulletin*, August 19, 1867; John G. Moulton, "Money Spent for Fiction Is Well Spent," *Boston Globe*, July 12, 1914; C.A.G., "Books and Boys," *Christian Union* 9 (1874): 135.

[30] Susan S. Williams, "Authors and Literary Authorship," in *HBA 3*, p. 106; "Juvenile Reading," *Oliver Optic's Magazine*, 17 (1875): 477.

[31] Sicherman, "Reading and Middle Class Identity in Victorian America," in *Reading Acts*, p. 146; Marlene Deahl Merrill (ed.), *Growing Up in Boston's Gilded Age: The Journal of Alice Stone Blackwell, 1872–1874* (New Haven, CT: Yale University Press, 1990), pp. 2–3, 12, 14, 67.

[32] Barbara Hochman, *Uncle Tom's Cabin and the Reading Revolution: Race, Literacy, Childhood, and Fiction, 1851–1911* (Chapel Hill, NC: University of North Carolina Press, 2011), pp. 87, 128; Joan D. Hedrick, *Harriet Beecher Stowe: A Life* (New York: Oxford University Press, 1994), p. 232.

[33] C. H. Cramer, *Open Shelves and Open Minds: A History of the Cleveland Public Library* (Cleveland: Press of Case Western Reserve University, 1972), p. 21; "Public Library Rules," *Cincinnati Daily Gazette*, August 22, 1874; "Home News," *Cincinnati Daily Gazette*, November 28, 1872.

[34] "Branch Libraries," *CT*, January 12, 1873; "Cranium Cultivators," [Chicago] *Sunday Times*, October 4, 1874; "Chicago Loves Fiction," [Chicago] *Sunday Times*, November 8, 1874.

[35] Clarence E. Sheerman, *The Providence Public Library: An Experiment in Enlightenment* (Providence, RI: Privately Printed, 1937), p. 26; "$1,000,000: Public Library of Kentucky" (flyer found in AAS collections).

[36] "The Public Library," *Daily Cleveland Herald*, November 10, 1869; "Local Letters," *CT*, January 2, 1875.

[37] "Light Literature," *CT*, February 7, 1875; "Local Letters," *CT*, February 9, 1875.

[38] "Local Letters," *CT*, July 11, 1875; "In the Common Council . . .," [Chicago] *Inter Ocean*, July 7, 1875.

[39] "A Public Library," *CT*, October 7, 1870; "The Microscope in Public Libraries," *CT*, May 7, 1871; "The Free Public Library and the Scandinavian Literature," *CT*, January 13, 1872; "A Public Library Building," *CT*, January 28, 1872.

[40] "A Catholic Issue," [Chicago] *Sunday Times*, May 3, 1874; "Our Big Humbug," [Chicago] *Sunday Times*, May 10, 1874; "The Battle of the Books," *CT*, May 4, 1874; "Local Letters," *CT*, May 5, 1874.

[41] "John Green and the Free Public Library, Worcester, Mass.," *American Journal of Education* 32 (1863): 605; Wilhelm Munthe, *American Librarianship from a European Angle: An Attempt as an Evaluation of Policies and Activities* (Chicago: American Library Association, 1939), p. 51; "Need of Public Libraries," *New York Observer and Chronicle*, September 19, 1867.

[42] M. Field Fowler, *Protest and Remonstrance: Against Opening the Doors of the Public Library, Boston, on the Lord's Day* (Boston: Rockwell & Rollins, 1867); "Speech of Alderman Nash," *The Liberator*, December 30, 1864; and "Sunday—The Public Library &c." *Boston Investigator*, January 4, 1865.

[43] *A Report by the Rev. William R. Huntington of Worcester, Mass., on the Expediency of Opening a Free Public Library in That City on Sunday* (Boston: Alfred Mudge & Son, 1873); *1876 Report*, p. xx; and AR (1874), Indianapolis Public Library, pp. 10, 13, 14, 17.

[44] Samuel Swett Green, *The Public Library Movement in the United States, 1853–1893* (Boston: Boston Book Co., 1913), p. 12. See also Wayne A. Wiegand, *Politics of an Emerging Profession: The American Library Association, 1876–1917* (Westport, CT: Greenwood, 1986), Chapter 1.

[45] "Libraries," *Appletons' Journal of Literature, Science, and Art* 11 (1874): 606.

[46] Reuben A. Guild, "Bibliography as a Science," *American Library Journal* 1 (1876): 67–69.

[47] Wayne A. Wiegand, "The 'Amherst Method': The Origins of the Dewey Decimal Classification Scheme," *Libraries & Culture* 33 (1998): 175–194; Margaret A. Edwards, *The Fair Garden and the Swarm of Beasts: The Library and the Young Adult* (Chicago: American Library Association, 2002), p. 67.

[48] "People and Things," [Chicago] *Inter Ocean*, August 27, 1877.

[49] *1876 Report*, pp. 820–822.

[50] William F. Poole, "Some Popular Objections to Public Libraries," *American Library Journal*, 1 (1876): 45–51; F. B. Perkins, "I.—On Professorships of Books and Reading," *1876 Report*, pp. 231, 235, 237, 238.

第 3 章

[1] Paul Johnson, *A History of the American People* (New York: HarperCollins, 1998), pp. 596–597; 672.

[2] Samuel Swett Green, *The Public Library Movement in the United States, 1853–1893* (Boston: Boston Book Co., 1913), p. 1; Robert H. Wiebe, *The Search for Order 1877–1920* (New York: Hill and Wang, 1967).

[3] Wayne A. Wiegand, *Irrepressible Reformer: A Biography of Melvil Dewey* (Chicago: American Library Association, 1996), Chapter 4.

[4] Joy Lichtenstein, "Recollections of the Early San Francisco Public Library," *California Library Bulletin* 11 (1950): 165–166.

[5] "The Average Length of Time Required to Get a Book," *Cincinnati Daily Gazette*, December 23, 1878; "The Public Library," *Cincinnati Daily Gazette*, May 17, 1878; "The Public Library," *CT*, January 19, 1878; "The Public Library," *CT*, January 23, 1878; "A Disgusted Lady," [Chicago] *Inter Ocean*, November 21, 1879; "To the Editor," *St. Paul* [MN] *Daily News*, May 2, 1889.

[6] Margaret A. Edwards, *The Fair Garden and the Swarm of Beasts: The Library and the Young Adult* (Chicago: American Library Association, 2002), p. 78; Mary E. Root, "American Past in Children's Work," *LJ* 71 (1946): 548; Letter to the Editor, *LJ* 6 (1881): 259–261.

[7] Annual Report (AR) (1881), Milwaukee Public Library, p. 17; Gerri Flanzreich, "The Library Bureau and Office Technology," *Libraries & Culture* 28 (1993): 405–409; Klaus Musmann, *Technological Innovations in Libraries, 1860–1960* (Westport, CT: Greenwood Press, 1993), p. 63; "A Library Adhesive at Last!" *LJ* 18 (1893): 453.

[8] "Duluth Public Library," *Duluth* [MN] *News-Tribune*, March 8, 1891; Charles A. Seavey and Caroline F. Sloat, "The Government as Publisher," in Carl F. Kaestle and Janice A. Radway (eds.), *The History of the Book in America, Volume 4: Print in Motion; The Expansion of Publishing and Reading in the United States, 1880–1940* (Chapel Hill: University of North Carolina Press, 2009), pp. 260–275.

[9] Hamlin Garland, *Son of the Middle Border* (New York: Macmillan, 1917), p. 322; "Library Workers Recall Days When $13 a Month Was Salary," *CSM*, December 16, 1926; Richard O'Connor, *Jack London: A Biography* (Boston: Little, Brown, 1964), pp. 37–39; Marjorie Barrows, "The Child Reader," *Philadelphia Tribune*, March 16, 1933.

[10] "The Public Library," *Milwaukee Daily Sentinel*, July 16, 1878; "The Catholic Telegraph Says . . .," *Cincinnati Daily Gazette*, April 15, 1881; "A Roman Catholic Member . . .," *Cincinnati Daily Gazette*, December 26, 1879; "Public Library," *CT*, December 14, 1879; "A Political Bigot," *CT*, December 15, 1879; "Discrimination Alleged," *CT*, December 17, 1879; "Fanatic or Bigot?" *CT*, December 18, 1879; "Bigot or Fanatic?" *CT*, December 19, 1879; and "Public Library," *CT*, December 28, 1879.

[11] "What Our Boys and Girls Are Reading," *New Hampshire Sentinel*, November 13, 1879.

[12] William Kite, "Fiction in Public Libraries," *LJ* 1 (1877): 278; J. P. Quincy, "Free Libraries," *Public Libraries in the United States of America: Part I: 1876 Report* (Washington, DC: Government Printing Office, 1876), p. 396.

[13] "Novel Readers," *Boston Daily Globe*, March 9, 1879; AR (1880), Boston Public Library, p. 22; "What the People Read," *Milwaukee Sentinel*, September 13, 1879.

[14] C. H. Shinn, "Evil Literature," *Californian and Overland Monthly* 6 (1882): 442–447.

[15] "The Classification of People Who Use the Library," *Cincinnati Daily Gazette*, April 17, 1876.

[16] "The Public Library and Its Choice of Books," *Boston Daily Advertiser*, February 12, 1878.

[17] James M. Hubbard, "Fiction and Public Libraries," *International Review* 10 (1881): 168–172.

[18] "The Public Library," *Boston Daily Advertiser*, May 14, 1881; "Novels in the Boston Library," *Springfield* [MA] *Republican*, August 11, 1881; "Hubbard's Hubbub," *Boston Daily Globe*, August 20, 1881; "Notes," *Bulletin of the Boston Public Library* 5 (1882): 60.

[19] "Novels and the Public Library," *Cincinnati Daily Gazette*, March 18, 1881; "On Library and Other Literature," *The Friend* 55 (1881): 50; Harriet D. Palmer, "A Question Concerning Our Public Libraries," *Overland Monthly and Out West Magazine* 2 (December, 1883): 592; "Fiction and Public Libraries," *Worcester Daily Spy*, February 3, 1881; "Books and Books," *Northern Christian Advocate* 50 (1881): 4; "Moral Literature," *The Critic* 1 (1881): 192.

[20] "Novel Reading," [Chicago] *Inter Ocean*, August 11, 1881; "Trash or Literature?" [Chicago] *Inter Ocean*, August 12, 1881; "Light Novel Reading," [Chicago] *Inter Ocean*, August 23, 1881; "The Public Library Loafer," *Wisconsin State Journal*, July 9, 1886.

[21] A.L.A. Cooperation Committee, "Report on Exclusion," *LJ* 7 (1882): 28; "A Library Black List," *WP*, March 1, 1882; "A Glimpse into Boston's 'Inferno,'" *CT*, March 18, 1882.

[22] AR (1882), Boston Public Library, pp. 17–19; "According to a writer . . . ," *Boston Daily Advertiser*, June 11, 1885; "Might Offend Prudes and Hypocrites," *Boston Daily Globe*, June 9, 1885; "Naughty Books: How the Boston Public Library Keeps Them Out of Sight," *Rocky Mountain News*, August 6, 1888.

[23] "The Annual Report of the Trustees . . . ," *Congregationalist* 33 (1882): 5; "Library Censorship," *Cincinnati Daily Gazette*, March 18, 1882.

[24] "Persons and Things," *New Haven* [CT] *Register*, February 13, 1882; "A Library Black List," *WP*, March 13, 1882.

[25] Garland, *Son of the Middle Border*, pp. 259–263, 266.

[26] Susan Belasco, "The Cultural Work of National Magazines," in Scott E. Casper, Jeffrey D. Groves, Stephen W. Nissenbaum, & Michael Winship (eds.), *A History of the Book in America, Volume 3: The Industrial Book, 1840–1880* (Chapel Hill: University of North Carolina Press, 2007) p. 269; "Leaves of Grass," *CT*, September 12, 1884; "Leaves of Grass," *CT*, September 14, 1884.

[27] "Huckleberry Finn," *Kansas City Star*, March 18, 1885. Under same heading were stories also carried in *Worcester* [MA] *Daily Spy*, March 22, 1885; *Springfield* [MA] *Republican*, March 22, 1885; *San Francisco Bulletin*, March 28, 1885; and *St. Louis Globe-Democrat*, March 17, 1885. See also Barbara Hochman, *Uncle Tom's Cabin and the Reading Revolution: Race, Literacy, Childhood, and Fiction, 1851–1911* (Chapel Hill: University of North Carolina Press, 2011), pp. 244, 249.

[28] Mary E. S. Root, "An American Past in Children's Work" *LJ* 70 (1946): 550; Green, *Public Library Movement*, p. 115.

[29] Shelley G. McNamara, "Early Public Library Work with Children," *Top of the News* 43 (1986): 62; Root, "An American Past in Children's Work," p. 548; "The Dime Novel Cure," *Michigan Farmer* 16 (1885): 7; "The Dime Novel Cure," *Detroit Free Press*, April 12, 1885.

[30] "Vox Populi," *LAT*, February 27, 1889; Amanda B. Harris, "The Kind of Books That Children Should Not Read," *Christian Union* 36 (1887): 325; "What Do People Read?" [Portland] *Oregonian*, August 9, 1891.

[31] Caroline M. Hewins, "How Library Work with Children Has Grown in Hartford and Connecticut," in Alice Hazeltine (ed.), *Library Work with Children* (New York: H. W. Wilson, 1917): 48; AR (1891), Hartford (CT) Public Library, p. 5.

[32] Garland, *Son of the Middle Border*, pp. 92–93; Sherwood Anderson, *A Storyteller's Story* (New York: Grove Press, 1951), pp. 155, 221; Theodore Dreiser, *Dawn: A History of Myself* (New York: H. Liveright, 1931), p. 198.

[33] James D. Hart, *The Popular Book: A History of America's Literary Taste* (New York: Oxford University Press, 1950), p. 153; Michael Denning, *Mechanic Accents: Dime Novels and Working-Class Culture in America* (New York: Verso, 1987), pp. 3, 207–208, 212.

[34] "The True Reason Why . . . ," *Philadelphia Inquirer*, January 5, 1892; "The Hub's Objection to Puck," *Omaha World Herald*, January 6, 1892; "Judge and Puck," *Boston Journal*, January 25, 1892; "Book Chat," [Sacramento] *Themis*, February 20, 1892; and "What Puck Thinks of It," *Boston Daily Globe*, January 13, 1892.

[35] Richard J. Chaisson, "Building Is One for the Books: In Petersham, 'Library' Is a Word That Was Written in Stone," [Worcester, MA] *Telegram & Gazette*, November 24, 1991.

[36] "Our Public Library," *Boston Daily Globe*, May 15, 1887; "In English, Not Latin," *Haverhill* [MA] *Bulletin*, December 1, 1888.

[37] *The Buffalo Library and Its Building* (Buffalo: *Buffalo Morning Express*, 1887), p. 20.

[38] Arline A. Fleming, "Its Back Pages Are Rich in History: Peace Dale Library Celebration to Mark 95th Anniversary of Its Opening," *Providence* [RI] *Journal*, October 1, 1986; "Public Library Lectures," *St. Louis Republic*, January 20, 1889; AR (1891), SLPL, pp. 20–21.

[39] "Among the Books," *Detroit Free Press*, November 17, 1889; "Caloric vs. Literature," *Detroit Free Press*, July 20, 1890; "Literary Cranks," *St. Louis Globe-Democrat*, April 8, 1887; "Library Cranks," *Christian Union* 36 (1887): 212.

[40] "As to Convenience in Public Libraries," *Cincinnati Daily Gazette*, December 11, 1878; "Filthy Condition of the Public Library," *CT*, January 9, 1879; "The Public Library," *CT*, November 21, 1880; "The Public Library Reading Room," *CT*, November 24, 1880; "Library Habitues," [Chicago] *Inter Ocean*, January 7, 1887.

[41] "Books for All People," *CT*, March 16, 1891.

[42] "The Exhibition in the Art Room of the Public Library," *Cincinnati Daily Gazette*, May 14, 1878; "Chess and Checkers in the Public Library," *LAT*, September 26, 1882; "Useful and Ornamental," *Macon* [GA] *Telegraph and Messenger*, September 21, 1877; "Caught Up In the City," *Macon* [GA] *Telegraph and Messenger*, March 27, 1886; "City and Suburban News," *Macon* [GA] *Telegraph and Messenger*, August 15, 1890; "Bill Arp on Macon," *Macon* [GA] *Telegraph and Messenger*, November 9, 1880; "Library Art Show," *Macon* [GA] *Telegraph and Messenger*, June 21, 1882.

[43] "The Confederate Fair," *Macon* [GA] *Telegraph and Messenger*, January 9, 1890; "Pictures at the Library," *Worcester* [MA] *Daily Spy*, August 30, 1891; "New Pictures at the Library," *Worcester* [MA] *Daily Spy*, April 20, 1892; "To Establish a Public Library," *WP*, June 20, 1891.

[44] Frederick M. Crunden, *The Function of a Public Library and Its Value to a Community* (St. Louis: Nixon-Jones Printing, 1884), pp. 15–16.

[45] "Troublesome People," *Boston Daily Globe*, July 16, 1888; Goldie Tuvin Stone, *My Caravan of Years: An Autobiography* (New York: Bloch Publishing, 1945), pp. 88–91.

[46] L. H. Robbins, "The Rediscovery of the Public Library," *NYT*, June 12, 1932; Salome Cutler Fairchild, "What American Libraries Are Doing for Children and Young People," *Library Association Record* 5 (1903): 543; Fannette H. Thomas, "Early Appearances of Children's Reading Rooms in Public Libraries," *Journal of Youth Services* 4 (1990): 81–85; John Parsons, "First Children's Room," *LJ* 34 (1909): 552.

[47] "Loud Swearing," *Wheeling* [WV] *Daily Register*, June 16, 1877; "Loafers Crowd the Avenue," *Milwaukee Journal*, October 12, 1885; "The Tramps Who Make . . .," *Indianapolis Sentinel*, January 16, 1877; "A Study of Cranks," *Rocky Mountain News*, August 12, 1888; "Among Books," *Brooklyn Daily Eagle*, September 21, 1888; "Loungers among Books," *CT*, February 10, 1889; Tessa Kelso, "Some Economical Features of Public Libraries," *The Arena* 42 (1893): 709.

[48] "The Public Library," *CT*, February 27, 1876; "Aldermen vs. Public Library," *CT*, March 6, 1876; "I Propose," *CT*, March 19, 1876; "I Propose," *CT*, March 26, 1876; "Letters from the People," *CT*, April 5, 1876.

第 4 章

[1] Wayne A. Wiegand, "Catalog of 'A.L.A.' Library (1893): Origins of a Genre," in Delmas Williams et al. (eds.), *For the Good of the Order: Essays in Honor of Edward G. Holley* (Greenwich, CT: JAI Press, 1994), pp. 237–254.

[2] Jennie June Croly, "Women in Club Life," *Frank Leslie's Popular Monthly* 50 (1900): 18. See also Sarah Wadsworth and Wayne A. Wiegand, *Right Here I See My Own Books: The Woman's Building Library at the World's Columbian Exposition* (Boston: University of Massachusetts Press, 2012).

[3] Harry S. Truman, "Me and Libraries," *College and Research Libraries* 19 (1958): 99–103; Fred Howard, *Wilbur and Orville: A Biography of the Wright Brothers* (New York: Alfred A. Knopf, 1987), p. 28; Wendy Leopold, "Bus Put Librarian on Right Track," *CT*, February 7, 1990.

[4] Annual Report (AR) (1909), St. Joseph (MO) Public Library, p. 14.

[5] AR (1905), Louisville Public Library, pp. 26, 33; AR (1917), Sedalia (MO) Public Library, n.p; AR (1915), Clinton (IA) Public Library, p. 14; "A Model Library," *Boston Globe*, February 15, 1894.

[6] Data taken from database created for Wayne A. Wiegand, *Main Street Public Library: Community Places and Reading Spaces in the Rural Heartland, 1876–1956* (Iowa City, IA: University of Iowa Press, 2011).

[7] AR (1903), St. Joseph Public Library, p. 16; AR (1908), Bradford (PA) Public Library, pp. 16–17.

[8] "Libraries for Men," *The Independent*, 58 (1905): 1374.

[9] "A Library League," *Minneapolis Journal*, August 3, 1897; E. A. Birge, "The Effect of the 'Two-Book System' on Circulation," *LJ* 23 (1898): 93–101; AR (1907), Louisville Free Public Library, pp. 54–55; Eudora Welty, *One Writer's Beginnings* (Cambridge, MA: Harvard University Press, 1983), pp. 29–30.

[10] AR (1908) SLPL, p. 53; AR (1900) Kansas City (MO) Public Library, pp. 15–16.

[11] "Letter to the Editor," *Boston Globe*, May 1, 1895; "The Public Library," *LAT*, September 8, 1897; "Can't Display Figure," *Macon* [GA] *Daily Telegraph*, July 28, 1912.

[12] *Dedication of the Tompkins County Public Library and the Finger Lakes Library System Headquarters, April 20, 1969* (copy in Library of Congress collections), pp. 21–22.

[13] "At the Public Library," *Columbus* [GA] *Daily Enquirer*, February 24, 1903; Grace Louis Phillips, "The Books Read by the Children of the Ghetto," *World's Work* 6 (1903): 3475.

[14] "Old Books Laundered," *CT*, June 5, 1904; "Some Queer Bookmarks," *Detroit Free Press*, June 11, 1899.

[15] AR (1908), SLPL, p. 53; AR (1900), Kansas City (MO) Public Library, pp. 15–16; "Need More Books at the Library," *Kansas City Star*, February 1, 1900; AR (1912), Cleveland Public Library, p. 49; "Work for the Blind," *Bulletin of the New York Public Library* 18 (1914): 260–261; Ramon Jaen, "The New York Public Library: An Impression," *Bulletin of the New York Public Library* 20 (1916): 5.

[16] Sarah Comstock, "Byways of Library Work," *Outlook* 72 (1914): 200; Mary E. Lee, "The Traveling Library," *Ohio Farmer* 96 (1899): 491; "Michigan Travelling Library," *Detroit Free Press*, July 9, 1900; Jessie M. Good, "The Traveling Library as a Civilizing Force," *The Chautauquan* 36 (1902): 65; "Take to Books," *Brooklyn Eagle*, February 11, 1900; "Want More Book Deliveries," *CT*, December 10, 1902; AR (1907), LAPL, pp. 37–38, 76.

[17] Lutie E. Stearns, "Reading for the Young," AR (1894), Milwaukee Public Library, pp. 80–81; Bishop Hurst, "The Children in the Library," *Christian Advocate* 73 (1898): 1857; AR (1897), Free Library, Pratt Institute (NY), p. 11; Adele M. Fasick, "Moore, Anne Carroll (1871–1961)," in Bohdan S. Wynar (ed.), *Dictionary of American Library Biography* (Littleton, CO: Libraries Unlimited, Inc., 1978), **pp. 368–371**; Mary Ellka Dousman, "Children's Department," *LJ* 21 (1896): 406; Dousman, "The Children's Room of the Milwaukee Public Library," *LJ* 23 (1898): 664; "Even the Babies," *Boston Daily Advertiser*, November 8, 1897; "Saturday Story Hour at the Library," *San Jose* [CA] *Mercury Herald*, November 30, 1913.

[18] AR (1902), Carnegie Library of Pittsburgh, pp. 24–26; AR (1890), Carnegie Library of Pittsburgh, p. 6; Fannie S. Bissell, "What the Libraries Are Doing for the Children," *Outlook* 70 (1902): 420; "The Home Library" (Kansas City Public Library) *Public Library Quarterly* 3 (1903): 50–51; William Byron Forbush, "The Public Library as a Philanthropy for Children," *Congregationalist and Christian World* 47 (1902): 754; AR (1897), Cleveland Public Library, pp. 21–22; AR (1899), Cleveland Public Library, pp. 57–61; AR (1905), Cleveland Public Library, p. 48; AR (1911), Cleveland Public Library, pp. 61–63; Frances Jenkins Olcott, "Books and Reading," *St. Nicholas* 26 (1899): 1049; Linda A. Eastman, "The Children's Library League," *Congregationalist* 84 (1899): 870; AR (1914), SLPL, pp. 89–90; Elizabeth L. Foote, "The Children's Home Library Movement," *Outlook* 57 (1897): 172.

[19] AR (1894), Milwaukee Public Library, p. 22; "Books and Children," *Milwaukee Journal*, July 3, 1894.

[20] W. E. B. Du Bois, "The Opening of the Library," *Independent* 54 (1902): 809.

[21] AR (1905), Louisville Public Library, p. 26; (1910), p. 37; Matthew Battles, *Library: An Unquiet History* (New York: W.W. Norton, 2009), pp. 33–34; Paul M. Culp Jr., "Carnegie Libraries of Texas: The Past Still Present," *Texas Libraries* 43 (1981): 81–96; Paul M. Culp Jr., "Carnegie

Libraries: The Past No Longer Present," *Texas Libraries* 43 (1981): 132–144; Margaret I. Nichols, "Lillian Gunter: County Librarian," *Texas Libraries* 39 (1977): 138.

[22] "Discrimination Alleged," *Boston Journal*, December 19, 1895; "Public Library Attacked," *St. Louis Republic*, June 2, 1896; "Public Library Denounced," *Milwaukee Journal*, June 3, 1896; "Denounces Libraries," *WP*, July 17, 1907; "Catholics and Libraries," *Atlanta Constitution*, April 18, 1901.

[23] "The 'Catholic Literature' List in the Present Number," *Monthly Bulletin of the Providence Public Library* 4 (1898): 147–148; *Catalogue of Catholic Books in Milwaukee Public Library* (Milwaukee: Milwaukee Council No. 524, Knights of Columbus, 1904), p. 3; AR (1905), Cedar Rapids Public Library, p. 11; AR (1910), SLPL, p. 41.

[24] "It Has Just Fallen Out . . .," [Olympia, WA] *Morning Olympian*, August 1, 1905; "Huckleberry Finn Banned," *Salt Lake City Telegram*, August 11, 1902; "Rough on Iowa Boys," *WP*, December 22, 1904; "Twain's Books Barred," WP, March 27, 1906; "Some Views of the Laity," *Omaha World Herald*, August 24, 1902; "Mark Twain to the World-Herald," *Omaha World Herald*, August 31, 1902; "Reading for the Boys," *Omaha World Herald*, September 14, 1902; "Two of Twain's Books Placed under Ban," *Philadelphia Inquirer*, March 27, 1906; "It Is Almost a Pity . . .," *Tucson Citizen*, March 31, 1906; "Any Other Public Library Board . . .," *Wilkes-Barre* [PA] *Times*, April 3, 1906; "Mark Twain Scores Some Individuals," [Columbia, SC] *State*, September 8, 1902; "Mark Twain's Retort Courteous," *Lucifer the Light-Bearer* 6 (1902): 292; "Children's Taste in Reading," *Youth's Companion* 79 (1905): 326.

[25] "Suppressed in Boston," *LAT*, November 29, 1896; "Decameron and Rabelais Are Kept in 'Inferno,'" *Boston Journal*, November 29, 1903.

[26] AR (1906), LAPL, pp. 44, 60; "Library Bars the Jungle," *CT*, June 30, 1906; "Success Assured," *Duluth* [MN] *News-Tribune*, May 21, 1906; "The St. Paul Public Library Board . . .," *Duluth* [MN] *News-Tribune*, July 4, 1906; "By barring Upton Sinclair's . . .," *Tucson Citizen*, August 1, 1906; "New Book Is on Forbidden List," *Grand Forks* [ND] *Herald*, September 12, 1908; "New Books Are Barred," *Detroit Free Press*, September 13, 1908; "Bars Giddy Books from Her Shelves," *Detroit Free Press*, July 22, 1910.

[27] "'World' and 'Journal' Shut Out," *New Haven* [CT] *Register*, February 26, 1897; "Let the Good Work Go On," *Life* 29 (1897): 230, 310; "Bandon Papers Balk," [Portland] *Oregonian*, April 23, 1913; "Mr. U'Ren and Menace," [Portland] *Oregonian*, August 23, 1914; "Library Is Criticised," *Duluth* [MN] *News Tribune*, November 5, 1911.

[28] "Southern Books Needed," *Columbus* [GA] *Daily Enquirer*, July 23, 1899; "It Is Removed," *Boston Globe*, June 5, 1905; "'Burn Book' Is GAR Cry," *Boston Journal*, June 7, 1905.

[29] "Fiction Song," *LJ* 15 (1890): 325. It is likely the lyrics were structured to fit "Titwillow" from Gilbert and Sullivan's *The Mikado* (1885).

[30] Howard L. Rann, "Curbstone Sketches—The Library," *Idaho Statesman*, July 9, 1912; "Are Public Libraries Filled with Trashy Novels?" *Current Opinion* 49 (1915): 422; AR (1901), Cedar Rapids Public Library, pp. 6–7; John Cotton Dana, *A Library Primer*, 4th ed. (Chicago: Library Bureau, 1906), p. 42.

[31] Helen Haines, "Books of 1896—II," *LJ* 22 (1897): 140; AR (1916), Boston Public Library, p. 31; "Are Public Libraries Filled with Trashy Novels?" *Current Opinion* 49 (1915): 422.

[32] John Cotton Dana, "Fiction-Readers and the Libraries," *Outlook* 74 (1903): 512.

[33] Barbara Ryan, "'A Real Basis from Which to Judge'; Fan Mail to Gene Stratton-Porter," in Barbara Ryan and Amy M. Thomas (eds.), *Reading Acts: U.S. Readers' Interactions with Literature, 1800-1950* (Knoxville, TN: University of Tennessee Press, 2002), pp. 171, 174.

[34] Edith Dickson, "Notes in a Country Library," *Independent* 46 (1894): 5.

[35] "Libraries and Novels," *The Literary World* 30 (1899): 296; AR (1899), Boston Public Library, p. 34; "A Bulletin in the Boston Public Library . . .," [Philadelphia] *North American*, August 28, 1897; Herbert Small, *Handbook of the New Public Library in Boston* (Boston: Curtis and Company, 1895), pp. 32–33, 42–44, 48–49; Ethel McClintock May, "Reading Is an Incident at the Boston Library," *Atlanta Constitution*, November 18, 1900; "We Read Few Novels," *Milwaukee Sentinel*, April 18, 1897; "Answers," *Kansas City Star*, April 23, 1910; "Disheartening Books," *NYT*, November 19, 1898; "Within the Sphere of Letters," *Springfield* [MA] *Republican*, September 5, 1897; AR (1897), St. Joseph (MO) Public Library, p. 6; "Fiction Fiends," *Nation* 64 (1897): 258–259.

[36] George Harris Healey, "Recollections," *Dedication of the Tompkins County Public Library and the Finger Lakes Library System Headquarters, April 20, 1969* (copy in Library of Congress collections), pp. 21–22.

[37] AR (1904), Atlanta Public Library, No. 5, n.p.; "Boys' Books under Ban," *Macon* [GA] *Daily Telegraph*, March 19, 1911; "Gotham Readers Like Trashy Book," *CT*, March 19, 1911; Bella Spewack, *Streets: A Memoir of the Lower East Side* (New York: Feminist Press, 1995), pp. 54–55.

[38] Carl B. Roden, "Library Extension in Chicago," *The Child in the City* (Chicago: Department of Social Investigation/Chicago School of Civics and Philanthropy, 1912), p. 393; Franklin K. Mathiews, "Blowing Out the Boy's Brains," *Outlook* 108 (1914): 652; "Literary Censorship," *Omaha World Herald*, May 30, 1897.

[39] "Fiction in Public Libraries," *Current Literature* 22 (1897): 21; "Books Harmful to Children," *NYT*, August 20, 1898; "The Value of a Public Library," [Portland] *Oregonian*, November 1, 1898; "Passing Judgment on Fiction," *Boston Journal*, February 28, 1901; "An Enemy to Novels," *Atlanta Constitution*, December 30, 1900; "Barring Horatio Alger's Books," *Detroit Free Press*, August 10, 1907.

[40] Edward Stratemeyer to W. F. Gregory, February 19, 1901; Gregory to Stratemeyer, February 21, 1901; Weldon J. Cobb to Edward Stratemeyer, October 13, 1906, all in Box 2, Incoming Correspondence, Stratemeyer Papers; Stratemeyer to James Seymour, April 23, 1901, Newark Librariana, Letters: Box S, New Public Library Archives; "Indignant Ouida," *The Christian Recorder*, February 21, 1895; "A Librarian Makes a Protest and a Plea," *NYT*, October 3, 1915; "Standards in Juvenile Literature," *NYT*, October 17, 1915.

[41] William F. Nolan, *Hammett: A Life at the Edge* (New York: Congdon & Weed, 1983), pp. 5–6; Zora Neale Hurston, *Dust Tracks on a Road: The Restored Text Established by the Library of America* (New York: J. B. Lippincott, 1942), pp. 124–125; Bob Thomas, *Walt Disney: An American Original* (New York: Simon and Schuster, 1976), p. 36; "Alger's Books May Be Restored to Library," *Boston Journal*, August 8, 1907; "Barring Horatio Alger's Books," *Detroit Free Press*, August 10, 1907; "Bar Noted Writer's Books," *CT*, August 8, 1907, "Say His Books Are Too Sensational," *Salt Lake Telegram*, August 8, 1907.

[42] "Library Entrance a Place of Beauty," *CSM*, January 18, 1913; "New Home for Books," *CT*, February 21, 1897; "Chicago's New Public Library," *CT*, September 11, 1897; Susan G. Larkin, *Top Cats: The Life and Times of the New York Public Library Lions* (San Francisco: Pomegranate, 2006).

[43] AR (1912), Braddock (PA) Public Library, p. 18; AR (1914), Braddock (PA) Public Library, p. 15; AR (1916), Braddock (PA) Public Library, pp. 14, 16.

[44] Abigail Van Slyck, *Free to All: Carnegie Libraries & American Culture, 1880–1920* (Chicago: University of Chicago Press, 1995), pp. 221–223 (six designs on pp. 38–39); "Letter to the Editor," *Brooklyn Eagle*, September 2, 1901; Gratia Countryman, "The Library as Social Centre," *Public Libraries* 11 (1906): 5.

[45] "Opposes Carnegie Library," *NYT*, November 16, 1899; "Refuses It," *Biloxi* [MS] *Daily Herald*, November 17, 1899; David T. Javersak, "'One Place on This Great Green Planet Where Andrew Carnegie Can't Get a Monument with His Money,'" *West Virginia History* 41 (1979): 7–19. See also Robert Sidney Martin (ed.), *Carnegie Denied: Communities Rejecting Carnegie Library Construction Grants, 1898–1925* (Westport, CT: Greenwood Press, 1993).

[46] Lansing R. Robinson, "Don't Kick on Carnegie," *Duluth* [MN] *News Tribune*, September 28, 1902.

[47] "Report for November," *Bulletin of the New York Public Library* 14 (1910): 733–734; Jeffrey A. Kroessler, *Lighting the Way: The Centennial History of the Queens Borough Public Library, 1896–1996* (Virginia Beach, VA: Donning Company, 1996), pp. 22–23, 59, 61, 78, 82, 83.

[48] AR (1911), SLPL, pp. 44–45; AR (1913), SLPL, p. 82; AR (1917), SLPL, pp. 71, 72, 81, 87, 91–92, 115–117.

[49] "Seats Placed on Lawn of Carnegie Library," *Fort Worth Star-Telegram*, August 6, 1911; "Here and There" [Baltimore] *Sun*, September 3, 1900; "Libraries in Parks," *Outlook* 66 (1900): 187; "A Library in a Garden," *The Youth's Companion* 74 (1900): 482; "Good Use for Roofs," *WP*, May 1, 1910; "First Public Library Roof Garden Opened in New York," *CSM*, May 4, 1910.

[50] "Pamphlet for Dedication Ceremony of the Eastern Colored Branch, January 28–30, 1914," in Library of Congress Collections. See also "Colored Department, Louisville Free Public Library" (1927), Library of Congress Collections.

[51] Mary Antin, *The Promised Land* (Boston: Houghton Mifflin, 1912), p. 341.

[52] AR (1899), Boston Public Library, pp. 31–32; "Russian Readers at the Public Library," *Boston Globe*, May 16, 1904; "Homesick Men from Many Cities Meet in This Room," *Kansas City Star*, February 24, 1907; "Seekers after Knowledge," *Kansas City Star*, August 28, 1912.

[53] "Ways of the Newspaper Girl," *Boston Globe*, September 29, 1901; "Boston's Free Papers," *Boston Globe*, November 24, 1901; "A Chicago Vignette," *Duluth* [MN] *News-Tribune*, March 4, 1896.

[54] AR (1915), Milwaukee Public Library, p. 16; Van Slyck, *Free to All*, p. 99; "Newspaper Rack Defended by Librarians," *CSM*, January 7, 1915; "Tramps Stole the Soap," *Boston Globe*, May 23, 1895; AR (1908), Cleveland Public Library, pp. 39–40; "Scum of the Earth, Said Mr. Follin," *Detroit Free Press*, May 8, 1903.

[55] Welty, *One Writer's Beginnings*, pp. 29–30; AR (1917), SLPL, p. 96; "Molested Little Girl," *San Jose* [CA] *Mercury Herald*, September 29, 1914; "Objects to Coughing," *LAT*, April 8, 1899.

[56] "Dirty Hands Banned," *LAT*, August 18, 1900; Mary Wright Plummer, "The Work for Children in Free Libraries," *LJ* 22 (1897): 683; Mary Denson Pretlow, "The Opening Day—and After—in a Children's Library," *LJ* 33 (1908): 179; Arthur E. Bostwick, "The Joys of Librarianship," *Bulletin of the New York Public Library* 21 (1918): 12.

[57] "Public Library to Serve Eats," *Duluth* [MN] *News Tribune*, January 14, 1917; "Libraries and Librarians," *CSM*, March 29, 1916.

[58] Frederick M. Crunden, "The Public Library and Civic Improvement," *The Chautauquan* 43 (1906): 335; Larry Grove, *Dallas Public Library: The First 75 Years* (Dallas: Dallas Public Library, 1977), pp. 36, 37–39; AR (1906), Clinton (IA) Public Library, pp. 12–13; AR (1909), Cedar Rapids Public Library, pp. 7–9; "Art in New York Library Attracts Thousands Daily," *CSM*, June 10, 1911.

[59] "Sends His Own Scalp as a Curio," *Omaha World Herald*, April 28, 1900; e-mail, Judith Brick to author, January 14, 2011; "The Perry Museum," *Perry* [OK] *Republican*, November 16, 1916; "Carnegie Public Library," *Perry* [OK] *Republican*, November 23, 1916. See also under same title *Perry* [OK] *Republican*, November 30, 1916; *Perry* [OK] *Republican*, December 14, 1916; *Perry* [OK] *Republican*, December 21, 1916; *Perry* [OK] *Republican*, December 28, 1916; *Perry* [OK] *Republican*, January 4, 1917; *Perry* [OK] *Republican*, February 1, 1917; *Perry* [OK] *Republican*, February 8, 1917; *Perry* [OK] *Republican*, February 15, 1917.

[60] Eva Nelson, *The History of the St. Cloud Public Library, 1865–1975* (St. Cloud, MN: Friends of the Library, 1975), pp. 110–125; "Marion Flower Show a Beautiful Display," [Columbia, SC] *State*, May 2, 1910; Barbara Krasner, *The Kearny Public Library and Its Town: A Pictorial History* (Virginia Beach, VA: Donning, 2007), p. 43; AR (1912), Cleveland Public Library, p. 78.

[61] "Twenty Thousand New York Suffragettes on Parade," [San Jose, CA] *Evening News*, May 3, 1913; "Antis Planning War on Suffrage Sisters," *Columbus* [GA] *Enquirer-Sun*, April 17, 1913; "Large Audience Will Hear Miss Gordon on Equal Suffrage," *Columbus* [GA] *Enquirer-Sun*, November 21, 1913; "Anti-Suffrage Speaker to Be Heard in Butte," *Anaconda* [MT] *Standard*, November 19, 1914; "Eastern Suffragists Sunday in Portland," *Idaho Statesman*, May 1, 1916; "The Modern Woman, XXVII—Women Librarians," *Fort Worth* [TX] *Star-Telegram*, April 21, 1913.

[62] "Macon County Vets Hold Annual Reunion," *Charlotte* [NC] *Observer*, October 3, 1916; "Fitting Tribute to Robert E. Lee," *Columbus* [GA] *Enquirer-Sun*, January 20, 1915; "Lee Birthday Program Will Be Staged at Library," *Columbus* [GA] *Enquirer-Sun*, January 17, 1917; "Story-Telling Hour Today to Be Devoted to Lincoln," *Anaconda* [MT] *Standard*, February 10, 1917; "Tell Aliens Story of Abraham Lincoln," *Duluth* [MN] *News-Tribune*, February 10, 1917; "Children Hail Flag in Public Library," *Pawtucket* [RI] *Times*, February 12, 1917; "Lincoln Lecture," *Pawtucket* [RI] *Times*, February 11, 1918; *Vacation Visits to Our Public Library* (Greensboro, NC: *Greensboro Daily Record*, 1911), pp. 10–11, 22.

[63] Orpha Maud Peters, *The Gary Public Library, 1907–1944* (Gary, IN: Gary Public Library, 1945), p. 12; AR (1915), DCPL, pp. 62–64.

[64] "Cold Shoulder Is Given Apollo," *Bellingham* [WA] *Herald*, April 7, 1909; "St. Gaudens Shocks Boston," [Chicago] *Inter Ocean*, February 10, 1894; "All Seeking Shocks," *Boston Globe*, April 15, 1894; "Fear the Nude," *Boston Globe*, August 5, 1896; "She Is Gone," *Boston Globe*, June 17, 1897; "The Religious Press," *New York Evangelist* 67 (1897): 16; "Our Public Library," *Boston Daily Advertiser*, October 14, 1896; "Plumb-Line Penographs," *Lucifer, The Light-Bearer* 13 (1896): 2.

[65] Margaret Sanger, *My Fight for Birth Control* (Elmsford, NY: Maxwell Reprint, 1969), p. 146; "Socialist Tells of His Belief," *Salt Lake Telegram*, March 19, 1907; "Theorists Lock Horns in Debate," *Duluth* [MN] *News-Tribune*, March 23, 1908; AR (1917), SLPL, pp. 85, 92.

[66] Malcolm G. Wyer, "Right Reading in Childhood," *Iowa Library Quarterly* 5 (1911): 181; AR (1915), Cleveland Public Library, p. 45; "The Evanston (Ill.) Public Library . . .," *Miami Herald*, August 17, 1915; Sherman Peer, *The First Hundred Years: A History of the Cornell Public Library, Ithaca, New York, and the Cornell Library Association, 1864–1964* (Library of Congress Collections), pp. 46–47; AR (1909), Cincinnati Public Library, p. 21; "News of Public Library," [Portland] *Oregonian*, November 7, 1909.

[67] AR (1909), Cedar Rapids Public Library, pp. 7–9; Purd B. Wright, *Historical Sketch of the Kansas City Public Library, 1911–1936* (Kansas City: Privately Printed, 1937), pp. 35, 67; Mabel Newhard, "The Use of the Victrola in the Virginia (Minn.) Public Library," *Wisconsin Library Bulletin* 10 (1914): 76; "Victrola Concert at Public Library," *Grand Forks* [ND] *Daily Herald*, February 6, 1916; "Libraries and Librarians," *CSM*, May 10, 1916; "Libraries and Librarians," *CSM*, June 14, 1916; "Library Will Add Music to Its Equipment," *Hobart* [OK] *Daily Republican*, September 2, 1916; "100 Attend Concert," *Duluth* [MN] *News-Tribune*, December 18, 1916.

[68] "The Day of Public Libraries," *WP*, April 22, 1900; "Public Libraries in America," *LAT*, June 11, 1900.

[69] Douglas A. Galbi, "Book Circulation per U.S. Public Library User since 1856," *Public Library Quarterly* 27 (2008): 356; *Statistical Abstract of the United States, 1917* (Washington, DC: Government Printing Office, 1918), p. 831.

[70] Arthur E. Bostwick, *The American Public Library* (New York: Appleton 1910), pp. 1–2, 19.

第 5 章

[1] "Pawtucket Women to Work for Soldiers," *Pawtucket* [RI] *Times*, November 13, 1914; "Readers Demand Books on Peace," *Duluth* [MN] *News-Tribune*, May 11, 1915; "Kaiser's Portrait, Gift to Roosevelt, Destroyed by Mob," *Philadelphia Inquirer*, July 29, 1918; "Follow the War by the Map," *Kansas City Star*, July 9, 1916; Annual Report (AR) (1916), Detroit Public Library, p. 6.

[2] William Howard Brett, "The Round Table," *Cleveland Public Library Staff Newsletter* (1917): 7; "There Will Be a Better Atmosphere . . .," [Portland] *Oregonian*, August 16, 1918; "Pro-German Books in Public Libraries," *CSM*, January 3, 1918; "Many Books Barred from Army Reading" *NYT*, September 1, 1918; "Carnegie Library Bars Hearst's Publications," *LAT*, July 17, 1918; "Redlands Library and Lodge Bar Out Hearst," *Fort Wayne* [IN] *News Sentinel*, July 19, 1918; "Bar Hearst Newspapers from Cincinnati Schools," *Fort Wayne* [IN] *News*, May 31, 1918; "To Remove German Books," *Fort Wayne* [IN] *News*, September 25, 1918; "Shuts Out Hearst Papers," *NYT*, June 1, 1918; "Hearst Barred in Cincinnati," *LAT*, June 2, 1918; "The Fulton Library and the Star," *Kansas City Star*, June 14, 1918; "The Star in the War," *Kansas City Star*, June 17, 1918; "A New York View of Fulton," *Kansas City Star*, June 26, 1918.

[3] "Library Retains German Books," *CSM*, August 9, 1918; "Editorial," *Belleville* [IL] *News Democrat*, May 7, 1918.

[4] "Food Conservation Posters by School Children at Library," *Dallas Morning News*, April 10, 1918; "'Lighter Reading Aids Book Sales, Librarian Finds," *CSM*, November 6, 1936; AR (1918), Carnegie Library of Pittsburgh, p. 52.

[5] AR (1925), Cleveland Public Library, pp. 28; 94–95; AR (1921), Galesburg (IL) Public Library, pp. 4–5; AR (1922), Cedar Rapids Public Library, p. 7.

[6] Isabella M. Cooper (ed.), *A.L.A. Catalog, 1926: An Annotated Basic List of 10,000 Books* (Chicago: American Library Association, 1926), pp. 120–121.

[7] AR (1926), Brookline (MA) Public Library, pp. 304–306.

[8] "Best Seller Sleuths," [San Jose] *Evening News*, January 17, 1921; Bel Kaufman, "The Liberry," *NYT*, July 23, 1976; Douglas A. Galbi, "Book Circulation per U.S. Public Library User since 1856," *Public Library Quarterly* 27 (2008): 356.

[9] "In the Library," *Columbus* [GA] *Ledger*, March 16, 1919; "Librarians and Soft-Shell Crabs," *Outlook* 138 (1924): 196.

[10] A. J. Badger, "The Story of a Book Detective," *LAT*, September 8, 1929.

[11] George Bobinski, *Carnegie Libraries: Their History and Impact on American Public Library Development* (Chicago: American Library Association, 1969), p. 192; "6,516 Public Libraries in U.S. and Canada," *CT*, July 10, 1926; "Circulating Libraries Carried by Gas Boats," *San Jose* [CA] *Mercury News*, March 15, 1918; "Canneries Appreciate Magazines," *Daily Alaska Dispatch*, May 7, 1918; "Traveling Library Is Popular with Laborers," *Aberdeen* [SD] *News*, June 19, 1922; Kim Briggeman, "Boxcar Library That Served Lumberjacks on Display at Fort Missoula Museum," *Missoulian* [MT], August 30, 2013.

[12] Louisiana Library Commission, *Report on the Louisiana Library Demonstration, 1925–1930* (New York: League of Library Commissions, 1931), pp. 57–59; rural North Carolina resident quoted in Walter M. High III, "A History of the Durham Public Library, 1895–1940," *North Carolina Libraries* 34 (1977): 41.

[13] "Evanston's Library on Wheels," *CT*, June 24, 1920; "A Really Circulating Library," *Independent*, 104 (1920): 309; "Pushcart Brings Books to South End Readers," *Boston Globe*, July 22, 1925; "Work with Schools: Report of the Director, 1927," *Bulletin of the New York Public Library* 32 (1928): 315; "Work with Children: Extension, Report of the Director, 1928," *Bulletin of the New York Public Library* 33 (1929): 422–423.

[14] "A New Form of Library Service," *Outlook* 134 (1920): 205; *Sioux City Public Library Hospital Service, October, 1925* (Sioux City, IA: Star Printing, 1925); Catherine Poyas Walker, "Women Librarians Make Success of Profession," *Atlanta Constitution*, February 19, 1922; AR (1925), Cleveland Public Library, p. 69.

[15] Sam W. Small, "Looking and Listening," *Atlanta Constitution*, December 9, 1928; "Letter to the Editor," [Columbia, SC] *State*, June 22, 1919.

[16] "The Library," *CSM*, February 3, 1926. The following are in the NAACP Papers: "Memorandum on Efforts to Establish Segregated Training School for Librarians," August 25, 1925; Walter F. White (NAACP Assistant Secretary) to ALA President Charles F. D. Beldon, August 28, 1925; White to Frederick Keppel (Carnegie Corp. President), August 29, 1925; Box C-204, NAACP Papers.

[17] "Negro Branch Library," *CSM*, August 13, 1918; Julia Collier Harris, "A Library for Negroes," *Kansas City Star*, July 7, 1921.

[18] Richard Wright, *Black Boy: A Record of Childhood and Youth* (New York: Harper & Brothers, 1937), pp. 214–217, 224.

[19] AR (1929), Cleveland Public Library, pp. 68–70; AR (1930), pp. 63–67; AR (1929), Buffalo Public Library, p. 14.

[20] AR (1922), Milwaukee Public Library, pp. 14–16.

[21] AR (1921), DCPL, pp. 17–18; AR (1926), Des Moines Public Library, p. 13; AR (1927), Davenport Public Library, pp. 18–19; AR (1928), Cedar Rapids Public Library, p. 8; "Book Characters Come to Life," *LAT*, November 20, 1929.

[22] Kathleen M'Laughlin, "Mental Diets Now Selected by Librarians," *CT*, December 31, 1929; William S. Learned, *The American Public Library and the Diffusion of Knowledge* (New York: Carnegie Corporation of New York, 1924), pp. 6, 7, 11, 13.

[23] AR (1922), Milwaukee Public Library, pp. 17–18; "The Library," *CSM*, March 10, 1926; AR (1927), LAPL, pp. 27–28; Carl L. Cannon, "Broadcasting Books," *Bookman* 68 (1929): 563; AR (1929), Buffalo Public Library, pp. 14–15; AR (1928), Boston Public Library, p. 62.

[24] "To the Editor," *NYT*, May 29, 1926; AR (1929), Brooklyn Public Library, p. 30.

[25] Deirdre Carmody, "Library Restores Periodical Room's Splendor," *NYT*, April 6, 1983; John J. Murphy, "Historical Essay," in Willa Cather, *Death Comes for the Archbishop* (Lincoln, NE: University of Nebraska Press, 1999), pp. 352–352; http://americanlibrariesmagazine.org/news/ala/tahlequa-public-library-designated-literary-landmark-altaff-honor-wilson-rawls.

[26] "Library Shy on Dictionaries in Puzzles Craze," *LAT*, December 23, 1924; "Dictionary Is Worn Ragged in New Craze," *LAT*, January 18, 1925; "Time Limit on Dictionary," *NYT*, December 23,

1924; "Letters," *CSM*, October 7, 1918; "Books on Home Brews Asked," *Duluth* [MN] *News-Tribune*, August 24, 1919.

[27] John Cotton Dana, "Public Libraries as Censors," *Bookman* 49 (1919): 147; "Hits Ban on Frank Books," *LAT*, April 30, 1924; Paul Johnson, *A History of the American People* (New York: HarperCollins, 1998), p. 719.

[28] "Customs Censorship," *LAT*, June 23, 1929; Jennie M. Flexner, *Circulation Work in Public Libraries* (Chicago: American Library Association, 1927), p. 122.

[29] AR (1927), LAPL, p. 27; "In Our Own Library," *CT*, May 15, 1927; "Library Censorship," *CT*, May 21, 1927; "Censorship," *CT*, September 18, 1927; "Library Censors Shunt Racy Novels to 'Purgatory Shelf,'" *Duluth* [MN] *News Tribune*, September 26, 1920.

[30] "Library Bars Ford Weekly," *NYT*, February 26, 1921; "Ban on Ford Sheet," *NYT*, February 27, 1921; "Won't Bar Ford's Paper," *NYT*, March 28, 1921; "Public Libraries and Ford Weekly," *CSM*, March 8, 1921; "Library Censors and Ford Weekly," *CSM*, March 15, 1921; "Ford Paper Is Not to Be Barred," *CSM*, March 29, 1921.

[31] "Darwin Works Are in Demand," *Lexington* [KY] *Herald*, February 5, 1922; "Evolution Books Eagerly Sought Now," *Atlanta Constitution*, September 17, 1925; "Little Demand in City for Books on Evolution," *Boston Globe*, July 14, 1925; William Cole, "The Heart of the New York Public Library . . .," *NYT*, March 26, 1972.

[32] "Wants Dictionary Out of Library," *Charlotte* [NC] *News*, September 2, 1922; "More 'Seeing' Red," *Atlanta Constitution*, September 8, 1922; William Hale Thompson, "Are We Victims of British Propaganda? 1—Patrons and Propagandists," *Forum* 79 (1928): 503.

[33] "Thompson Starts Hunt in Libraries," *CT*, October 21, 1927; "Find John Bull Is the Founder of Our Library," *CT*, October 23, 1927.

[34] "Four 'British' Books Seized in Chicago," *CT*, October 27, 1927; "Library Chiefs Chide Mayor for Book 'War,'" *CT*, November 1, 1927; "Plans Chicago Fire for British Books," *NYT*, October 22, 1927; "Thompson Stirs Jeers and Praise," *NYT*, October 30, 1927; "Mr. Thompson's Little British War," *Independent* 119 (1927): 444.

[35] "Learned Anarchy in Public Library," *Pawtucket* [RI] *Times*, December 5, 1919; "Syndicalists Posting Literature in Library," *LAT*, November 14, 1919; "'Red' Literature in Public Library," *LAT*, December 13, 1920; "Prosecutor to Press Charges," *Salt Lake Telegram*, November 14, 1919; "Liquor Recipes Censored," *Salt Lake Telegram*, January 21, 1920.

[36] Corinne Bacon (comp.), *Standard Catalog Series: Fiction Catalog* (New York: H.W. Wilson, 1931), pp. 11–12.

[37] AR (1919), LAPL, p. 32; "New Library Rule Helpful," *Grand Forks* [ND] *Herald*, June 25, 1921; Annual Report, 1923, Seward Park, Box 1, NYPL Branch Archives.

[38] AR (1920), LAPL, pp. 24–25; AR (1926), SLPL, pp. 75–76; "The Roundup," *Albuquerque Morning Journal*, May 22, 1922.

[39] AR (1929), Detroit Public Library, pp. 6, 12; AR (1921), LAPL, p. 26.

[40] AR (1919), Detroit Public Library, p. 9; AR (1921), LAPL, pp. 26–27.

[41] Marjorie Nicolson, "The Professor and the Detective," *Atlantic Monthly* 143 (1929): 483–493; Barbara Ryan, "'A Real Basis from Which to Judge,'" in Barbara Ryan and Amy M. Thomas (eds.), *Reading Acts: U.S. Readers' Interactions with Literature, 1800–1950* (Knoxville, TN: University of Tennessee Press, 2002) p. 161.

[42] Jane Greer, "'Ornaments, Tools, or Friends': Literary Reading at the Bryn Mawr Summer School for Women Workers, 1921–1933," in *Reading Acts*, pp. 179, 182, 189, 191, 193, 194–5.

[43] Jennifer Parchesky, "'You Make Us Articulate': Reading, Education, and Community in Dorothy Canfield's Middlebrow America," in *Reading Acts*, pp. 231, 238, 239–240, 245, 246.

[44] "Saturday Book Marketing," *CSM*, June 13, 1924.

[45] Kathleen Chamberlain, "'Wise Censorship,' Cultural Authority and the Scorning of Juvenile Series, Books, 1890–1940," in Lydia Cushman and Deirdre Johnson (eds.), *Scorned Literature: Essays on the History and Criticism of Popular Mass-Produced Fiction in America* (Westport, CT: Greenwood Press, 2002), pp. 187–211; "Not for Boys and Girls," *Wisconsin Library Bulletin* 22 (1927): 95–96; *Library News & Notes* 9 (1928): 61; *Library News & Notes* 10 (1929): 102.

[46] Ernest F. Ayres, "Not to Be Circulated?" *Wilson Bulletin* 3 (1929): 528–529.

[47] Isaac Asimov, *In Memory Yet Green: The Autobiography of Isaac Asimov* (Garden City, NY: Doubleday),
pp. 89, 90; Isaac Asimov, "The Library Book," in *The Best Mysteries of Isaac Asimov* (Garden City,
NY: Doubleday, 1986), p. 261; Jerry Griswold, "Young Reagan's Reading," *NYT*, August 30, 1981;
Arthur Bartlett Maurice, "Chronicle and Comment," *Salt Lake Telegram*, July 30, 1922; "Review of the
'Dime Novel,'" *CSM*, August 19, 1922; Edmund Lester Pearson, "Beadle's Dime Novels," *Independent*,
109 (1922): 37.

[48] "Because of the Absence of Crime . . . ," *Wyoming State Tribune*, February 10, 1921; "Police Station
Is Library," *Salt Lake Telegram*, October 23, 1921; http://heritage.wisconsinlibraries.org/2009/03/
railroad-car-library.html; Helen Hooven Santmyer, *Ohio Town* (New York: Harper & Row, 1984),
p. 187.

[49] James O'Donnell Bennett, "Whole Town of Book Lovers on Illinois Prairie," *CT*, July 30, 1926;
"Noontime Browsing in Boston Library's Courtyard," *CSM*, July 11, 1924; "Courtyard of Boston
Public Library Has Become Open-Air Reading Room," *Boston Globe*, July 27, 1924; "Librarian Finds
Readers' Choice Widespread," *Idaho Statesman*, December 9, 1922.

[50] AR (1925), Detroit Public Library, pp. 6–7; AR (1920), LAPL, pp. 35–36; AR (1922), LAPL,
pp. 11–12; AR (1920), Cleveland Public Library, p. 13.

[51] James Bond, "Louisville Negroes and the Public Library System," *Philadelphia Tribune*, August 4,
1927; Lillian Taylor Wright, "Thomas Fountain Blue, Pioneer Librarian, 1866–1935," Master's thesis,
Atlanta University, 1955, p. 27.

[52] Isabel Wilkerson, *The Warmth of Other Suns: The Epic Story of America's Great Migration*
(New York: Random House, 2010), p. 181; AR (1921), Cleveland Public Library, p. 28; AR (1922),
Cleveland Public Library, p. 23; AR (1925), Cleveland Public Library, pp. 57–58; AR (1926),
Cleveland Public Library, pp. 65–66; AR (1928), Cleveland Public Library, p. 49; AR (1929),
Cleveland Public Library, p. 44.

[53] AR (1920), Carnegie Library of Pittsburgh, p. 39; AR (1925), Carnegie Library of Pittsburgh,
pp. 1–12; AR (1929), Carnegie Library of Pittsburgh, p. 13.

[54] "Chisholm's Clubs, Lodges, and Societies," *Duluth* [MN] *News-Tribune*, July 18, 1920; "Public Library
to Stage Smoker," *Duluth* [MN] *News-Tribune*, December 1, 1919; AR (1920), LAPL, pp. 35–36.

[55] "Library Allows Many Privileges to Men," *San Jose* [CA] *Mercury Herald*, August 20, 1920; "Silence
Kept in Library by Tact and Vigilance," *NYT*, October 25, 1925; "Library's Ban on Shirtsleeves
Upheld," *NYT*, July 24, 1926.

[56] "Romance Not Dead in Small Downtown Park," *Fort Worth* [TX] *Star-Telegram*, October 8, 1922;
Anthony Balas, "Why Men Read," *CT*, March 3, 1927; "Library Lights Start All-Night Vigils to
Discourage 'Spooners' on the Terrace," *NYT*, April 7, 1925;
Timothy Jacobson, *Knowledge for Generations: Wiley and the Global Publishing Industry, 1807–2007*
(Hoboken, NJ: John Wiley, 2007), p. 135.

[57] "Someone Ought to Call Attention . . .," *Duluth* [MN] *News-Tribune*, December 8, 1918; "Forbidden,"
[Biloxi, MS] *Daily Herald*, February 3, 1921; AR (1926), SLPL, p. 30.

[58] "Aliens and the Public Library," *CSM*, August 11, 1922; "Citizenship through Libraries," *NYT*,
October 8, 1928.

[59] AR (1922), SLPL, pp. 94–95; AR (1921), Cleveland Public Library, pp. 25; 27; AR (1925), Cleveland
Public Library, pp. 58–59; AR (1928), Cleveland Public Library, p. 48.

[60] AR (1929), Denver Public Library, pp. 13–14.

[61] "Barrooms to Be Used for Reading Room," *Duluth* [MN] *News-Tribune*, April 4, 1920; "No Substitute
for Abolished Saloon Has Been Offered," *Anaconda* [MT] *Standard*, January 13, 1919; "City Now
Flooded," *Macon* [GA] *Weekly Telegraph*, September 15, 1919; Florence M. Jumonville, "Books along
the Bayous: Reading Materials for Two Centuries of Rural Louisianans," in Robert S. Freeman and
David M. Hovde (eds.), *Libraries to the People: Histories of Outreach* (Jefferson, NC: McFarland, 2003),
p. 21; "Public Library Will Be Closed Wednesday," *Belleville* [IL] *News Democrat*, February 11, 1919;
"Holiday at Library," *San Jose* [CA] *Mercury Herald*, February 11, 1919; "Georgia Day Celebration
This Evening at the Public Library," *Columbus* [GA] *Ledger*, February 14, 1919; "Lee's Anniversary,"
Columbus [GA] *Ledger*, January 19, 1920.

[62] Jeffrey A. Kroessler, *Lighting the Way: The Centennial History of the Queens Borough Public Library, 1896-1996* (Virginia Beach, VA: The Donning Company Publishers, 1996), p. 23; "Cupid's Nudity Shocked," *Pueblo* [CO] *Chieftain*, February 5, 1919.

[63] AR (1920), Boston Public Library, p. 35.

[64] Jack D. Hess, "Childhood Memories of Books, Libraries and Librarians," *Top of the News* 43 (1986): 88; "Story Telling Hour Makes a Hit with the Kiddies," *Duluth* [MN] *News-Tribune*, July 13, 1919; AR (1923), Carnegie Library of Pittsburgh, p. 9.

[65] Raymund F. Wood, "The Traveling Libraries of California," *News Notes of California Libraries* 71 (1976): 48; "Milwaukee Sets Up Bird 'Lunch Rooms,'" *CSM*, February 11, 1928.

[66] Louise B. Caccamise, *Echoes of Yesterday: A History of the DeLand Area Public Library, 1912–1995* (New Smyrna Beach, FL: Luthers, 1995), p. 140.

[67] AR (1927), Des Moines Public Library, p. 21; "Canned Music Libraries," *Anaconda* [MT] *Standard*, August 7, 1921.

[68] AR (1919), SLPL, p. 57; "Librarian Finds Readers' Choice Widespread," *Idaho Statesman*, December 9, 1922; AR (1929), Brooklyn Public Library, p. 31; Ronald F. Sigler, "A Rationale for the Film as a Public Library Resource and Service," *Library Trends* 27 (1978): 11–12.

[69] "Radio Supersedes Books?" *LAT*, July 2, 1922; *A Survey of Libraries in the United States, Volume 3* (Chicago: American Library Association, 1926), p. 215; "Radio Association to Meet at Library," *Salt Lake Telegram*, February 1, 1921; AR (1926), Buffalo Public Library, p. 19; AR (1928), Cincinnati Public Library, p. 10; "Public Library Aided by Radio," *CSM*, December 30, 1924.

[70] AR (1920), Cincinnati Public Library, pp. 17–18; AR (1928), Cleveland Public Library, p. 57; "Chevy Chase Library Has Fashion Review," *WP*, March 24, 1928.

[71] Nathaniel T. Kidder, *The First Sixty Years of the Milton Public Library, 1870–1931* (Milton, MA: Privately Printed, 1932), p. 92; Paul Weingarten, "United Cow Town Trying to Rescue 'City's Cultural Soul,'" *CT*, August 15, 1990; "Pictures Now Lent Like Library Books," *CSM*, April 10, 1929; *The Long Beach Public Library: How It Serves the Community* (Long Beach, CA: Long Beach *Telegram*, 1919), p. 1.

[72] AR (1926), Denver Public Library, p. 3; "Books Are Known in the Twentieth Century," *Kansas City Star*, December 29, 1922.

[73] AR (1927), Bangor (ME) Public Library, p. 14; Arthur E. Bostwick, "The Socialization of the Library," *The Bookman* 51 (1920): 668.

[74] John Cotton Dana, "The Librarian's Business," *NYT*, October 4, 1926.

第 6 章

[1] "Report of the Director, 1938," *Bulletin of the New York Public Library* 43 (1949): 227, 237.

[2] Paul Johnson, *A History of the American People* (New York: HarperCollins, 1998), p. 743.

[3] "Library Depressions," *NYT*, June 3, 1932; David Morris, "All Hail the PUBLIC Library," http://www.onthecommons.org/all-hail-public-library; "Public Library Halts Purchase of New Books," *CT*, June 18, 1931; Carl Roden, "The Library in Hard Times," *LJ* 56 (1931): 984–987; Annual Report (AR) (1934), Brooklyn Public Library, p. 19; "Report of the Director, 1934," *Bulletin of the New York Public Library* 39 (1934): 276, 279; "Shelves Fill Up as Books Return," *CSM*, October 19, 1932.

[4] AR (1935), LAPL, p. 39; Margaret K. McElderry, "Remarkable Women: Anne Carroll Moore & Company," *School Library Journal* 38 (1992): 159, 160.

[5] "Citizens Help Library Situation," *CSM*, May 6, 1933; "Gift of Books Will Replenish Library Stocks," *CT*, November 15, 1933; "School Children Will Collect Books to Aid Public Library Drive," *CT*, March 23, 1934; "30,000 Volumes Given to Public Library in First Week of Drive," *CT*, March 26, 1934.

[6] "Citizens Help Library Situation," *CSM*, May 6, 1933; "U.S. Libraries Declared Inadequate," *CSM*, August 30, 1939; Wilhelm Munthe, *American Librarianship from a*

European Angle: An Attempt at an Evaluation of Policies and Activities (Chicago: American Library Association, 1939), p. 16.

[7] Edward Barrett Stanford, *Library Extension under the WPA* (Chicago: University of Chicago Press, 1944), pp. 50, 96–97; Elaine van Oesen, "Public Library Extension in North Carolina and the WPA," *North Carolina Historical Review* 29 (1952): 387.

[8] AR (1936), Denver Public Library, pp. 5–7; "'O-Fillers' Please Stop," *NYT*, June 14, 1945; AR (1938), SLPL, p. 19; "Books to Shut-ins," *Kansas Library Bulletin* 6 (1937): 6–7.

[9] Kathleen R. Hodges (ed.), *A Light in the Window of Idaho: Boise's Public Library, 1895–1995* (Boise, ID: Friends of the Boise Public Library, 1995), pp. 66–67; AR (1933), Buffalo Public Library, pp. 24–27; Ellen Braby and Janet Hunt, *The Santa Monica Public Library, 1890–1990* (Santa Monica, CA: Santa Monica Public Library, 1990), pp. 19–22, 47, 50; AR (1935), Dayton Public Library, p. 37.

[10] Ranya Ducker Finchum and Allen Finchum, "Not Gone with the Wind: Libraries in Oklahoma in the 1930s," *Libraries & the Cultural Record* 46 (2011): 290; "Pack Horse Library in the Hills," *CSM*, September 3, 1935; Marjorie Schuler, "By Mail, Pack Horse, and Wagon, Books Reach Village and Farm," *CSM*, April 4, 1939.

[11] "Here Comes the Bookmobile!" *Kansas City Star*, May 19, 1940.

[12] "Library Takes to the Trail," *CSM*, November 14, 1939; AR (1931), Dayton Public Library, pp. 7–8; "Build Trailer Library for Children," *CT*, July 13, 1939; "Letter to the Editor," *CT*, June 23, 1940.

[13] Munthe, *American Librarianship from a European Angle*, p. 46; AR (1935), Carnegie Library of Pittsburgh, p. 5; "Report of the Director, 1935," *Bulletin of the New York Public Library* 40 (1936): 222; Kathleen M. Rassuli and Stanley C. Hollander, "Revolving, Not Revolutionary Books: The History of Rental Libraries until 1960," *Journal of Macromarketing* 21 (2001): 125.

[14] "Messengers Speed Books to New Rochelle Readers," *NYT*, March 23, 1936; "Library Service," *CSM*, April 29, 1936; AR (1935), Dayton Public Library, p. 24.

[15] "Library Service," *WP*, April 29, 1934; "Stresses Demand for 'Hard' Books," *NYT*, May 13, 1936; Eric Novotny, "'Bricks without Straw': Economic Hardship and Innovation in the Chicago Public Library during the Great Depression," *Libraries & the Cultural Record* 46 (2011): 266; Joyce G. Saricks and Nancy Brown, *Readers' Advisory Service in the Public Library* (Chicago: American Library Association, 1989), p. 5; John Chancellor, Miriam D. Tompkins, and Hazel I. Medway, *Helping the Reader toward Self-Education* (Chicago: American Library Association, 1938).

[16] Margaret Root Zahler, "Is Attracting the Public to Good Books," *CSM*, May 28, 1940; AR (1944), East Orange (NJ) Free Public Library, p. 6.

[17] Dorothea Kahn, "To Change the Subject: Children's Library, 1943 Style," *CSM*, June 24, 1943; "Youths of Public Library Branch in Harlem Will Open Their Own Clubhouse Tonight," *NYT*, April 4, 1945; Miriam Braverman, *Youth, Society, and the Public Library* (Chicago: American Library Association, 1978), pp. 33–34, 124.

[18] "Depression Booms Library," *WP*, April 24, 1932; Louis Round Wilson, *The Geography of Reading: A Study of the Distribution and Status of Libraries in the United States* (Chicago: University of Chicago Press, 1938), pp. 32–33, 191–192, 252, 257, 263; "Libraries as Civic Centers," *CSM*, July 29, 1936; Margaret M. Herdman, "The Public Library in the Depression" (Ph.D. diss., University of Chicago, 1941), pp. 1–6, 68–70.

[19] L. H. Robbins, "The Rediscovery of the Public Library," *NYT*, June 12, 1932; "America Carries On with the Library's Aid," *NYT*, May 20, 1934; "Public Library," *CSM*, August 16, 1939.

[20] "Jersey Dry Leader Would Ban Liquor Recipes from Library," *NYT*, March 11, 1932; Ernest and Julio Gallo, *Ernest and Julio: Our Story* (New York: Times Books, 1994), pp. 55–56.

[21] Woody Guthrie, *Bound for Glory* (New York: E.P. Dutton, 1943), p. 226; Joe Klein, *Woody Guthrie: A Life* (New York: Alfred A. Knopf, 1980), pp. 68, 69; http://www.lorain.lib.oh.us/author_biography.

[22] Transcript, Oral History Interview with Annie Watters McPheeters, Collection No. aarlohe 92–001, Auburn Avenue Research Library on African American Culture, Atlanta, GA, pp. 54–56.

[23] Steven Gilbar (ed.), *The Open Door: When Writers First Learned to Read* (Boston: David R. Godine, 1989), pp. 105–106.

[24] Jade Snow Wong, "A Repository of Treasures," in Timothy Jacobson, *Knowledge for Generations: Wiley and the Global Publishing Industry, 1807–2007* (Hoboken, NJ: John Wiley, 2007), p. 215; Judy Yung, "History of the Chinatown Branch Library," June 11, 2011, copy in possession of author.

[25] Louise S. Robbins, *Censorship and the American Library: The American Library Association's Response to Threats to Intellectual Freedom, 1939–1969* (Westport, CT: Greenwood Press, 1996), Chapter 1.

[26] Stanley Kunitz, "That Library Serves Best . . .," *Wilson Library Bulletin* 13 (1939): 314; "Libraries Held Vital to Democracy," *CSM*, June 3, 1940; Lucia Mouat, "How to Screen Children's Books for Prejudice," *CSM*, February 26, 1979; Cathy Chance, "Sambo's under Fire," *New York Amsterdam News*, September 15, 1979; "Substitutes for Unrecommended Juveniles," *LJ* 57 (1932): 391; "Not for Boys and Girls," *Wisconsin Library Bulletin* 29 (1933): 175; "Not for Boys and Girls," *Michigan Libraries* 10 (1944): 17–18; "Not for Boys and Girls," *Iowa Library Quarterly* 14 (1944): 178–185.

[27] Doris Lockerman, "1914 and Today: Reading Tastes Show a Change," *CT*, October 11, 1939; "Anne Lindbergh's New Book Banned by Long Island Library," *LAT*, January 7, 1939; John Fleischman, *Free & Public: One Hundred and Fifty Years of the Public Library of Cincinnati and Hamilton County, 1853–2003* (Cincinnati: Orange Frazer Press, 2003), p. 83; "Hitler's Book Rises in Demand at Library," *NYT*, January 12, 1939; "'Mein Kampf' in Demand," *CSM*, January 12, 1939.

[28] "Libraries Resist Censoring of Book Shelves," *CSM*, January 3, 1939; AR (1940), Fort Wayne Public Library, p. 29.

[29] Jeanne S. Chall, "The Impact of Public Libraries in Children," in Edward G. Doyle, *A Commemorative History of the Cambridge Public Library* (Cambridge, MA: Cambridge Public Library, 1989), pp. 102–103.

[30] Douglas Waples, Leon Carnovsky, and William M. Randall, "The Public Library in the Depression," *Library Quarterly* 2 (1932): 328–330; Lila Hanft, "Public Libraries Are as Important as the Military, Says E. L. Doctorow," *Cleveland Jewish News* 96 (2005): 77; John Updike, *Odd Jobs: Essays and Criticism* (New York: Alfred A. Knopf, 1991), pp. 837–838.

[31] Dale Kramer, "Main Street in 1940: Sigourney, Iowa," *Forum and Century* 53 (1940): 166.

[32] "For It Was Indeed He," *Fortune* 9 (1934): 86; Kim Winship, "Faithful Readers," *Syracuse New Times*, March 10, 1993; Judith Hennessee, *Betty Friedan: Her Life* (New York: Random House, 1999), p. 12; Sandra Day O'Connor and H. Alan Day, *Lazy B: Growing Up on a Cattle Ranch in the American Southwest* (New York: Random House, 2002), p. 229; Sydney Ladensohn, *Gloria Steinem: Her Passions, Politics, and Mystique* (Secaucus, NJ: Barol Publishing Group, 1997), p. 26; Shirley Chisholm, *Unbought and Unbossed* (Boston: Houghton Mifflin, 1970), p. 19; Carolyn Stewart Dyer and Nancy Tillman Romalov (eds.), *Rediscovering Nancy Drew* (Iowa City, IA: University of Iowa Press, 1995), pp. 98, 102.

[33] S. G. Reid to "Fenworth Moore," June 11, 1933; Shirley Beman and Shirley Levine to "Miss Alice B. Emerson," August 17, 1931; Robert McIntyre to "Mr. Appleton," October 1, 1930, "Incoming Fan Mail," all in Box 56, Stratemeyer Papers.

[34] Mary Vernon Charnley to "Mr. Appleton," n.d.; Lillie M. Nickerson to "Mr. Appleton," May 15, 1933; Joseph Schroth to "Sir," January 1, 1932, "Incoming Fan Mail," all in Box 56, Stratemeyer Papers.

[35] "Mayor's Secret of Success: Read Horatio Alger," *CT*, October 10, 1937.

[36] "'Little Women's Library' Shows Huge Success," *WP*, March 3, 1935; "Little Cripples Find a Friend in Girl of 14," *CT*, September 8, 1940.

[37] AR (1931), Dayton Public Library, pp. 9–11; Charles H. Compton, *Twenty-Five Crucial Years of the St. Louis Public Library, 1927 to 1952* (St. Louis: St. Louis Public Library, 1953), pp. 151, 157.

[38] E. B. White, "The Librarian Said It Was Bad for Children," *NYT*, March 6, 1966.

[39] Joseph L. Wheeler and Alfred M. Githens, *The American Public Library Building: Its Planning and Design with Special Reference to Its Administration and Service* (New York: Charles Scribner's Sons, 1941), pp. 1–4, 7, 9; Munthe, *American Librarianship from a European Angle*, pp. 52–53, 56.

[40] Agnes Rush Burr, "An Unique Civic Institution, and the Woman Who Evolved It," *LAT*, October 10, 1930; T. Morris Longstreth, "Report on a Small Town Library," *CSM*, August 19, 1943; C.

H. Cramer, *Open Shelves and Open Minds: A History of the Cleveland Public Library* (Cleveland: Press of Case Western Reserve University, 1972), p. 167.

[41] "Where There's a Will There's a Way," *Kansas Library Bulletin* 6 (1937): 8; "Nebraska Women Turn Gas Station into Library," *CSM*, June 26, 1940.

[42] AR (1930), SLPL, pp. 70–71; AR (1938), SLPL, p. 23; Elsie Madison, "Chaos Taught Us to Read," *LAT*, September 8, 1935.

[43] Michael Kane, "Peculiar Pastimes," *Life* 103 (1936): 15; Saul Bellow, "Facts That Put Fancy to Flight," *NYT*, February 11, 1962.

[44] Michael V. Hazel, *The Dallas Public Library: Celebrating a Century of Service, 1901-2001* (Denton: University of North Texas Press, 2001), pp. 74–75; "Survey Shows Book Lending Is Only Part of Library Work," *CSM*, February 25, 1936.

[45] Helen Johnson Keyes, "Where Library Brings Forty Nationalities Together," *CSM*, October 18, 1941.

[46] "Pratt Library Stoops to Jim Crow," [Baltimore] *Afro-American*, May 19, 1934; Matt Spengler, Eddie Becker, and Julian Bond, *Out of Obscurity: The Story of the 1939 Alexandria Library Sit-In* (Spring Lake, MI: River Bend Productions, 1999); Helen Snow, *The Greensboro Public Library: The First 100 Years* (Greensboro, NC: Donning Company, 2003), pp. 43–44; Janice A. Radway, "The Library as Place, Collection, or Service: Promoting Book Circulation in Durham, North Carolina, and at the Book-of-the-Month Club, 1925–1945," in Thomas Augst and Kenneth Carpenter (eds.), *Institutions of Reading: The Social Life of Libraries in the United States* (Amherst: University of Massachusetts Press, 2007), pp. 262–263.

[47] Tommie Dora Barker, *Libraries of the South: A Report on Developments, 1930–1935* (Chicago: American Library Association, 1936), pp. 35–36, 199–201; Louis Round Wilson, "The Role of the Library in the Southeast in Peace and War," *Social Forces* 21 (1943): 464; "Free Library," *New York Amsterdam News*, September 3, 1938; R. L. Duffus, *Our Starving Libraries: Studies in Ten American Communities during the Depression Years* (Boston: Houghton Mifflin, 1933), p. 70.

[48] Julia Moriarty, "Library Service to Negroes," AR (1943), Hartford Public Library, pp. 16–19.

[49] Roy Petty, "Library Gets Grant to Restore Its Black Writers' Collection," *CT*, January 22, 1970; Emily Guss, "Cultural Record Keepers: Vivian G. Harsh Collection of Afro-American History and Literature, Carter G. Woodson Regional Library, Chicago Public Library," *Libraries & the Cultural Record* 45 (2010): 360–361; Anne Meis Knupfer, *The Chicago Black Renaissance and Women's Activism* (Urbana: University of Illinois Press, 2006), p. 63.

[50] Helen Johnson Keyes, "The Negro's Niche in American History," *CSM*, May 2, 1942; "Interview of Baker, Augusta, 1911–1988," May 7, 1989, in *Speaking of History: The Words of South Carolina Librarians*, http://asp6new.alexanderstreet.com/orhi/orhi.result.words.asap?word=public+library&narrator=age&birth.

[51] David Leeming, *James Baldwin: A Biography* (New York: Henry Holt, 1994), pp. 13, 22–23; Audre Lorde, *Zami: A New Spelling of My Name* (Trumansburg, NY: Crossing Press, 1982), pp. 22–23.

[52] "Library Exhibit Portrays Role of Negro in U.S.," *CT*, February 15, 1944; "Exhibit Serves to Debunk Myth of Race Superiority," *New York Amsterdam News*, February 10, 1945.

[53] Ellen Tarry, "'Inspired,' Is the World of Augusta Braxton Baker, Children's Librarian," *New York Amsterdam News*, August 29, 1942; "Annual Report, 1943, George Bruce Branch," Box 7, NYPL Branch Archives.

[54] Evelyn Geller, *Forbidden Books in American Public Libraries, 1876–1939: A Study in Cultural Change* (Westport, CT: Greenwood Press, 1984), p. 152; Joyce M. Latham, "'A Liberal and a Dignified Approach,' The John Toman Branch of the Chicago Public Library and the Making of Americans, 1927–1940," in Christine Pawley and Louise Robbins (eds.), *Libraries and Print Culture* (Madison, WI: University of Wisconsin Press, 2012), pp. 111–128; Novotny, "Bricks without Straw," p. 270.

[55] Seymour Korman, "Children Scared by WPA Mural in an Iowa Library," *CT*, January 11, 1941.

[56] C. S., "The Story-Telling Hour," *CSM*, September 19, 1932; "When It's Time for Story Hour," *CSM*, April 30, 1936.

[57] Marion Humble, *Rural America Reads: A Study of Rural Library Service* (New York: American Association for Adult Education, 1938), pp. 29, 61–62; George Gallup, "The Favorite Books of Americans," *NYT*, January 15, 1939; "The Librarian Provides a Preview," *CSM*, April 16, 1936; Louise Pendry, "From Movies to Books," *CSM*, October 27, 1936.

[58] AR (1930), Cleveland Public Library, p. 26; *A Brief History of the Cuyahoga County Public Library, 1923–1998* (Cleveland: Cuyahoga County Public Library, 1998), pp. 9–10; Judith-Ellen Brown, "Meet Your Public Library," *CSM*, July 11, 1942; "Report of the Director, 1937," *Bulletin of the New York Public Library* 42 (1938): 214, 217, 225.

[59] Shirley Schuette and Nathania K. Sawyer, *From Carnegie to Cyberspace: 100 Years at the Central Arkansas Library System* (Little Rock, AR: Butler Center Books, 2010), p. 46; "Circulating Records," *NYT*, September 14, 1941; "New Music Room Is Opened at Public Library in Quincy," *CSM*, April 26, 1940; "Letter to the Editor," *CT*, November 30, 1943.

[60] "Report of the Director, 1939," *Bulletin of the New York Public Library* 44 (1940): 235; "Annual Report, 1946," Fort Washington Branch, Box 3, NYPL Branch Archives. Playbills in Box 2.

[61] Barbara Miller, "Have You a Card for the Toy Library?" *LAT*, August 30, 1936.

[62] "Annual Report, 1941, Riverside Branch," Box 11, NYPL Branch Archives.

[63] "Reading Is Halved in Public Libraries," *NYT*, July 8, 1943; "Annual Reports, Chatham Branch Library, 1942," Box 1; "Informal & Annual Reports, Children's Room, 1942," Fort Washington Branch Records, Box 4; "Annual Report, 1941," Fordham, Library Center, Box 4; "Seward Park Branch Library Report," Box 3, NYPL Branch Papers.

[64] AR (1942), LAPL, p. 4; "Reading Habits Changed by War," *LAT*, March 2, 1942; George Weinstein, "Libraries Go Modern," LAT September 16, 1945; "Library Maps, Charts in Great Demand," *CT*, December 16, 1941; "Have You a Query about War Activity?" *CSM*, April 4, 1942; AR (1943), East Orange Free Public Library, pp. 4–5; Bernice Stevens, "The Library Leaves Its Ivory Tower," *CSM*, June 19, 1943.

[65] "Public Library Has New Place in War World," *WP*, October 11, 1942; "Government Girls Find Relaxation in Reading," *WP*, January 17, 1943; "Library's War Reading Room Opens Tuesday," *WP*, May 3, 1942.

[66] "Seward Park Branch Report," Box 3; "Annual Report, 1945, Hamilton Fish Branch Library," Box 7, NYPL Branch Archives; *"No More Books": The New York Public Library in 1938* (New York: New York Public Library, 1939), pp. 8–9.

[67] AR (1942), Buffalo Public Library, pp. 9–13; "Honolulu Library Does Major War Job," *CSM*, May 13, 1944; "'Sweet' War Letters—N.Y. Library Aids," *NYT*, March 5, 1943; "Library Getting Replies from Overseas to Christmas Cards for Former Readers," *NYT*, January 13, 1944.

[68] AR (1943), East Orange (NJ) Public Library, pp. 4–5.

[69] "Thinning Tires Cause Headaches for Librarian," *LAT*, October 11, 1942; "Library Book Wagon a Casualty of War," *NYT*, September 14, 1944; Margaret A. Edwards, *The Fair Garden and the Swarm of Beasts: The Library and the Young Adult* (Chicago: American Library Association, 2002), p. 43.

[70] "Book Burning Marked by 1,000 at Library," *NYT*, May 11, 1943; "Libraries Report Reading Changes," *NYT*, December 27, 1943; "Public Found Reading Less but Demand Is for Quality," *CSM*, December 28, 1943.

[71] "Annual Report, 1946, St. George Branch," Box 11; "Annual Report, 1941, Muhlenberg Branch," Box 10; "Annual Report, 1944, Ottendorfer Branch," Box 10, NYPL Branch Archives.

[72] "Librarians Are Regularly Asked Silly Questions," *Seattle Post-Intelligencer*, September 17, 1991; Jim Okerblom, "Clara Estelle Breed: 'Library Lady' Who Guided City's Modern System," *San Diego Union-Tribune*, September 10, 1994.

[73] "Annual Report, 1946, St. George Branch," Box 11; "Annual Report, 1945, St. Agnes Branch," Box 11, NYPL Branch Archives.

[74] US Office of Education, Library Service Division, *Public Library Statistics, 1944–45* (Washington, DC: Government Printing Office, 1946); Douglas A. Galbi, "Book Circulation per U.S. Public Library User since 1856," *Public Library Quarterly* 27 (2008): 356.

第 7 章

[1] Benjamin Fine, "Rising Censorship of Books Assailed," *NYT*, June 15, 1948; Benjamin Fine, "Librarians Plan Censorship Fight," *NYT*, June 16, 1948; "Nation Magazine Ordered Banned in Bay State Colleges," *CSM*, July 16, 1948; Toni Samek, *Intellectual Freedom and*

Social Responsibility in American Librarianship, 1967–1974 (Jefferson, NC: McFarland, 2001), pp. 148–151; Lester Asheim, "Not Censorship, but Selection," *Wilson Library Bulletin* 28 (1953): 63–67.

[2] "Boston's Moral Decay," *CT*, October 3, 1950.

[3] Roger P. Bristol, "It Takes Courage to Stock 'Taboos,'" *LJ* 74 (1949): 261–263; Martha Cornog and Timothy Perper (eds.), *For Sex Education, See Librarian: A Guide to Issues and Resources* (Westport, CT: Greenwood, 1996).

[4] Annual Report (AR) (1957), Fort Wayne (IN) Public Library, pp. 39–40.

[5] "No Censorship, Says Librarian," *WP*, June 13, 1958; "County Lays Library Ban on 'Tropic,'" *WP*, October 21, 1961; "Experts Present Diverse Views at Obscenity Trial of 'Tropic,'" *WP*, October 30, 1962; "Fight for Free Speech a Duty, Says Librarian," *LAT*, April 8, 1962.

[6] Eleanor Frances Brown, *Bookmobiles and Bookmobile Service* (Metuchen, NJ: Scarecrow Press, 1967), p. 76; Bob Sherlock, "Row Erupts in Arcadia over Book Termed 'Blasphemous,'" *LAT*, November 29, 1962; "Long Beach Rejects Ban on 'Blasphemous' Novel," *LAT*, December 5, 1962; "Clergy Panel on Disputed Book Denied," *LAT*, January 31, 1963; "Library Bars Novel Assailed by Priest," *NYT*, April 13, 1963.

[7] Bob Sherlock, "Public Splits on Book Removal," *LAT*, January 24, 1963.

[8] For a deeper analysis of these collections over time, see Wayne A. Wiegand, *Main Street Public Library: Community Places and Reading Spaces in the Rural Heartland, 1876–1956* (Iowa City, IA: University of Iowa Press, 2011), Chapter 5.

[9] Laura J. Miller, *Reluctant Capitalists: Bookselling and the Culture of Consumption* (Chicago: University of Chicago Press, 2006), pp. 27–28, 34–35; Carl F. Kaestle and Janice A. Radway, "A Framework for the History of Publishing and Reading in the United States, 1880–1940," in Carl F. Kaestle and Janice A. Radway (eds.), *The History of the Book in America, Volume 4: Print in Motion; The Expansion of Publishing and Reading in the United States, 1880–1940* (Chapel Hill: University of North Carolina Press, 2009), pp. 7–21.

[10] Marjorie Fiske, *Book Selection and Censorship: A Study of School and Public Libraries in California* (Berkeley: University of California Press, 1959), pp. 64–65. See also Louise S. Robbins, *Censorship and the American Library: The American Library Association's Response to Threats to Intellectual Freedom, 1939–1969* (Westport, CT: Greenwood Press, 1996), p. 103.

[11] William Fulton, "Library Favors Commie Books in Boston Area," *CT*, September 29, 1950.

[12] "Library Stocks Anti-Red Book after Dispute," *CT*, October 14, 1950.

[13] "Burbank Pushes Proposal to Screen Library Books," *LAT*, September 18, 1951; "Book Labeling Proposal Sponsors to Push Fight," *LAT*, October 7, 1951.

[14] "Branding of Books Stirs Texas Battle," *NYT*, June 7, 1953; "Books in San Antonio," *NYT*, June 8, 1953; Stanley Walker, "'Book Branding'—A Case History," *NYT*, July 12, 1953; Gerald Ashford, "Texas 'Book-Branding' Issue Slumbers," *WP*, July 19, 1953; "Library Plans Anti-Red Book Reading List," *WP*, June 14, 1953.

[15] Jean Preer, "The American Heritage Project: Librarians and the Democratic Tradition in the Early Cold War," *Libraries and Culture* 28 (1993): 165–188.

[16] Isaac R. Barfield, "A History of the Miami Public Library, Miami, Florida" (Master's thesis, Atlanta University, 1958), p. 31; "File Suit against Library Practices," *Philadelphia Tribune*, August 12, 1950; "Library Admits Negro," *NYT*, March 23, 1957.

[17] "Civil Rights Roundup," *Philadelphia Tribune*, February 27, 1960; Jeffrey A. Turner, *Sitting In and Speaking Out: Student Movements in the American South, 1960–1970* (Athens: University of Georgia Press, 2010), p. 77.

[18] Louise S. Robbins, "Racism and Censorship in Cold War Oklahoma: The Case of Ruth W. Brown and the Bartlesville Public Library," *Southwestern Historical Quarterly*, 100 (July, 1996): 19–46; P. L. Prattis, "Plain Murder," *Pittsburgh Courier*, January 18, 1958.

[19] Joseph H. Baird, "Atlanta Library Integrates," *CSM*, May 26, 1959.

[20] Marshall Frady, *Jesse: The Life and Pilgrimage of Jesse Jackson* (New York: Random House, 1996), pp. 130–135; "Library Opens at Greenville as Integrated," [Columbia, SC] *State*, September 20, 1960.

[21] Myrlie Evers-Williams and Manning Marable (eds.), *The Autobiography of Medgar Evers: A Hero's Life and Legacy Revealed through His Writings, Letters, and Speeches* (New York: Basic Books, 2005), pp. 228–229.

[22] "Montgomery Library Sued," *Philadelphia Tribune*, May 1, 1962; "New Jim Crow Law May Wipe Out 'Slouching' in Alabama Libraries," *Philadelphia Tribune*, August 25, 1962; Martin Luther King Jr., "The Solid Wall Cracks," *New York Amsterdam News*, April 13, 1963.

[23] Mable Haden Todd, "Negro Reading Matter," *WP*, April 23, 1946; Liz Gant, "'That One's Me!'— New Books for Black Children That Mirror Their World," *Redbook Magazine* 139 (1972): 52–57.

[24] Walter Dean Myers, *Bad Boy: A Memoir* (New York: HarperCollins, 2001), pp. 51–52; Marilyn Johnson and Dana Fineman, "Oprah Winfrey: A Life in Books," *Life* 9 (1997): 44; James Baldwin, *Go Tell It on the Mountain* (New York: Doubleday, 1953), p. 41.

[25] Winifred Gambrill, "Annual Report, January 1947–June, 1948"; "Annual Report, 1949–50," both in Fort Washington Branch Library Records, Box 3, NYPL Branch Archives.

[26] "Librarians, Fed Up with Role of Quiz Kids, Ban Phone Calls Inspired by Radio Queries," *NYT*, September 28, 1946; "Libraries Post Answers to Radio Quiz Programs," *NYT*, September 30, 1946; McCandlish Phillips, "About New York," *NYT*, September 28, 1956; Leonard B. Felkey, *Books along the Wildcat: History of the Kokomo-Howard Co. Public Library* (Kokomo, IN: Library, 1990), p. 201; Miriam Braverman, *Youth, Society, and the Public Library* (Chicago: American Library Association, 1978), p. 161; "Annual Report, Cathedral Branch Library, 1958–1959," Box 1; "Annual Report, 1960–1961, 96th Street Branch," Box 10, NYPL Branch Archives.

[27] "Six Jailed, Fined for Keeping Library Books," *LAT*, February 9, 1961.

[28] "Overdue Library Books Stream in Wake of Arrests," *CT*, February 11, 1961; "Borrowers Swamp Militant Librarian with 'Lost' Books," *NYT*, February 11, 1961; "Library in East Orange Cuts Delinquencies to 7," *NYT*, February 18, 1961; "Overdue Books Elude Collector for Library," *NYT*, July 18, 1961; "L.I. Library to Take Delinquents to Court," *NYT*, July 26, 1961; "Subpoenas Bring In L.I. Library's Books," *NYT*, October 14, 1962; "Booked for Bookkeeping," *CSM*, February 11, 1961; "5000 Books Flood Library, All Late," *WP*, February 16, 1961.

[29] Edith Foster, *Yonder She Comes! A Once Told Li'bry Tale* (Bremen, GA: Gateway, 1985), p. 201; "Annual Report, 1951–1952," Fort Washington Branch Library, Box 3; "Annual Reports, Bloomingdale Branch Library, 1963–1964," Box 1, NYPL Branch Archives.

[30] AR (1947), Queens Public Library, p. 22; "Commercial Lending Library Adapted to Public Library Use in Winfield," *Kansas Library Bulletin* 19 (1950): 30.

[31] Patricia W. Belding, *Where the Books Are: The History and Architecture of Vermont's Public Libraries with Photos and Anecdotes* (Barre, VT: Potash Brook, 1996), p. 24; Quentin R. Howard, "We Now Have a Library!" *CSM*, November 13, 1956.

[32] "Librarians Please Note!" *CSM*, March 17, 1955; David R. Francis, "Radio Due to Swap Library 'Books,'" *CSM*, October 20, 1960; "Library Photo Service," *NYT*, February 18, 1955; "Library to Supply Copying Service," *LAT*, February 7, 1961.

[33] Foster, *Yonder She Comes! A Once Told Li'bry Tale*, pp. 64, 194, 197.

[34] Edward G. Holley, *The Library Services and Construction Act* (Greenwich, CT: JAI Press, 1983), p. 18; John G. Lorenz, "Library Services Act—the First Three Years," *ALA Bulletin* 55 (1960): 18; "U.S. Library Act Called a Success," *NYT*, November 16, 1958.

[35] Ellen Braby and Janet Hunt, *The Santa Monica Public Library, 1890–1900* (Santa Monica, CA: Santa Monica Public Library, 1990), p. 30; Sheila John Daly, "Library Goes Modern: It Has Teen-Age Room," *CT*, March 17, 1949.

[36] Seward Park Branch Records, Box 1, NYPL Branch Archives; Michael V. Hazel, *The Dallas Public Library: Celebrating a Century of Service, 1901-2001* (Denton: University of North Texas Press, 2001), pp. 116–117; "Youth Gang Transformed to Public-Spirited Group," *New York Amsterdam News*, May 28, 1949.

[37] Fred M. Hechinger, "No Place to Read," *NYT*, April 21, 1963; Ed Ainsworth, "Teachers Assist in Public Library," *LAT*, March 22, 1962; "'Youth Library' Opens," *NYT*, October 15, 1949.

[38] "Youths Cite Urgent Need of Libraries," *WP*, March 6, 1961; "County Juveniles Plague Library before Bombing," *WP*, June 11, 1954; "Vandalism Hits a Library," *NYT*, August 1, 1957; Braverman, *Youth, Society, and the Public Library*, p. 187.

[39] Bill Moyers, "Foreword," in Robert Dawson, *The Public Library: A Photographic Essay* (New York: Princeton Architectural Press, 2014), p. 6; Nancy Pearl, *Book Lust: Recommended Reading for Every Mood, Moment, and Reason* (Seattle: Sasquatch Books, 2003), pp. ix–x; Marcia Del Mar, *A Cuban Story* (Winston-Salem, NC: John F. Blair, 1979), pp. 106–107.

[40] Gail Pool, "Gay Literature Has Carved a Niche for Itself," *San Diego Union*, December 15, 1991; Cal Gough and Ellen Greenblatt, "Services to Gay and Lesbian Patrons: Examining the Myths," *LJ* 117 (1992): 59; Jean Latz Griffin, "Library a Source of Pride to Gays," *CT*, April 17, 1991.

[41] Ralph Munn, "The Library of the Future," *Carnegie Magazine* 24 (1950): 186–189; AR (1949), Carnegie Library of Pittsburgh, p. 7; Bernard Berelson, *The Library's Public* (New York: Columbia University Press, 1949), pp. 64–65, 68, 83, 86.

[42] Christine Pawley, *Reading Places: Literacy, Democracy, and the Public Library in Cold War America* (Amherst, MA: University of Massachusetts Press, 2010), pp. 28, 177, 202–203, 244, 251, 278.

[43] Margaret C. Scoggin, "Teenager and Librarian: A Meeting Place," *NYT*, November 16, 1947; Mark Taylor, "Young Should Be Free to Choose Reading," *LAT*, November 10, 1963; "Informal & Annual Reports, Children's Room, 1956–1957," Box 4, Fort Washington Branch Records, NYPL Branch Archives.

[44] Sonia Sotomayor, *My Beloved World* (New York: Alfred A. Knopf, 2013), p. 47; Sotomayor to author, March 25, 2013.

[45] Carol Tilley, "Seducing the Innocent: Fredric Wertham and the Falsifications That Helped Condemn Comics," *Information & Culture* 47 (2012): 387; "Comic Books Cost U.S. More Than Textbooks," *WP*, March 2, 1955; "Chicago Girds for Attack on Comics," *CSM*, October 22, 1948; AR (1951), Public Library of Charlotte and Mecklenburg County (NC), p. 9; "Move against Comics," *LAT*, September 7, 1954.

[46] Margaret C. Scoggin, "Teen-Ager and Librarian: A Meeting Place," *NYT*, November 16, 1947; Nadine Rosenthal, *Speaking of Reading* (Portsmouth, NH: Heinemann, 1995), pp. 52–54, 179–180.

[47] *The Racine Public Library after 10 Years, 1958–1968* (Racine, WI: Racine Public Library, 1968), pp. 2–5; Ridgely Hunt, "The Library Is for the People," *CT*, July 14, 1963.

[48] AR (1957), Brooklyn Public Library, n.p.; AR (1958), Brooklyn Public Library, n.p.; "Annual Report, 1958–59, Hamilton Grange Branch"; "Annual Report 1959–60, Hamilton Grange Branch," both in Box 8, NYPL Branch Archives.

[49] *Cedar Rapids Public Library: The First Hundred Years* (Cedar Rapids, IA: Cedar Rapids Library Foundation, 1996), p. 46; "Shut-ins Will Get Books," *NYT*, February 8, 1953; "Pupils Shun Movies and Gum to Build Fitchburg Library," *CSM*, July 9, 1947.

[50] Lon Dickerson and Patricia Gloyd, "Money Matters: How Community Spirit—and Dollars—Are Saving Savannah's Carnegies," *American Libraries* 30 (1999): 30–31; Transcript, Oral History Interview with Annie Watters McPheeters, Collection No. aarlohe 92-001, Auburn Avenue Research Library on African American Culture, Atlanta, GA, pp. 57–58.

[51] Frank Conroy, *Stop-Time* (New York: Viking Press, 1965), pp. 145–146; John Howard, "The Library, the Park, and the Pervert: Public Space and Homosexual Encounter in Post–World War II Atlanta," *Radical History Review* 62 (1995): 171, 172.

[52] Lela Cole Kitson, "Library Story Hours Unite Children of Many Backgrounds," *CSM*, November 13, 1948; Jodi S. Cohen, "For Readers, This Is Heaven," *CT*, August 2, 1998.

[53] "Library Concerts," *CT*, January 2, 1949; "Library Begins 10th Series of Free Lectures," *CT*, October 2, 1949; "Library Noon Hour," *CSM*, January 8, 1949; AR (1951), Brooklyn Public Library, n.p.; "Own Library Room Delights Oldsters," *NYT*, January 12, 1953.

[54] Edward G. Doyle, *A Commemorative History of the Cambridge Public Library* (Cambridge, MA: Cambridge Public Library, 1989), pp. 55–56; "Annual Report, 1945, Hamilton Fish Branch;" "Annual Report, 1946, Hamilton Fish Branch," both in Box 7; Seward Park Reports, Box 1; "Annual Report, 1956–1957, Mott Haven Branch," Box 9, NYPL Branch Archives.

[55] Judy Yung, "History of the Chinatown Branch Library," June 11, 2011, copy in possession of author; Ben Fong-Torres, "An Escape into America," in Timothy Jacobson, *Knowledge for Generations: Wiley*

and the Global Publishing Industry, 1807–2007 (Hoboken, NJ: John Wiley, 2007), p. 187; Floyd Salas, "Cathedral," in Knowledge for Generations, p. 114.

[56] Kathleen R. Hodges (ed.), A Light in the Window of Idaho: Boise's Public Library, 1895–1995 (Boise, ID: Friends of the Boise Public Library, 1995), pp. 94–95.

[57] Larry Grove, Dallas Public Library: The First 75 Years (Dallas: Dallas Public Library, 1977), pp. 76–81.

[58] Hazel, The Dallas Public Library, p. 108.

[59] "Annual Report, 1951–1952," Box 3, Fort Washington Branch Library, NYPL Branch Archives; AR (1953), Brookline (MA) Public Library, p. 77; "Library Offers Play-Off," NYT, October 3, 1951.

[60] AR (1951), Queens Borough Public Library, p. 27; AR (1951), Erie (PA) Public Library, p. 1; "TV Fails to Stint Reading of Nation," NYT, June 28, 1951.

[61] "Interview of Baker, Augusta, 1911–1988," May 7, 1989, in Speaking of History: The Words of South Carolina Librarians, http://asp6new.alexanderstreet.com/orhi/orhi.result.words.asap?word=public+library&narrator=age&birth.; John Fleischman, Free & Public: One Hundred and Fifty Years of the Public Library of Cincinnati and Hamilton County, 1853–2003 (Cincinnati: Orange Frazer Press, 2003), pp. 77, 107.

[62] AR (1951), Erie (PA) Public Library, p. 9; "Bay Display of Ex-GI Art Wins Praise," LAT, June 24, 1951; Edith Weigle, "Ever Go to a Library to Browse Thru an Art Show?" CT, August 11, 1957; "Paintings by Alcoholics Exhibited at Library," WP, February 12, 1953.

[63] "Grammar Students Paint Mural as Gratitude Gift to Library," LAT, October 23, 1949.

[64] Ronald F. Sigler, "A Rationale for the Film as a Public Library Resource and Service," Library Trends 27 (1978): 16–17; Dorothy Reed, "Public Library Lends Movies," CSM, April 16, 1949; AR (1951), Brooklyn Public Library, n.p.

[65] Douglas A. Galbi, "Book Circulation per U.S. Public Library User since 1856," Public Library Quarterly 27 (2008): 3.

[66] "Pro-Soviet Books Ripped," NYT, June 2, 1946; AR (1947), Brooklyn Public Library, p. 13; e-mail, Dennis Moore to author, January 27, 2010.

第 8 章

[1] Douglas A. Galbi, "Book Circulation per U.S. Public Library User since 1856," Public Library Quarterly 27 (2008): 356.

[2] J. R. Licklider, Libraries of the Future (Cambridge, MA: MIT Press, 1965); Alvin Toffler, Future Shock (New York: Bantam Books, 1970); Alvin Toffler, The Third Wave (New York: Morrow, 1980); Daniel Bell, Coming of Post-Industrial Society (New York: Basic Books, 1973); Ursula Vils, "Computers Come to Libraries," LAT, July 17, 1980.

[3] Mary Breasted, "Brooklyn Libraries Will Set Up Information Centers," NYT, May 21, 1974; "New Information Center to Keep Brooklyn in Touch," New York Amsterdam News, November 27, 1976; Mary Knoblauch, "Clara Jones Fights for Libraries' Vital Role," CT, July 19, 1976.

[4] "Annual Report, 1976/77," Box 2, Dongan Hills Branch Library, NYPL Branch Archives; Helen Mochedlover, Letter to the Editor, LAT, July 27, 1980; Richard J. Cattani, "TV Not Pre-empting Books," CSM, October 23, 1978.

[5] Lucia Mouat, "Libraries Gain in Crime Fight," CSM, April 19, 1966; Bob Cromie, "Bugging the Books Cuts Library Thefts," CT, January 26, 1972.

[6] Edward Hawley, "Librarians Relate Woes of Dealing with Students," CT, September 20, 1964; "Annual Report, 1973/74," Donnell Learning Center, Box 3, NYPL Branch Archives; Barbara Isenberg, "Library Gumshoes Relentlessly Pursue Their Overdue Prey," LAT, September 28, 1970.

[7] Dawne Slater-Putt, Beyond Books: Allen County's Public Library History, 1895-1995 (Fort Wayne, IN: Allen County Public Library, 1995), p. 126; Patricia Krizmis, "Bare Toes

Are Taboo in Chicago Library," *CT*, August 23, 1969; Lael Morgan, "Astrology to Zen at Laguna: Library Mirrors Novel Community," *LAT*, March 24, 1970.

[8] Eleanor T. Smith, "In the Library There's Now a Place for Paperbacks," *NYT*, January 5, 1964; Mark Taylor, "Teen-Agers Increase Paperback Market," *LAT*, September 19, 1965; "Author Infuriated over Library Book Renting," *LAT*, October 11, 1964.

[9] Alan L. Gansberg, "Library Restricting Students," *NYT*, January 21, 1979.

[10] "Annual Report, 1968–69, Hunt's Point Branch," Box 8; 1970 Annual Report, Seward Park Branch Records, Box 1, NYPL Branch Archives.

[11] Gloria F. Teel, Letter to the Editor, *LAT*, March 13, 1964; Ramon Geremia, "Libraries Ponder Automation," *WP*, April 4, 1965; Margaret A. Edwards, *The Fair Garden and the Swarm of Beasts: The Library and the Young Adult* (Chicago: American Library Association, 2002), p. 81; Miriam Braverman, *Youth, Society, and the Public Library* (Chicago: American Library Association, 1978), pp. 1–2.

[12] Art Seidenbaum, "The Loudest Library in Voluminous Los Angeles," *LAT*, May 13, 1968.

[13] Patricia Krizmis, "Traveling Van Brings Library to W. Side Kids," *CT*, July 2, 1968; AR (1972), SFPL, pp. 9–10; AR (1974), pp. 7–8.

[14] Marjie Driscoll, "Books Put on Wheels to Reach Minorities," *LAT*, January 24, 1973.

[15] Ellie Baublitz, "Founder of Nursing Home Bookmobile Still Volunteers," [Baltimore] *Sun*, April 14, 1991; Judy Roepka, "Pied Pipers of SCKLIS Captivate Small Towns," *Kansas Library Bulletin* 40 (1972): 15–17; Shirley Schuette and Nathania K. Sawyer, *From Carnegie to Cyberspace: 100 Years at the Central Arkansas Library System* (Little Rock, AR: Butler Center Books, 2010), p. 68; Edward G. Doyle, *A Commemorative History of the Cambridge Public Library* (Cambridge, MA: Cambridge Public Library, 1989), pp. 55–56.

[16] AR (1969), SFPL, pp. 3–4.

[17] Deborah Cipolla, "Books Only a Part of Library Services," *LAT*, March 15, 1977; Keith Takahashi, "Reading Treated as a Survival Skill," *LAT*, November 9, 1978.

[18] Carolyn F. Ruffin, "The Not-So-Silent Inner-City Branch Library," *CSM*, September 4, 1968; "Outreach in the Inner City Makes Library 'For Real,'" *CSM*, September 6, 1968.

[19] Ursula Vils, "Making a Joyful Noise in the Library," *LAT*, January 24, 1973; "Annual Report, 1980," Box 3, Fort Washington Branch Records, NYPL Branch Archives.

[20] Richard Vasquez, "Libraries Lure Barrio Youth," *LAT*, May 11, 1970; "Quiet Is Not for Libraries," *LAT*, May 15, 1970; Richard Vasquez, "Libraries Seek to Lure Youths from Barrio," *LAT*, May 17, 1970; Ursula Vils, "Librarian's Chores Branching Out," *LAT*, December 30, 1971.

[21] Annual Report (1969), Douglass Branch, CPL Archives.

[22] Annual Report (1970); (1972), Douglass Branch, CPL Archives; "Board Renames Library Branch for Abolitionist," *CT*, August 30, 1970; "Libraries Are Better in White Areas: Study," *CT*, August 7, 1978.

[23] Jean R. Hailey, "Library, UPO Both War on Poverty, but Can't Get Together on Joint Plans," *WP*, February 14, 1966; Jean R. Hailey, "Library Reaches Into Ghetto," *WP*, March 11, 1971.

[24] Richard H. Parke, "Old Supermarket in New Haven Now a Library Culture Center," *NYT*, September 13, 1964; Elise Miller, "Hmong Tribeswomen Strive to Keep Embroidery Art Alive," *LAT*, June 9, 1980.

[25] Barbara Campbell, "Mural Depicting Birth of a Library Returned Home," *NYT*, March 21, 1971; Jeffrey A. Kroessler, *Lighting the Way: The Centennial History of the Queens Borough Public Library, 1896-1996* (Virginia Beach, VA: The Donning Company Publishers, 1996), pp. 40–41.

[26] Gerald Faris, "Dream Is Near for Chinatown," *LAT*, October 3, 1982; Keith Love, "Chinatown Library Speaks Volumes," *LAT*, April 19, 1983; Bob Williams, "Language Becomes Less of a Barrier as Collections Grow; Libraries Expanding Services to Asians," *LAT*, September 14, 1986.

[27] Robert P. Haro, "One-Man Survey: How Mexican-Americans View Libraries," *Wilson Library Bulletin* 44 (1970): 736–742; Robert P. Haro, *Developing Library and Information Services for Americans of Hispanic Origin* (Metuchen, NJ: Scarecrow Press, 1981), pp. 93–96.

[28] David S. Richwine, "11 Queens Libraries Kept Open by Protests," *NYT*, November 2, 1975; "NAACP Files Class Suit against Queens Library," *New York Amsterdam News*, November 26, 1975; "Suit against Library Gains Support," *New York Amsterdam News*, December 3, 1975.

[29] Stephen K. Ward, *Women and Wine: The Making of the Vermillion Public Library in a Man's World, 1903-2003* (Vermillion, SD: Vermillion Public Library, 2004), pp. 58–59.

[30] "Women, Steelworkers to Initiate Contract Fight," *New Pittsburgh Courier*, December 1, 1979; Ulish Carter, "Film on Rape to Be Shown," *LAT*, July 4, 1976; "'Rape in the Suburbs' Is Topic of Friday Library Seminar," *LAT*, January 10, 1980.

[31] Lawrence M. Geller, "Photographer Mounts 'Soulville' Exhibit in Columbia Ave. Library," *Philadelphia Tribune*, May 17, 1969; AR (1973), Denver Public Library, n.p.

[32] Judy Yung, "History of the Chinatown Branch Library," June 11, 2011, copy in possession of author; AR (1970), SFPL, p. 4.

[33] "White Citizens Council; Battle of Clinton," *Pittsburgh Courier*, September 25, 1965; "Discrimination Charges Lodged against Library," [Cleveland] *Call and Post*, February 22, 1969; "Negro History Week Observed at Library," *Atlanta Daily World*, January 30, 1970.

[34] Ronald F. Sigler, "A Rationale for the Film as a Public Library Resource and Service," *Library Trends* 27 (1978): 23; Laurie Johnston, "For L.I. Libraries More Than Just Books," *NYT*, May 14, 1972.

[35] Mildred Jailer, "Libraries Are Shelving Their Musty Past," *NYT*, May 7, 1978; "Annual Report, 1972/73," Box 3, Donnell Learning Center Branch Library Reports, NYPL Branch Archives.

[36] Irene Powers, "Library Goes Pop," *CT*, August 19, 1969; Lisa Bornstein, "Jacksonland, Ind.," *Philadelphia Tribune*, May 1, 1994; Kathleen W. Craver, "Social Trends in American Young Adult Library Service, 1960-1969," *Journal of Library History* 23 (Winter, 1988): 30; Roy J. Harris Jr., "L.A. Public Library Changing Image to Attract Teen-agers," *LAT*, August 5, 1968; Junivee Black, "Animals Liven Reading Program," *Kansas Library Bulletin* 40 (1970): 28–29.

[37] "Library Throws Out Art as 'Suggestive,'" *CT*, December 7, 1965.

[38] Lee Austin, "Politics Ruled Out at Burbank Library," *LAT*, April 5, 1964; Walt Secor, "ACLU Chapter to Test Library Rules Change," *LAT*, May 23, 1965; Walt Secor, "ACLU Denied Use of Library for Meetings," *LAT*, June 8, 1965; "ACLU Not Alone in Denial, Librarian Says," *LAT*, June 13, 1965; "One Group Granted Use of Library," *LAT*, June 17, 1965; "Burbank City Attorney Backs Library Meeting Restrictions," *LAT*, July 13, 1965; "Library Chief to Aid Decent Literature Unit," *LAT*, June 28, 1965; Walt Secor, "Burbank Drops Ban on Political, Religious Meetings in City Parks," *LAT*, October 10, 1967.

[39] "Calls for Banning of Library Books Rise Sharply since Reagan Victory," *NYT*, December 11, 1980; Russell Shank, "The Greenback Curtain Is Threatening America's Libraries," *CSM*, August 21, 1978; Russell Shank, Letter to the Editor, *LAT*, October 14, 1978.

[40] Judith Serebnik, "Book Reviews and the Selection of Potentially Controversial Books in Public Libraries," *Library Quarterly* 51 (1981): 390–409; "Pornography Flops in Public Libraries," *LAT*, January 10, 1971; Ed Fishbein, "Schools, Libraries Still Pressed to Censor Material," *LAT*, January 8, 1973.

[41] Richard Whittingham, "Libraries Face the Vigilantes," *CT*, September 10, 1973; Daniel Egler, "No Book-Banning in Libraries Here," *CT*, February 21, 1974.

[42] "Censorship Can Use Four-Letter Weapons," *LAT*, November 14, 1965; Ed Fishbein, "Schools, Libraries Still Pressed to Censor Material," *LAT*, January 8, 1973; Herman Wong, "The Library: Image Takes on 'Now' Look," *LAT*, July 18, 1971; Braverman, *Youth, Society and the Public Library*, p. 191.

[43] "Kathryn Prestidge, "One of Those Not So Hideous Stories of a Book Challenge," in Valerie Nye and Kathy Barco (eds.), *True Stories of Censorship Battles* (Chicago: American Library Association, 2012), p. 129; "Publisher Retaliates for Book Banning," *LJ* 92 (1967): 2103; Peter Khiss, "A Library in Iowa Bans Kazan Book," *Newsletter on Intellectual Freedom* 16 (1967): 51.

[44] "ACLU Wants Library to Restore Gays' Paper," *WP*, September 21, 1980; "Vote Ousts Gay Paper in Va. Beach Library," *WP*, November 6, 1980; Robert D. Putnam, *Bowling Alone: The Collapse and Revival of American Community* (New York: Simon & Schuster, 2000), p. 352; "Police Crack Down on Gays at Boston Public Library," *LJ* 103 (1978): 1012.

[45] Mike Ward, "Centerfolds Don't Last on Library Shelf," *LAT*, July 11, 1976; David Berke, Letter to the Editor, *LAT*, March 30, 1964.

[46] "Montgomery Library Bars Mailer's Viet Book," *WP*, October 25, 1967; "Libraries Call Book by Mailer 'Worthless,'" *WP*, October 30, 1967.

[47] Walter H. Waggoner, "Sex Controversy Upsets 'Old-Fashioned' Clifton," *NYT*, November 27, 1970; Walter Wells, "A Tale of Censure and 'Censorship' Weaves a Tangled Course at Clifton Library," *NYT*, May 13, 1973.

[48] Nancy Larrick, "The All-White World of Children's Books," *Saturday Review* 48 (September 11, 1965): 63–65+.

[49] Liz Gant, "'That One's Me!'—New Books for Black Children That Mirror Their World," *Redbook Magazine* 139 (1972): 52–57.

[50] Brian Melley, "Character That Demeans Blacks Is Back," *Philadelphia Tribune*, December 27, 1996; Joan Zyda, "Only One Book Banned Here," *CT*, January 13, 1976; "Refuse Purge," *Pittsburgh Courier*, December 18, 1965.

[51] Marion Meade, "Miss Muffett Must Go," *Woman's Day* 34 (1971): 64–65; Linda Greenburg, "Sexism Found in Preschool Books," *CSM*, July 10, 1974; Barbara Burtof, "The Hidden Bias in Children's Books," *Boston Globe*, January 19, 1980.

[52] Theodore G. Striphas, *The Late Age of Print: Everyday Book Culture from Consumerism to Control* (New York: Columbia University Press, 2009), p. 138; Alice McAllister, "Library Fights Sex-Stereotyping in Kids' Books," *CSM*, January 22, 1975; Sue Avery, "Sharks Outpull Nonsexist Reading," *LAT*, September 4, 1975.

[53] James P. Murray, "Publishers Have a Few Good Words . . .,"*New York Amsterdam News*, March 1, 1975; Philip Hager, "'Mary Poppins' Banned in S.F.," *LAT*, October 7, 1980; Bradford Chambers, "'Banning' Books to Save Our Children: Is It Censorship to Act against Racial and Sex Bias?" *LAT*, October 24, 1980.

[54] Braverman, *Youth, Society, and the Public Library*, p. 245; Sue Avery, "Libraries Admit It: Sex Exists," *LAT*, June 29, 1972; Henry Raymont, "Fig Leafs for Children Irk Librarians," *NYT*, June 27, 1972.

[55] Slater-Putt, *Beyond Books*, p. 235; Carol Oppenheim, "Black Parents Ask New Trier East to Expel Huck Finn," *CT*, May 16, 1976; Patricia Brumback, Letter to the Editor, *CT*, June 2, 1976.

[56] Myra MacPherson, "Who's Afraid of the Big Bad Books?" *WP*, February 11, 1973; Jack Nelson, "Controversial Books: The Banners and the Banned," *LAT*, March 4, 1973.

[57] "X-rated Reading in Small-Town Indiana," *CT*, September 21, 1980; "Annual Report, 1979–1980," Box 3, Fort Washington Branch Library, NYPL Branch Archives.

[58] Kris Wendt, "Reading between the Lines," *Rhinelander* [WI] *Daily News*, June 1, 2003.

[59] Roger B. May, "Nancy Drew and Kin Still Surmount Scrapes—and Critics' Slurs," *Wall Street Journal*, January 15, 1975; David L. Reich, Letter to the Editor, *CT*, September 21, 1976.

[60] Victoria A. Brownworth, "The Art of Reading: Do You Know Where Your Books Are?" *Lambda Rising Book Report* 2 (1990): 12.

[61] Lena Williams, "American Libraries: A World Far beyond Books," *NYT*, August 21, 1988; "Diffusions of Knowledge," *Wall Street Journal*, January 14, 1980.

[62] John J. Ryan, "With a Little Luck, You May Even Find Books in the Library," *Wall Street Journal*, May 7, 1975; "New Libraries: Lots More Than Just Books," *U.S. News & World Report* 88 (1980): 68.

[63] Philip Roth, "Reflections on the Death of a Library," *NYT*, March 1, 1969; Ellen Hoffman, "Library 'Silence' Signs Can't Quiet City Clamor," *WP*, August 24,1969.

[64] Seward Park Branch Records, Box 1, NYPL Branch Archives.

第9章

[1] Henry Weiss, *At Sunrise: The History of the Palm Springs Public Library* (Palm Springs, CA: Palm Springs Public Library, 1999), p. 104.

[2] "Rapid Rise Found in Use of Public Libraries," *NYT*, July 31, 1983; Nate Hobbs, "Book Smart," [Memphis] *Commercial Appeal*, December 6, 1996; Don Singleton, "This Favorite Branch Could Get Cut Down," *New York Daily News*, May 7, 1991.

[3] Colman McCarthy, "A Citizen's Right to Know, and His Right to a Library," *WP*, August 1, 1982; "Small Town Jail Puts 'Booking' in a Different Light," *CT*, September 2, 1985.

[4] Herbert Muschamp, "Room for Imagination in a Temple of Reason," *NYT*, May 12, 1996; Robert Hass, "A Poet Visits the New Main Library," *San Francisco Examiner*, April 14,

1996; Judy Yung, "History of the Chinatown Branch Library," June 11, 2011, copy in possession of author.

[5] Betinna Boxall, "Library Can Provide a Moving Experience for Bookish Drivers," *LAT*, December 1, 1991.

[6] Danny Heitman, "Read to Succeed: Library Program Gathers Families around Books," [Baton Rouge, LA] *Advocate*, November 6, 1996.

[7] Jeff Burbank, "Librarian's Weekly Cable TV Show Is One for the Books in 20 States," *LAT*, September 7, 1986; Dan Rodricks, "Cabbie 'Reads' Classics behind the Wheel," [Baltimore] *Sun*, February 10, 1997; "Books, Videos, and Libraries," *Richmond* [VA] *Times-Dispatch*, January 8, 1990.

[8] Doug Brown, "How Far Should Libraries Go to Balance the Books?" *LAT*, August 4, 1982; Patricia Tennison, "Thanks to the Library, Fire Protection Can Follow 'Em Anywhere," *CT*, October 6, 1982; "Rockingham Libraries Have Rolling Walkers for Patrons," [Greensboro, NC] *News Record*, November 26, 1993; "Magnifiers Offered for Library Patrons," *Hartford Courant*, November 17, 1999.

[9] Richard Higgins, "Word for Librarians—Longanimity: Patiently Spend Time Cracking Obscure Conundrums," *LAT*, December 17, 1982; Tatanya Eckstrand (comp.), *The Librarian's Book of Quotes* (Chicago: American Library Association, 2009), p. 19.

[10] Julia McCord, "Final Pages Turned for Kellom Library," *Omaha World-Herald*, February 17, 1991; Rafael Alvarez, "A Day in the Life of a Neighborhood Library Branch; Patrons Fear Loss of Gardenville Site," [Baltimore] *Sun*, May 3, 1993.

[11] Jacquin Sanders, "Library Has Nook or Cranny for Everyone," *St. Petersburg* [FL] *Times*, August 25, 1988; Elijah Gosier, "'It'll Be Terrible' if Library Closes," *St. Petersburg* [FL] *Times*, April 15, 1990.

[12] Isabel Wilkerson, "Black Neighborhood Faces White World With Bitterness," *NYT*, June 22, 1992.

[13] Sheri Johnson, "Budget May Spell End to Bookmobile," [San Diego] *Tribune*, June 28, 1989.

[14] Elaine Hardy, "A Timeline of Important Events in George Public Library History," *Georgia Library Quarterly* 45 (Summer, 2008): 16; Mike Madden, "Bread, Bananas, Biographies: Supermarket Library Puts Books Where People Gather," *USA Today*, June 5, 1996; Anne Davis, "The Bookmobile Still Rolls On," *Milwaukee Journal Sentinel*, July 19, 1995; "Santa Ana Library Will Open a Hispanic Bookmobile," *LAT*, November 21, 1987; Jean Hopfensperger, "Asian Students Swarm St. Paul Libraries," [Minneapolis] *Star Tribune*, February 1, 1989.

[15] Melinda Burns, "20 Latinos Pursue Their Family Roots in Genealogy Class," *LAT*, February 2, 1984; Jane Clifford, "Oceanside Library Branches Out into Parenting Center," *San Diego Union*, April 12, 1990.

[16] F. Wilfrid Lancaster, *Toward Paperless Information Systems* (New York: Academic Press, 1978); Robert S. Taylor, "Reminiscing about the Future: Professional Education and the Information Environment," *LJ* 104 (1979): 1871–1875; Michael K. Buckland, "Library Education—Meeting the Needs of the Future," *Catholic Library World* 50 (1979): 424–426; Talat S. Halman, "From Babylon to Cyberspace," *American Libraries* 26 (1995): 895; Richard Louv, "High-Tech Libraries Will Rise amid Crumbling Books," *San Diego Union*, January 11, 1987.

[17] Carolyn Moreau, "Library Book Clubs: Just Don't Be Quiet," *Hartford Courant*, May 5, 1996; Theodore G. Striphas, *The Late Age of Print: Everyday Book Culture from Consumerism to Control* (New York: Columbia University Press, 2009), p. 113.

[18] Blue Ribbon Committee. Baltimore County Public Library, *Give 'Em What They Want!* (Chicago: American Library Association, 1992), pp. 5–6.

[19] "Written Romance in the Stacks," *NYT*, March 30, 1983.

[20] Jim Spencer, "The Color of Passion Is Mostly White," *CT*, October 27, 1983; John Keenan, "Fans Defend Romances," *Omaha World-Herald*, November 4, 1996.

[21] Nancy Bearden Henderson, "Publishers Need More Romance—Novels, That Is," *CT*, June 16, 1998.

[22] Lillian Gerhardt, "Taking Trash Lightly," *School Library Journal* 28 (1982): 5; Betsy Hearne, "Children's Books: Bad Children's Books Drive Out Good," *NYT*, February 3, 1985; "Hardy Boys: Racist, Sexist?" *Philadelphia Tribune*, June 7, 1991.

[23] Thea Bosselmann, "Letter to the Editor," *San Francisco Chronicle*, May 6, 1996; "Library Snubs Nancy Drew," *San Francisco Chronicle*, May 7, 1996; Ruth Sherman, "*Nancy Drew*'s Library Comeback: Hard Questions in Hard Times for Our Free Public Libraries," *San Francisco Examiner*, June 12, 1996.

[24] Karen Macherson, "Series Books Keep Kids Turning the Pages: It's an Old Formula That Works Today," *Seattle Post-Intelligencer*, August 22, 1996; Reyna Grande, *The Distance between Us* (New York: Atria Books, 2012), p. 241; Matea Gold, "Fearless Heroines," *LAT*, February 18, 1997.

[25] William F. Birdsall, *The Myth of the Electronic Library* (Westport, CT: Greenwood Press, 1994); Kenneth E. Dowlin and Eleanor Shapiro, "The Centrality of Communities to the Future of Major Pubic Libraries," *Daedalus* 125 (1996): 173–190; Mary Curtis, "Libraries Write New Chapter," *LAT*, February 1, 1997.

[26] Annual Reports, 125th Street Branch Reports, Box 1, NYPL Branch Archives.

[27] Janine Sieja, "Libraries Explore New Ways to Serve Ethnic Diversity," [Fort Lauderdale] *Sun Sentinel*, May 21, 1990; Arvind Kumar, "Unsung Wonder," [San Jose, CA] *India Currents* 6 (April 30, 1992): 6; Lourdes Medrano Leslie, "Common Thread," [Minneapolis] *Star Tribune*, October 7, 1997.

[28] Emily Wax, "Library Takes a Page from Real Life," *Newsday*, November 16, 1997; Blaine Harden, "America as a Brand New Book, Waiting to Be Cracked Open," *LAT*, May 3, 1998; Felix Lopez, "To the Editor," *NYT*, July 7, 1981.

[29] Valeria Godines, "Hispanic Past Still Mostly Unseen," [Riverside, CA] *Press-Enterprise*, February 4, 1996; Valeria Godines, "History Records the Forgotten," [Riverside, CA] *Press-Enterprise*, March 16, 1997.

[30] Kate Folmar, "Hidden Hues of History," *LAT*, June 28, 1999.

[31] Xiwen Zhang, "The Anti-Affirmative Action Movement in California: Implications for Public Library Services to Asian Immigrants," in Susan Luevano-Molina (ed.), *Immigrant Politics and the Public Library* (Westport, CT: Greenwood Press, 2001), p. 115.

[32] Carmen Valencia, "At Reservation Libraries, the Aim Is to Be Friendly," *San Diego Union*, May 19, 1990.

[33] Nancy J. Levine, George V. Minton, Sandie A. Stratton, Sharon Cleland, and Belinda Delzell, "Florida Classroom: Tea Sets, Tractors, T-1 Lines: The Survival of a Small Town Library: The Hastings, Branch Library, Hastings, Florida," *Florida Historical Quarterly* 88 (2009): 259; Dale Russakoff, "Relations Changing Rapidly in Segregation's Old Citadel," *WP*, September 16, 1984.

[34] Dawne Slater-Putt, *Beyond Books: Allen County's Public Library History, 1895-1995* (Fort Wayne, IN: Allen County Public Library, 1995), p. 128; Bobby Cuza and Ann L. Kim, "Reading: The ABC's of Helping Youngsters Achieve Literacy," *LAT*, October 24, 1999.

[35] Michael Greenburg, "Can the Library Handle Success?" *San Antonio Express-News*, February 10, 1991; "Celebrating History Can Be an Economic Engine for the Region," *Pittsburgh Post-Gazette*, May 26, 1996.

[36] Sue Corrales, "Reluctant Libraries Become Sites for Children on Summer Vacation," *LAT*, July 21, 1985; Bettina Boxall, "Many Happy Endings; Library 'Grandparents' Teach Children Joys of Reading," *LAT*, September 11, 1996; Stephanie Stassel, "People for Kids," *LAT*, March 12, 1993; Jocelyn Y. Stewart, "Libraries Shelve Old Image," *LAT*, May 12, 1997.

[37] "Library Bans Unsupervised Tots," *Providence* [RI] *Journal*, January 26, 1988; Marla Williams, "Libraries That Have a Problem," [Fort Lauderdale] *Sun Sentinel*, February 23, 1988; "Annual Report, 1987," Box 3, Fort Washington Branch, NYPL Branch Archives; Chris Spolar, "D.C.'s Problems Spill in Libraries' Hushed Realm," *WP*, June 8, 1989; "Man Charged in Rape of Girl at Library," *NYT*, June 20, 1998.

[38] "Library Sets Rules Barring Sleeping or Smelly Patrons," *WP*, November 22, 1984; "New Library Code Issue in Ann Arbor," *NYT*, December 2, 1984; Robert Hanley, "Libraries Can't Ban the Homeless, U.S. Court in Newark Rules," *NYT*, May 23, 1991; Stacey Freedenthal, "Dozens of Homeless Find Cool, Comfortable Haven at Downtown Library," *Houston Chronicle*, August 2, 1987; Kevin Anderson, "Sex Assault Has Library Looking to Add Security," [Peoria, IL] *Journal Star*, July 8, 1993.

[39] "Abortion Rights Meeting Planned," [Bloomington, IL] *Pantagraph*, July 4, 1992; "Infertility Group Forms," [Bloomington, IL] *Pantagraph*, October 21, 1994; "Workshop on Love, Intimacy, and Sexual Health," *New York Amsterdam News*, March 7, 1992; "Amnesty Chapter to Hold Discussion,"

Richmond [VA] *Times-Dispatch*, May 25, 1991; Sandy Coleman, "Hill Controversy Spurs Formation of NOW Chapter," *Boston Globe*, December 1, 1991; Mary Gail Hare, "Abused Women Get 'Unity,'" [Baltimore] *Sun*, December 22, 1992; Mary Ann Castronovo Fusco, "For Battered Women," *NYT*, August 18, 1999; Anita Hardin, "Exhibit Spotlights Breast Cancer Stories," *Orlando Sentinel*, September 25, 1999.

[40] "MADD to Meet in Santa Ana," *LAT*, May 5, 1983; "Anorexia Group Forming," [Bloomington, IL] *Pantagraph*, December 23, 1992; Risa Cherry, "Different Isn't Bad, 'Disabled' Puppets Teach Kids," *Newsday*, August 18, 1992.

[41] Malinda Reinke, "American Constitution Replica Popular Item in Library at Delray," [Fort Lauderdale] *Sun Sentinel*, August 24, 1987; "Humanities Grant Supports Series about Vietnam War at Downey Library," *LAT*, September 23, 1990; Ted Johnson, "$10,000 Awarded for Arab Culture Series," *LAT*, August 15, 1991.

[42] "WWII Series at Library to Focus on Japanese Internment," [St. Paul, MN] *Asian Pages* 2 (1991): 14; "Japanese-Americans in Utah to Mark 'Day of Remembrance,'" *Salt Lake Tribune*, February 2, 1998; David Quigg, "'Day of Remembrance' Events Mark Internment of Japanese Americans," [Tacoma, WA] *News Tribune*, February 18, 1999.

[43] Lourdes Rodriguez-Florido, "Art Connoisseur Brings Her Love to Libraries," [Fort Lauderdale] *Sun Sentinel*, April 3, 1986; Jane E. Dee, "Library Cultivates Local Talent with Exhibit of Floral Paintings," *Hartford Courant*, October 2, 1996; "Farmer Kept Painting on Back Burner," *Omaha World-Herald*, September 23, 1990; "Nude Statue Returns to Site of Its Banning," *Orlando Sentinel*, May 21, 1999.

[44] David Tuller, "Gay, Lesbian Archive Planned for New Library," *San Francisco Chronicle*, October 4, 1993; Victoria A. Brownworth, "In Remembrance: Barbara Grier," http://www.lambdaliterary.org/features/rem/11/11/in-remembrance-barbara-grier/; David W. Dunlap, "Making a Home for Gay History and Awareness," *NYT*, March 13, 1996.

[45] "Annual Reports, Columbia Branch, 1988," Box 1, NYPL Branch Archives; Myrna Oliver, "Public Awareness," *LAT*, April 17, 1989; "Libraries Given Books on AIDS, Gay Issues," *Omaha World Herald*, June 8, 1989.

[46] "Books on Homosexuality Spark Dispute," *Omaha World Herald*, July 11, 1990.

[47] Elliott Krieger, "Exhibit on Censorship Skirts the Real Issues," *Providence* [RI] *Journal*, March 24, 1985; Judy Laberge, Letter to the Editor, [Bloomington, IL] *Pentagraph*, October 3, 1990.

[48] Dianne Klein, "Checking Out Provocative Books," *LAT*, August 25, 1991; "Secretive Censor Defacing Books," *CT*, May 22, 1994; "After Protest by Pastor, Interest in Gay Books at Library Grows," *NYT*, May 24, 1998.

[49] "Fla. Man Took Playboys Religiously, Police Say," *Philadelphia Daily News*, August 30, 1984; Doreen Vigue, "Wellesley Library Drops Playboy," *Boston Globe*, June 9, 1996.

[50] John Farina, "San Diego Library Keeps Controversy on Shelves," *San Diego Tribune*, August 31, 1990; Patricia Davis Szymczak, "Oak Lawn Censorship Tiff Is Back," *CT*, June 24, 1990; William Booker, "Letter to the Editor," *Seattle Times*, August 21, 1985; Anna Bennett, "Letter to the Editor," *Salt Lake Tribune*, June 21, 1992.

[51] Peter Kendall, "Madonna's Book Makes Controversy Vogue at Libraries," *CT*, December 13, 1992; Warren Epstein, "Library to Mark Madonna Book: Return to Sender," *Colorado Springs Gazette-Telegraph*, October 23, 1992; Ronald W. Powell, "Library to Limit Use of Madonna's Nude Photo Book," *San Diego Union-Tribune*, November 14, 1992; Slater-Putt, *Beyond Books*, pp. 237–238.

[52] Tony Saavedra, "Daddy's Roommate in Few OC Libraries," *Orange County* [CA] *Register*, September 25, 1992; Benjamin Kline, "Library Rejects Book Ban," *Dayton Daily News*, December 16, 1993; Len Penix, "150 Attend 5-Hour Meeting on Drive to Ban Gay Magazine," *Cincinnati Post*, February 14, 1995; Len Penix, "Library Plan Would Hide Magazine Covers," *Cincinnati Post*, March 14, 1995; Laurie Petrie, "Library Won't Ban Magazine," *Cincinnati Post*, April 11, 1995.

[53] Dan Levy, "S. F. Library Board Oks Gay Flag," *San Francisco Chronicle*, October 7, 1992; Dan Levy, "Outrage at Potrero Library," *San Francisco Chronicle*, January 16, 1992; "S.F. Library Board Endorses New Policy on Public Meetings," *San Francisco Chronicle*, February 6, 1992; "Pedophile Group Rips Media 'Witch Hunt,'" *Las Vegas Review-Journal*, January 21, 1992; "Frisco Man-Boy Sex Group Blasted: Parents Want Organization Booted from Public Library," *San Antonio Express-News*, January

17, 1992; "Gay Writers to Finish a Series of Readings," *NYT*, June 1, 1990; Melissa L. Salus, "Gay Family Life Shown in Photo Show," [Fort Lauderdale] *Sun Sentinel*, June 28, 1998.

[54] "Libraries Bar Gay-Pride Display," *Washington Times*, May 18, 1995; Laura Korach Howell, "Puzzled by Uproar over Library Window Display," [Lancaster, PA] *Intelligencer Journal*, December 24, 1996; Tom Knapp, "Library Board Member Resigns amid Controversy over Display," [Lancaster, PA] *Intelligencer Journal*, March 1, 1997.

[55] Larry Barszewski, "County Library Chief Rejects Request for Nazi Publications," [Fort Lauderdale] *Sun Sentinel*, November 18, 1992; Cindy Horswell, "'Bad Words' in Books Making Some Local Parents See Fiery Red," *Houston Chronicle*, December 21, 1986.

[56] "Calls for Banning of Library Books Rise Sharply since Reagan Victory," *CT*, December 11, 1980; Blaine Harden, "'Shocked' Va. Preacher Trying to Ban 'Hard-Core Porn' from Town's Library," *WP*, December 15, 1980; Shirley A. Wiegand, *Library Records: A Retention and Confidentiality Guide* (Westport, CT: Greenwood Press, 1994), p. 141.

[57] Torri Minton, "Sonoma Parents Call for Sensitivity Training," *San Francisco Chronicle*, March 22, 1995; Bradford Chambers, "'Banning' Books to Save Our Children: Is It Censorship to Act against Racial and Sex Bias?" *LAT*, October 24, 1980; "Letters to the Editor," *LAT*, November 6, 1980.

[58] Edwin McDowell, "Publishing: When Book Is Ruled Out by Library," *NYT*, January 21, 1983; Barbara Brotman, "Librarians Hit 'Black Heaven' Book as Racist," *CT*, January 27, 1982.

[59] Heidy Hartley, "Checking Out *Hustler* at the Library," *CT*, May 18, 1997; "Porn and a Public Library; The Issue," *Denver Rocky Mountain News*, November 18, 1998.

[60] Meita Marie Garza, "Group Aims to Make Libraries 'Family-Friendly,'" *CT*, May 25, 1997; Katie Hafner, "Library Grapples with Internet Freedom," *NYT*, October 15, 1998; Claire Martin, "Library No Web of Sex," *Denver Post*, September 11, 2000; Gordon Dillow, "Thumbs Up on Library Porn Filters," *Orange County* [CA] *Register*, September 12, 2000.

[61] Wendy Adamson, "Sex in the City: What Happened at the Minneapolis Public Library," *Off Our Backs* 32 (2002): 28–31.

[62] http://safelibraries.blogspot.com/2012/08/SexuallyHarrassedLibrarianGets150K.html.

[63] Don Sager, "In Retrospect: Public Library Service during the Past Fifty Years," *Public Libraries* 35 (1996): 167.

[64] "Annual Report, 1988," Box 3, Fort Washington Branch, NYPL Branch Archives; Art Seidenbaum, "A Reading on the State of Our Libraries," *LAT*, June 26, 1983; Sheila McKenna, "A New Chapter in Volunteerism," *Newsday*, October 12, 1999.

第10章

[1] Tatanya Eckstrand (comp.), *The Librarian's Book of Quotes* (Chicago: American Library Association, 2009), p. 59.

[2] David Tyckoson, "Everyday Library History: An Overdue Book Tale," *LHRT Newsletter* 11 (2011): 3; *Library and Book Trade Almanac*, 56th ed. (New York: Information Today, 2001), pp. 404–405, 407–411.

[3] Peter Callaghan, "Councilman's Plan to Cut City Libraries Is Far from Courageous," [Tacoma, WA] *News Tribune*, October 1, 2002.

[4] David Morris, "All Hail the PUBLIC Library," http://www.onthecommons.org/ all-hail-public-library; Robert D. Putnam and Lewis M. Feldstein, "Branch Libraries: The Heartbeat of the Community," in Robert D. Putnam and Lewis M. Feldstein (eds.), *Better Together: Restoring the American Community* (New York: Simon and Schuster, 2003), p. 35.

[5] Morris, "All Hail the PUBLIC Library."

[6] "Service Trends in US. Public Libraries, 1997–2007," Institute for Museum and Library Service, Research Brief No. 1, December, 2009, p. 1.

[7] Carolyn Miller Kristen Percell and Lee Rainie, "Reading Habits in Different Communities," http://libraries.pewinternet.org/2012/12/20/ reading-habits-in-different-communities.

[8] "Library Services in the Digital Age," Pew Internet and American Life Project, January 22, 2013, http://libraries.pewinternet.org/2013/01/22/Library-services/.

[9] E-mail, Stuart Hinds to author, May 15, 2013.

[10] Rebecca Traister, "Michelle Obama Gets Real," http://www.salon.com/news/feature/2007/11/28/Michelle_obama/.

[11] Annemarie Conte, "The Library Made Me Healthier," *Woman's Day* 72 (March, 2009): 48.

[12] Melissa Anelli, *Harry, A History: A True Story of a Boy Wizard, His Fans, and Life inside the Harry Potter Phenomenon* (New York: Pocket Books, 2008), pp. 66, 92, 119, 121, 126; Henry Jenkins, *Convergence Culture: Where Old and New Media Collide* (New York: New York University Press, 2006), pp. 182, 185, 186, 206, 216.

[13] Ann L. Kim, "The Secret Key to Harry Potter: A Library Card," *LAT,* July 12, 2000; Jenifer Ragland, "Harry Potter Books Realize a Fantasy for Librarians," *LAT,* July 20, 2000; "Harry Potter Night at Library," *Hartford Courant,* July 22, 2000; "Libraries Welcome Harry Potter Novel," *LJ* 128 (2003): 16; Jennifer Burek Pierce, "Harry's Last Hurrah," *American Libraries* 38 (2007): 79.

[14] "'Witchcraft' Certificates Disappear," *Orlando Sentinel,* September 13, 2000; P. Douglas Filaroski, "Popular Children's Book Has Parents' Guard Up," *Florida Times Union,* September 13, 2000; "The Leaky Cauldron," June 13, 2001, http://www.the-leaky-cauldron.org/MTarchives/00071.html.

[15] Eric L. Wee, "Shelf Life," *Washington Post Magazine,* July 31, 2005.

[16] Kim Crowley, personal communication with author, July 29, 2010.

[17] Karen Schmidt, "The Library Saved Me Money! A World of Learning," *Woman's Day* 73 (March, 2010): 20; Alisa C. Gonzalez, "Vixens, Banditos, and Finding Common Ground," in Valerie Nye and Kathy Barco (eds.), *True Stories of Censorship Battles* (Chicago: American Library Association, 2012), pp. 25–29; Reggie Rivers, "The Duty of a Public Library," *Denver Post,* August 19, 2005.

[18] Mark Spencer, "Hartford Library's 'The American Place' Program Helps Refugees, Immigrants," *Hartford Courant,* October 29, 2010.

[19] "Schwerner's Widow Donates to Phila. Library," *Deep South Jewish Voice* 16 (2006): 20.

[20] Ron Critchfield and David M. Powell, "Well-Intentioned Censorship Is Still Censorship: The Challenge of Public Library Employees," in Nye and Barco, *True Stories,* pp. 8–13.

[21] Paul Hawkins, "A Serial Killer Visits the Library," in Nye and Barco, *True Stories,* p. 134; "Couple Caught Having Sex at Library," *Charlotte* [NC] *Observer,* April 13, 2011.

[22] Michael McLaughlin, "The Need for American Indian Librarians," *Native American Times* 11 (October 21, 2005): 8.

[23] James La Rue, "Uncle Bobby's Wedding," in Nye and Barco, *True Stories,* p. 113.

[24] John Pruitt, "Gay Men's Book Clubs versus Wisconsin Public Libraries: Political Perceptions in the Absence of Dialogue," *Library Quarterly* 80 (2010): 121–141.

[25] Michael X. Delli Carpini and Scott Keeter, "The Internet and an Informed Citizenry," http://repository,upenn.edu/asc.papers/2, p. 135; Michael X. Delli Carpini, "An Overview of the State of Citizens' Knowledge about Politics," http://repository.upenn.edu/asc.papers/53, p. 29; "Retired Justice Sandra Day O'Connor, in Boise, Laments 'Alarming Degree of Public Ignorance,'" *Idaho Statesman,* September 6, 2013.

[26] Margaret A. Edwards, *The Fair Garden and the Swarm of Beasts: The Library and the Young Adult* (Chicago: American Library Association, 2002), p. 78.

[27] http://safelibraries.blogspot.com/2012/08/SexuallyHarrassedLibrarianGets150K.html; Kent Faulk, "Birmingham and Library Board Settle Sexually Hostile Workplace Lawsuit," *Birmingham* [AL] *News,* April 19, 2012.

[28] Susan Pinker, *The Village Effect: How Face-to-Face Contact Can Make Us Healthier, Happier, and Smarter* (New York: Spiegel & Grau, 2014).

[29] Paul Johnson, *A History of the American People* (New York: HarperCollins, 1998), p. 3.

索　引

本索引所标页码为英文版页码，即中文版边码。为方便读者使用，索引词全部采用中英双语，按中文拼音顺序排列。人名按检索词惯例，采用姓在前、名在后的方式排列，如托马斯·爱迪生在索引中是"爱迪生，托马斯"。

C

K

N

W

X

Y

译后记

2018 年 10 月，在国家留学基金管理委员会的资助下我抵达美国达拉斯，开启了在美国北得克萨斯大学（University of North Texas）一年的访学生活。抵美后第 6 日，在一切都安顿好之后，我去学校拜访了此次来美的合作导师杜云飞（Yunfei Du）教授，初步商定了访学期间的工作任务。杜老师知道我对图书馆史感兴趣，在我告别时，从书桌上拿了一本英文书，借我研读，并告知该书是近年美国图书馆史研究领域的一本佳作。谢别杜老师回到所住公寓后，我打开了牛津大学出版社 2015 年出版的这本名为 *Part of Our Lives：A People's History of the American Public Library* 的著作。此前在国内并未了解到这本书的相关信息，不过该书的作者韦恩·A. 威甘德（Wayne A. Wiegand）的名字却颇为熟稔，因为他是美国图书馆史研究领域的一位巨擘，读过他的不少论著，而该书封底上摘录的美国《图书馆季刊》（*Library Quarterly*）、《图书馆杂志》（*Library Journal*）、《出版商周刊》（*Publishers Weekly*）、《教育史季刊》（*History of Education Quarterly*）、《社会史》（*Social History*）以及英国《图书馆与信息历史》（*Library & Information History*）等刊物刊发的书评文字，也从另一个方面印证了杜老师对该书的评价。

当天，我认真地读完了这本书的引言，感觉很受启发。与以往美国公共图书馆史研究不同的是，威甘德采用了"由下往上"的研究视角，即从用户的角度来研究美国公共图书馆史，威甘德通过挖掘数百年来图书、期刊、报纸、公报、书信等文献中记载的用户利用图书馆的故事，发现了美国人民热爱公共图书馆的理由以及公共图书馆成为美国人民"生活的一部分"的原因。威甘德从用户的角度发现，美国人民热爱公共图书馆的原因主要有三点：第一，公共图书馆提供有用的信息；第二，公共图书馆促进阅读；第三，公共图书馆提供了公共空间。其中尤其是第二、第三两点，长期以来一直没有得到图书馆界的足够重视，图书馆界（包括图书馆学教育界）的焦点一直放在如何保障用户快速、准确地查找到有用的知识，对于普通民众的阅读、场所的价值关注不够。接下来的几天，我把主要精力都放在这本书的阅读上。随着阅读的深入，我决定把这本书翻译成中文介绍至国内。此前，我曾翻译了巴特勒的《图书馆学导论》，深知翻译之艰辛，而且在"为稻粱谋"的现在，翻译作品很多时候都不被视为学术成果，得不到应有的认可，可以说翻译是一件"出力不讨好"的事。但当我读完威甘德这本书后，我还是忍不住想要将其译介至国内。

我从网上找到了威甘德教授的邮箱，冒昧地向他发了一封邮件，讲述了我阅读这本书的感受以及想把该书翻译成中文的想法。意外的是，第二日，我便收到了威甘德教授的回复邮件。在邮件中，威甘德教授不仅热情地表示愿给我提供力所能及的帮助，而且还和我分享了他正在撰写的最新一本关于美国南方公共图书馆历史专著的信息。更让我感到惊喜的是，不久后的 11 月 14 日早上，当我打开公寓信箱时，发现了威甘德教授寄来的精装签名本 *Part of Our Lives：A People's History of the American Public Library*。

翻译和普通阅读还是两回事。因为阅读只求理解，而翻译需要把全文一句一句地转译，尤其是书中涉及的一些典故，要求译者不仅对美国图书馆史，更需要对美国历史、文化有一定的了解，其难度可想而知。例如书中有一个"马克·希伯的幸运"的典故，阅读时，通过上下文勉强能猜出其意思，但是翻译就需要做出详细的解释以便读者能更好地理解。为此，我花费了好几天的工夫，终于在 1872 年 3 月 23 日出版的 *The College Courant* 周刊上找到了这个故事的来龙去脉。类似的情况，还有不少。好在，偏居美国南部乡村，拥有足够的时间来翻译，与此同时，翻译也成为消磨异国无趣生活的良方之一。2019年 5 月 8 日，我终于完成了全书的翻译初稿，6 月 26 日，又结束了第一次校对修改。从决定翻译这本书，到完成初稿以及现在中文版的正式面世，首先要感谢的就是威甘德教授，期间我们多次就书稿中的一些问题往来邮件讨论，威甘德教授耐心地解答我一个又一个的问题。遗憾的是，由于一些原因，在美期间，和威甘德教授缘悭一面，好在 2019 年 10 月回国后我们仍然保持邮件联系，不时分享生活与研究中的信息。这本中译本原定于 2020 年问世，但由于新冠疫情等原因，推迟至 2021 年。威甘德教授著作等身，他关于美国图书馆史研究的很多精彩论著都值得译介至国内，但此事只能有待来者了。

本书初稿完成后，还请杜云飞教授帮忙审校了一通，此前曾与杜老师合作翻译巴特勒的《图书馆学导论》，杜老师也提了一些修改意见，在美一年，承蒙杜老师多方照顾，在此一并致谢。

本书的出版还需要感谢邓咏秋老师及国家图书馆出版社的大力支持。当我和邓老师说起本书并略述其价值之后，邓老师欣然表示愿意资助出版该书，而从版权洽商到编校审定再到最后的印刷设计，都凝聚了邓老师的诸多心血。除了这些，邓老师还给我介绍了谢天老师。谢天老师本科和硕士都毕业于外交学院英语专业，曾在国家图书馆从事多年对外文化交流工作，有着十多年的翻译经验，译有《明朝监察制度》（方正出版社）、《社交的本质：扎克伯格的商业秘密》（中信出版社）、《拉新：快速实现用户增长》（中信出版社）等。谢天老师善于将英语中一些复杂的长句简明扼要地用中文表述，现在呈现在读者面前的这部译稿，谢天老师也是贡献良多，她不仅帮忙修改、润饰了很多内容，而且不少长句都进行了重译，以便更好地适应中国读者。为了彰显谢天老师的贡献，所以在署名时，署了我们两人。

此外，还要感谢美国圣何塞州立大学信息学院罗丽丽教授在本书翻译和编辑出版过程中耐心地为我们解答了很多的疑惑，帮助译本表达得更准确。

本译稿的问世，最后还需要感谢我的妻子。2018 年，内子毅然辞去了在很多人看来都非常令人羡慕的检察院的公职，与我一起赴美。正是有了妻子的陪伴，我这一年的美国乡村生活才增色了不少。本书在翻译过程中，内子也帮忙查阅了不少资料，正如威甘德教授把这本书献给陪伴他五十年的妻子希尔一样，我也想把中译本献给我的妻子。

最后，需要坦言的是，翻译是个苦差，用杨绛先生的解释就是"翻译一切得听从主人，不能自作主张，而且是一仆二主，同时伺候着两个主人：一是原著；二是译文的读者。译者一方面得彻底了解原著，不仅了解字句的意义，还需领会字句之间的含蕴，字句之外的语气声调。另一方面，译文的读者要求从译文里领略原文，译者得用读者的语言，把原作的内容按原样表达；内容不可有所增删，语气声调也不可走样。……译者须对原著彻底了解，方才能够贴合着原文，照模照样地向读者表达，可是尽管了解彻底未必就能照样表达。彻底了解不易，贴合着原著照模照样地表达更难"[1]。由于译者水平有限，难免有讹误之处，还望读者不吝赐教，我的邮箱是 xiehuan@nju.edu.cn。

谢欢

2021 年 1 月 31 日于彭城云龙湖畔

---

① 杨绛.走到人生边上：自问自答（增订本）[M].北京：商务印书馆,2016:229.